Bernhard Huldermann
Albert Ballin

SEVERUS Verlag

Huldermann, Bernhard: Albert Ballin. Eine Biographie von den Anfängen bis nach dem Ersten Weltkrieg. 2018
Neuauflage der Ausgabe von 1922
ISBN: 978-3-95801-816-7

Korrektorat: Laura Japsen
Satz: Laura Japsen

Umschlaggestaltung: Annelie Lamers, SEVERUS Verlag

Bibliografische Information der Deutschen Nationalbibliothek: Die Deutsche Nationalbibliothek verzeichnet diese Publikation in der Deutschen Nationalbibliografie; detaillierte bibliografische Daten sind im Internet über https://dnb.de abrufbar.

Der SEVERUS Verlag ist ein Imprint der Bedey & Thoms Media GmbH,
Hermannstal 119k, 22119 Hamburg

SEVERUS Verlag, 2018
http://www.severus-verlag.de
Gedruckt in Deutschland

Bernhard Huldermann

Albert Ballin

Eine Biographie von den Anfängen bis nach dem Ersten Weltkrieg

SEVERUS

Dem Andenken Albert Ballins
in treuer Verehrung und herzlicher Dankbarkeit.

Er war ein Mann, nehmt alles nur in allem,
Ich werde nimmer seinesgleichen sehn.
Shakespeare, Hamlet I, 2.

Inhalt

Vorwort 5

Morris & Co. 7

Generalvertreter von Edward Carr 15

Passageleiter der Packetfahrt 25

Der »Pool« 35

Der Morgan-Trust 49

Der Ausbau der Hamburg-Amerika Linie 77

Die technische Neugestaltung der Hamburg-Amerika Linie 135

Politik 152

Der Kaiser 211

Der Krieg 227

Persönliches 289

Albert Ballin

Vorwort

Der Anlass zur Veröffentlichung dieses Buches ist der Wunsch, das Andenken Albert Ballins lebendig zu erhalten, dem Gedächtnis der Lebenden zurückzurufen und Späteren zu schildern, was er für den Aufbau deutscher Weltwirtschaft in der Blütezeit des Reiches mit größtem Erfolg, für ihre Erhaltung in schwerer Zeit leider erfolglos getan hat. In letzterer Hinsicht wird die Darstellung den meisten Lesern Neues bringen. Soviel auch über Ballins vermeintliche und wirkliche politische Tätigkeit vor dem Kriege und im Kriege gesprochen worden ist, ihr Zweck und namentlich ihr Zusammenhang mit seiner wirtschaftlichen Arbeit ist kaum bekannt. Und doch ist das eine vom anderen nicht zu trennen und eins ohne das andere nicht zu verstehen, der erfolglose Versuch weltpolitischer Verständigung und die erfolgreiche Herstellung weltwirtschaftlicher Verknüpfung. In diesem Zusammenhang aber liegt die geschichtliche Bedeutung des Mannes und seines Werkes.

Vielleicht trägt das Buch auch zur Aufklärung über die Ursachen unseres Sturzes bei; mir schwebte auch dieses Ziel bei der Herausgabe vor. Wenn es nach den Worten Friedrichs des Großen das Unglück des Menschengeschlechtes ist, dass die Erfahrungen der Väter für die Kinder verloren sind, und jede Generation ihre eigenen Fehler machen muss, so sollte man angesichts der Größe unseres Unglücks versuchen, für dieses Mal jene resignierte Doktrin nach Möglichkeit nicht abermals zur Wahrheit werden zu lassen.

Die Berechtigung zur Veröffentlichung des Buches entnehme ich dem Auftrag des Verstorbenen, den er mir zu seinen Lebzeiten gab, seinen schriftlichen Nachlass zu ordnen und nach bestem Ermessen zu verwerten, sowie der Tatsache, dass ich mehr als ein Jahrzehnt lang das Glück hatte, sein Mitarbeiter zu sein.

Für freundliche Hilfe bei der Darstellung der älteren Zeit bin ich Herrn Direktor Ad. Storm, bei dem technischen Teil Herr Oberinspektor Emil F. Kirchheim und bei dem Persönlichen dem langjährigen Freunde Ballins, Herrn Professor Dr. E. Francke, zu aufrichtigem Danke verbunden.

Bei der Schilderung von Personen und Vorgängen bin ich bestrebt gewesen „**sine ira et studio**“ zu schreiben und nur quellenmäßig zu belegenden Stoff zu geben.

Hochkamp, Bezirk Hamburg, im Oktober 1921

Der Verfasser

I

Morris & Co.

Albert Ballins Vaterhaus hat an der Wiege der hamburgischen Großschifffahrt gestanden, am Steinhöft, einem Stück jenes alten Straßenzuges, an dem sich bis zur Erbauung der modernen Hafenanlagen der Schiffe Mastenwald, von dem das hamburgische Lied singt, entlang zog, an dem sich das vielgestaltige bunte Leben, das die wachsende Großschifffahrt mit sich brachte, vor den Augen des Kindes und Jünglings abspielte. Jene Kindeseindrücke haben auch im Gehirn des Mannes noch fortgewirkt, jene Zeiten, in denen Haus und Geschäft unter einem Dach waren, in denen wenige Schritte oder wenige Minuten den Reeder zu seinem Schiff brachten, in denen das vielgerühmte persönliche Freundschafts- und Vertrauensverhältnis zwischen Schiffsführer und Schiffseigentümer noch bestand, dessen Schwinden keiner mehr beklagt hat als Albert Ballin. Zeitlebens hat er diese alte Zeit, in der man sein Schiff vor Augen hatte, seinen Betrieb persönlich überwachen konnte, als die glücklichere und als die Grundlage aller Erfolge angesehen, was sie mit ihrer unermüdlichen Arbeitsfreudigkeit und ihrer riesenhaften Arbeitsleistung auch gewesen ist. Dass die tägliche Umgebung, die täglichen Eindrücke die Phantasie des Knaben stark beeinflusst haben, ist außer Frage. Daneben kann man zweifelsfrei Ergebnisse einer jahrhundertelangen Vererbung feststellen.

Ballin entstammte einer *alten jüdischen Familie*, von der Mitglieder an Hand der alten Grabsteine und sonstiger Urkunden vor Jahrhunderten bereits in Frankfurt a.M. nachweisbar sind, zu späterer Zeit in Paris, danach in Mittel- und Norddeutschland und Dänemark. In Hamburg und Altona werden sie auch schon im 17. Jahrhundert als wohlhabend und angesehen erwähnt. Schon unter den ersten bekannten Familienmitgliedern sind einige durch Gelehrsamkeit und hohes Ansehen unter ihren Glaubensgenossen ausgezeichnet, spätere durch erfolgreiche Betätigung auf dem Gebiete der Kunst und des Kunsthandwerks, was ihnen die Gunst französischer Könige verschaffte. Die nach Deutschland und Dänemark abgewanderten Zweige zeichneten sich wiederum durch Gelehrsamkeit und geschäftliche Tüchtigkeit aus. Klugheit und künstlerische Phantasie kann man als Vererbungsprodukte bei Albert Ballin bezeichnen. Sie sind maßgebend für seine geschäftlichen Erfolge gewesen. Die Klugheit, Gewandtheit und Sicherheit, namentlich auch in der Menschenbehandlung, und die künstlerische Phantasie, die ein starkes persönliches Schönheitsgefühl auslöste, im Bunde damit starke Ansprüche an Schönheit und Bequemlichkeit der Umgebung, Ansprüche, an denen sich der Maßstab für die Eigenschaften der Kinder seines Geistes, die großen Passagierdampfer, bildete.

Ballin hat, je älter er wurde, desto weniger Freude an Wiedergaben seines Ichs in der Presse und Literatur gehabt, und hat sich in der unfreundlichsten Weise geweigert, dem literarischen Büro seiner Gesellschaft Material darüber zur Verfügung zu stellen. Was an authentischen Angaben über seinen Lebens- und Werdegang veröffentlicht worden ist, ist darum sehr bescheiden. Trotzdem oder vielleicht deswegen hat sich auch um seine Jugend ein kleiner Legendenkranz gewoben von sorgsamer kaufmännischer Erziehung durch den Vater, sorgfältiger Ausbildung auf der Hochschule hanseatischer Kaufmannschaft in England und dgl. mehr. Die Wirklichkeit ist sehr nüchtern. Auf die Kindheit des jüngsten von sieben Geschwistern, die darum von der Mutter vielleicht zu zärtlich und fürsorglich beschirmt worden ist, so dass ihr Produkt jedenfalls nicht das war, was man eine robuste Gesundheit zu nennen pflegt, im Gegenteil eine gewisse Verweichlichung und darum Neigung zu allerhand Krankheiten – folgte die übliche Schulzeit auf einer der hamburgischen Privatschulen. Es mutete vor den Zeiten, in denen Hamburg durch eine Universität und andere Anstalten sein Geistesleben zu befruchten trachtete und wissenschaftliches Streben betätigte, den aus dem Inlande Kommenden seltsam an, dass es in Hamburg nur eine kleine Schicht in der Bevölkerung gab, die auf eine abgeschlossene höhere Schulbildung, namentlich solche humanistischer Art, Wert legte. Der Hamburger Durchschnittskaufmann tat es nicht, und das Produkt dieser geringen Wertschätzung waren eine Anzahl von Privatschulen, die die Jünglinge bis zum »Einjährigen« brachten, mit einer Allgemeinbildung, von der man, ohne einem der Schulleiter zu nahe zu treten, sagen kann, dass sie z.B. von dem, was die Kreise des höheren preußischen Beamtentums und die ihnen nahestehenden unter abgeschlossener Allgemeinbildung verstanden, erheblich entfernt war. Die letzten Jahrzehnte haben darin, wie in der Schätzung geistiger Ausbildung überhaupt, in Hamburg eine Änderung gebracht.

Albert Ballin ist auf einer jener Schulen ein keineswegs hervorragender Schüler gewesen, zumal auch Schulfleiß nicht seine starke Seite war. Er hat, was ihm an praktischen Kenntnissen in der Mathematik und namentlich der englischen Sprache fehlte, später durch Privatstunden erfolgreich nachgeholt, so dass er das Englische in der Unterhaltung wundervoll beherrschte. Seine Liebhaberei in jungen Jahren war die Musik. Auf dem Cello sollen seine Leistungen beachtenswert gut gewesen sein. Authentisch kann keiner seiner Freunde aus den letzten Lebensjahrzehnten das bestätigen, denn zur praktischen Ausübung ist er später auch in Mußestunden nicht mehr gekommen. Neben der Musik zogen ihn die schöne, die geschichtliche und politische Literatur besonders an. Sein fabelhaft starkes Gedächtnis speicherte daraus einen großen Vorrat auf. Seine zahllosen geschäftlichen Reisen lehrten ihn vieler Menschen Länder und Sitten kennen und ihr Wesen verstehen, mehr als Bücherweisheit ihm hätte geben können. So wurde er im besten Sinne ein feingebildeter Mann, dem auch die Gabe des Wortes in Sprache und Schrift in hervorragender Weise zur Verfügung stand, obwohl er mit manchem anderen Vater das Schicksal teilte, dass Aufsatzleistungen, die er gelegentlich für seine in dieser Hinsicht nicht begabte Adoptivtochter in ihren Schuljahren anfertigte, nicht gerade eine hervorragende Zensur und einmal sogar die Bezeichnung »Zeitungsdeutsch« einbrachten.

Als Albert Ballin 17 Jahre alt war, starb im Jahre *1874* der Vater. *Des Vaters Geschäft*, das unter der Firma *Morris & Co.* geführt wurde, war ein Auswandereragentur-Geschäft. Es besorgte die Anwerbung und Expedierung von Auswanderern für die transatlantische Schifffahrt. Das Kontor war, wie in den alten Häusern üblich, mit der Wohnung verbunden, Familie und Geschäft wuchsen dadurch ineinander, das

Geschäft wurde Familiensache, und die Kinder bekamen frühzeitig Eindrücke von allem, worauf es bei seiner Handhabung ankam. Der junge Albert Ballin umso mehr, da er seine Schularbeiten im Kontor zu erledigen pflegte – ob aus Interesse für das Kontor oder vielleicht auch, weil er dort freundliche Hilfe fand, darüber schweigt die Geschichte. In das Wesen eines solchen alten Hauses mag eine kleine Geschichte versetzen, die Ballin einmal mit viel Humor zum Besten gab. Die Familie hatte, was heute auch selten geworden, ein seit Jahren bewährtes Dienstmädchen, ein Faktotum und Schutzgeist des Hauses, mit den Kindern herangewachsen und alt geworden. »Auguste« hatte keinen modernen Freiheitsdrang und begnügte sich mit *einem* jährlichen Ausgang zu ihrer Familie in Barmbek, einem Hamburger Vorort. Eines Tages saß der junge Chef der Firma Morris & Co. in wichtigem geschäftlichen Gespräch. Da steckte das brave Mädchen den Kopf durch die Tür des Privatkontors, um sich mit den Worten zu verabschieden: »Adjüs ook Albert, ick gah hüt ut!« Es war ihr einmaliger jährlicher Ausgang!

Das Geschäft, das der Vater 1852 mitbegründet hatte, hatte bis zu seinem Tode keine großen Erfolge errungen. Der jüngste Sohn, der am 15. August 1857 geboren war, trat, 17 Jahre alt, sogleich nach dem Verlassen der Schule, als Mitarbeiter ein. 1877 schied der nach dem Tode des Vaters verbliebene Mitinhaber aus, *1879 trat Albert Ballin als Teilhaber ein.* Ihm war damit auch die Aufgabe zugefallen, für Mutter und Geschwister, soweit sie nicht schon auf eigenen Füßen standen, zu sorgen. Das gelang ihm in kürzester Frist. Er widmete sich seiner Aufgabe mit dem größten Fleiß und war den wenigen Mitarbeitern, die das Kontor beschäftigte, ein unermüdliches Vorbild. Die Abgangstage der Schiffe brachten gewöhnlich Arbeit bis tief in die Nacht, wie das in solchen Hamburger Kontoren in früherer Zeit Regel war. Dass die Arbeit auch den Beifall der Auftraggeber fand, dafür ist eine kleine Anekdote bezeichnend. Der Chef einer der ausländischen Linien, für welche die Firma arbeitete, kam eines Tages nach Hamburg, um seine Agentur zu besuchen. Ihn empfing der jugendliche Ballin und antwortete auf die Frage nach Herrn Ballin mit seinem Namen, worauf er zur Antwort erhielt: »Ich wünsche nicht Sie zu sprechen, junger Mann, sondern den Inhaber der Firma.« Das Missverständnis klärte sich rasch auf, und auf die besorgte Frage, ob der Besucher an der Führung der Geschäfte vielleicht etwas auszusetzen habe, kam die Antwort, dass man im Gegenteil mit der Leitung der Geschäfte viel zufriedener sei als früher.

Um die Verhältnisse, unter denen die Firma sich emporzuarbeiten hatte, zu verstehen, muss man sich vergegenwärtigen, dass zu jener Zeit, Ende der 70er Jahre, die Hamburgische Reederei noch in den Kinderschuhen stand, und in ihrem Heimathafen keineswegs die beherrschende Stellung einnahm, die sie später errungen und erst im Kriege wieder verloren hat. Die gegenwärtige Zeit, in der fremde Flaggen und fremde Reedereien vorherrschen, entspricht ungefähr dem Bilde jener Zeit vor fünf Jahrzehnten Die »Hamburg-Amerikanische Packetfahrt-Actien-Gesellschaft«, auch damals schon die bedeutendste Hamburger Reederei, obwohl ihre Linien nur Nord- und Mittelamerika mit Hamburg verbanden, war im internationalen Verkehr nur eine bescheidene Größe, zudem gerade durch einen erbitterten Konkurrenzkampf mit der Adler-Linie, der in den 70er Jahren stattgefunden hatte, geschwächt und in der Entwicklung ihres Schiffsmaterials zurückgeblieben. Die übrigen, später bedeutend gewordenen Hamburger Linien existierten noch gar nicht oder hatten schwere Jugendjahre durchzumachen. Mit der Packetfahrt konkurrierten im Auswanderergeschäft neben dem Norddeutschen Lloyd, der Holland-Amerika Linie in Rotterdam und der Red Star Line in Antwerpen auch die englischen Linien stark mit der sogenannten *indirekten Passagierbeförderung über Hamburg*. Diese Passagiere, die von den Agenten der englischen Linien geworben waren, wurden von Hamburg nach England und von dort mit transatlantischen Dampfern weiterbefördert. Es war die Zeit, in der Deutschland, vor seiner Industrialisierung, seiner wachsenden Bevölkerung keine genügende Arbeitsgelegenheit bot und daher eine starke Auswanderung hatte. Sie hat erst in den 90er Jahren aufgehört, als das Wachstum der Industrie alle verfügbaren Arbeitskräfte beanspruchte und an ihre Stelle dann die große Auswanderung aus Südeuropa, Österreich-Ungarn und den slawischen Gebieten trat. Indes waren die Anfänge der Auswanderung aus diesen Distrikten auch in den 70er und 80er Jahren bereits spürbar, und sie bildeten die Grundlage des Geschäftes der Hamburger Auswanderer-Expedienten, während die Grundlage des Geschäftes der deutschen Dampferlinien die deutsche Auswanderung war. Für diese besaßen die Linien oder ihre

Agenten die behördlich vorgeschriebene Konzession für den Betrieb des Auswanderergeschäftes, die Expedienten besaßen sie nicht oder doch nur für einzelne Bundesstaaten oder Provinzen, wie z.B. Morris & Co. für Schleswig-Holstein und Mecklenburg. Diese waren deshalb darauf angewiesen, vorzugsweise in den außerdeutschen Gebieten sich zu betätigen. Und da die deutschen Linien, um das Geschäft der Expedienten niederzuhalten, sich weigerten, ihnen Passagiere abzunehmen, waren diese gezwungen, mit ausländischen Dampferlinien zu arbeiten. Sie besorgten für ihre Unteragenten die Plätze, die diese für ihre Kundschaft brauchten, belegten sie wohl auch auf eigene Rechnung und stellten sie den Agenten zur Verfügung. Sie waren der Vermittler zwischen Reeder und Auswanderer, um den die Reederei sich selber erst kümmerte, wenn er an Bord war. Darum war die Aufgabe der Hamburger Expedienten auch die Unterbringung der Auswanderer in Hamburg und die Weiterbeförderung nach England. Eine Reihe von Gastwirtschaften in der Nähe des Hafens dienten der Unterbringung der Auswanderer, und dem freien Wettbewerb der Expedientenfirmen war ein großes Feld offen. Organisationstalent und Gewandtheit in der Behandlung der Auswanderer konnten große Erfolge erzielen.

Auf diesem Gebiete bewährte sich zuerst der Scharfblick des jungen Ballin. Seine Firma hatte in der indirekten Auswandererbeförderung über England bereits in den ersten Jahren seiner Tätigkeit eine bedeutende Stellung errungen, die den jugendlichen Leiter vor allem auch in persönliche Beziehungen zu der englischen Generalvertretung der »American Line«, für die er in Hamburg arbeitete, der Firma Richardson, Spence & Co. in Liverpool und ihrem Leiter, Mr. Wilding, brachte. Mit diesem hat ihn eine enge persönliche Freundschaft zeitlebens verbunden, eine Freundschaft, aus der Ballin zahlreiche wertvolle Anregungen gekommen sind, und die ihm einen intimen Einblick in die Verhältnisse der englischen Reederei gab sowie persönliche Beziehungen zu anderen leitenden Persönlichkeiten derselben verschaffte. Insofern wurde die Verbindung mit England, die schon in jungen Jahren auch zu Reisen dorthin führte, auch für diesen jungen Hamburger eine geschäftliche Hochschule.

Die *Stellung der Firma Morris & Co. im Auswanderergeschäft* ist dadurch am besten gekennzeichnet, dass sie es unter ihrer neuen Leitung in wenigen Jahren dahin brachte, dass sie ein Drittel der über England gehenden, also der indirekt beförderten Passagiere abfertigte. Nun fiel in diese Periode, Beginn der 80er Jahre, der Übergang von einer schweren wirtschaftlichen Depression zu einer Hochkonjunktur in den Vereinigten Staaten, und derartige Übergänge pflegten sich stets durch einen starken Vorverkauf von Zwischendecksfahrkarten in den Vereinigten Staaten anzukündigen, den sogenannten »**prepaids**«, d.h. Anweisungen auf Fahrkarten, die in den Vereinigten Staaten gekauft und von den Käufern an Verwandte in Europa gesandt wurden, um diesen die Überfahrt zu ermöglichen. Diesem Vorverkauf folgte dann einige Monate später ein starker Strom von Auswanderern aus Europa. So auch dieses Mal. Die Zahl der von Hamburg nach New York fahrenden Zwischendecker stieg von etwa 25000 im Jahre 1879 auf 69000 und 123000 in den beiden folgenden Jahren.

Dass die für die Bewältigung dieses großen Verkehrs in erster Linie in Frage kommende Hamburger Linie, die »*Packetfahrt*«, ihm gerecht werden konnte, war ausgeschlossen; ganz abgesehen davon, dass sie sich auch um die nichtdeutsche Auswanderung bewusst nicht kümmerte. Die Gesellschaft war seit Jahr und Tag mit der Erneuerung und Vermehrung ihres Materials im Rückstande geblieben und hatte mit ihrer Konkurrenz so wenig Schritt gehalten, dass namentlich der jüngere »Norddeutsche Lloyd« in Bremen sie weit überflügelt hatte. Nicht nur war dieser mit dem von seinem hervorragenden Leiter Lohmann aufgebauten und mit größter Regelmäßigkeit und Pünktlichkeit durchgeführten Schnelldampferdienst – »Bremen-New York in 9 Tagen« – der »Packetfahrt« qualitativ weit voraus, auch in der Menge des Schiffsraums übertraf er die Hamburger Gesellschaft derart, dass 1882 von 107 transatlantischen Dampfern unter deutscher Flagge der Lloyd 47 besaß, die Packetfahrt nur 24. Aus diesem Grunde schon hätte eine Annäherung der Firma Morris & Co. an die »Packetfahrt«, etwa um dieser ein vermehrtes Zwischendecksgeschäft zuzuführen, keinen Erfolg haben können. Außerdem wäre das Bestreben der Firma, sich eine größere Stellung in ihrem Geschäftsbereich durch eine Tätigkeit für die Hamburger Linie zu verschaffen, zweifellos auf den schärfsten Widerstand der Firma August Bolten gestoßen, deren Inhaber einer der Gründer der »Packetfahrt« war, und die die Generalvertretung für das nordamerikanische Fracht- und auch das Passagegeschäft und demgemäß einen überragenden Einfluss bei der Gesellschaft hatte. Die Firma Bolten hatte sich übrigens ebenso wie die von ihr vertretene Linie stets geweigert, den Expedienten-Firmen irgendwelche Passagiere abzunehmen.

In Voraussicht dieser kommenden starken Auswandererbewegung trat Ballin an eine *neu entstehende Hamburger Reederei,* die zunächst nur einen Frachtdampferdienst von Hamburg nach New York plante, mit dem Vorschlage heran, auch die Zwischendecksbeförderung aufzunehmen. Nicht ohne dass ihm vonseiten seiner englischen Geschäftsfreunde die Befürchtung geäußert wurde, es könne seine Tätigkeit für sie darunter leiden. Aber er wusste diese Befürchtung zu beschwichtigen.

II

Generalvertreter von Edward Carr

Die neue Reederei, für die Morris & Co. die Generalvertretung im Passagiergeschäft übernahmen, war eine Privatreederei, die Firma *Edward Carr*. Der *Vertrag* für diese Übernahme zeigt bereits alle Spuren großzügiger Unternehmungslust. Morris & Co. verpflichteten sich darin, der Reederei für ihre im Bau befindlichen Dampfer »Australia« und »America« so viel Passagiere regelmäßig zu liefern, als die Dampfer befördern könnten, und garantierten der Reederei einen Passagepreis von netto M. 82,–; alle Spesen und Kommissionen sowie die Abfertigung der Passagiere sollten zu Lasten von Morris & Co. gehen. Der Zwischendeckspreis, den die Packetfahrt damals nahm, betrug M. 120,– Falls dieser Preis erhöht würde, sollte auch der Nettopreis für die Carr-Dampfer entsprechend erhöht werden. Für die beiden Dampfer wurden 8–9 Reisen im Jahre in Aussicht genommen. Wenn die Reederei sich zur Einstellung eines dritten Dampfers entschließen würde, sollte die Firma Morris auch für diesen dieselbe Verpflichtung haben. Für jeden an der vollen Zahl fehlenden Passagier sollte die Firma der Reederei eine Entschädigung von M. 20,– zahlen, falls noch keine Einrichtungen für die Unterbringung des Passagiers getroffen seien, und M. 35,–, falls bereits Einrichtungen getroffen wären. In Aussicht genommen war eine Zahl von 650–700 Passagieren pro Dampfer. Die *tatsächliche Beförderungsfähigkeit stellte sich etwas niedriger*; auf der ersten Reise, am 7. Juni 1881, auf 581 Personen. Die Firma Morris verpflichtete sich auch, die Speditionsgüter, die sie beschaffen konnte, den Carr-Dampfern zuzuführen. Die Tätigkeit der Firma muss von Anfang an zur Befriedigung der Reederei ausgefallen sein, denn diese verzichtete gleich bei der ersten Reise auf die Strafzahlung für 60 fehlende Passagiere, da die Firma Morris nachweisen konnte, dass für diese

Anmeldungen aus Dänemark vorgelegen hatten, die Passagiere aber ausgeblieben waren. Kennzeichnend für den bescheidenen Umfang des Apparates, mit dem dieses Unternehmen in Angriff genommen wurde, ist eine Gehaltsliste für das Personal der Firma Morris, das aus neun Köpfen mit einem Jahresgehaltsetat von M. 20302,– bestand!

Übrigens war der *Betrieb der neuen Linie* von einer besonderen Eigenart im Vergleich zu der älteren Konkurrenz. Diese Eigenart bestand darin, dass die Dampfer der Carr-Linie gewöhnliche Frachtdampfer waren, die aber neben einem mäßigen Quantum von Gütern auch Zwischendecker beförderten. Es waren also keineswegs Passagierdampfer der allgemein üblichen Art, die neben Zwischendeckern auch Kajütspassagiere beförderten. Für den Auswanderer hatte das den Vorteil, dass ihm mehr Bewegungsfreiheit als auf den anderen Schiffen gegeben war. Alles, was das Schiff an freiem Raum, namentlich an Decksraum, hatte, stand dem Zwischendecker uneingeschränkt zur Verfügung, während er auf den Kajütsdampfern in seiner Bewegungsfreiheit stark beschränkt war. Dieser Typ von Schiffen war nicht völlig neu. Auch unter den Segelschiffen der alten Zeit, die Auswanderer beförderten, hatte es ähnliche bereits gegeben. Der Vorteil gegenüber dem Kajütsdampfer für den Reeder bestand in dem wesentlich niedrigeren Anschaffungspreis dieser Schiffe, die nur die einfachsten Einrichtungen für die Unterbringung und Verpflegung der Auswanderer hatten, keine mehr oder weniger kostspielig ausgestatteten Salons und dgl. und ein verhältnismäßig geringes Personal sowie infolge ihrer mäßigen Geschwindigkeit auch niedrigere Betriebskosten, so dass sie, selbst zu dem billigen, im Vertrage angenommenen Zwischendeckspreis, ein relativ besseres finanzielles Ergebnis erzielten als die Kajütsdampfer, aber auch als reine Frachtdampfer.

So machte sich denn auch der neue Konkurrent der Packetfahrt alsbald empfindlich fühlbar, zumal die Zahl der Dampfer der Carr-Linie wuchs; bis zum Jahre 1885 waren an Stelle der ursprünglichen zwei Dampfer fünf getreten. Die erste *Folge der Konkurrenz* war natürlich ein Heruntergehen der Beförderungspreise und zwar nicht nur in Hamburg. Denn die innere Verbindung zwischen den Fahrpreisen von den einzelnen Häfen ist sehr eng, weil jeder Hafen seinen Preis gegenüber den anderen so abstimmt, dass er möglichst zugkräftig wird. Infolgedessen wirkte der Konkurrenzkampf in Hamburg auch auf die anderen Häfen zurück, und zog auch das Geschäft der anderen Linien in Mitleidenschaft. Im Mai 1882 fingen die Preisherabsetzungen an, im Oktober 1882 hatten Lloyd und Packetfahrt ihre Preise bereits bis auf M. 90,– ermäßigt, im Juni 1883 auf M. 80,–, im Februar 1884 waren die englischen Linien bis auf 30 Schilling heruntergegangen. Natürlich musste auch die Carr-Linie dieser Preisbewegung folgen, sie sogar noch verschärfen. Die niedrigen Preise wurden noch wesentlich verkürzt durch immer wachsende, den Agenten gewährte Kommissionen. Auch die Öffentlichkeit wurde durch streitbare Zeitungsartikel der beiderseitigen Agenten mit der Angelegenheit befasst, was zuerst Veranlassung zu einer gewissen Fühlungnahme zwischen den Leitungen der konkurrierenden Reedereien gab, die bemüht waren, diesen öffentlichen Streit zwischen ihren Agenten beizulegen. Eine noch empfindlichere Folge war, dass die Vereinbarungen, die zwischen den alten Reedereien zwecks Aufrechterhaltung lohnender Preise bestanden, in die Brüche gingen. Nachdem die in Europa bestehenden bereits alsbald durch die Konkurrenz durchbrochen waren, sah sich im Jahre 1883 die Packetfahrt gezwungen, infolge der zunehmenden Konkurrenz der Carr-Linie auch aus der in New York bestehenden Vereinigung, der sogenannten »**Continental Conference**«, auszutreten, weil der dort vereinbarte Preis von 30 Dollar für die Überfahrt nach Europa der Konkurrenz der Carr-Linie einen zu großen Spielraum ließ, und die übrigen Mitglieder der Konferenz auf eine Herabsetzung der Preise nicht eingehen wollten, auch einen Antrag der Packetfahrt, den bisherigen Preisunterschied zwischen der Rate nach Hamburg und den Raten nach Antwerpen und Rotterdam in Wegfall kommen zu lassen, abgelehnt hatten.

Wie stark die Konkurrenz der Carr-Linie bereits geworden war, zeigte die Statistik. Im Jahre 1883 beförderte die Packetfahrt in 76 Dampfern 55390 Passagiere, die Carr-Linie in 29 Dampfern 16471 Passagiere, also etwa 30% von dem Verkehr der ersteren. Im Jahre 1884 steigerte die Packetfahrt ihre Abfahrten auf 86, die Passagierzahl aber nur auf 58338. Die Carr-Linie machte demgegenüber nur 30 Abfahrten mit 13466 Zwischendeckern, behauptete also ihren Stand gegenüber der starken Anstrengung der Packetfahrt immerhin leidlich. In einer anderen Beziehung bedeutete übrigens die neue Linie eine Bereicherung des Hamburger Verkehrs. Ihre Konkurrenz hatte nämlich zur Folge, dass ein starker Rückgang der Auswandererbeförderung von Hamburg über England, der sogenannten indirekten Beförderung, eintrat. Diese indirekte Beförderung hatte im Jahre 1880 rund 20000 Passagiere umfasst, während von der Packetfahrt im selben Jahre 47000 befördert wurden. Das Jahr 1881 brachte einen Hochstand der Auswanderung mit 68000 Passagieren für die Packetfahrt, 4000 für die eben beginnende Carr-Linie und nicht weniger als 47600 über England beförderten Passagieren. Das Jahr 1882 brachte für die Packetfahrt 68000, für die Carr-Linie 11000, für die englischen Linien 31000. Das Jahr 1883 55000, 16000 und 13000 und das Jahr 1884 58000, 13000 und 16000 Passagiere. Der Anteil der direkten Beförderung von Hamburg war im Laufe dieser Jahre also ganz wesentlich gestiegen.

Neue Opfer musste die *Packetfahrt* bringen, um in dem Verkehr nach dem französischen Hafen Havre die französische Konkurrenz nicht zu sehr aufkommen zu lassen. Das gleiche war im Frachtverkehr von Hamburg der Fall und immer mehr auch im Zwischendecksverkehr von New York. Im Jahre 1884 war unter dem Druck des Wettbewerbs der Preis von New York nach Hamburg bereits auf 18 Dollar heruntergegangen und die Agentenkommission auf 5 Dollar gestiegen, so dass der Nettopreis nur 13 Dollar betrug. Nun wurden auch die Aktionäre der Packetfahrt unruhig, und die *Generalversammlung des Jahres 1884* brachte eine Interpellation eines Aktionärvertreters, in der die Verwaltung zur Anstrebung einer Abmachung mit der Konkurrenz aufgefordert wurde. Immer noch verhielt sich die Packetfahrt demgegenüber ablehnend ebenso wie der Bildung eines sogenannten Pools unter den Hamburger Auswandereragenten, dem die Carr-Linie nur beitreten zu wollen erklärte, wenn auch die Packetfahrt hineinginge und der Carr-Linie das Zugeständnis mache, dass diese mit ihrem Beförderungspreis um fünf Mark unter dem der Packetfahrt bleiben könne. Der Druck von außen her auf die Leitung der Packetfahrt wurde aber stärker. Unter der in Hamburg bestehenden Konkurrenz litten natürlich auch die übrigen transatlantischen Reedereien, und sowohl von New York aus wie auch von Bremen her wurde auf den Abschluss einer Vereinbarung gedrängt. Noch aber konnte sich die Verwaltung der Packetfahrt nicht entschließen, einer solchen Vereinbarung beizutreten, da die Carr-Linie auf ihrer Forderung der Bewilligung einer Differenzrate, d.h. des Rechts, mit ihren Preisen unter denen der Packetfahrt zu bleiben, beharrte. Sie begründete diese Forderung damit, dass ihr Dienst dem der Gesellschaft nicht ebenbürtig sei, da den wöchentlichen Dampferabfahrten der Packetfahrt auf ihrer Seite nur zwei- bis dreimalige im Monat gegenüberständen, und ihre Dampfer die langsameren seien. Der Norddeutsche Lloyd zeigte sich gewillt, einer derartigen Differenzrate zuzustimmen; wenn ihm ein Preisunterschied zwischen seinen schnellen Dampfern und seinen langsameren Dampfern zugebilligt würde, solle ein gleiches Verhältnis zwischen der Packetfahrt und der Carr-Linie Platz greifen. Auch war der Lloyd bereit, der Packetfahrt einen gewissen Vorsprung zu geben, so dass der Preis für die Bremer Schnelldampfer M. 120,–, für die langsameren M. 110,–, für die Packetfahrt-Dampfer M. 105,– bis M. 110,– und für die Carr-Dampfer M. 98,– bis M. 100,– sei. Mit diesem Vorschlag trat Edward Carr an die Leitung der Packetfahrt im Oktober 1884 heran, zugleich mit der Drohung, dass, wenn eine Vereinbarung auf dieser Grundlage nicht zustande komme, er seinen Beförderungspreis abermals ermäßigen werde, und zwar von M. 80,– auf M. 60,–. Auf den Rat ihrer New Yorker Agentur lehnte die Packetfahrt die Bewilligung einer Differenzrate für die Carr-Linie wieder ab, und damit scheiterte vorerst der Versuch zur Einigung. Von Hamburger Bankkreisen, und zwar namentlich von dem Senior der bekannten Bankfirma L. Behrens & Söhne, war die Verwaltung der Packetfahrt zum Abschluss eines Übereinkommens mit der Konkurrenz sehr gedrängt worden. Diese Teilnahme der Hamburger Börsenkreise an dem Streit erklärte sich daraus, dass die Carr'sche Reederei eine sogenannte Partenreederei war, an der bekannte und bedeutende Hamburger Firmen und Persönlichkeiten finanziell interessiert waren. Vorschläge des Herrn Behrens für eine Einigung wurden von der Packetfahrt mit Gegenvorschlägen erwidert, die von Carr schlankweg abgelehnt wurden.

Der Streit ging in dieser Weise weiter und wurde noch dadurch kompliziert, dass die französische Compagnie Générale Transatlantique in die Interessensphäre der deutschen Linien in Süddeutschland stärker einzudringen versuchte. Auch in den Zeitungen ging die Polemik weiter, und dass die in der Generalversammlung vom Frühjahr 1884 geübte Kritik in weiteren Kreisen als sachlich begründet empfunden wurde, zeigt ein Artikel der Hamburger »Börsenhalle« vom 2. April 1884, worin es als ein unbestreitbarer Fehler der Verwaltung der Packetfahrt bezeichnet wird, dass sie »die Entwicklung der Technik der Dampfschifffahrt, die seit Anfang der 70er Jahre die Betriebskosten auf die Hälfte heruntergebracht hat, nicht rechtzeitig erkannt und nicht genügend berücksichtigt hat.« Schon vor Jahren sei auf die Möglichkeit der Einrichtung einer Linie hingewiesen worden, die aus Dampfern nur für die Beförderung von Fracht und Zwischendeckern bestehe; die Carr-Linie habe diesen Gedanken in die Tat umgesetzt, und sie habe sich inzwischen so konsolidiert, dass ihre Konkurrenz jetzt der Packetfahrt gefährlicher sei als umgekehrt. Dabei sei der Packetfahrt auch die Beförderung von Kajütspassagieren fast völlig verlorengegangen, die zu den Schnelldampfern anderer Linien abgewandert seien. In der Leitung der Packetfahrt fehle ersichtlich seit mehreren Jahren eine feste Hand und eine klare Voraussicht.

Für die wachsende Bedeutung, die sich die Carr-Linie im Passagierverkehr ihrerseits errungen hatte, ist bezeichnend, dass Ende 1884 in New York die Vertretungen des Norddeutschen Lloyd, der Antwerpener und Rotterdamer Linien und der Carr-Linie zusammentraten, um einen Zusammenschluss herbeizuführen, dem aber die Packetfahrt abermals fernblieb ebenso wie die französische Linie. Die Folge war ein *vollständiger Zusammenbruch der Raten*, die auf den Stand von 6 Dollar heruntergingen. Damit begann das Jahr 1885 mit den denkbar schlechtesten Aussichten, und es fanden alsbald neue Verhandlungen unter den vom europäischen Kontinent aus fahrenden Linien in Köln statt, bei denen wieder der Gegenstand des Streites die Bewilligung eines Vorzugspreises für die Carr-Linie war, die mit großer Zähigkeit an ihrer Forderung festhielt. Von der Packetfahrt wurde auf den Abschluss einer Vereinigung der sämtlichen Linien unter Ausschluss der Carr-Linie hingearbeitet, um durch einen Beschluss der Vereinigung dem ganzen Agentennetze, das für die Konferenzlinien tätig war, die Arbeit für die Carr-Linie verbieten zu können. Ein entsprechender Beschluss wurde aber im letzten Augenblick dadurch verhindert, dass die Rotterdamer Linie ihrerseits die Forderung einer Vorzugsrate erhob und damit die ganze Konferenz zum Scheitern brachte.

Durch das Werfen der Überfahrtspreise war natürlich die Rentabilität des Carr'schen Unternehmens ebenfalls stark herabgedrückt, und die Verhandlungen zur Beilegung der Konkurrenz wurden vom Frühjahr 1885 an auf Vorschlag des Herrn Carr auf einer anderen Grundlage geführt, nämlich auf der Grundlage des Ankaufs des Carr'schen Unternehmens durch die Packetfahrt. Die Verhandlungen, bei denen in diesem Stadium, als Vertreter des von Hamburg abwesenden Edward Carr, Albert Ballin in den Vordergrund trat, zogen sich noch einige Zeit hin. Auf die Packetfahrt wirkte dabei im Sinne einer Verständigung eine veränderte Stellungnahme ihrer New Yorker Agenten, die jetzt ihrerseits angesichts der Erfolglosigkeit des Konkurrenzkampfes für die Gewährung eines Vorzugspreises an die Carr-Linie eintraten. Daran und an Forderungen der französischen sowie der holländischen Linie auf Gewährung von Vorzugsraten scheiterten abermalige Bemühungen auf Abschluss einer Konferenz. Im *Juli 1885* aber waren die Dinge endlich so weit gediehen, dass in Hamburg eine *Vereinbarung* zwischen der Packetfahrt, dem Norddeutschen Lloyd, der französischen, der belgischen, der holländischen, der Carr-Linie und dem Vertreter der englischen Linien zustande kam, wobei eine Preiserhöhung auf M. 100,– beschlossen wurde unter Gewährung einer Vorzugsrate von M. 90,– für die Carr-Linie. Damit hatte diese also ihre maßgebende Forderung, die ihr dauernd eine Existenzberechtigung neben der älteren Linie und deren besserem Schiffsmaterial gab, endlich durchgesetzt. Eine Vereinbarung über die Hamburger Kommissionssätze für die Auswandereragenten folgte, und bei den weiteren Verhandlungen mit den übrigen Reedereien erscheint nunmehr Albert Ballin in seiner Eigenschaft als Vertreter der Carr-Linie als vollberechtigter Komparent.

Diese weiteren Verhandlungen hatten zunächst die *Befreiung des Hamburger Platzgeschäftes* im Auswandererverkehr *von dem englischen Einfluss*, soweit das erreichbar war, zum Ziel. Denn dieser musste für die kontinentalen und namentlich die deutschen Linien ein überaus störendes Element, ja geradezu ein Pfahl im Fleische sein, weil die Interessen der englischen Linien so ganz andere als die der deutschen waren. Jene hatten ja die feste Grundlage ihres Geschäfts in England und das festländische war für sie nur eine Zugabe, für die deutschen aber war es die Existenz und seine Rentabilität eine Lebensfrage. Es wurde nun in weiteren Verhandlungen mit den übrigen kontinentalen Reedereien zunächst durchgesetzt, dass das Hamburger Platzgeschäft von den Bestimmungen der Konferenz ausgeschlossen bleibe, so dass die beiden Hamburger Linien gegenüber der englischen Konkurrenz in Hamburg freie Hand hinsichtlich der Preise sowohl wie auch der Kommissionssätze erhielten. Diese Abmachung wurde in einer Besprechung der nordeuropäischen Linien, die in Bremen im Büro des Norddeutschen Lloyd stattfand, getroffen. Gleichzeitig wurde eine Erhöhung der Preise beschlossen. Ende 1885 wurde der erste Zweck dieser Maßnahme, eine Vereinbarung zwischen den Hamburger Linien und der Vertretung der englischen Linien in Hamburg, erreicht, Preise und Kommissionssätze vereinbart; aber weitere, einschneidende Veränderungen auf diesem Gebiete traten erst später ein, nachdem Albert Ballin in den Dienst der Packetfahrt getreten war.

Das oben erwähnte Zugeständnis einer Vorzugsrate an die Carr-Linie war von der Verwaltung der Packetfahrt wohl in der Annahme gemacht worden, dass die mit der Carr-Linie eingeleiteten Verhandlungen über einen Ankauf ihrer Dampfer zum Ziele führen würden. Diese Verhandlungen zogen sich aber, da man über den Preis nicht zu einer Einigung kommen konnte, noch vom Herbst 1885 bis zum Frühjahr 1886 hin, und nachdem die Packetfahrt sich endlich entschlossen hatte, für die vier Dampfer »California«, »Polynesia«, »Polaria« und »Australia« eine Summe von 2½ Mill. Mark zu bieten, erfolgte überraschenderweise Anfang März eine *Verschmelzung der Carr-Linie* mit der von der Firma Rob. M. Sloman & Co. in Hamburg betriebenen sogenannten »*Union-Linie*«. Die Position war dadurch für die Packetfahrt wesentlich unangenehmer geworden, denn die Gegenseite war durch diesen Zusammenschluss erheblich gekräftigt. Die Firma Sloman bot aber ihrerseits den Abschluss eines Übereinkommens an, das die Form eines sogenannten Pools haben sollte. Aus dem ersten Vorschlag, der dahin ging, dass von 108 gemeinschaftlich jährlich auszuführenden Reisen die Packetfahrt 60, die Union-Linie 48 Reisen machen solle, geht hervor, dass die Position der letzteren eine recht starke war. Auf dieser Grundlage kam der Pool aber nicht zustande, sondern auf einer anderen, nämlich der, dass die Packetfahrt die Annahme der Passagiere und die Leitung und Ausführung des Passagegeschäfts für beide Parteien übernehmen solle mit der Verpflichtung, mindestens ein Viertel der Passagiere den Schiffen der Union-Linie zu überweisen. Gleichzeitig sollte sich die Packetfahrt verpflichten, *Albert Ballin an die Spitze ihrer Passageabteilung zu stellen* und sich mit ihm über die Handhabung des Geschäfts zu verständigen. Verhältnismäßig rasch wurde über diesen Vorschlag eine Einigung erzielt.

Bereits Mitte Mai 1886 genehmigte der Aufsichtsrat der Packetfahrt den *mit Ballin zu schließenden fünfjährigen Vertrag*. Indem Vertrage heißt es, dass in Übereinstimmung mit dem zwischen den beiden Linien am 22. Mai geschlossenen Poolkontrakt die Packetfahrt Herrn Albert Ballin zum selbständigen alleinigen Leiter ihres gesamten Passagegeschäfts von und nach Nordamerika ernennt, und dass zu seinem Ressort auch die von der Packetfahrt kontraktlich mit übernommene Heranziehung der Zwischendeckspassagiere für die Schiffe der Union gehört, sowie ferner die Anstellung und Entlassung der Beamten seiner Abteilung, die Vereinbarung über ihre Gehälter und Provisionen, der Abschluss von Passageverträgen im Namen der Packetfahrt, die Instruktionserteilung an die Agenten und Beamten. Alle Schriftstücke sind zu zeichnen »in Vollmacht der Hamburg-Amerikanischen Packetfahrt-Actien-Gesellschaft«. Vor Beginn eines jeden Jahres sollte der Leiter der Passage einen Etat für die Unkosten vorlegen. Wie bescheiden auch diese Verhältnisse waren, geht aus den in Aussicht genommenen Ziffern hervor, nämlich: M. 35000,– für Saläre, M. 50000,– für Annoncen, M. 25000,– für Plakate und Drucksachen, M.6000,– für Reisespesen, M. 10000,– für Porti und Telegramme, M. 10000,– für Unvorhergesehenes. Ebenso bescheiden war die Remuneration des neuen Leiters mit einem festen Jahresgehalt von M. 10000,– und einer Provision von ¾% von den im Pool mit der Union zur Verrechnung kommenden Bruttopassagen, von den ab Havre vereinnahmten Passagen und von sämtlichen Kajütspassagen aus- und eingehend; nur wenn Schnelldampfer, d.h. Dampfer über 16 Knoten Fahrtgeschwindigkeit eingestellt werden sollten, sollte nur die Hälfte der Provisionen in Anrechnung kommen. Immerhin geht aus den Strafbestimmungen des Vertrages hervor, dass man das Gesamteinkommen des neuen Leiters auf mindestens M. 60000,– veranschlagte, seine Werbekraft für die Heranziehung von Passagieren also hoch einschätzte. Im Übrigen bedeutete dieser Vertrag auch, dass die Packetfahrt nunmehr ihr Passagegeschäft, das bisher die Firma Bolten für sie geführt hatte, in eigene Regie übernahm, und eine eigene Passageabteilung gründete. Das war eine große und wichtige Neuerung, die nur dadurch möglich war, dass die Gesellschaft in Ballin eine Kapazität aus diesem Gebiete gewann, während z.B. der Norddeutsche Lloyd sein Zwischendecksgeschäft niemals in eigener Regie, sondern immer durch Vermittlung eines Generalagenten, der Firma Mißler, betrieben hat.

Wenn es aus dem Gange der Verhandlungen zwischen Carr und Packetfahrt auch nicht bereits ersichtlich wäre, würde aus diesem Vertrag zweifellos deutlich hervorgehen, dass der erst 29-jährige Inhaber von Morris & Co. sich in zwölfjähriger Arbeit eine überragende Stellung im Hamburger und eine bedeutende Stellung im gesamteuropäischen Auswanderergeschäft und damit in einem überaus wichtigen Teile des ganzen Reedereigeschäfts erkämpft hatte. Die von den vereinigten Union-Carr-Linien gestellte Bedingung spricht umso mehr dafür, da aus dem Briefwechsel zwischen Edward Carr und Ballin nicht zu ersehen ist, dass Ballin seinerseits etwa diese Bedingung gestellt oder auf sie hingearbeitet habe. Es ist vielmehr darin immer nur die Rede von einer mäßigen Geldentschädigung für Morris & Co. für den Fall einer Verständigung und Aufgabe der Carr'schen Vertretung. Auf der anderen Seite war es ja klar, dass, wenn die alten Inhaber des Hamburger Geschäfts nunmehr dauernd Ruhe und Frieden haben wollten, sie das junge, unruhige und tatenlustige Element an sich fesseln mussten.

III

Passageleiter der Packetfahrt

Am 31. Mai 1886 nahm Albert Ballin zuerst an einer Sitzung von Aufsichtsrat und Direktion der Packetfahrt teil, und trug neben dem Vorschlage, eine neue Lokalität für die Passagierabfertigung zu einem Mietspreise von M. 5000,– jährlich zu beschaffen, einen anderen wichtigen und weittragenden vor, nämlich die Aufnahme *direkter Fahrten von Stettin über Gotenburg nach New York*. Dieser Vorschlag war eine Folge des Strebens nach Beschränkung des englischen Einflusses in Hamburg, ein Streben, das nur erfolgreich sein konnte, wenn man den Engländern durch die Tat bewies, dass auch ihre Position angreifbar war. Diesen Angriffspunkt bot der Verkehr von Skandinavien nach den Vereinigten Staaten, aus dem die englischen Linien seit alters her eine erhebliche Auswanderung an sich zogen. Die Verwaltung der Packetfahrt folgte Ballins Vorschlag, und im Juli 1886 wurde er dadurch in die Praxis übertragen, dass man für eine Stettiner Linie einen Pool mit der dänischen »Thingvalla-Linie« schloss und das Anlaufen von Gotenburg und Kristiansand begann. Das war die Begründung der sogenannten »Scandia Linie«, die zum gleichen Zweck später noch einmal wieder ins Leben gerufen worden ist. Dieser Zweck war nicht die Begründung einer neuen Linie an sich, sondern die Schaffung eines »Kompensationsobjektes«, durch dessen Wiederaufgabe man von den Engländern einen anderen Vorteil – Zugeständnisse im Hamburger Verkehr – eintauschen konnte. Außer diesem Plan hatte Ballin auch den Gedanken erwogen, das englische Geschäft direkt anzugreifen und Zwischendecker entweder von Liverpool über Havre oder von Plymouth über Hamburg zu nehmen. In England belächelte man diesen Gedanken, weil man der festen Überzeugung war, dass kein englischer Auswanderer ein deutsches Schiff benutzen würde. Als Gegenmaßnahme drohten die englischen Linien, sie würden Auswanderer von Hamburg über England nach New York zum Preise von ein und ein halb Pfund Sterling nehmen. Dazu kam es aber nicht, denn es fanden bereits im September 1886 Verhandlungen in England zwischen Ballin und den englischen Linien statt, die Ende des Jahres eine Einigung im Gefolge hatten. Gegen das Aufgeben des Anlaufens in Skandinavien verstanden sich die Engländer zu einer *Einigung über das Hamburger Platzgeschäft*. Danach verpflichteten sich die englischen Linien, ihre Zwischendeckspreise von Hamburg auf M. 85,– brutto und £ 2.10.–.– netto von Liverpool, Glasgow oder London heraufzusetzen und in Hamburg ein »Clearing-Haus« unter der Leitung eines Vertreters der englischen Gesellschaften zu errichten, dem auch die Agenten der englischen Linien in Bremen unterstellt sein sollten, und das den Zweck hatte, durch Festsetzung bestimmter Anteile der einzelnen Agenten am Verkehr die Konkurrenz in Schranken zu halten, ferner Preise und Kommissionssätze zu vereinbaren Die Mitglieder hielten regelmäßige Besprechungen ab zur Erörterung der laufenden geschäftlichen Angelegenheiten, ein Sekretär leitete die Geschäfte und kontrollierte die Einhaltung der Abmachungen. Dieses Clearing-Haus bestand, bis weitergehende Verträge mit den englischen Linien es überflüssig machten.

In den Abmachungen, die Ballin mit den in diesem Clearing-Haus vereinigten Agenten traf, zeigte sich bereits seine Kunst der Menschenbehandlung. Die ganze Abmachung, insbesondere die Bestimmungen über den Pool der Agenten, zielte darauf ab, das Interesse der Agenten – denen Ballin volle 55% des Hamburger Verkehrs zugestand – an die Erzielung möglichst hoher Preise zu knüpfen. Diese Politik hat sich denn auch durchaus bewährt. Auch erklärte sich die Packetfahrt nunmehr bereit, den Agenten Passagiere abzunehmen, und band sie auch dadurch an sich.

Die deutschen Linien sollten nach dem Abkommen mit den Engländern ferner ihre Rate auf M. 90,– für die Union-Linie, auf M. 95,– für die Packetfahrt, auf M. 100,– für den Baltimore-Dienst des Lloyd und M. 110,– für dessen New Yorker Dienst erhöhen. Die Packetfahrt verpflichtete sich dagegen, ihren direkten Dienst von Skandinavien aufzugeben und nur eine indirekte Beförderung von Skandinavien über Hamburg noch vorzunehmen. Ebenso sollten Packetfahrt und

Lloyd um das Zwischendecksgeschäft von Großbritannien nach Amerika nicht mehr konkurrieren und ihre Raten von Amerika nach Großbritannien auf das Niveau der englischen Raten erhöhen. Den englischen Gesellschaften wurde ein Anteil von 33–37% vom gesamten Hamburger Verkehr garantiert. Je nachdem, ob dieser Anteil erreicht wurde oder nicht, sollten die Raten der englischen Gesellschaften reguliert werden. Die Bestimmungen mit Bezug auf Kommissionsvorschriften für die Agenten und dgl. sollten für alle Linien gleich sein.

Die Verwaltung der Packetfahrt betrachtete dieses mit den Engländern geschlossene Abkommen als einen entschiedenen Erfolg, trotz des großen Anteils, der den englischen Linien zugestanden werden musste. Denn bisher hatten die englischen Linien allen Bestrebungen auf Erhöhung der Preise und Herabsetzung der Agentenkommissionen stets widerstrebt mit dem offen angegebenen Zweck, die deutschen Gesellschaften nicht stärken zu wollen. Nunmehr hatten infolge dieser Bindung die englischen Linien das gleiche Interesse wie die deutschen an einer Hebung des geschäftlichen Erträgnisses.

Das Abkommen hat dann auch zunächst befriedigend gearbeitet, und die kontinentalen Linien konnten daran gehen, sozusagen im eigenen Hause für bessere Ordnung zu sorgen, ungehindert durch äußere Einmischung. Später, im Jahre 1890, wurden Beschwerden seitens der Engländer laut, dass sie ihren vertraglichen Anteil von 33% nicht erhielten, was zu einer Verhandlung in Liverpool führte, an der Ballin teilnahm. Seinen Darlegungen, dass es für die englischen Linien unzweckmäßig sei, von der Abmachung zurückzutreten im Hinblick auf die Verhältnisse auf dem Kontinent, gelang es, die englischen Linien zum Wiederanschluss zu bewegen, zumal er sich bereit erklärte, den englischen Linien ihren Anteil am Hamburger Verkehr zu garantieren. Im Verlauf der nächsten Jahre wurde diese Hamburger Abmachung gegenstandslos durch den Anschluss der Engländer an den kontinentalen Pool. Im Jahre 1893 wurde das Hamburger »Clearing-Haus« aufgelöst.

Gemeinschaftlich mit dem Norddeutschen Lloyd wurde an einer Befestigung der Position im deutschen Verkehr gearbeitet, und dem *osteuropäischen Verkehr* Aufmerksamkeit gewidmet. Anfang 1887 wurde bereits ein Beamter nach der russischen Grenze zwecks Überwachung der beginnenden russischen Auswanderung entsandt, und Mitte dieses Jahres – allerdings nicht für lange Dauer – mit dem Norddeutschen Lloyd ein Pool über die über Oderberg kommenden Passagiere, in der Hauptsache Galizier, geschlossen. Auch die Reichsregierung wandte ihre Aufmerksamkeit der Regelung des Auswandererverkehrs zu, und ein neues Auswanderergesetz vom Jahre 1887 stärkte die Position der von deutschen Häfen direkt fahrenden Linien. Entsprechende Schritte waren gemeinschaftlich mit dem Lloyd beim Reichskanzler und der Reichsregierung unternommen worden. Verhandlungen, die in Antwerpen und England stattfanden, und eine Konferenz zwischen den deutschen Linien, der belgischen und der holländischen Linie in Köln brachten den Erfolg einer Aufbesserung der Überfahrtspreise. Auch mit der französischen Linie wurde dieserhalb Fühlung genommen.

Aber die Besserung war nicht von Dauer, weil die Beilegung des Streites in Hamburg keineswegs die Beseitigung aller Zwistigkeitsgründe unter den transatlantischen Linien bedeutete. Denn auch die anderen Gesellschaften hatten ihre besonderen Wünsche oder Beschwerden, und die Vereinbarungen, die früher bestanden hatten, waren infolge des Hamburger Kampfes in die Brüche gegangen. Sie wiederherzustellen erwies sich als unmöglich, und allmählich drängte sich den Beteiligten der Gedanke auf, dass man *etwas anderes an die Stelle der bisherigen Abmachungen setzen müsse,* etwas, das einen besseren Ausgleich und eine bessere Zusammenfassung der Interessen herbeiführe. Ein Vorschlag, das durch Schaffung eines sogenannten »Pool« herbeizuführen, wurde bereits im Herbst 1886 von dem Vertreter der Red Star Line auf einer Konferenz der Beteiligten gemacht, und ebenfalls aus dem Jahre 1886 stammt eine Denkschrift Ballins über den Pool, aber es dauerte Jahre, bis die anderen Beteiligten sich mit dem Gedanken befreundet hatten. Erst im Jahre 1890 kam es zu ernstlichen Verhandlungen und Ende 1891 zum Abschluss eines Vertrages.

Es mag das wohl auch damit zusammengehangen haben, dass Ballin in den ersten Jahren seiner Tätigkeit, in der er doch immerhin nur die Stellung des Leiters des Passagegeschäfts hatte, nicht das ganze Schwergewicht seiner Gesellschaft in die Waagschale zugunsten seiner Ideen werfen konnte. Außerdem war das Schwergewicht dieser

Gesellschaft auch nicht so groß, da sie sich von den Folgen eines Konkurrenzkampfes erst erholen und ihre Organisation ausbauen und verstärken musste. Besonders bedurfte das wichtige *Schnelldampferproblem* einer Lösung. Nicht nur auf diesem Spezialgebiet, sondern in der Schaffung erstklassiger Passagierdampfer überhaupt war die Packetfahrt arg in Rückstand geraten. Die bereits einmal zitierte scharfe Kritik der »Börsenhalle« besprach auch diesen Punkt in aller Öffentlichkeit und machte der Verwaltung herbe Vorwürfe. Allerdings war auf diesem Gebiete viel nachzuholen. Der einzige Passagierdampfer von Bedeutung, den die Packetfahrt in den 80er Jahren bis zu Ballins Antritt in Fahrt gesetzt hatte, die »Hammonia«, war ein sehr missglücktes Ding, in der Leistungsfähigkeit sowohl wie in der Einrichtung. Mit ihrem Bau hatte die Verwaltung der Packetfahrt versucht, den neueren Verhältnissen in der Kajütsbeförderung nachzukommen und doch an Betriebskosten möglichst zu sparen. Sie war aber deshalb auf halbem Wege zu den Schnelldampfern stehen geblieben insofern, als sie ein Schiff erbaute, das zwar etwas rascher als ihre älteren Passagierdampfer war, aber immerhin so viel langsamer als die eigentlichen Schnelldampfer, dass es eine Anziehungskraft auf das Kajütspublikum nicht ausüben konnte. Auch die Einrichtung der Kajütsräume entsprach nicht mehr den neueren Ansprüchen. Erfahrungsgemäß konnte man aber Erfolge auf diesem schwierigen Gebiete nur erzielen, wenn man etwas schuf, was das Vorhandene übertraf. Übrigens stellte es sich, als der Dampfer fertig war, heraus, dass das Trockendock der Packetfahrt am Grasbrook ihn nicht aufnehmen konnte, und mit vieler Mühe fand man endlich eine Dockungsmöglichkeit bei der Werft von Blohm & Voß, deren Inhaber dem Aufsichtsrat der Gesellschaft an der Börse seine Bereitwilligkeit zu diesem Unternehmen mit den unsanften Worten kundtat: »Na, dann schicken Sie mir man Ihren ollen Kahn«, zum großen Entsetzen der hochehrbaren Herren.

Dass die Packetfahrt bereits seit längerer Zeit die Absicht des Schnelldampferbaus hatte, geht aus dem oben mitgeteilten Inhalt des Ballin'schen Anstellungsvertrages hervor. In der Direktion, die damals aus zwei Köpfen bestand, scheinen aber verschiedene Meinungen vorhanden gewesen zu sein, und die Pläne waren immer wieder zurückgestellt worden. Als man Mitte des Jahres 1887 sie von neuem zu beraten begann, konnte man zunächst auch noch zu keinem festen Entschluss kommen. Alle Berechnungen und Exposés für und wider führten zu keinem Resultat. Der Entschluss war allerdings für die Gesellschaft nicht leicht, denn der Bau konnte nur aus neuen Mitteln, d.h. durch Ausgabe neuer Aktien, finanziert werden, und ein solcher Entschluss war ja nur möglich, wenn man einer Rentabilität sicher war. Aber der Wunsch, vor allem die Stellung der Gesellschaft wieder zu heben, sie aus dem Hintertreffen herauszuholen, indem sie ohne eine großzügige Maßnahme auf diesem Gebiete hoffnungslos verbleiben musste, siegte endlich. Die späteren Resultate haben eigentlich beiden Parteien Recht gegeben, und sie sind wohl als typisch für diese Klasse von Fahrzeugen anzusehen. Deren Eigenart bestand darin, dass sie bei einer verhältnismäßig großen Anzahl von Kajütspassagieren, namentlich erster Klasse, nur eine mäßige Anzahl von Zwischendeckern und ein geringes Quantum Fracht beförderten. Dabei waren die Dampfer in ihren Größenverhältnissen an die damaligen technischen Voraussetzungen und die beschränkten Fahrwasserverhältnisse gebunden. Die Entwicklung im Maschinenwesen ging nur Schritt für Schritt weiter, die Leistungen langsam steigernd, und wenn man in der Geschwindigkeit nicht hinter den bisherigen Ergebnissen zurückbleiben wollte, konnte man auch mit der Größe des Schiffes nur so weit gehen, dass seine Fahrtleistung nicht in Frage gestellt wurde. Diese Fahrtleistung aber war bei dieser Klasse von Schiffen immer auf die Erzielung des »Rekords«, die Erringung des sogenannten »blauen Bandes des Ozeans« gerichtet. Da nun außerdem die Schiffe den Kajütspassagieren die möglichst beste Unterkunft, geräumige Salons usw. bieten mussten, so trat bei ihnen die »solide Basis«, Fracht- und Zwischendecksgeschäft, so weit in den Hintergrund, dass sie eine Grundlage für die Rentabilität nicht mehr abgeben konnte. *Das Kajütsgeschäft* war es also, das diese Rentabilität im Wesentlichen bestreiten musste. Dieses aber ist ungleichmäßig und schwankend, je nachdem die geschäftliche Konjunktur in Amerika ist und demgemäß die Reiselust des Publikums, das zum weitaus größten Teil Amerika stellt. Außerdem hat der Kajütsverkehr nur eine kurze Saison; etwa vom April/Mai bis Juli/August geht der Verkehr von Amerika nach Europa, vom August bis November den umgekehrten Weg. In der Zwischenzeit beschränkt sich der Verkehr auf Geschäftsreisen, und in der Saison sind die Dampfer natürlich regelmäßig auch nur in einer Richtung ganz gefüllt, in der anderen weniger. Mit der Frequenz der Dampfer schwanken auch die Preise, in der Hochsaison werden bei starkem Verkehr sehr hohe Preise bezahlt, in der stillen Zeit bestimmt der Reisende den Preis. Denn das Angebot von Plätzen ist infolge der großen Zahl von Passagierdampfern, die zu allen Zeiten in den letzten Jahrzehnten den Ozean befuhren, ständig so groß gewesen, dass es die Nachfrage eigentlich immer überstieg, und die älteren Dampfer stets ins Hintertreffen gerieten. Daher das Streben der Reedereien nach unablässiger Erneuerung des Materials und Einstellung immer neuer und besserer Schiffe.

Eine Aufstellung über die Ergebnisse der ersten vier, in den Jahren 1889 bis 1891 in Dienst gestellten Schnelldampfer der Packetfahrt, die Ballin später einmal machen ließ, ergab, dass die Gewinne bis zum Jahre 1895 einschließlich – dieser Zeitraum schloss die verlustreiche Choleraperiode 1892/93 ein – nicht einmal die Betriebskosten deckten, bis zum Jahre 1899 einschließlich nicht ausreichten für eine 4%ige Verzinsung der Durchschnittsbuchwerte der Schiffe. Allerdings – und das ist die andere Seite der Sache – bei einer Abschreibung, die den halben Anschaffungspreis der Schiffe, einschließlich eines Umbaues (Verlängerung) der »Augusta Victoria«, des ältesten der Dampfer, getilgt hatte. Da man nun in den Abschreibungen bei den deutschen Reedereien, so auch bei der Packetfahrt, immer sehr vorsichtig gewesen ist, so ergab sich dann auch später, bei dem Verkauf dieser Schnelldampfer im spanisch-amerikanischen und im russisch-japanischen Kriege, ein sehr bedeutender Gewinn, der den Bau hochwertigen Ersatzmaterials (»Deutschland«, »Amerika« und »Kaiserin Auguste Victoria«) ermöglichte. Allerdings hat wohl kaum je ein Reeder mit dem Verkauf so schwieriger Objekte, wie alte Schnelldampfer es sind, eine so geschickte und glückliche Hand gehabt wie Albert Ballin. Übrigens hatte die Schnelldampferfrage noch eine andere wichtige Seite; ihre Wirkung für das Ansehen der Gesellschaft. Ballin selber hat es mir gegenüber einmal in die Worte gekleidet: »Die alten Schnelldampfer der Packetfahrt waren ja gewiss keine rentablen Schiffe, aber was haben sie für das Ansehen der Gesellschaft getan!!« Sie stärkten die Anziehungskraft der Gesellschaft im Ganzen, hoben ihren Ruf, und verbesserten rückwirkend auch die Besetzung der älteren, langsameren Schiffe.

Rückschauend kann man also feststellen, dass, während rechnerisch der Bau der Schnelldampfer zweifellos kein gewinnbringendes Geschäft war, er sich endgültig doch auch finanziell rentiert hat infolge des beim Verkauf gegenüber dem Buchwert erzielten Gewinnes. Im Übrigen musste er als das einzige Mittel erscheinen, die Packetfahrt wieder zu einem vollgültigen Konkurrenten in der transatlantischen Fahrt neben den anderen Linien zu machen, und als dieses Mittel hat er sich in der Tat bewährt.

Ende des Jahres 1887 wurde je ein Schnelldampfer bei dem Stettiner Vulcan und bei der Werft von Laird in England, je zum Preise £ von 210000,–, zur Ablieferung im Frühjahr 1889, bestellt, als erste Schnelldampfer mit Doppelschrauben und dem in England neu aufgekommenen System des »künstlichen Zuges« für die Maschine. Dieses System wurde Ballin von seinem Freunde Wilding empfohlen, der sich auch in technischen Fragen häufig als freundlicher und wertvoller Ratgeber erwies. Um die Mittel für diese und andere Bauten aufzubringen, beschloss die Generalversammlung vom 6. Oktober 1887 eine Kapitalerhöhung um 5 Millionen Mark und die Ausgabe von 6¼ Mill. Mark Prioritätsobligationen. In der Erkenntnis, dass die Ausgestaltung des Dampferbetriebes das erste Erfordernis sei, hatte Ballin von Beginn seiner Tätigkeit an alles darangesetzt, die Gesellschaft wieder zur Rentabilität zu bringen, was ihm auch gelang. Für 1886 wurde bereits wieder eine Dividende von 5 Proz. verteilt und damit die Möglichkeit einer Kapitalserhöhung geschaffen.

Weitere Grundlagen für spätere Erfolge wurden in der *Ausbildung der Organisation und des technischen Dienstes der Gesellschaft* gelegt. Seine Tätigkeit bei der Carr-Linie hatte den jungen Leiter belehrt, wie befruchtend für das Geschäft eine stärkere Fürsorge für das leibliche Wohl der Zwischendecker war. Er verfolgte diese Politik weiter, indem er für das Zwischendeck von zwei Dampfern den Einbau von Kammern und die Anlage von elektrischem Licht vorschlug. Im nächsten Jahre wurde dieses Kammersystem im Zwischendeck ausgedehnt. Neben den Schnelldampferbauten wurden weitere Dampferbauten beschlossen. Anfang 1888 wurden zwei Dampfer für die westindische Fahrt bestellt, und im Frühjahr desselben Jahres acht Dampfer der Union-Linie zum Preise von 5,2 Mill. Mark angekauft, wobei die Firma Sloman das Maklergeschäft für diese Linie erhielt und ein Konkurrenzverbot einging. Im Zusammenhang damit und mit den Dampferbauten wurde beschlossen, das Kapital von 20 auf 25 Mill. Mark zu erhöhen. In der Generalversammlung aber beantragte Carl Laeisz, der Inhaber der Firma F. Laeisz, eine Erhöhung um 10 Mill. Mark als Zeichen des Vertrauens; sie wurde einstimmig beschlossen. Zwei Dampfer für das Fracht- und Zwischendecksgeschäft wurden dem Stettiner Vulcan bestellt, ein dritter wieder bei der Firma Laird in England. Der beim Vulcan im Bau befindliche Schnelldampfer wurde aus den Namen der jungen Kaiserin »Augusta Victoria« getauft, und den drei neu bestellten Dampfern die Namen »Russia«, »Scandinavia« und »Dania« gegeben, auf Beschluss des Aufsichtsrats »wegen der denkwürdigen Nordlandfahrt des Kaisers«.

Ende 1887 war wegen des wachsenden Passagegeschäfts auch die Beschaffung *eines neuen Verwaltungsgebäudes in Hamburg* sowie die Errichtung eines eigenen Passagebüros in Wien beschlossen worden. Die Räume, in denen die Gesellschaft bisher in der Deichstraße in Hamburg gehaust hatte, waren allerdings sehr bescheiden. Für das neue Gebäude wurde ein Grundstück am Dovenfleet erworben, und der Bau eines für damalige Verhältnisse recht stattlichen Gebäudes darauf in Angriff genommen. Ende 1889 fand die Übersiedelung statt, und das alte, bescheidene Haus in der Deichstraße wurde in Auktion zum Preise von M. 196200,– verkauft.

Eine *Reise nach New York,* die Ballin Mitte 1887 zusammen mit dem Mitglied des Aufsichtsrats Joh. Witt unternahm, hatte Verhandlungen mit den Agenten über eine Neuorganisation der Vertretung zum Zweck. Bei Begründung der Gesellschaft 1847 war die Vertretung drüben durch die Firma Edw. Beck & Kunhardt wahrgenommen worden, die sich 1858, nach dem Austritt eines Partners, in die Firma Kunhardt & Co. umwandelte, und im selben Jahre die Wahrnehmung der Passageagenturgeschäfte einer anderen Firma, C. B. Richard & Boas, übertrug. In diese Firma trat 1871, nach seiner Einwanderung aus Deutschland, *Emil L. Boas,* der spätere langjährige und hochverdiente Generalvertreter der Gesellschaft in New York, ein. Ihm lag die

Führung des Passagegeschäfts ganz besonders ob, und im Hinblick auf seine alsbald bewiesene große Fähigkeit wurde er auf Drängen von Kunhardt & Co. auch Mitinhaber der Firma C. B. Richard & Boas. Ferner trat in die Firma Kunhardt & Co. als Partner J. F. H. Meyer ein, seit 1854 ihr Mitarbeiter, besonders auch bei der Vertretung der Packetfahrt. Wie wichtig die New Yorker Vertretung für die Gesellschaft war, geht u.a. auch daraus hervor, dass, wie oben bei der Darstellung der Verhandlungen mit Edward Carr erwähnt, diese Verhandlungen in einem Stadium entscheidend durch ein Votum der New Yorker Vertretung beeinflusst wurden. Die mit der beabsichtigten Einstellung von Schnelldampfern stark zunehmenden Interessen der Gesellschaft drüben ließen eine stärkere Einflußnahme auf die Vertretung in New York wünschenswert erscheinen. Die Verhandlungen, die Ballin darüber führte, hatten u. a. den Erfolg, dass die Agenten sich verpflichten mussten, einen eigenen Beamten der Gesellschaft zur Kontrolle in ihrem Betrieb zuzulassen. Das war der Beginn der später so erfolgreich ausgebauten eigenen Vertretung in New York. Dass Ballin übrigens schon bald nach seinem Eintritt bei der Packetfahrt seine Aufmerksamkeit nicht nur der Ausgestaltung des Passagegeschäfts zuwandte, geht daraus hervor, dass er in Abwesenheit des Leiters des Frachtgeschäfts eine Erhöhung der Frachtraten nach New York in einer Aufsichtsratssitzung beantragte. Es war denn auch nur eine Konsequenz seiner vielseitigen Tätigkeit, und der Tatsache, dass er sich mit großer Energie als der leitende Geist bereits durchgesetzt hatte, die der Aufsichtsrat schon im Jahre 1888 zog, als er ihn nach wenig mehr als zweijähriger Tätigkeit bei der Gesellschaft zum *Vorstandsmitglied* ernannte. Diese Ernennung lag umso näher, als der Aufsichtsrat seit Jahr und Tag bemüht gewesen war, den Vorstand um eine tüchtige, auf dem Gebiete des Passagewesens erfahrene und bewährte Persönlichkeit zu vergrößern. Er hatte vor Ballins Eintritt sogar seine Zuflucht zu einem Inserat in der Zeitung genommen. Ein daraufhin erfolgter Versuch mit einem früheren Beamten des Norddeutschen Lloyd war aber nicht von langer Dauer gewesen.

IV

Der »Pool«

Unter *Pool* versteht man im Englischen bekanntlich mancherlei, aber es ist wohl immer dasselbe Ding in verschiedener Form, sei es beim Wetten, sei es im Geschäft; es ist, kurz gesagt, ein Gemeinschaftsgeschäft verschiedener Partner, wobei der Gewinn nach im Voraus festgestellten Grundsätzen verteilt wird. Geschäftlich betrachtet ist es eine Interessengemeinschaft mit bestimmten Gewinnanteilen. Wo diese Form zuerst angewandt worden ist, habe ich nicht feststellen können. Bevor die transatlantischen Dampferlinien dazu übergingen, soll sie bereits im amerikanischen Eisenbahnwesen angewandt worden sein, und zwar von den sogenannten »Trunk-Linien«, den großen Stammlinien des amerikanischen Eisenbahnnetzes, für den nach dem Westen gehenden Einwandererverkehr, vielleicht auch für andere Zweige.

Zurzeit, als das *Ballin'sche Promemoria* vom 5. Febr. 1886 verfasst wurde, muss es auch den Dampferlinien bereits vertraut gewesen sein, denn die Denkschrift setzt es als etwas Bekanntes voraus. Sie beginnt mit der Feststellung, dass die sogenannte »Konferenz der nordeuropäischen Linien« als gefallen zu betrachten sei angesichts der sich diametral gegenüberstehenden Ansprüche zweier Parteien. Während der Norddeutsche Lloyd eine Herabsetzung seiner Preise haben wolle, verlange die Antwerpener Linie, dass er sie erhöhe, damit sie eine bessere Differenzrate für sich erziele. An einen Ausgleich dieser widerstrebenden Tendenzen sei nicht zu denken, wenn man nicht eine Übereinkunft treffe, deren Grundlage eine vollständige Verschiebung der Interessen der einzelnen Parteien bedinge, und das sei eben das von dem Vertreter der Red Star Line vorgeschlagene Poolsystem. Aus den Ziffern der Zwischendecksbeförderung nach New York für die Jahre 1881–1885 errechnete Ballin folgende prozentuale *Anteile der einzelnen Linien:*

Norddeutscher Lloyd	33,45%
Packetfahrt	27%
Antwerpener Linie	12,26%
Hamburger Union-Linie	5,53%
Rotterdamer Linie	6,96%
Norddeutscher Lloyd, Baltimore-Linie	14,80%

Mit Recht sei in der Konferenz darauf hingewiesen worden, dass eine der Grundlagen des Verteilungsmodus der von den einzelnen Linien im *New Yorker Verkehr beschäftigte Schiffsraum* bilden müsse. Dieser ergebe an durchschnittlichem, für dieselben Jahre 1881–1885 beschäftigten Schiffsraum folgende Ziffern:

Norddeutscher Lloyd	275520	Tons
Packetfahrt	199500	»
Antwerpener Linie	149600	»
Rotterdamer Linie	82080	»
Hamburger Union-Linie	42840	»
Norddeutscher Lloyd, Baltimore-Linie	63000	»
zusammen	812540	Tons

Die Prozentziffern hierfür stellten sich wie folgt:

Norddeutscher Lloyd	33,91%
Packetfahrt	24,55%
Antwerpener Linie	18,41%
Rotterdamer Linie	10,10%
Hamburger Union-Linie	5,27%
Norddeutscher Lloyd, Baltimore-Dienst	7,76%

Der *Durchschnitt* dieser Ziffern in Verbindung mit denen des Passagierverkehrs würde alsdann nachstehende Verteilung ergeben:

Norddeutscher Lloyd	33,68%
Packetfahrt	25,775%
Antwerpener Linie	15,335%
Rotterdamer Linie	8,53%
Hamburger Union-Linie	5,40%
Norddeutscher Lloyd, Baltimore Linie	11,28%

»Danach müssten«, heißt es in der Denkschrift weiter, »die Anteile der einzelnen Linien an den Erträgnissen des Pools fortlaufend nach den durchschnittlichen Leistungen der letzten fünf Jahre bemessen werden, so dass für das Jahr 1887 die Resultate der Jahre 1882–1886 einschließlich maßgebend seien, während für 1888 die Ergebnisse der Jahre 1883–1887 in Rechnung kommen würden. Was die Preise angeht, so wäre ein Normalpreis und eine Normalkommission zu schaffen. Den Linien, welche ausschließlich einen Dienst mit Schnelldampfern unterhalten, wie der Norddeutsche Lloyd, müsste es freigestellt bleiben, angesichts ihrer größeren Unkosten bis zu M. 10,– Passagegeld für ihre Separatrechnung mehr zu erheben, hingegen müssten diejenigen Linien, welche Differentialraten unter dem Normalpreis beanspruchen, die betreffende Differenz, welche unter keinen Umständen M. 30,– übersteigen darf, für eigene Rechnung tragen, d.h. sie hätten, wie alle anderen, an die Poolkassen den vollen Normalpreis zu entrichten.«

Der Denkschrift war ein *Gutachten eines amerikanischen Eisenbahnfachmannes über den Poolgedanken* beigegeben. Dieses Gutachten geht von der Feststellung aus, dass es auch für den amerikanischen Inlandverkehr besser sein werde, wenn die Ozeanlinien vernünftige und stabile Raten aufrechterhielten, die keiner Partei besondere Vorzüge gewährten. Sie würden den amerikanischen Handel von dem Element der Unsicherheit befreien, das durch die Schwankungen der Raten hineingebracht werde und das dem legitimen Handel schädlich sei. Eine gemeinsame Verteilung des Schiffsraums und der Einnahmen sei das beste Mittel zur Erreichung des Zweckes. Auch die amerikanischen Eisenbahnen hätten nach zerstörenden Konkurrenzkämpfen kein besseres Mittel zur Hebung der Wirtschaftlichkeit ihres Betriebes gefunden. Ihre Zentralorganisation umfasse jetzt etwa 40 Eisenbahnen, und sie verteile den Verkehr von mehr als 100 Ausgangspunkten nach ebenso vielen Bestimmungsorten. Notwendig sei für Dampferlinien: 1. eine Festsetzung der Raten und der Anteile der einzelnen Linien, 2. die Anerkennung von Unterschieden in dem Beförderungsmittel durch gerechte Differentialraten, 3. ein Schiedsgericht zur Erledigung von Streitigkeiten daraus, 4. ein Zentralbüro für Statistik und Teilung des Verkehrs, 5. die Verteilung des Verkehrs und seiner Erträgnisse. Der vornehmste Grundsatz aber müsse sein: »Leben und leben lassen«, zu gerechten Raten für alle.

Die beiden *Hauptgrundsätze,* die in diesem Poolvorschlag vorhanden sind, sind einmal die Festsetzung bestimmter Anteile der einzelnen Linien an dem Gesamtverkehr aller auf Grund der bisherigen Leistungen, d.h. der Statistik für einen bestimmten Zeitraum, und daneben eine Beweglichmachung dieser Anteile durch Berücksichtigung des dem Verkehr zur Verfügung gestellten Schiffsraums. Diese letztere Bestimmung – sie ist in den Anfängen des Pools als die sogenannte Tonnageklausel bekanntgeworden – sollte die einzelnen Linien vor der Stagnation bewahren und der Unternehmungslust der einzelnen Raum lassen. Dieser Gedanke lag für den Vertreter der vereinigten Packetfahrt und Carr-Union-Linie besonders nahe, weil in der Statistik der Jahre 1881–1885 die Carr-Linie erst mit ihren Anfängen enthalten war, die Durchschnittsziffer der Jahre 1881–1885 also eigentlich schon im Jahre 1886 überholt war, und weil ferner die Packetfahrt unter neuer Leitung hoffen durfte, dass sie das, was die alte Verwaltung versäumt hatte, in den kommenden Jahren mit einer Ausgestaltung ihrer Flotte würde nachholen können. Sich also auf einen Anteil lediglich entsprechend der Statistik der verflossenen Jahre beschränken zu lassen, hätte den Interessen der Packetfahrt nicht entsprochen. Dieser Erwägung wurde bei der Gründung des Pools Rechnung getragen, allerdings in etwas abgeschwächter Form, und zwar in der Weise, dass der Zuwachs des Schiffsraums nicht voll, sondern nur mit 70% in Rechnung gestellt werden sollte. Alsdann sollte für je 1000 Tons Zuwachs die betreffende Linie so viel Zwischendecker als Anteil mehr erhalten, als in dem laufenden Jahre im Durchschnitt von allen Linien pro 1000 Tons befördert worden waren.

Diese sogenannte *Tonnageklausel* ist während der späteren Lebensdauer des Pools nicht aufrechterhalten worden, sondern wieder abgeschafft, und zwar auf Antrag des Norddeutschen Lloyd. Diese Abschaffung führte aber letzten Endes zu der letzten großen Krisis, die der Pool durchgemacht hat infolge einer Kündigung der Hamburg-Amerika Linie. Als diese daran ging, mit der Einstellung der drei großen Imperator-Dampfer ihren Zwischendecksraum außerordentlich stark zu vergrößern, beanspruchte sie einen entsprechend höheren Anteil und kündigte, als diese Forderung am Widerspruch des Norddeutschen Lloyd scheiterte, den Pool. Die Folge dieser Kündigung, die das ganze transatlantische Zwischendecksgeschäft mit einer ungeheuren Krisis bedrohte, war dann die Verhandlung über die Schaffung einer weitgehenden Interessengemeinschaft zwischen der Bremer und der Hamburger Gesellschaft, eine Verhandlung, die infolge des Krieges zum Abbruch kam. Fast 25 Jahre aber hat der im Jahre 1886 vorgeschlagene, 1892 zustande gekommene Pool verhältnismäßig befriedigend gearbeitet, allerdings gelegentlich unterbrochen, am einschneidendsten durch den Konkurrenzkampf mit der Cunard-Linie, der der Begründung des sogenannten Morgantrustes im Jahre 1903 folgte.

Zum Sekretär des Pools wurde der bisherige Leiter des Passagegeschäfts des Norddeutschen Lloyd, *Heinrich Peters*, gewählt. Vielleicht hängt diese Wahl damit zusammen, dass Peters es war, der in einem kritischen Augenblick mit einem fest formulierten Pool-Vorschlag wieder hervortrat und damit also sozusagen der »Vater des Pools« wurde. Über diesen Vorschlag und seine Zusammenhänge hat Peters mir kurz vor seinem im Sommer 1921 erfolgten Tode brieflich noch folgende Mitteilungen gemacht:

> »Die *Vorgeschichte des Nordatlantischen Dampfer-Linien-Verbandes* ist verhältnismäßig einfach, und doch auch wieder nicht. Auf einer Konferenz der vier Linien in Köln, auf der, wie immer, Ratenfragen erörtert wurden, konnte trotz langer Verhandlungen eine Einigung nicht erzielt werden. Die Wiederholung eines Ratenkrieges stand bevor, und ich legte mich beklommen zu Bett. Im Traum oder Halbschlummer stand plötzlich der Grundgedanke des späteren Pools – bestimmter Anteil für jede Linie auf Grund der Moore'schen Landungsstatistik (eine regelmäßig erscheinende Statistik der in New York gelandeten Passagiere) für vergangene Jahre und Kompensation – vor mir, und bei klarem Erwachen fand ich ihn so einleuchtend, daß ich, um mir den Gedanken nicht wieder entschlüpfen zu lassen, ihn auf meinem Betttisch notierte. Am nächsten Vormittage, als Ballin, Reuchlin (Holland-Amerika Linie), Strasser (Red Star Line) und ich im Rauchzimmer des ›Hotel du Nord‹ wieder zusammentrafen, teilte ich ihnen den Gedanken mit, der von ihnen derartig beurteilt wurde, daß Ballin mir sagte: ›Peters, Sie haben den Stein der Weisen gefunden.‹ Wir reisten dann ab, um zu Hause die Sache weiter zu überlegen und vorläufig keine Kampfmaß-

nahmen zu treffen. Sofort nach meiner Ankunft in Bremen trug ich sie Lohmann (damals erster Direktor des Lloyd) vor, von dem aber meine Begeisterung eine kalte Dusche erhielt. Sein Einwand war, daß durch eine derartige Vereinbarung die Entwickelungsfähigkeit des Lloyd beschränkt werde. Einige Tage danach hielt ich in einer Aufsichtsratssitzung Vortrag über den Plan. Leider reichte meine Beredsamkeit in Verteidigung gegen die vorgebrachten Bedenken nicht aus, um die Ablehnung zu verhindern, trotzdem ich noch nachdrücklich auf den nun unvermeidlichen Kampf und seine wahrscheinlichen Folgen hingewiesen hatte. Es musste natürlich die anderen Linien eigen berühren, daß gerade der Lloyd den von seinem Vertreter ausgegangenen Vorschlag nicht annahm, trotzdem er ihm einen sehr günstigen Anteil gesichert hätte, und so brach denn der Kampf aus, der, ich meine etwa 1½ Jahre dauerte und bald mit einer solchen Verbissenheit geführt wurde, daß der höchste Zwischendeckspreis nur noch 10 Dollar betrug. Gegen Ende 1891 wurden dann die Verhandlungen wegen des Pools wieder aufgenommen, von welcher Seite ist mir nicht mehr erinnerlich, und sie führten dann zu der Konferenz in Hamburg am 14.–19. Januar 1892, auf der auch der Sekretär der britischen Linien anwesend war. Man hatte es für sehr erwünscht gehalten, auch diese auf einen Anteil am kontinentalen Geschäft festzulegen, was aber mißlang, vermutlich weil sie bei der Politik der freien Hand besser zu fahren glaubten. Ebenso erfolglos war der Versuch, die Compagnie Générale Transatlantique zu gewinnen.

Der N. D. L. V. (Nordatlantischer Dampfer-Linien-Verband) wurde ursprünglich auf fünf Jahre geschlossen. Man bezeichnete ihn aber als einen ›Sprung ins Dunkle‹. Man ließ deshalb die Möglichkeit offen, ihn schon am Ende des ersten Jahres aufzulösen und wurde so zaghaft, daß man schon vier Wochen nach Abschluß, ehe er überhaupt in Wirksamkeit getreten war, eine Kündigung von 14 Tagen auf Ende des ersten Halbjahres zulässig machte. Trotzdem bestand er eine schwere Probe gleich im ersten Jahre, dem Cholerajahr.«

Die Richtigkeit dieser Darstellung wird bestätigt durch das Protokoll über jene *Sitzung am 6. Februar 1890 in Köln*, das Ballin zum Verfasser hat. Es beginnt wie folgt:

»1. Erörterung des seit heute morgen vorgelegten Vorschlags des Herrn Peters, nämlich: daß Lloyd, Packetfahrt, Red Star, die Rotterdamer und die Union-Linie das Zwischendecksgeschäft unter einem Pool bearbeiten,

2. Basis: Moore'sche Statistik für 1889, d.h. Zahl der in New York von obigen Gesellschaften 1889 gelandeten Passagiere,
3. Preis: Die Kontrahenten werden ihre Anteile am Verkehr so gut wie möglich aus der Basis des Verkehrs von 1889 festzustellen suchen und dementsprechend ihre Überfahrtspreise festsetzen.

Diejenigen Gesellschaften, die ihre Anteile überschreiten, haben neunzig Mark für jeden überschießenden Passagier an die hinter ihrem Anteil zurückbleibenden Linien zu bezahlen.«

Das kurze Protokoll enthält dann noch Bestimmungen über Schiedsgericht, Garantieleistungen, Leitung des Pools usw.

Einer Versammlung am 28. Februar 1890 in Hamburg wurde ein im einzelnen ausgearbeiteter *Vertragsentwurf* vorgelegt, der auch die bereits erwähnte Tonnageklausel in der Form enthielt, dass, wenn das Verhältnis des Schiffsraums einer Linie zum Gesamtschiffsraum aller Linien sich um ein Drittel gegenüber dem Jahre 1889, das die Grundlage des ganzen Pools sein sollte, verringere, alsdann ihr Anteil auch verringert werden solle. Außerdem waren die Kajütspreise in ein Verhältnis zu den Zwischendeckspreisen gebracht, so dass der niedrigste Kajütspreis mindestens um zwei Drittel höher sein musste als der Zwischendeckspreis. Auch war die Frage des Ostwarts-Verkehrs (von den Vereinigten Staaten nach Europa) wenigstens in einer Überschrift erwähnt, aber noch nicht gelöst. Ferner war den Kontrahenten das Anlaufen des Heimathafens einer der anderen Linien verboten. Endlich wurde die Errichtung eines selbständigen Sekretariats zur Führung der Verbandsgeschäfte, insbesondere der Statistiken, der Ausgleichsrechnungen, der Protokolle und zur Kontrolle der Geschäftsführung der einzelnen Linien vorgesehen. Dieses Sekretariat sollte in keinem Verhältnis zu einem der Kontrahenten stehen, während bisher solche Sekretariate der früheren Konferenzen abwechselnd durch einen der Beteiligten geführt worden waren.

Dieser Pool-Vorschlag führte, wie in den Mitteilungen des Herrn Peters angegeben, noch zu keinem Erfolg, es blieb vielmehr bei dem vertraglosen Zustand unter starken Schwankungen der Preise.

Erst im Frühjahr 1890 kam eine *neue Poolvorlage von Antwerpen* mit folgenden Poolanteilen:

Norddeutscher Lloyd	51,63%
Packetfahrt	22,10%

Union	3,44%
Holland-Amerika Linie	8,14%
Red Star Line	14,69%

Auch sie führte noch nicht zum Ziel, und es vergingen noch 1½ Jahre, ehe man auf Grund einer neuen, sehr sorgsam ausgearbeiteten Vorlage zu endgültigen Verhandlungen im November 1891 in Köln zusammentrat. Diese wies keine grundlegenden Veränderungen gegen die ursprüngliche Peters'sche Vorlage auf. Indes bildete nunmehr das Jahr 1890 die Basis für die Anteilberechnung, und die Kompensationsrate war auf M. 60,– festgesetzt.

Ferner war ein Anteil von 14% für die *britischen Linien* vorgesehen in der Annahme, dass diese dem Pool beitreten würden, was sie aber im März 1892 endgültig ablehnten. Daraufhin kam dann nur ein Pool der kontinentalen Linien, unter Ausschluss der französischen Linie, zustande und darin waren, abweichend von den früheren Entwürfen, auch feste Anteile für den Verkehr ostwärts vorgesehen.

Dieser »*Nordatlantische Dampfer-Linien Verband*«, das Rückgrat des großen Pools, sah endgültig folgende Anteile vor:

	westwärts:	ostwärts:
Packetfahrt (einschließlich Union)	28,84%	18,47%
Holland-Amerika Linie	9,30%	16,32%
Norddeutscher Lloyd	46,16%	44,53%
Red Star Line	15,70%	20,68%

Diese Anteile unterlagen der Abänderung durch die sogenannte Tonnageklausel, wonach 50% der Mehrtonnage, in Bruttoregistertonnen gerechnet, gegenüber 1890 für eine Anteilserhöhung zählen sollten.

Zum Sekretär des Pools wurde, wie schon erwähnt, Heinrich Peters gewählt, der zu seinem Wohnsitz, der ein neutraler Ort sein sollte, einen wirklich ganz neutralen Platz, nämlich *Jena,* erkor. Dieser Musensitz wurde damit für mehr als zwei Jahrzehnte die Zentrale einer internationalen Verkehrsorganisation, die an Bedeutung ihresgleichen suchte, namentlich als später der Kreis der Beteiligten durch den Beitritt der englischen Linien sich erweiterte, und im Laufe der Jahre die französische Linie, die österreichische Linie, ferner skandinavische und russische Linien sich anschlossen, schließlich auch ein Pool für den Verkehr vom Mittelmeer gebildet wurde, der außer den deutschen, englischen und österreichisch-ungarischen auch die südfranzösischen, die italienischen und griechischen Linien sowie eine spanische einbezog. Für sie alle bildete Jena die Zentrale, die die Statistik über den Verkehr führte, für die Verbreitung und Einhaltung der Beschlüsse unter den Beteiligten sorgte, die regelmäßigen Revisionen der einzelnen Unternehmungen vornahm und die Kompensationssummen festsetzte, die die Teilnehmer des Pools einander zu zahlen hatten.

Diese *Kompensation* ist das eigentliche Wesen des Pools. Von der Annahme ausgehend, dass der einzelnen Linie ein Anteil von dem Beförderungspreis verbleiben solle, der ausreiche, die Selbstkosten zu decken, wurde eine sogenannte Kompensationsrate vereinbart, die ursprünglich, wie erwähnt, auf M. 60,– angenommen wurde, später sich aber erhöhte. Mit diesem Satze wurden die Linien, die ihren Anteil nicht hereingefahren hatten, von denen, die ihren Anteil überschritten hatten, »kompensiert«. Blieb eine Linie mit ihrer Beförderung hinter ihrem Anteil wesentlich zurück, so konnte sie entweder ihren Beförderungspreis ermäßigen, um dadurch mehr Passagiere für sich heranzuziehen, oder aber es konnte eine Erhöhung der Preise derjenigen Linie, die zu viel befördert hatte, verlangt werden.

Einen erheblichen Raum im Rahmen des Pools nahm die Einrichtung des *Schiedsgerichts* in Anspruch. Entsprechend der überragenden Stellung der deutschen Gesellschaften wurde das deutsche Recht als maßgeblich angenommen, und da zur Zeit der Begründung des Pools ein einheitliches bürgerliches Recht in Deutschland noch nicht bestand, dasjenige Recht als maßgeblich bezeichnet, das in Köln, wo die Begründung des Pools stattfand, und wo im Laufe der Zeit alle wichtigen Sitzungen der kontinentalen Linien getagt haben, in Kraft war. Als Schiedsrichter wurde der Vorsitzende des Vorstandes der Anwaltskammer in Köln benannt. Später ging dieses Amt auf ein Mitglied des Hanseatischen Oberlandesgericht, den *Präsidenten Hansen,* über, der durch lange Jahre hindurch der Schiedsrichter des kontinentalen Pools gewesen ist, ein Zeichen, wie sehr er sich das Vertrauen der Beteiligten erworben hatte. Zahlreiche von ihm ergangene Schiedssprüche und noch zahlreichere Beschlüsse der vielen stattgehabten Konferenzen haben den Poolvertrag ergänzt und vervollständigt und ein förmliches Gesetzbuch des Pools geschaffen, an dem eine nicht geringe Anzahl fähiger juristischer und kaufmännischer Köpfe gearbeitet hat.

Die Kenntnis dieser Bestimmungen wurde im Laufe der Jahre zu einer Spezialwissenschaft, für die Spezialsachverständige bei den einzelnen Linien erwuchsen. Neidlos werden sie indes alle die *Palme* des Poolsachverstandes *Albert Ballin reichen,* dem vermöge seines fabelhaften Gedächtnisses jede Phase des Pools, seine Entstehung und Ausgestaltung auch nach zwei Jahrzehnten stets gegenwärtig war, und der es in der Poolverhandlung zu einer unübertroffenen Meisterschaft gebracht hat. Das beste Zeugnis dafür war wohl, dass, als im Jahre 1908 in London die Verhandlungen zur Begründung des sogenannten »General-Pool«, d.h. des ganz Nordeuropa unter Einschluss Englands umfassenden Pools begannen, auf Vorschlag der englischen Linien Ballin der Vorsitz in den Verhandlungen übertragen wurde, die nach manchem kritischen Moment dann auch mit einem vollen Erfolg schlossen. Bis dieses Ziel erreicht wurde, hatte es allerdings langer Arbeit bedurft, denn der individualistische englische Charakter gewöhnte sich nur langsam und schwer an den Gedanken des Zusammenschlusses, der immerhin die Aufgabe manches individuellen Wunsches und mancher Eigenart zur Voraussetzung und zur Bedingung hatte. Im Jahre 1892 kam es, wie gesagt, zu diesem Anschluss der englischen Linien noch nicht.

Die normale Entwicklung des Geschäfts wurde in diesem Jahre durch die furchtbare *Cholera-Epidemie* in Hamburg unterbrochen. Zeitweilig schlossen sich die Vereinigten Staaten gegen die kontinentale Einwanderung vollständig ab. Erst im folgenden Jahre traten wieder normale Verhältnisse ein. Trotzdem tat Ballin auf dem Wege zur Ausgestaltung der vertraglichen Beziehungen unter den nordeuropäischen Linien einen wichtigen Schritt, indem er Ende 1892 auf die bereits 1886 getroffene Maßnahme zurückgriff, *die Engländer im skandinavischen Verkehr anzugreifen* und sie dadurch einer Verständigung geneigter zu machen. Die äußere Veranlassung dazu war, dass die englischen Linien unter sich uneinig geworden waren, infolgedessen im Frühjahr 1892 das Abkommen mit den deutschen Linien über den Pool für den Hamburger Verkehr und das Hamburger Clearing-Haus gekündigt hatten.

Dadurch war die Packetfahrt den englischen Gesellschaften gegenüber wieder frei in ihren Maßnahmen und hatte im Jahre 1892 auch bereits ca. 2500 skandinavische Passagiere über Hamburg befördert.

Die Position für den zu erwartenden Konkurrenzkampf war für die Packetfahrt dadurch günstiger geworden als früher, dass sie trotz der Kündigung des Poolabkommens seitens der Engländer mit den Vertretern der englischen Linien in Hamburg einen Kontrakt geschlossen hatte, wodurch diese sich verpflichteten, die gemeinsam mit der Packetfahrt festgesetzten Passagepreise zu halten. Ferner kam in Betracht, dass der Verkehr der englischen Linien vom Kontinent zu mehr als 80% aus russischen Juden bestand, die in Amerika zu den unerwünschten Einwanderern gerechnet wurden und deren Landung man viel Schwierigkeiten machte. Endlich hatte die Packetfahrt durch den mit den kontinentalen Linien geschlossenen Pool einen gesicherten Anteil an dem davon kontrollierten Geschäft. Ein Ausfall im russischen Verkehr konnte durch skandinavischen Verkehr ersetzt werden, wobei noch in Betracht kam, dass nach dem Poolvertrag der Packetfahrt das Recht zustand, bis zu 10% ihres Gesamtverkehrs skandinavische Passagiere zu fahren, ohne sie im Pool mit den anderen Gesellschaften zu verrechnen. Ein starker Anteil am skandinavischen Verkehr war aber dadurch gesichert, dass der skandinavische Generalvertreter der Packetfahrt sich bereit erklärt hatte, für 14-tägige Abfahrten und zwei Extrafahrten 10000 Passagiere zu einer Minimalrate von 50 Kr. zu garantieren.

Nachdem ein Kontrakt darüber geschlossen war, trat der neue Verkehr ins Leben. Es bedurfte dann allerdings längerer Zeit bis die erwünschte Einwirkung auf die englischen Linien erzielt war. Zu Anfang des Jahres 1894 zeigten sie sich bereit zu einem Abkommen mit den kontinentalen Linien, und zwar gegen das Zugeständnis eines Anteils von 7% am kontinentalen Verkehr (im Jahre 1891 hatte man ihnen 14% zugestehen wollen), wenn die Skandinavien-Linie der Packetfahrt, die »Scandia-Linie«, aufgegeben würde.

Indes scheiterte auch dieser Versuch noch an dem Eigenwillen einzelner. Dasselbe war bereits im Jahre 1892 der Fall gewesen. Damals hatte ein Teil der englischen Linien seine Zustimmung davon abhängig gemacht, dass über das eigene englische Geschäft unter den englischen Linien Übereinstimmung erzielt werde, und dass für den

Fall, dass in diesem englischen Geschäft Zwistigkeiten einträten, alsdann auch der Pool mit den kontinentalen Linien gekündigt werden könne. Das lehnten die kontinentalen Linien ab, die ihre Verträge, die lediglich das kontinentale Geschäft betrafen, nicht abhängig machen wollten von der Entwicklung im englischen Geschäft, das mit dem kontinentalen doch nur wenig Zusammenhang hatte. 1894 weigerte sich die Cunard-Linie schließlich, einem Pool mit den kontinentalen Linien beizutreten, nachdem es mit vieler Mühe gelungen war, die britischen Linien zu Verhandlungen über einen Poolvertrag überhaupt zu bringen. Wie schwer sich die englischen Gemüter zu der Idee eines Poolvertrags bekehren konnten, wird treffend in einem Brief beschrieben, den Ballin im Januar 1894 von einem englischen Freunde in der Pool-Angelegenheit erhielt. »Die Zeit ist noch nicht gekommen«, heißt es darin, »daß die britischen Linien dazu überredet werden können, einem Pool oder irgendeinem anderen Vertrage beizutreten, der die Erledigung einer großen Zahl von Einzelfragen bedingt. Sie scheinen aber jetzt reif für ein Abkommen über Preise in einer möglichst einfachen Form zu sein, und wir glauben, daß, wenn das geschlossen und in loyaler Weise ausgeführt wird, es vielleicht ein bedeutsamer Schritt für die Herstellung eines allgemeinen und ausgedehnteren Abkommens darstellen kann.«

Zu einem solchen losen Abkommen wollten, wie gesagt, die kontinentalen Linien sich nicht verstehen. Ein weitergehendes scheiterte an dem Widerspruch der Cunard-Linie, gegen die dann unter Assistenz der von England fahrenden »American Line« der Kampf aufgenommen wurde. Zu der Leitung dieser Linie hatte, wie schon erwähnt, Ballin alte freundschaftliche Beziehungen noch aus der Zeit, in der er als Inhaber der Firma Morris & Co. für diese Linie gearbeitet und ihr einen erheblichen Zwischendecksverkehr zugeführt hatte. Nach einigen Monaten endete der Kampf mit einem Erfolg für die Mehrheit. Die britischen Linien reduzierten sogar ihren Anspruch an den kontinentalen Verkehr auf 6%. Die Gegenleistung von kontinentaler Seite war der Verzicht auf das skandinavische Geschäft. Die Packetfahrt erhielt für den mit ihrer Hilfe errungenen Erfolg einen Mehranteil am Pool und, ebenso wie die »American Line«, eine besondere Vergütung für drei Jahre im Ostwärts-Verkehr. Damit war endlich 1895 die

Bahn für eine rentablere Ausgestaltung des ganzen nordatlantischen Geschäfts frei gemacht.

Die erste Folge war im Jahre 1896 ein *Abkommen über den Kajütsverkehr*. Im Jahresbericht der Packetfahrt von 1896 heißt es darüber, dass bisher die Beförderung der Kajütsreisenden Resultate ergeben habe, die zu den großen Aufwendungen der Reedereien in einem außerordentlich ungünstigen Verhältnis ständen. Dabei könne dieser Verkehr, der im letzten Jahre schon auf mehr als 200000 Personen gestiegen sei, den Gesellschaften, wenn sie sich zu gemeinsamem Handeln zusammenschlössen, großen Nutzen bringen. Das Abkommen betraf zunächst übrigens nur die gemeinschaftliche Festlegung von Preisen.

Beide Abkommen, sowohl das mit den Engländern für den Zwischendecks- wie das für den Kajütsverkehr waren 1895 auf drei Jahre geschlossen worden. Verhandlungen zwecks Verlängerung begannen im Mai 1898 in London unter dem Vorsitz von Ballin und führten nach und nach zum Ziel.

Die Verhandlungen über das Kajütsabkommen waren dabei zunächst auf einer Grundlage geführt worden, wonach die Preise entsprechend der Geschwindigkeit abgestuft werden sollten. Bei einem solchen Abkommen fürchteten aber die großen englischen Linien, nicht auf ihre Rechnung zu kommen, sowie, dass die langsameren Dampfer von den Differenzraten zu sehr Nutzen ziehen würden. Auch zwischen den beiden deutschen Linien war eine Übereinstimmung nicht herzustellen. Die Verhandlungen wurden alsdann vertagt und erst im Juni in London wieder aufgenommen, abermals unter dem Vorsitz von Ballin. Die Verhandlungen verliefen zunächst ergebnislos, weil die englischen Linien untereinander uneinig waren. Diese Uneinigkeit wurde aber beigelegt und eine Gesamteinigung erzielt.

Einige Wochen später wurde auch ein Abkommen für die zweite Kajüte geschlossen. Gegen Schluss des Jahres begannen alsdann die Verhandlungen über die Verlängerung des Zwischendecksabkommens. Dabei bestand aufseiten der Packetfahrt der Wunsch nach einer Erhöhung ihres Anteils am Ostwärts-Verkehr, der im Jahre 1892 auf Grundlage der Verhältnisse festgesetzt worden war, wie sie vor der Erbauung der Schnelldampfer bestanden hatten. Gegenüber den Anteilen der übrigen Linien, insbesondere dem Anteil der holländischen Linie, erschien der Hamburger Linie ihr Anteil nunmehr zu gering. Auf der anderen Seite wünschte der Norddeutsche Lloyd eine Aufhebung der sogenannten Tonnageklausel. Das Resultat war nach langen Verhandlungen Anfang 1899 ein Kompromiss. Es wurde eine Verlängerung des Vertrages auf fünf Jahre geschlossen unter Erhöhung des Ostwärts-Anteils der Packetfahrt und unter Abschaffung der Tonnageklausel. Die Anteile stellten sich nunmehr von Anfang 1899 ab wie folgt:

	westwärts:	ostwärts:
Packetfahrt	30,71%	26,47%
Holland-Amerika Linie	9,78%	13,32%
Norddeutscher Lloyd	44,14%	41,53%
Red Star Line	15,37%	18,68%

Die neue Festsetzung der Anteile hatte also der Packetfahrt einen Fortschritt gebracht, für die weitere Entwicklung allerdings durch die Aufhebung der Tonnageklausel ein Hindernis.

Das nächste bedeutsame Ereignis in der Entwicklung der Vertragsbeziehungen unter den transatlantischen Linien war die Bildung des sogenannten »Morgan-Trust« und der Abschluss der Interessengemeinschaft der deutschen Linien mit ihm.

V

Der Morgan-Trust

Für zwei von den drei großen Zweigen des transatlantischen Reedereigeschäfts, für den Zwischendecksverkehr und den Frachtverkehr, haben die Pool-Verträge durch mehr als zwei Jahrzehnte eine erfolgreiche Regelung geschaffen, die vor allen Dingen die erste Voraussetzung für eine Rentabilität gab, nämlich die Verhinderung einer Vergeudung von Material. Die Gewissheit, durch stärkere Einstellung von Schiffsmaterial nur dann einen Vorteil erzielen zu können, wenn es sich um eine planmäßige Vorbereitung und Schaffung einer Begründung für in der Zukunft zu stellende höhere Ansprüche an die respektiven Pool-Anteile handelte, veranlasste zumeist zur Verwendung einer möglichst beschränkten, in ihrer Eigenart aber möglichst ertragfähigen Menge von Schiffsraum.

Anders stand es mit dem dritten Zweig des transatlantischen Reedereigeschäfts, mit dem *Kajütsverkehr*. Für den Kajütsverkehr haben die Verträge unter den Linien immer nur eine Regulierung der Preise vorgesehen und ihre Abstufung je nach der Güte der betreffenden Dampfer. Man ist aber nicht zu einer quotenmäßigen Verteilung des Geschäfts, nicht zu einem Kajütspool gekommen, so oft er auch angestrebt wurde. Infolgedessen führte das Streben der Gesellschaften, einander in der Geschwindigkeit und der Bequemlichkeit der Passagierbeförderung zu überbieten, um ein möglichst zahlreiches Publikum anzuziehen, zur Einstellung immer hochwertigerer Dampfer und zur Aufrechterhaltung eines möglichst häufigen und regelmäßigen Dienstes das ganze Jahr hindurch auf jeder einzelnen Linie. So kam es, dass fast an jedem Wochentage ein oder mehrere erstklassige Dampfer die Reise über den Ozean von jeder Seite aus antraten mit dem Erfolg, dass nur während der Saison, d.h. im Frühjahr und Frühsommer ostwärts und im Spätsommer und Herbst westwärts, die Schiffe voll besetzt waren, während in der übrigen Zeit sie mit mehr oder minder schlechter Besetzung zu entsprechend schlechten Preisen fahren mussten. In einem Interview im Jahre 1902 schätzte Ballin die den Linien dadurch überflüssigerweise verursachten Kosten auf mindestens 50 Millionen Mark. Der Wunsch, diesem Zustande abzuhelfen, das Pool-Abkommen zu einer allumfassenden Interessengemeinschaft auszubauen, war einer der beiden Hauptgedanken, die zur Begründung des Morgan-Trustes führten. Der andere Gedanke war der Wunsch nach einer *europäisch-amerikanischen Zusammenarbeit* in der transatlantischen Schifffahrt.

Dieser Gedanke ergab sich einmal aus der großen Bedeutung, die Handel und Verkehr der Vereinigten Staaten für das transatlantische Reedereigeschäft hatten. Im Frachtverkehr stützte sich das Geschäft auf den mehr oder minder starken Import der Vereinigten Staaten aus Europa und ihren, je nach der Größe der Ernte und der Aufnahmefähigkeit Europas wechselnden Export landwirtschaftlicher Produkte, im Zwischendecksverkehr auf die zwar wechselnde, im Ganzen aber doch nahezu unbegrenzte Aufnahmefähigkeit der Vereinigten Staaten für europäische Auswanderer; im Kajütsverkehr endlich auf die Tatsache, dass Jahr für Jahr ein starker Reiseverkehr aus Amerika nach Europa stattfand von Leuten, die entweder aus geschäftlichen Gründen nach Europa reisten oder aber zu ihrem Vergnügen oder zur Erholung in europäische Badeorte, nach der Riviera usw. Die Anziehungskraft der Pariser Modewarengeschäfte auf das weibliche amerikanische Element und gesellschaftliche Gepflogenheiten spielten dabei eine große Rolle. Ganz überwiegend war und ist daher auch heute noch Amerika im transatlantischen Verkehr der gebende, Europa der empfangende Teil. Der Gedanke lag also nahe, durch Anknüpfung direkter Beziehungen in Amerika einer Reederei einen festeren Halt dort zu geben, *die amerikanischen Handels- und Verkehrskreise an einer europäischen Reederei direkt zu interessieren.*

Die Priorität bei dem Versuch, diesen Gedanken in die Tat umzusetzen, liegt bei der Packetfahrt und ihrem Leiter, und zwar reichen die Bestrebungen in diesem Sinne weit zurück in die Anfänge seiner Tätigkeit. Aus dem Jahre 1891 ist bereits ein Dokument dafür erhalten in Gestalt eines Briefes, den Ballin an den Leiter einer der wenigen größeren amerikanischen Reedereien, der Atlantic Transport Company, die ihren Sitz in Baltimore hatte und den Verkehr nach England pflegte, Mr. B. N. Baker, geschrieben hat, dem er persönlich nahegetreten war, und mit dem ihm eine lange Freundschaft später noch verbunden hat. Der Brief ist das Resultat einer vorausgegangenen persönlichen Verhandlung und lautet im Wesentlichen wie folgt:

»Ich antwortete Ihnen vor einigen Tagen schriftlich auf Ihr Schreiben vom 4. v. M., und zwar dahin, daß in Übereinstimmung mit Ihrer Anregung einer von unseren Direktoren im September nach New York reisen wird, um mit Ihnen über die in Frage stehende Angelegenheit zu konferieren.

Nachdem ich mich in der Zwischenzeit mit Ihrem Brief eingehend beschäftigt habe, finde ich, daß die Ansichten, die ich über Ihre Vorschläge mir bilden konnte, sich mit Ihrer Ansicht noch viel weiter decken, als sie vielleicht angenommen haben. Ich habe noch keine Gelegenheit gehabt, die Sache mit meinen Kollegen zu besprechen und weiß daher nicht, wieweit sie meine Ansichten teilen. Um aber meine eigenen Ideen noch schärfer zu formulieren, scheint es mir nützlich, Ihnen diesen ganz vertraulichen Brief zu schreiben mit der Bitte, mich, wenn möglich, drahtlich darüber zu informieren, was Sie über folgenden Vorschlag denken:

1. Sie übernehmen unsere New Yorker Agentur für das Frachtgeschäft sowohl wie für das Passagegeschäft.
2. Sie engagieren diejenigen unserer Beamten, die jetzt in unserer New Yorker Filiale tätig sind und die wir in unserem Geschäft zu behalten wünschen.
3. Sie übernehmen die Hälfte unserer Baltimore-Linie derart, daß jede Partei zwei für die Beförderung von Zwischendeckern geeignete Dampfer stellt. Zu diesem Zweck schlage ich vor, daß Sie zum Einstandspreise die beiden Dampfer übernehmen, die wir gegenwärtig in Hamburg für unseren Baltimore-Dienst im Bau haben (320′ lang, 40′ breit, 27′ tief mit 8′ hohem Zwischendeck und einer Tragfähigkeit von 3500 Tons bei 22 Fuß Tiefgang, einer Unterbringungsmöglichkeit von etwa 450 Zwischendeckern und 11 Meilen garantierter Geschwindigkeit, fertig im Oktober d.J.), und wir zwei ähnliche Dampfer stellen. Die Einnahmen müßten unter einem Poolabkommen verteilt werden.

4. Ihre Gesellschaft übernimmt für 1 Mill. Dollars von unseren Aktien mit der Verpflichtung, sie nicht zu verkaufen, so lange Sie unser amerikanisches Geschäft leiten. Ich darf dazu bemerken, daß unsere Aktien jetzt billig zu haben sind infolge der allgemeinen Depression, die am europäischen Geldmarkt besteht. Ferner infolge der Tatsache, daß nur eine kleine Dividende erwartet wird wegen der sehr niedrigen Frachten von Nordamerika. Ich glaube, Sie würden die Aktien zu durchschnittlich etwa 7% über pari kaufen können. Wir haben in den letzten Jahren, seit wir einen Pool mit der Union-Linie schlossen, folgende Dividenden verteilt:

1886: 4% 1887: 6%
1888: 8½% 1889: 11%
1890: 8%,

und während dieser Zeit verwandten wir für Abschreibungen und Reservestellungen etwa 60% des Gewinnes.

Die Lage unserer Gesellschaft ist ausgezeichnet, da unsere Flotte aus modernen Schiffen besteht mit einem Durchschnittsalter von nur etwa 5 Jahren und sehr geringen Buchwerten. Ich würde Ihnen dankbar sein, wenn Sie sich die Sache überlegten und mich möglichst drahtlich benachrichtigten, ob Sie auf dieser Grundlage zu Verhandlungen bereit sind. Ich gehe dabei von der Annahme aus, daß es für unsere Gesellschaft wertvoll sein würde, in den Vereinigten Staaten einen Mittelpunkt für unsere Interessen und eine Position ähnlich der der Red Star und der Inman-Line zu erhalten, im Hinblick auf ihre Verbindung mit der Pennsylvania Railroad usw. Sollte dieses Projekt durchgeführt werden, so sollte jemand von Ihrem Konzern in unseren Aufsichtsrat eintreten. Ich würde Ihnen dankbar sein, wenn Sie mir diesen Brief zurücksenden würden, da er, wie ich nochmals betone, nur meine ganz persönlichen Ansichten wiedergibt.«

Dieser Brief wird nicht nur den Wunsch nach einer stärkeren Verankerung in den Vereinigten Staaten, sondern auch den Wunsch zur Ursache gehabt haben, im englischen Verkehr Fuß zu fassen, und damit ein besseres Gegengewicht gegen die englischen Linien, die ja noch immer, wenigstens indirekt, auf dem Kontinent sesshaft waren, zu schaffen. Der Versuch führte zu keinem praktischen Resultat und wurde aufgegeben, lebte aber 1899, also 8 Jahre später, wieder auf, diesmal auf Veranlassung des Inhabers der Schiffbaufirma Harland &

Wolff in Belfast, Mr. *Pirrie*. Diesen verbanden mit der englischen transatlantischen Schifffahrt bedeutende Interessen, auch finanzieller Natur, und ihn leitete bei seinem Vorgehen der Wunsch, die von anderer Seite betriebene Vereinigung der Atlantic Transport Company mit einer anderen englischen Reederei, der »Leyland Line«, zu verhindern. Auf seine Veranlassung kam der Leiter der Atlantic Transport Company, Mr. Baker, nach Europa zur persönlichen Verhandlung des Fusionsprojektes. Das Objekt erschien Ballin umso begehrenswerter, da die Atlantic Transport Company durch Aktienbesitz auch eine andere, gleichfalls zwischen New York und London verkehrende Linie, die National Line, kontrollierte und in dem Verkehr zwischen New York und London der maßgebende Faktor war. Ballin erbat sich vom Aufsichtsrat die Ermächtigung, zur Verhandlung nach London zu gehen, die ihm auch erteilt wurde.

In der telegraphischen Korrespondenz über diese Verhandlungen, die die Aufbringung von 25 Mill. M., davon die Hälfte in Aktien der Packetfahrt, notwendig erscheinen ließen, ergab sich aber, dass dem Aufsichtsrat das Projekt zu weit ausgreifend erschien, und die Verhandlungen kamen dadurch zunächst zum Scheitern, nicht ohne eine erhebliche Missstimmung zwischen Ballin und dem Aufsichtsrat zu hinterlassen. Zu Beginn des nächsten Jahres tauchte das Projekt nochmals auf, und zwar auf Veranlassung des Mr. Baker. Da die neuen Verhandlungen, die in Hamburg stattfanden, aber auch nicht zum Ziel führten, erfolgte ein Aufkauf der amerikanischen Reederei durch die englische Leyland Line.

In *Amerika* waren gleichzeitig Bestrebungen im Gange, eine Stärkung der amerikanischen Handelsschifffahrt auf dem Wege der *staatlichen Subventionierung* herbeizuführen, und daraus entsprang die von Mr. Baker in Hamburg vorgetragene Idee, in Gemeinschaft mit seiner neuen Kombination und der englischen White Star Line eine amerikanische Schifffahrtsgesellschaft zu gründen, die von diesen Subventionen Nutzen ziehen sollte. Weder die Subventionsbestrebungen, noch dieses Projekt kamen zum Ende, wohl aber gliederte sich der aus der Atlantic Transport und der Leyland Line zusammengeschlossene Konzern weitere Reedereien in England an, und zwar die schon erwähnte National Line, die Wilson-Furness-Leyland Line und die

Westindian & Pacific Line, sämtlich unter Leitung des Inhabers der Firma Leyland stehend, des Herrn *Ellerman*, eines bekannten englischen Reeders deutscher Abstammung. Der in diesem Unternehmen vereinigte Schiffsraum umfasste eine halbe Million Tons und wurde sowohl von den englischen Linien wie auch von der Hamburger Linie als eine unangenehme Bedrohung empfunden, die sich u.a. darin ausdrückte, dass die englischen Linien zu irgendwelchen Abmachungen auf dem Gebiete des Passagegeschäfts sich nicht mehr bereit zeigten. Übrigens war auch Mr. Baker mit dem Gange der Dinge so wenig zufrieden, dass er schließlich mit Erfolg dahin strebte, seine Linie aus diesem Verband wieder zu lösen, und abermals tauchte die Frage auf, ob nicht die Packetfahrt, gegebenenfalls in Gemeinschaft mit der englischen White Star Line und der Firma Harland & Wolff, die Atlantic Transport Company erwerben wolle.

Zu diesem Zeitpunkt setzten die Bestrebungen des amerikanischen Bankiers *Pierpont Morgan* auf Schaffung der Vereinigung ein, die unter dem Namen Morgan-Trust bekannt geworden ist. Die fast durch 1½ Jahr sich hinziehenden Verhandlungen, die die Abwehr dieser amerikanischen Gefahr und gleichzeitig einen Anschluss an die Morgan'schen Bestrebungen zum Ziel hatten, weil sich hier endlich die Gelegenheit zu bieten schien, die alles umfassende Gemeinschaft der Interessen unter den transatlantischen Reedereien zu schaffen, sind in *Aufzeichnungen von Ballin* eingehend geschildert. Im August 1901 schrieb Ballin:

> »Die große Depression, welche sich auf Deutschland in geschäftlicher Beziehung gelegt hat, nimmt einen immer gefährlicher werdenden Umfang an. Sie zieht ihre Kreise auf dem ganzen Erdball, nur die Vereinigten Staaten scheinen bisher unberührt. Für uns speziell aber will das Unglück, daß eine schlechte Maisernte in den Vereinigten Staaten zu dem anderen Übel noch hinzukommt, und so sehen wir in fast unglaublich kurzer Zeit den ganzen Frachtenmarkt demoralisiert. Es ist eine ernste Situation für eine Compagnie von dem ungeheuren Umfang der unsrigen. Dazu tritt eine neue Gefahr in die Erscheinung. In Amerika mit seinen unerschöpflichen Hilfsquellen, seinen rücksichtslos unternehmenden Bewohnern und seinem ungeheuer gestiegenen Reichtum ist die Bildung von Trusts an der Tagesordnung. Der Bankier

Pierpont Morgan, ein Mann, dem man nachsagt, daß er mit seinem ungeheuren Reichtum eine geradezu erstaunliche Intelligenz verbindet, hat schon den großen Stahl-Trust, die größte Kombination, welche jemals die Welt gesehen hat, ins Leben gerufen und geht nun daran, den Amerikanern die Grundlage für eine Handelsmarine zu schaffen.«

Die Sachlage, wie sie sich damals darstellte, schildert eine kurze, *von Ballin für den Fürsten Henckel-Donnersmarck angefertigte Denkschrift.* An diesen war Ballin vom *Kaiser* verwiesen worden, der die Geschäftskenntnis des Fürsten, der ja große Unternehmungen, auch auf industriellem Gebiet, geschaffen hat, sehr schätzte, und die amerikanischen Schifffahrtsbestrebungen von Anfang an mit großem Interesse und mit lebhafter Anteilnahme wegen der für die deutsche Reederei daraus etwa entstehenden Gefahren verfolgt hatte. Da man, um die Sachlage zu verstehen, sich in die Verhältnisse der damaligen Zeit zurückversetzen muss, ist die Denkschrift, obwohl die Dinge sich seitdem so sehr verändert haben, von Interesse, weshalb sie hier im Wortlaut wiedergegeben sei:

»Während im Jahre 1830 der überseeische Handel der Vereinigten Staaten noch zu 90% durch Schiffe unter der *amerikanischen Flagge* vermittelt wurde, sank die Beteiligung dieser Flagge bis zum Jahre 1862 bereits auf 50% und ging dann beständig zurück. Im Jahre 1880 wurden nur noch 16% und im Jahre 1890 nur noch 9% des überseeischen Handels der Vereinigten Staaten unter der Flagge der Union befördert. Dieser Rückgang, welcher eine Folgeerscheinung der amerikanischen Zollpolitik ist, hat, besonders in den letzten Jahren, Anlaß zu einer Reihe von Gesetzesvorlagen gegeben, welche sämtlich die Tendenz verfolgten, durch staatliche Subsidien die Handelsschifffahrt der Vereinigten Staaten zu heben. Man ist jedoch zu weitgreifenden Maßnahmen bisher nicht gekommen, sondern hat sich darauf beschränkt, für den nordatlantischen Verkehr eine mit 4 Dampfern betriebene Postlinie aus Staatsmitteln zu unterstützen, ohne dadurch wesentliche Erfolge zu erzielen.

Jetzt hat jedoch der bekannte Bankier J. Pierpont Morgan zusammen mit einigen anderen großen amerikanischen Unternehmern sich dieser Angelegenheit bemächtigt, und über seine bisherigen Transaktionen ist soweit folgendes bekannt geworden:

Morgan hat die in Liverpool ansässige *Leyland-Linie* angekauft, welche nach Ausweis des letzten englischen Schiffsregisters über eine

Flotte von 54 Schiffen mit 155489 Brutto-Register-Tons verfügt. Die Gesellschaft, welche erst vor einem Jahre sich mit der *West India & Pacific-Linie* vereinigt hatte, unterhält gemeinsam mit derselben regelmäßige Dampferlinien:

zwischen Liverpool und New York,
» Liverpool und Boston,
» London und Quebec,
» Liverpool und New Orleans,
» Liverpool und Galveston,
» Liverpool und Westindien.

Eine außerdem von der Leyland-Gesellschaft früher betriebene Verbindung nach dem Mittelmeer hat Morgan nicht mit übernommen. Er hat dagegen ferner die *Atlantic Transport Co.* der geplanten Unternehmung angeschlossen. Diese Gesellschaft unterhält Verbindungen:

zwischen London und New York,
» London und Baltimore,
» London und Philadelphia.

Sie besitzt 11 Schiffe mit 36166 Tons. Die Atlantic Transport Company, deren Kapital schon zum weitaus größten Teil in Amerika placiert war, ist gleichzeitig im Besitze der Majorität der Aktien der *National Line,* welche ebenfalls zwischen London und New York verkehrt und von den Reedern Wilson und Furness betrieben wurde, und soll ebenfalls von Morgan aufgekauft sein. Offenbar hat Morgan die Absicht, einen großen amerikanischen Schiffahrtstrust zu bilden, und wie mir von durchaus zuverlässiger Seite bestätigt worden ist, wird diesem Trust sich auch die *American Line* und ferner noch die *Red Star Line,* deren Schiffe unter belgischer Flagge zwischen Antwerpen und New York verkehren, anschließen. Die Aktien der American und der Red Star Line waren schon bisher zum größten Teil in amerikanischen Händen, und beide Gesellschaften haben den Sitz ihrer Verwaltung in New York. Sie repräsentieren zusammen eine Tonnage von 86811 Tons mit einer Zahl von 23 Dampfern.

Um sich von der *Größe der Unternehmung* ein Bild zu machen, muß man noch hinzurechnen, daß für die genannten Gesellschaften Schiffe mit einem Raumgehalt von etwa 200000 Tons sich im Bau befinden bzw. im Laufe der letzten Monate bereits in Betrieb gesetzt sind, ohne in den angeführten Ziffern enthalten zu sein, die einem am 1. Januar d.J. erschienenen Register entnommen wurden. Die neue amerikanische Gesellschaft würde also über eine Flotte verfügen, deren Raumgehalt sich auf 430000 Brutto-Register-Tons beziffert. Die Hamburg-Amerika Linie repräsentiert einschließlich der im Bau befindlichen Schiffe etwa 650000 Tons, der Lloyd etwa 600000.

Bei einem Vergleich zwischen dem Schiffsraum der beiden deutschen Gesellschaften einerseits und des geplanten amerikanischen Trusts andererseits muß aber in Erwägung gezogen werden, daß die Schiffe der deutschen Gesellschaften auf allen Meeren verteilt sind, während diejenigen des amerikanischen Unternehmens lediglich dem nordatlantischen Verkehr dienen. Wenn wir also die Bedeutung der amerikanischen Koalition richtig abmessen wollen, so müssen wir der amerikanischen Ziffer lediglich die Summe desjenigen Schiffsraums gegenüberstellen, welche der Lloyd und die Hamburg-Amerika Linie in der *Fahrt nach und von Häfen der Vereinigten Staaten* verwenden.

Diese Ziffern ergeben für:

deutsche Linien:			Amerika:		
ca.	390000	B.R.T.	ca.	430000	B.R.T.
davon H.-A. L.	250000	»			
Lloyd	140000	»			

Im nordatlantischen Verkehr ist also der Morgan-Trust den deutschen Reedereien überlegen und auch gegen die britischen Gesellschaften steht er nicht zurück, wenn man die Tonnage der *regelmäßigen britischen Linien* in Betracht zieht.

Es beschäftigen heute im nordatlantischen Verkehr:

White Star Line	Liverpool	79280	B.R.T.
Cunard Line	»	49320	»
Beaver Line	»	20000	»
Allan & State Line	»	87606	»
Dominion Line	»	12360	»
Anchor Line	Glasgow	90000	»
		338566	»
	plus Neubauten	100000	»
	insgesamt	438566	»

Von diesen Linien verkehren Allan, Dominion und Beaver Line hauptsächlich mit Kanada. Nicht eingeschlossen in diese Zusammenstellung sind diejenigen, lediglich der Frachtbeförderung sich widmenden kleineren Linien, welche von englischen Hafenplätzen wie Hull, Bristol,

Belfast usw. nach Nordamerika gehen, ebensowenig die in wilder Fahrt beschäftigten englischen Dampfer (sogenannte Tramps), die nur bei lohnenden Frachtraten die Häfen der Vereinigten Staaten aufsuchen.

Zweifellos ist Morgan in seinen Maßnahmen von der Zuversicht geleitet, daß es ihm gelingen wird, ein *Subsidiengesetz* zugunsten seiner Unternehmung durchzusetzen. Solange er das nicht erreicht, muß er natürlich die von ihm in den Kreis seiner Operationen gezogenen Dampferlinien unter fremder Flagge verkehren lassen. Bis jetzt führen nur 4 Schiffe der American Line (›NewYork‹, ›Philadelphia‹, ›St. Louis‹ und ›St. Paul‹) die Flagge der Union, während die übrigen Schiffe der American Line sowohl als auch die der Leyland, der West India & Pacific, der Atlantic Transport, der National- und Furness-Boston-Linien unter der englischen, die der Red Star Line unter der belgischen Flagge fahren.

An und für sich bildet die von Morgan geschaffene oder geplante Organisation keine Gefahr für die beiden großen deutschen Reedereien, denn es ist eine alte Erfahrung, daß die Konkurrenz eines großen ebenbürtigen Unternehmens viel leichter zu ertragen und durch Verträge in Grenzen zu halten ist als der regellose Wettbewerb einer Reihe von kleinen Reedereien. Auch die staatliche Unterstützung, solange sie über ein den Verhältnissen entsprechendes Maß nicht hinausgeht, würde die amerikanische Unternehmung nicht ohne weiteres den deutschen Interessen gefährlich erscheinen lassen. Die Gefahr liegt vielmehr in der *Verquickung amerikanischer Eisenbahninteressen mit denjenigen der Reederei.*

Es ist notorisch, daß Morgan diese großen Transaktionen als Führer eines Syndikats unternimmt, welchem eine Reihe der bedeutendsten und unternehmendsten Geschäftsleute der Vereinigten Staaten angehören. Ganz besonders sind in dieser Vereinigung die Eisenbahninteressen stark vertreten. Morgan selbst hat während seiner Anwesenheit in London vor einigen Monaten englischen Schiffahrtsinteressenten gegenüber über den Zweck seiner Unternehmungen sich dahin ausgesprochen, daß seinen Berechnungen nach fast 70% aller Güter, welche zur Verschiffung von den nordatlantischen Häfen nach Europa bestimmt sind, durch die Eisenbahn auf Durchkonnossemente nach den Hafenstädten gebracht und dort den fremden Schiffahrtsgesellschaften zum Weitertransport ausgeliefert würden. Morgan und seine Freunde vermögen nun – wie Morgan sagt – nicht einzusehen, warum die Eisenbahngesellschaften den geschlossenen Beförderungsvertrag auf fremde Transporteure für die Wasserstrecke übertragen sollen. Es schiene vielmehr logisch, daß eine Verschmelzung von amerikanischen Eisenbahn- und Dampfschiffsinteressen zu diesem Zwecke stattfände.

In dieser geplanten *Verbindung des Land- und Seetransportes* liegt, wie gesagt, die Gefahr für die ausländischen Reedereien, die dadurch der Möglichkeit ausgesetzt sind, daß ihnen die Zufuhr aus dem amerikanischen Inlande abgeschnitten wird. Diese Zufuhr ist für die Rentabilität unserer nordamerikanischen Linien unerläßlich und Morgans Behauptung, daß sie ca. 70% der gesamten Beförderung ausmacht, dürfte nicht wesentlich übertrieben sein.

Bei der Eigenart der amerikanischen Verhältnisse ist es heute schwer zu sagen, welche der großen Eisenbahnlinien eventuell in den Bereich dieser Morgan'schen Kombination gezogen werden könnten, und welche unabhängig ihr Geschäft in der bisherigen Weise weiter betreiben würden. Selbst wenn Morgan für den Anfang nur eine oder zwei der Bahngesellschaften für seine Zwecke gewinnt, bleiben die Reedereien immer der Gefahr ausgesetzt, daß er später durch eine Verständigung mit den Interessenten der übrigen Bahnen diese Kombination ausdehnt. Es würde nahe liegen zu erwägen, ob die deutschen Gesellschaften nicht versuchen sollten, ähnliche Kombinationen mit den gegenwärtig noch von Morgan's Einfluß steten amerikanischen Bahnen einzuleiten. Ein derartiger Versuch kann aber den Interessen der deutschen Reedereien erst dienen, wenn mit Bezug auf die Morgan'schen Maßnahmen Gewißheit besteht. Gegenwärtig arbeiten alle in New York einmündenden großen Bahngesellschaften gemeinsam mit den deutschen Reedereien, und die letzteren würden also sich der Einwirkung einzelner Bahnen freiwillig begeben und deren Opposition herbeirufen, wenn sie sich in dieser Beziehung vorzeitig binden würden.

Eine andere Gefahr, welche nach dem bisherigen Vorgehen der Amerikaner nicht gering anzuschlagen ist, ist die, daß man durch *Ankauf von Aktien der deutschen Reedereien* die Kontrolle über dieselben zu erreichen suchen könnte. Es scheint in dieser Beziehung geraten, daß der Lloyd und die Hamburg-Amerika Linie in ihre Statuten Bestimmungen aufnehmen, welche geeignet sind, dieser Möglichkeit vorzubeugen.«

Über die *Verhandlungen, die Ballin in dieser Angelegenheit führte,* heißt es in den Aufzeichnungen:

»Während meines Aufenthaltes in London im Juli (1901) hatte ich Gelegenheit, mit Mr. *Pirrie* über diese amerikanische Angelegenheit zu verhandeln. Pirrie hatte mir schon vor längerer Zeit geschrieben, daß er mich in dieser Sache gern sprechen wollte, aber er hatte niemals angedeutet, daß er direkt *von Morgan beauftragt* sei, mit mir *zu verhandeln*. Das ergab sich erst im Laufe unserer Unterredung. Es stellte sich heraus, daß Pirrie die Gefahr für ebenso groß ansah wie ich, und daß er den Wunsch hat, daß die *White Star Line* der amerikanischen Kombination ungegliedert würde. Es fand dann eine zweite Konferenz zwischen mir und Pirrie und Ismay (Leiter der White Star Line) statt, und es wurde beschlossen, daß Pirrie nach New York gehen und dort von Morgan hören sollte, welche Ideen er mit Bezug auf die White Star Line und die Hamburg-Amerika Linie hätte. Pirrie trat Ende August mit dem neuen White Star-Dampfer ›Celtic‹ die Reise an, und Ismay begleitete ihn. Die Nachrichten, welche ich von Pirrie aus Amerika erhielt, beschränkten sich auf einige von mir selbst hervorgerufene Kabelmeldungen und ließen erkennen, daß mit Bezug auf die Hamburg-Amerika Linie wenig oder gar nicht verhandelt sei. Bald nachdem Pirrie von Amerika zurückgekehrt war, begab ich mich zu einer mündlichen Besprechung mit ihm nach London. Da er mir schon telegraphisch mitgeteilt hatte, daß er Mr. Wilding zur Teilnahme an dieser Besprechung eingeladen, so nahm ich meinerseits Gelegenheit, Wilding bei meiner Durchreise durch Southampton bereits zu begrüßen. Was ich von ihm hörte, erfüllte mich mit ebenso großer Sorge wie Überraschung. Er teilte mir mit, daß die White Star Line von dem Syndikat aufgesogen würde, und daß man mit der Hamburg-Amerika Linie einen Erfolg sich nicht verspräche im Hinblick auf meine Stellung zum Kaiser. Man sei geneigt, so freundschaftlich wie es ohne Verletzung der Interessen des Syndikats möglich sei, mit uns zu arbeiten. Man müsse mir aber mitteilen, daß auch die größten amerikanischen Eisenbahnen dem Syndikat bereits sich genähert und Erklärungen abgegeben hätten, welche einer *Kombination mit diesen Bahnen* gleichkämen.

In den sich während der nächsten Tage in London vollziehenden Verhandlungen zwischen Pirrie, Wilding und mir ändert sich die Situation zum Besseren, und es gelingt mir, mit Vorschlägen durchzudringen, welche einerseits uns *unsere völlige Unabhängigkeit wahren*, unsere Nationalität unberührt lassen und eine Aufnahme amerikanischer Mitglieder in unseren Aufsichtsrat vermeiden, während sie andererseits doch einen *ziemlich nahen Anschluß der Hamburg-Amerika Linie an den Trust ermöglichen* und die *Konkurrenz zwischen den beiden Parteien aufheben*. Die Vorschläge haben noch einen anderen großen Vorteil für uns, nämlich den, daß sie uns eine Kapitalerhöhung und damit die Aufnahme neuer Mittel ermöglichen und uns Gelegenheit geben, eine Reihe älterer Dampfer abzustoßen.«

Der in diesen Verhandlungen in London besprochene *erste Vertragsentwurf* (er ist später stark abgeändert worden) sah eine 10-jährige Dauer vor und den Ankauf von einem Viertel des damals 80 Mill. M. betragenden Aktienkapitals der Hamburg-Amerika Linie durch die amerikanische Gesellschaft und eines gleichwertigen Betrages von Aktien der amerikanischen Kombination durch die Hamburger Gesellschaft. Gegenseitig war auch eine Beteiligung an später stattfindenden Erhöhungen der Kapitalien vorgesehen. Der Aufkauf weiterer Aktien der Hamburger Linie durch die amerikanische Vereinigung war dieser untersagt. Das Stimmrecht für die Hamburger Aktien sollte Ballin, das für die amerikanischen Aktien Morgan dauernd übertragen werden. Die Bezahlung der amerikanischen Aktien sollte nach dem Belieben der Hamburger Linie auch in Dampfern erfolgen können. Der Vertrag hebt hervor, dass, während eine möglichst weitgehende finanzielle Beteiligung erwünscht erscheine, Ballin doch glaube, eine über ein Viertel hinausgehende Beteiligung vor der öffentlichen Meinung in Deutschland und der deutschen Regierung nicht verantworten zu können. Ein Gemeinschaftskomitee aus vier Personen sollte die Wahrnehmung der beiderseitigen geschäftlichen Interessen besorgen. Gegen fremde Konkurrenz wurde ein Schutz- und Trutzbündnis geschlossen und bestimmt, dass Abmachungen mit anderen Gesellschaften nur unter beiderseitiger Kenntnis getroffen werden sollten. Bei Vergrößerung der Betriebe und Ausdehnung auf neue Gebiete sollte jeweils dem anderen Teil das Recht der Beteiligung gegeben werden. Der amerikanischen Vereinigung war das Anlaufen deutscher Häfen untersagt, der Hamburger Linie das Anlaufen solcher europäischen Häfen, die die amerikanische Vereinigung als Ausgangspunkt bereits hatte. Für das Kajütsgeschäft war ein Pool vorgesehen, für das Zwischendecks- und Frachtgeschäft die Aufrechterhaltung der bestehenden Vereinigungen und im Fall des Aufhörens dieser eine spezielle Vereinbarung zwischen den beiden Kontrahenten.

In einer Aufsichtsratssitzung unmittelbar nach Rückkehr Ballins von den Londoner Verhandlungen erklärte der Aufsichtsrat sich im Grundsatz einstimmig mit den Abmachungen einverstanden.

»Ich meinerseits erklärte«, heißt es dann in den Aufzeichnungen von *Ballin*, »daß *die Sache aber nur für mich durchführbar sei, wenn sie die volle Zustimmung des Kaisers und des Reichskanzlers fände.* Am nächsten Abend erhielt ich zu meiner Überraschung eine Depesche des Hofmarschallamts und gleichzeitig eine solche des Kaisers, wodurch ich aufgefordert wurde, am nächsten Tage zum Mittagessen in *Hubertusstock* zu sein und dort bis zum Nachmittag des übernächsten Tages zu bleiben. Ich reiste noch am Abend des 16. Oktober (1901) nach Berlin und setzte am nächsten Morgen gemeinsam mit dem Reichskanzler die Reise nach Eberswalde fort. In Eberswalde erwartete uns eine Extrapost, die uns in etwa zweistündiger Fahrt nach Hubertusstock brachte. Ich durfte hier in der intimsten Umgebung des Kaisers zwei unvergeßliche Tage verleben. Der Reichskanzler hatte mir schon gesagt, daß der Kaiser gegen das Übereinkommen sei, da er durch Metternich gehört hatte, daß die Amerikaner das Recht haben sollten, 20 Millionen von unseren Aktien zu erwerben. Nach der Mittagstafel setzte ich zunächst auf einem Spaziergange mit dem Kaiser und dem Reichskanzler, zu welchem auch der Flügeladjutant Kapitän v. Grumme zugezogen war, dem Kaiser die ganze Lage auseinander. Ich machte ihm klar, daß, während die englische nordatlantische Schiffahrt in ihren Hauptlinien von dem Trust einfach absorbiert würde, die deutschen Linien auf der Grundlage des vorgeschlagenen Abkommens ihre volle Selbständigkeit bewahren könnten. Das brachte den Kaiser auf die Frage, wie es mit dem *Norddeutschen Lloyd* werden solle, und ich mußte mir schließlich die Sorge dafür auferlegen lassen, daß der Norddeutsche Lloyd durch diese geplante Übereinkunft nicht direkt in Gefahr gebracht würde, daß ihm vielmehr Gelegenheit gegeben würde, sich der Übereinkunft anzuschließen. Der Kaiser wünschte das Abkommen, wie es in London entworfen war, persönlich zu sehen. Als ich es aus meiner Tasche hervorholte, ging er in das dem Eingang zunächst gelegene Zimmer, nämlich das kleine Schlafzimmer des Kapitäns v. Grumme, und es wurde hier eine mehrstündige Konferenz abgehalten, in welcher der Kaiser Paragraph für Paragraph des Abkommens vorlas und jeden einzelnen Punkt diskutierte. Der Kaiser saß dabei auf dem Bett des Adjutanten, während der Reichskanzler und ich die beiden einzigen Stühle hatten, und der Kapitän v. Grumme sich auf einem Tisch bequem niederließ. Der Schluß der Verhandlungen war, daß *der Kaiser sich mit dem Plane vollständig einverstanden erklärte, und mir, wie gesagt, die Sorge noch auferlegte für den Norddeutschen Lloyd.*

Ich reiste am Nachmittag des nächsten Tages nach dem Mittagessen mit dem Reichskanzler nach Berlin zurück, und wie mit dem Kaiser, so hatte ich auch mit ihm Gelegenheit, über alle möglichen Fragen von Interesse zu sprechen. Am 18. Oktober kehrte ich nach Hamburg zurück.«

Die Verhandlungen mit dem Norddeutschen Lloyd, die Ballin auf sich genommen hatte, boten *große Schwierigkeiten,* da der Generaldirektor des Lloyd, Dr. Wiegand, die Ansichten Ballins über die amerikanische Gefahr und die Bedeutung der amerikanischen Kombination nicht teilte. Nach näherer Kenntnisnahme der von Ballin getroffenen Vereinbarungen schlug die Stimmung beim Lloyd indessen um, und an einer weiteren Londoner Verhandlung im November nahm der Präsident des Lloyd, Plate, teil. Dennoch konnte man sich in Bremen noch nicht endgültig entschließen, und zunächst fand eine neue Besprechung der beiden Generaldirektoren am 13. November gelegentlich der Kaiserlichen Abendtafel in Potsdam statt, bei der der Kaiser zwischen den beiden Herren saß. Ein Vorschlag Ballins, gemeinsam mit Dr. Wiegand nach New York zu reisen, um festzustellen, ob eine Kombination zwischen der Schifffahrtsvereinigung und den amerikanischen Eisenbahnen tatsächlich bestände, wurde vom Kaiser lebhaft befürwortet und von Dr. Wiegand angenommen. Nachdem es Ballin dann noch gelungen war, die beim Lloyd bisher herrschende Auffassung, dass die Selbständigkeit der deutschen Gesellschaften durch den Vertrag beeinträchtigt würde, durch eine genaue Darlegung der bezüglichen Bestimmungen zu beseitigen, erklärte auch der Aufsichtsrat des Lloyd sich damit einverstanden unter der Voraussetzung allerdings, *dass die finanzielle Beteiligung an der amerikanischen Gesellschaft fortfiele.*

Diese Beteiligung ist denn auch tatsächlich aus dem endgültigen Vertrag fortgelassen und durch eine *gegenseitige Dividendenbeteiligung* ersetzt worden, wobei die amerikanische Vereinigung den deutschen Linien eine 6%ige Dividende garantierte und nur an einer 6% übersteigenden Dividende beteiligt war. Diese Änderung entsprang einem *Vorschlage des Leiters der Disconto-Gesellschaft, Herrn v. Hansemann,* der der ganzen Sache ebenfalls ein lebhaftes und tätiges Interesse gewidmet hatte.

Übrigens wurde vom Lloyd im Laufe der Verhandlungen noch ein anderer Gedanke vorgebracht, und zwar eine *Sicherung des deutschen Einflusses bei den beiden deutschen Gesellschaften* dadurch, dass eine vom Reich unter privater Beteiligung zu gründende Gesellschaft, ähnlich der preußischen Seehandlung, einen starken Betrag von Aktien der beiden Gesellschaften aufkaufen und thesaurieren solle, um damit stets eine zuverlässige Majorität zu haben. Dieser Gedanke wurde indes von Ballin, der nichts mehr perhorreszierte als eine staatliche Beteiligung an der Schifffahrt, abgelehnt.

Nachdem Ballin dem Kaiser an Bord des Kriegsschiffes »Kaiser Wilhelm II« in Kiel über den Stand der Dinge berichtet hatte, fand Anfang Dezember eine weitere Besprechung mit dem Lloyd statt, die zur Einigkeit über die den Amerikanern zu machenden Vorschläge führte, und bald darauf wurde in einer Verhandlung in Köln mit Mr. Pirrie gleichfalls Einigkeit erzielt. Zum Abschluss wurden alsdann die Vereinbarungen in New York gebracht, wohin sich vom Lloyd der Präsident Plate und Dr. Wiegand, von der Hamburger Gesellschaft Ballin und der Vorsitzende des Aufsichtsrats, Tietgens, Anfang Februar begaben. Inzwischen waren die Verhandlungen Morgans mit der White Star Line und anderen englischen Linien zum erfolgreichen Abschluss gekommen. Über den *New Yorker Aufenthalt* heißt es in Ballins Tagebuch wie folgt:

> »Am 13. Februar 1902 nachmittags stellten sich zur Konferenz Griscom, Widener, Wilding sowie zwei Söhne von Griscom und Mr. Battle ein. Griscom erklärte, daß er es Mr. Morgan überlassen wolle, uns Details über die Struktur des geplanten Syndikats zu geben, und daß er zunächst den Wunsch hätte, daß wir das in Köln festgestellte Abkommen Punkt für Punkt durchgingen und die etwaigen Änderungsvorschläge diskutierten. Es wurden im Verlaufe der Konferenz verschiedene Vorschläge gemacht, welche eine weitere Überlegung zwischen uns und den Bremer Herren erforderlich machten, und es wurde vereinbart, die zweite Sitzung im Privatbureau Griscoms in der 15. Etage des Empire Building abzuhalten. Dort traten wir am nächsten Vormittag wieder zusammen und erzielten dort Einverständnis über

die wichtigsten noch offenen Fragen. Ganz besonders wichtig für uns war, daß es uns gelang, von den Amerikanern das Zugeständnis einer 6%igen Zinsgarantie anstatt der uns von ihnen zu zahlenden Dividende zu erreichen. In diesen und den folgenden Konferenzen und auch besonders in der Besprechung, welche wir an dem darauffolgenden Tage im Hause von Mr. Morgan mit dem letzteren persönlich hatten, *vertrat ich den Standpunkt, daß die Kombination erst dann zur vollen Ausnutzung ihrer Erwerbskraft* kommen könnte, wenn es uns gelänge, die Kontrolle über die *Cunard- und die Holland-Amerika Linie zu gewinnen.* Zu meiner Freude stimmte Mr. Morgan mir bei und ermächtigte mich, mit dem Vertreter der Holland-Amerika Linie, dem Direktor van den Toorn, in seinem Auftrage zu verhandeln. Van den Toorn hatte sich gemeinsam mit uns nach New York begeben und wohnte gleichfalls im Holland Hause. Ich kam noch am selben Abend mit ihm zu einer Konferenz zusammen, und in einer Reihe von Besprechungen, an welchen schließlich auch Wilding teilnahm, wurde ein vorläufiges Abkommen abgeschlossen, welches Morgan die *Option auf 51% der Aktien der Holland-Amerika Linie* einräumte. Mit der Cunard-Linie zu verhandeln, übernahm Morgan durch Vermittlung englischer Freunde. Abgemacht ist, daß im Falle des Erwerbs der Kontrolle über diese beiden Gesellschaften die eine Hälfte an die Kombination gehen sollte, während die andere Hälfte der Aktien geteilt werden soll zwischen uns und dem Lloyd. Dadurch erzielen die deutschen Linien einen weitgehenden Einfluß auf die zukünftige Gestaltung der Dinge.«

»An dem darauffolgenden Donnerstag wurden die inzwischen gedruckten *Verträge gezeichnet.* Der *Kaiser,* welchem wir in einem gemeinsamen Telegramm Kenntnis gaben von dem Abschluß der Verträge, antwortete in einem überaus freundlichen Telegramm an mich. (Das Telegramm kam aus Hubertusstock und lautete: ›Generaldirektor der Hamburg-Amerika Linie Ballin, New York. Mit aufrichtiger Genugtuung habe ich Ihre vereinigte Meldung erhalten. Es bewegt dies mich umso mehr, als sie mich in den Räumen trifft, in welchen im vorigen Oktober die Grundlagen Form und Farbe gewannen. Sie müssen St. Hubertus recht dankbar sein, er scheint auch etwas von Seefahrt zu verstehen. Zu dem Erfolge Ihres rastlosen Arbeitens Ihnen Glück wünschend verleihe ich Ihnen den Roten Adler-Orden 2. Klasse mit der Krone. Grüßen Sie Heinrich bestens. Wilhelm I. R.‹) Morgan veranstaltete uns zu Ehren in seinem mit Kunstschätzen aller Art angefüllten Hause ein Diner, und auch von allen anderen Herren wurden wir mit der größten Gastfreundlichkeit aufgenommen. Tietgens und ich revanchierten uns durch ein Diner im Holland-House, welches insofern besonders interessant war, als nicht nur die Partner von Morgan, sondern auch Herr Jacob Schiff von der Firma Kuhn, Loeb & Co., welche die Gegner Morgans in dem Streit über die Northern-Pacific-Bahn waren, an diesem Diner teilnehmen. Der Lloyd gab in der darauffolgenden Woche ein großes Festessen für etwa 200 Herren an Bord des ›Kronprinz Wilhelm‹.

Das letztere Schiff hatte den *Prinzen Heinrich* an Bord und traf infolge des außerordentlich schlechten Wetters einen Tag später als erwartet in New York ein. Am Abend des Eintreffens, Sonntag, den 23. Februar, war ich an Bord der ›Hohenzollern‹ zum Diner. Wir machten auch eine Reihe von anderen zu Ehren des Prinzen gegebenen Festlichkeiten mit, von welchem das unter dem Vorsitz von Mr. Morgan stattfindende Frühstück, welches die sogenannten ›**Captains of Industry**‹ um den Prinzen vereinigte, durch seine großartigen Arrangements und durch diese denkwürdige Vereinigung der hundert ersten Leute, welche aus allen Teilen der Vereinigten Staaten zu diesem Zweck zusammengekommen waren, unvergeßlich war. An demselben Abend fand noch das von 1200 Journalisten veranstaltete Diner der Presse zu Ehren des Prinzen statt. Durch Vermittlung von Herrn Schiff machte ich die Bekanntschaft von Mr. *Harriman,* dem Präsidenten der Union Pacific, und konnte mit demselben Verhandlungen einleiten über unsere Beteiligung an der Schiffahrt San Francisco-Ostasien.«

Die öffentliche Bekanntgabe der Abmachungen wurde von amerikanischer Seite hinausgezögert, weil man auf den endgültigen Ausgang der Verhandlungen im Kongress über das Subventionsgesetz warten wollte. Über die Lage, wie sie sich alsdann im April 1902 darstellte, orientiert ein *Bericht,* den *Ballin* nach weiteren Besprechungen mit Morgan und seinen Freunden in London *an die deutsche Botschaft* dort erstattete:

»1. *Erwerb der Kontrolle über die Cunard-Linie* für gemeinsame Rechnung der beiden Gesellschaften und des amerikanischen Syndikats. Es haben Verhandlungen mit Lord Inverclyde, dem Chairman der Cunard-Linie, stattgefunden. Ebensowenig wie die übrigen Vertreter der englischen Schiffahrtsinteressen hat Lord Inverclyde irgendwelche nationalen Bedenken gegen die beabsichtigte Transaktion zur Geltung gebracht. Im Gegenteil, er hat den Wunsch ausgedrückt, daß sich das Syndikat nicht damit begnügen möchte, 51% der Aktien zu kaufen, sondern lieber gleich die ganze Compagnie erwerben sollte. Der Preis, den er fordert, ist ziemlich hoch gegriffen. Er hat aber bereits durchblicken lassen, daß er eine geringere Offerte befürworten wolle, und es besteht kaum ein Zweifel, daß die Verhandlungen zu einem günstigen Abschluß führen werden, wenn nicht etwa die englische Regierung noch in zwölfter Stunde zu einem außerordentlichen Entschlusse sich aufrafft.

2. *Veröffentlichung der Kombination.* Während die amerikanischen Herren bisher auf dem Standpunkt beharrten, daß es erwünscht sei, den Ausgang der Verhandlungen abzuwarten, welche mit Bezug auf die beabsichtigte amerikanische Subsidien-Gesetzgebung in Washington schweben, teilt Mr. Morgan jetzt meine Ansicht, daß es richtiger ist, sich um diese in Aussicht genommene Subvention nicht weiter zu bewerben, sondern ohne Rücksicht auf die in Washington bestehenden Absichten voranzugehen. Wenn nicht unerwartete Hindernisse noch eintreten, wird deshalb die Kombination in wenigen Wochen an die Öffentlichkeit treten.

3. *Die englische Admiralität.* Zwischen der englischen Admiralität und der White Star Line besteht ein Vertrag, nach welchem der Admiralität ein Vorkaufsrecht für die drei Schnelldampfer ›Oceanic‹, ›Teutonic‹ und ›Majestic‹ eingeräumt ist und nach welchem gegen eine jährliche Subsidie die White Star Line sich verpflichtet, die Schiffe jederzeit für Kriegszwecke der Admiralität zur Verfügung zu stellen. Der erste Lord der Admiralität hat nunmehr Mr. Ismay die Frage vorgelegt, ob es wahr sei, daß er die White Star Line zu verkaufen beabsichtige, und hat, da ihm die Richtigkeit dieser Nachricht nicht bestritten werden konnte, erklärt, daß er in dem Fall gezwungen sein würde, von seinem Vorkaufsrecht für die drei Schnelldampfer Gebrauch zu machen.

Da es für die Kombination sehr unangenehm wäre, diese drei Schnelldampfer der Admiralität zu überlassen, um so mehr als es nicht ausgeschlossen schien, daß man die Schiffe als Konkurrenz gegen die Kombination verwenden würde, ist ein Kompromiß herbeigeführt worden, nach welchem Mr. Morgan den noch etwa drei Jahre laufenden Vertrag für die Kombination übernimmt, und sich also verpflichtet, während dieser Zeit die drei Schiffe unter britischer Flagge zu belassen und eventuell der Regierung für Kriegszwecke zur Verfügung zu stellen. Die Admiralität wollte den Vertrag noch für weitere drei Jahre schließen, hat sich aber, nachdem das abgelehnt, veranlaßt gesehen, diese Anerbietung zu akzeptieren. Für die übrigen Schiffe der White Star Line, die die größten Transportdampfer unter englischer Flagge sind, bestand kein Vertrag, und man ist infolgedessen auch mit Bezug auf dieselben keinerlei Verpflichtungen eingegangen.

4. *Form der Veröffentlichung.* Man ist mit der Ausarbeitung eines Memorandums beschäftigt, welches die Form festlegt, in welcher die Kombination vor die Öffentlichkeit gebracht werden soll. Infolge von Einflüssen, welche von hoher englischer Seite zur Geltung gebracht sind, wird man bemüht sein, die Sache als eine starke angloamerikanische Interessengemeinschaft darzustellen und versuchen, die Tatsache möglichst abzuschwächen, daß die Amerikaner sich die Kontrolle über die nordatlantische Schiffahrt angeeignet haben.«

Am 19. April 1902 brachten englische Blätter die ersten inspirierten Mitteilungen über die Kombination, und am 28. Mai wurden in einer *außerordentlichen Generalversammlung der Hamburg-Amerika Linie* die für die Öffentlichkeit sorgsam vorbereiteten Mitteilungen über den deutsch-amerikanischen Vertrag gemacht. In der Generalversammlung erschien zur großen Überraschung aller *Dr. Diederich Hahn,* der bekannte Direktor des Bundes der Landwirte, um durch Anfrage festzustellen, ob den deutschen Interessen von diesen Abmachungen keine Gefahr drohe und insbesondere nicht den agrarischen Interessen. Die Debatte zeigte Ballin auf der Höhe der Situation. Gegenüber den Befürchtungen Dr. Hahns, dass der amerikanische Einfluss in der Vereinigung den deutschen an die Wand drücken könne, antwortete Ballin mit der Feststellung, dass eine Parität hergestellt sei, und mit dem hübschen Wort: »*Unterkriegen lassen wir uns nicht*«, und gegenüber der Befürchtung, dass eine Überschwemmung Deutschlands mit amerikanischen Agrarprodukten einsetzen könne infolge der Verbindung des Trusts mit den amerikanischen Eisenbahnen, wies Ballin darauf hin, dass das Interesse der amerikanischen Bahnen keineswegs auf eine Hebung des Exportverkehrs vielmehr auf eine Hebung des Importverkehrs gerichtet sei, da in ihrem Verkehr ein starkes Missverhältnis zwischen diesen beiden Verkehrsrichtungen bestehe, weil der westwärts gehende Verkehr an Umfang weit hinter dem ostwärts gehenden Verkehr zurückbleibe.

Die bald darauf stattfindende Probefahrt des D. »Blücher« gab Ballin dann noch Gelegenheit, sein Verhältnis zur Staatsunterstützung der Schifffahrt in die Worte zu kleiden: »*Wenn mir heute gemeldet würde, daß über Nacht die Schiffahrtssubsidien geraubt seien, ich würde aufatmend sagen: Die hätten mir schon längst gestohlen werden können.*«

In *England* schlug inzwischen die *Aufregung über den Ankauf der englischen Reedereien durch die Amerikaner* hohe Wellen. In Ballins Aufzeichnungen heißt es unterm 5. Juni:

> »In England hat sich eine sehr fatale Konstellation ergeben, welche sich auf die nationale Erregung aufbaut. *Sir Alfred Jones* und *Sir Christopher Furness* verstehen diese Erregung zu benutzen, um die Lasten, welche sie mit ihrem großen Schiffsmaterial in diesen schlechten Zeiten haben, auf die Schultern der englischen Nation abzuwälzen. Auch hat der *König von England* eine ungewöhnlich energische Anteilnahme in letzter Zeit bekundet, welche erkennen läßt, daß den Herren in England viel unangenehmer als der Übergang der verschiedenen Reedereien in amerikanischen Besitz noch der Umstand ist, daß die deutschen Linien so gut abgeschnitten haben. Mr. Morgan hat eine Unterredung mit den englischen Ministern gehabt und sich bereit erklärt, ihnen in der Frage der Belassung der Hilfskreuzer noch weiter entgegenzukommen. Wir hoffen, daß damit der Tendenz vorgebeugt wird, durch Gewährung von Subsidien eine Gegenkombination zu schaffen.«

Eine *Folge* der deutsch-amerikanischen Vereinbarungen war, dass zur *Kieler Woche* dieses Jahres Morgan und seine Freunde zum Besuch erschienen, ein Besuch, der auch nach Hamburg und Berlin ausgedehnt wurde, wobei die amerikanischen Herren große Aufmerksamkeiten auch vom Kaiser genossen.

Auf einer Konferenz der transatlantischen Linien in Köln im Dezember des Jahres machte Ballin abermals den Vorschlag der Bildung eines *Kajütspools*. Aus einer dabei vorzunehmenden Preiserhöhung sollte ein Betrag von etwa 1–2 Pfund Sterling pro Passagier ausgesondert und an eine gemeinsame Kasse abgeführt werden. Der so geschaffene Fonds sollte den Zweck haben, *die alten Schnelldampfer aufzukaufen* und zum Abbruch zu verkaufen, damit nach und nach die unwirtschaftlich gewordenen Dampfer vom Ozean verschwänden. Die Bildung dieses Kajütspools scheiterte aber an dem Fernbleiben der Cunard-Linie, der man sogar die Anerbietung gemacht hatte, dass man ihr ihren Kajütsverkehr und einen Mehrgewinn von 10% daraus garantieren wolle.

Die seit 1901 eingetretene, immer noch anhaltende Depression im Frachtenmarkt wirkte auf das Geschäft der transatlantischen Linien sehr schlecht, insbesondere auch auf das der im Morgan-Trust vereinigten Reedereien, die über einen gewaltigen Schiffsraum an Frachtdampfern verfügten, mit dem sie auf das nordatlantische Geschäft angewiesen waren. »Es zeigt sich, wie richtig der Vertrag war«, schrieb Ballin in seinen Aufzeichnungen, »den wir mit dem Trust gemacht haben, da er sonst zweifellos versuchen würde, um seine vielen beschäftigungslosen Schiffe in Tätigkeit zu erhalten, auf den deutschen Markt überzugreifen.«

Die *Cunard-Linie* hatte inzwischen *mit der englischen Regierung einen Vertrag geschlossen,* durch welchen die Regierung ihr die Mittel zur Verfügung stellte für den Bau der beiden großen Schnelldampfer »Mauretania« und »Lusitania« und gleichzeitig eine Subvention, die ausreichte, die von der Regierung gewährte Anleihe für den Bau der Schiffe zu verzinsen und zu amortisieren. Der Cunard-Linie war dadurch derart der Rücken gestärkt worden, dass sie gegenüber den übrigen Linien eine aggressive Haltung einnahm und eine Vergrößerung ihres Geschäftsanteils anstrebte.

Weitere Schwierigkeiten drohten aus aggressiven Maßnahmen der *Canadian Pacific Eisenbahn,* die bereits eine Dampferlinie von Antwerpen nach Kanada ankündigte. Um diese Gefahr zu beschwören, reiste Ballin nach New York und verhandelte im Auftrage der sämtlichen kontinentalen Schifffahrtsgesellschaften mit dem Präsidenten der Canadian Pacific, und zwar erfolgreich und zugleich auch derart zur Zufriedenheit der Gegenpartei, dass ihn seitdem dauernd freundschaftliche Beziehungen mit dem Präsidenten der kanadischen Eisenbahn, *Sir Thomas Shaughnessy,* einem der bedeutendsten Eisenbahnfachleute der Welt, verbanden, die Ballin bei späteren schwierigen Verhandlungen mit anderen Vertretern des großen kanadischen Unternehmens sehr zustatten kamen und sie stets befriedigend auslaufen ließen.

Sehr interessante, »um nicht zu sagen aufregende« Verhandlungen, wie er selber bemerkte, hatte Ballin bei Gelegenheit dieser Reise mit Morgan und seinen Freunden, wobei er die bisherige Geschäftsleitung des Trusts auf das schärfste kritisierte und Morgan klarzumachen suchte, dass nur eine völlige Remedur, d.h. eine Beseitigung der leitenden Persönlichkeiten, eine Abhilfe herbeiführen könne. »Morgan weiß nur die Personenfrage nicht zu lösen und machte mir die verlockendsten Anerbieten, falls ich selbst geneigt sein sollte, als Präsident des Trusts, wenn auch nur für ein oder zwei Jahre, nach New York zu gehen. Ich lehnte das schon im Hinblick auf meine Stellung zum Kaiser ab.« Weitere Besprechungen führten alsdann zu einer Änderung in der Leitung des Trusts nach Ballins Vorschlägen, denen sich bei Verhandlungen, die auf der Rückreise in London geführt wurden, auch Mr. Pirrie anschloss.

Das *Verhältnis zwischen der Cunard-Linie und den übrigen transatlantischen Reedereien* hatte sich inzwischen *gänzlich kritisch* gestaltet. Die *ungarische Regierung* hätte seit längerer Zeit den Wunsch, aus dem bedeutenden Auswandererverkehr des Landes einen größeren direkten Nutzen zu ziehen und wurde in diesem Wunsch durch private Kreise bestärkt. Dieser Wunsch ging dahin, den Auswandererstrom, statt ihn unkontrolliert über die Landesgrenze gehen zu lassen, nach Fiume zu lenken und von dort direkt nach den Vereinigten Staaten zu befordern. Ballin hatte bei den Pool Linien seit längerem bereits ein Entgegenkommen gegenüber der ungarischen Regierung befürwortet, damit aber kein Gehör gefunden, insbesondere nicht bei dem Norddeutschen Lloyd, der der Hauptinteressent an der ungarischen Auswanderung war.

Nunmehr stellte sich im Frühjahr 1904 zur Überraschung der Pool-Linien heraus, dass die ungarische Regierung mit der Cunard-Linie, der einzigen bedeutenden transatlantischen Reederei, die seit Bildung des Morgan-Trusts »Outsider« war, einen Vertrag zu schließen im Begriff war, nach dem die Reederei einen vierzehntägigen Dienst von Fiume einrichten sollte, während die ungarische Regierung sich verpflichtete, durch Grenzsperren und alle ihr sonst zur Verfügung stehenden Mittel die ungarischen Auswanderer von der Benutzung anderer Wege abzuhalten. Das bedrohte also die Pool-Linien mit dem Verlust ihres ganzen ungarischen Geschäfts. Eine Besprechung, die Ballin mit der Cunard-Linie hatte, ergab nur die Erklärung vonseiten dieser, dass sie von dem Vertrage nicht mehr zurückkönne. Wochenlange Verhandlungen, die der Lloyd in Ungarn führte und führen ließ, hätten kein Ergebnis. Eine nochmalige Verhandlung, die Ballin mit dem Vorsitzenden des Aufsichtsrats der Cunard-Linie, Lord Inverclyde, hatte, verlief ebenfalls unbefriedigend, da die Cunard-Linie freie Hand in Ungarn behalten, die Pool-Linien aber auf die Einbeziehung des ungarischen Verkehrs in den Pool nicht verzichten wollten. Interessant ist ein Intermezzo aus dieser Verhandlung, weil es nachträglich erkennen ließ, *woran die Einbeziehung der Cunard-Linie in den Morgan-Trust gescheitert war*.

Auf die Frage Ballins nach den Ursachen der aggressiven Haltung der Cunard-Linie erwiderte Lord Inverclyde, dass nicht diese, sondern der Morgan-Trust der aggressive Teil sei, da er die Absicht habe, die Cunard-Linie an die Wand zu drücken. Auf den Einwurf Ballins, dass das niemals die Absicht des Trusts gewesen sei, dieser im Gegenteil doch eine Einbeziehung der Cunard-Linie versucht, auch einen Vorschlag dafür von Lord Inverclyde gehabt habe, und dass nur durch den Sturm in der öffentlichen Meinung Englands die Sache gescheitert sei, erwiderte Lord Inverclyde, das sei nicht der Fall, sondern der Trust habe niemals auf seinen Vorschlag eine Antwort gegeben, er selber habe nicht einmal auf seinen letzten Brief eine Erwiderung erhalten.

In einem Brief, mit dem Ballin den Generalvertreter in New York, Boas, über den Stand der Dinge informierte, bemerkte er hierzu, dass die Angabe des Lord Inverclyde in der Tat richtig und die Nichtbeantwortung seines Vorschlages dadurch herbeigeführt worden sei, dass der Aufsichtsrat der Packetfahrt sich nicht entschließen konnte, einem Erwerb von Aktien der Cunard-Linie, gemeinsam mit dem Morgan-Trust, zuzustimmen. Erst nach sechs Wochen und nach Einreichung seiner Demission sei er in der Lage gewesen, die Verhandlungen wieder aufzunehmen, habe dann aber in London infolge der Erregung der öffentlichen Meinung eine Lage vorgefunden, bei der er es nicht mehr für richtig halten konnte, die Verhandlungen wieder zu beginnen, weil er fürchten musste, damit der Agitation gegen die ausländischen Reedereien nur Material in die Hände zu spielen.

Die ungarische Frage wurde noch dadurch kompliziert, dass nach Informationen, die Ballin aus Wien zugingen, auch die *österreichische Regierung* im Begriff war, für ihren Hafen Triest das gleiche zu tun wie die ungarische Regierung für Fiume. In mühsamen persönlichen Verhandlungen in Wien gelang es Ballin dann, für die Packetfahrt und den Lloyd eine Beteiligung an der in Bildung begriffenen Reederei »Austro Americana« und eine entsprechende Vertretung im Aufsichtsrat, so dass die Kontrolle über die Gesellschaft gesichert war, zu erlangen, sowie eine Zusage der Regierung, dass sie der Cunard-Linie die Konzession für die Auswandererbeförderung in Österreich solange nicht erteilen werde, als der Kampf mit der Cunard-Linie andauere.

Alsdann wurde von den Pool-Linien, den kontinentalen sowohl wie den englischen, der Kampf gegen die Cunard-Linie mit allen Mitteln aufgenommen, und zwar sowohl im englischen wie im skandinavischen und auch im Fiume-Verkehr, mit dem Ergebnis, dass sich allmählich Ausgleichsverhandlungen anbahnten. Der Präsident des Board of Trade, Mr. Balfour, ergriff dazu die Initiative, aber eine zweimalige Verhandlung im Juli in London unter seiner Teilnahme blieb noch ohne Erfolg. Erst in einer weiteren Verhandlung in Frankfurt im August 1904 fand sich eine Vergleichsbasis, und Ende 1904 kam ein endgültiges Abkommen zustande, womit dieses Nachspiel der Gründung des Morgan-Trusts sein Ende fand.

Im Lichte seiner geschäftlichen Erfolge betrachtet, war der *Morgan-Trust* oder, wie seine eigentliche Firma ist, die »International Mercantile Marine Co.« oder die »Immco Lines«, wie sie in der Poolsprache genannt wurden, zweifellos ein Fehlschlag. Erst der große Krieg mit seinen unerhörten Gewinnen für die Reederei der neutralen und der alliierten Länder hat eine finanzielle Gesundung dieses Unternehmens herbeigeführt, von der man heute noch nicht sagen kann, ob sie sich als dauernd erweisen wird. Die Gründe für den Misserfolg des Trusts bis zum Kriege liegen einmal darin, dass das Programm der Trustbildung unvollständig ausgeführt wurde, da es nicht gelang, die Cunard-Linie zum Anschluss zu bringen, namentlich auch, wie die Ballin'schen Aufzeichnungen sagen, infolge nicht rechtzeitigen Zugreifens der Hamburger Gesellschaft. Hinzukam, dass die Kapitalisierung des Trusts eine viel zu hohe war, so dass eine Verzinsung dieses Riesenkapitals nur möglich sein konnte, wenn es gelang, die Rentabilität der vereinigten Linien auf eine viel höhere Stufe zu bringen. Das sollte eben durch die aus der Vereinigung sich ergebende erhöhte Wirtschaftlichkeit des Betriebes herbeigeführt werden. Diese erhöhte Wirtschaftlichkeit aber konnte nicht herbeigeführt werden, solange ein so wichtiger Faktor wie die englische Cunard-Linie außerhalb der Vereinigung blieb, ja, mit ihr sogar in einen lebhaften Wettbewerb geriet. Der Vertrag, den die deutschen Linien nach den geschilderten schwierigen Verhandlungen mit dem Trust schlossen, sicherte sie vor der gefürchteten »amerikanischen Gefahr« und hatte ja darin allein schon seine Berechtigung. Diese Gefahr wurde alsbald nach der Begründung des Trusts dadurch verringert, dass die amerikanische Gesetzgebung gegen die Trust-Bildungen vorging, und namentlich einen Zusammenschluss der Eisenbahnen und deren Zusammenwirken mit den Schifffahrtslinien unmöglich machte. Die Fernhaltung der amerikanischen Gefahr, die freundschaftliche Verbindung, die Ballin und seine Gesellschaft mit der amerikanischen Vereinigung angeknüpft hatten, und die Hebung ihres Ansehens in den Vereinigten Staaten war mit den Zahlungen, die die Packetfahrt infolge ihrer besseren Rentabilität unter dem Dividendenbeteiligungs-Abkommen in den folgenden Jahren an die Vereinigung zu machen hatte, wohl nicht zu teuer bezahlt. Bei dieser Dividendenbeteiligung schnitt der Norddeutsche Lloyd infolge seiner geschäftlich weniger günstigen Ergebnisse besser ab. Übrigens wurde dieses Dividendenabkommen später außer Kraft gesetzt.

Zweifellos hätte ein Anschluss der Cunard-Linie an den Morgan-Trust und damit ein Zusammenschluss aller maßgebenden transatlantischen Linien eine Fortgestaltung des Poolgedankens herbeigeführt zu dem, was der Amerikaner »**community of interest**« nennt, nämlich einer viel weitergehenden Vereinigung der finanziellen Interessen der einzelnen Parteien, als sie in einem Pool möglich ist. Die gegenseitige Beteiligung am Reingewinn und damit die denkbar weitestgehende Ausschaltung jedes Konkurrenzmotivs war das, was Ballin auf Grund seiner jahrzehntelangen Erfahrungen als Ideal vorschwebte. Das konnte unter dem Poolabkommen nicht erreicht werden, und nebenbei hatte dieses eine andere, von seinen Vätern zweifellos nicht beabsichtigte Folge, nämlich die Aufziehung einer ganzen Reihe lebensfähiger neuer Gebilde. In all den Ländern, aus denen die Quellen des Zwischendecksverkehrs flossen, traten im Laufe der Zeit Konkurrenzbestrebungen hervor, meistens unter dem Deckmantel nationaler Interessen, die in Wahrheit lediglich sehr egoistische Konkurrenzmaßnahmen gegen die am Pool beteiligten Reedereien waren. Um das Mittelmeergeschäft konkurrierten im Laufe der Zeit mit den Italienern und den deutschen Linien die Franzosen, Österreicher, Ungarn, Spanier und Griechen. Alle fanden nach und nach im Pool ihr Unterkommen. In Nordeuropa kamen neben den englischen, deutschen, holländischen, belgischen und französischen Linien in den skandinavischen Ländern neue Unternehmungen auf, ebenso in Russland, und auch diese alle fanden im Pool ihr Unterkommen mit oder ohne Konkurrenzkampf. Immer wiederholte sich die Erfahrung, dass die Pool-Linien eine gütliche Einigung und die Abtretung eines mehr oder minder bescheidenen Anteils einem länger dauernden Konkurrenzzustand vorzogen. Manchmal wirkten auch höhere, auch politische Motive auf eine Einigung hin. Die Zahl der Teilnehmer an der Tafel wurde aber schließlich so groß, dass Ballin ironisch sagte: »Wir werden uns aus dem Geschäft noch gänzlich hinauspoolen«, und der Gedanke einer *Ersetzung des Pools* durch enge, einheitlich geleitete und darum auch kampffähige Interessengemeinschaften hat ihn deshalb auch niemals verlassen. Auf anderem Gebiete, in den Verträgen mit hamburgischen Gesellschaften, auch in einem Vertrag mit der nach Nordbrasilien fahrenden englischen Booth Line ist ihm eine Ausgestaltung zur Interessengemeinschaft geglückt, und diese Verträge haben wohl zur Befriedigung aller Vertragsparteien gearbeitet. Auch den Verhandlungen, die vor Kriegsausbruch mit dem Norddeutschen Lloyd geführt wurden, lag der gleiche Gedanke zugrunde.

In all dem Auf und Ab und Hin und Her des Pools ist der Morgan-Trust zweifellos die interessanteste und dramatischste Episode. Auch unter anderen Gesichtspunkten. Heute erscheint die Stellung, die damals die deutsche Reederei einnahm, noch imponierender, als sie im Auge der Zeitgenossen war. Die Tatsache, dass nacheinander große englische Reedereien erst den deutschen, dann den amerikanischen zum Kauf angeboten wurden, erscheint heute kaum glaublich. Sie erklärt sich dadurch, dass die Unternehmungslust in England sich ganz überwiegend auf das Gebiet der sogenannten Trampreederei, d.h. der Schifffahrt in wilder Fahrt, geworfen und die von den Deutschen besonders gepflegte Linienfahrt stark vernachlässigt hatte, so dass in dieser Linienfahrt auch ein ausgesprochener Mangel an führenden Persönlichkeiten vorhanden war; eben derart, dass das Übergewicht im transatlantischen Verkehr gänzlich an eine amerikanisch-deutsche Vereinigung überzugehen drohte. Ob es tatsächlich bei einem rascheren Zugriff möglich gewesen wäre, dem Trust das fehlende englische Glied einzufügen, ist heute natürlich nicht mehr festzustellen. Die Gefahr aber, die damals der englischen Schifffahrt drohte, und der große deutsche Erfolg hat nicht nur die öffentliche Meinung in England, sondern auch die Schifffahrtskreise selbst gewaltig aufgerüttelt. Es folgte eine Periode des Aufschwungs der englischen Linienschifffahrt, die zu einer derartigen Ausbildung führte, dass diese die Trampschifffahrt weit in den Hintergrund drängte und gleichzeitig eine Konzentration in wenigen großen Gebilden herbeiführte, die heute die englische Schifffahrt zu einem großen Teil beherrschen. Von den großen deutschen Gesellschaften unterschieden sich diese Gebilde dadurch, dass sie nicht allmählich aufgebaut, und Hand in Hand mit einer Zunahme des Seeverkehrs organisch gewachsen waren, sondern dass sie finanzielle Zusammenschlüsse darstellten. Die englische Schifffahrt wurde, wie Ballin es einmal ausdrückte, »parzelliert«.

VI

Der Ausbau der Hamburg-Amerika Linie

Die ersten Jahre der Tätigkeit des neuen Direktors der Packetfahrt waren namentlich durch die Arbeiten ausgefüllt, die mit der *Einstellung der Schnelldampfer* und der dadurch herbeigeführten wesentlichen Ausdehnung des Passagegeschäfts zusammenhingen. Die ersten beiden Schnelldampfer traten 1889 in Dienst; in den beiden folgenden Jahren zwei weitere. Ihre Indienststellung bedingte eine *Ausgestaltung der Passageorganisation,* ein Gebiet, auf dem die Konkurrenz der Packetfahrt weit voraus war. Auf das im Jahre 1887 bereits eingerichtete Passagebüro in Wien folgten im Jahre 1890 eigene Büros in Berlin, Dresden und Frankfurt, und, um der Organisation eine breitere Basis zu geben, wurde gleichzeitig auch die Vertretung im Passagegeschäft für die Hamburg-Südamerikanische-Dampfschifffahrts-Gesellschaft, für die Deutsche Ost-Afrika-Linie und für die nach Kanada fahrende Hansa-Linie übernommen. Dem Zwischendecksgeschäft wurde gleichfalls besondere Aufmerksamkeit gewidmet, die Schaffung von Kammern für die Zwischendeckspassagiere ausgedehnt, größere, nur für die Beförderung von Fracht- und Zwischendeckern bestimmte Dampfer beschafft, und für die Unterbringung der Auswanderer in Hamburg in besonderen Baracken gesorgt. Vor allem wurde die Agenten-Organisation für das Zwischendecksgeschäft im In- und Auslande ausgestaltet, um die Gesellschaft auch in dieser Hinsicht ganz auf eigene Füße zu stellen und von Hamburger Agenten unabhängig zu machen. So entstand die zu immer größerer Bedeutung heranwachsende »Abteilung Personenverkehr«.

Die Zunahme des Geschäfts bedingte auch eine Vergrößerung der *Abfertigungsmöglichkeit für die Dampfer.* Im Jahre 1888 siedelte die Packetfahrt mit ihrem Dampferbetriebe, der sich bisher am Nordufer der Elbe abgewickelt hatte, nach dem am Südufer neu erbauten Amerika-Kai über, und da die Fahrwassertiefe der Elbe den tiefgehenden Schnelldampfern nicht immer gestattete, nach der Stadt heraufzukommen, wurde für ihre Abfertigung auf der Unterelbe bei Brunshausen Sorge getragen. Das bedingte auch eine Verlegung der Passagierabfertigung nach der Unterelbe. Da sich diese auf die Dauer doch als zu umständlich erwies, wurde der Bau von Hafenanlagen an der Elbmündung in Cuxhaven beschlossen. Auch die Anlagen am Amerika-Kai, trotzdem sie schon 1889 vergrößert wurden, erwiesen sich als zu klein, und einige Jahre später wurde abermals eine Übersiedlung nach einem anderen Kai, dem am Nordufer gelegenen Petersen-Kai, beschlossen, und 1893 ausgeführt.

Das *Liniennetz* erweiterte sich in diesen ersten Jahren um eine Linie nach Baltimore und eine andere nach Philadelphia. Auch der New Yorker Betrieb erweiterte sich, und zwar durch Errichtung einer Linie von New York nach Venezuela und Kolumbien im Jahre 1889. 1892 erfuhr der Nordamerika-Dienst eine wesentliche Vergrößerung durch die Übernahme der bis dahin von der Firma F. Laeisz betriebenen, nach Kanada fahrenden Hansa-Linie.

Dem Bestreben, für die Schnelldampfer in der toten Saison im nordeuropäischen Verkehr anderweitige Beschäftigung zu suchen, entsprang der Gedanke, diese Schiffe im Winter von New York nach dem Mittelmeer laufen zu lassen, vor allem aber trug diesem Bestreben die ureigenste Schöpfung Ballins Rechnung, die Schaffung der *Exkursionsreisen*. Interessant ist übrigens, dass bereits 50 Jahre früher ein Hamburger Reeder versucht hatte, den Gedanken einer langen Exkursionsreise mit einem Spezialschiff zur Durchführung zu bringen. Ob dieser alte Gedanke Ballin eine Anregung zu seinen Plänen gegeben hat, mag dahingestellt sein. Unter seinen Papieren fand sich aber die nachstehende, in der »Leipziger Illustrierten Zeitung« erschienene Anzeige, die ich der Merkwürdigkeit halber hier einfüge. Der Plan scheint nicht zur Ausführung gekommen zu sein, es ist jedenfalls mir nichts darüber bekannt. Die Anzeige lautet:

»Gelegenheit zur Teilnahme an einer Reise um die Welt.

Der unterzeichnete Schiffseigentümer in Hamburg beabsichtigt in diesem Sommer eines seiner großen Fregatt-Schiffe mit einer Anzahl

Passagieren auf eine Expedition um die Welt auszusenden, um folgende Städte und Länder zu besuchen, als: Lissabon, Madeira, Teneriffa, Cap Verdische Inseln, Rio de Janeiro, Rio de la Plata, Falklands Inseln, Valparaíso und alle Zwischenhäfen auf der Westküste Amerikas bis Guayaquil (Quito), die Marquesas, Freundschafts-Inseln (Otaheite) und andere Inselgruppen des Stillen Meeres, China (Tschusan, Hongkong, Canton, Macao, Wampoa), Manilla, Singapore, Ceylon, Isle de France oder Madagascar, Cap der guten Hoffnung, St. Helena, Ascension, Azoren und zurück nach Hamburg.

Das Schiff wird keinerlei mercantile Zwecke auf der Reise verfolgen, sondern es soll in seiner ganzen Ausrüstung und Raumbenutzung in Bestimmung der Aufenthaltszeit in den zu besuchenden Städten und Ländern, der Zeitbestimmungen der ganzen Reise nur Rücksicht auf die Sicherheit, die Bequemlichkeit, die Unterhaltung und Belehrung der Reisenden genommen werden.

Nur unbescholtene und gebildete – vorzugsweise wissenschaftlich gebildete – Personen können aufgenommen werden.

Ein ausgezeichnetes Schiff, ein bewährter, gebildeter Kapitän und eine auserlesene Mannschaft, ein promovierter Arzt bieten den Teilnehmern der Expedition jede mögliche Garantie einer angenehmen und glücklichen Reise.

Das Passagegeld für die ganze Reise ist so niedrig, dass es nur geringer Zulage zu den gewöhnlichen Kosten der Existenz in größeren Städten bedarf, um in vielseitig gebildeter Gesellschaft mit allem Lebenskomfort umgeben, die Wunder und Naturschönheiten der fernsten Gegenden, die Sitten so vieler verschiedener Völker kennenzulernen und bei durch die Seeluft gestählter Gesundheit sich zugleich einen für das ganze Leben unversiegbaren Schatz an Erfahrungen zu sammeln.

Die näheren Bedingungen sind bei dem Unterzeichneten auf portofreie Anfrage zu bekommen.

Hamburg, im Januar 1845.

Rob. M. Sloman,
Schiffseigentümer in Hamburg.«

Wie an anderer Stelle dieses Buches näher ausgeführt, erweckte im eigenen Hause der Packetfahrt die Idee der Exkursionsreisen zunächst keine große Begeisterung, beim Publikum war sie aber von Anfang an ein Erfolg. Zu Beginn des Jahres 1891 trat Ballin selber mit dem Schnelldampfer »Augusta Victoria« die *erste Orientreise* an. Vergnügungsreisen waren an sich auch in Deutschland nichts Neues mehr.

Das Reisebüro von Carl Stangen in Berlin führte regelmäßig kleine Reisegesellschaften nach verschiedenen Ländern, auch nach dem Orient. Die Veranstaltung einer derartigen Reise aber für 241 Personen war doch etwas unerhört Neues und bedurfte weitreichender, umfangreicher Vorarbeiten. Es musste der Fahrplan mit Rücksicht auf die Größe und den Tiefgang des Dampfers sehr sorgsam ausgearbeitet, und für die Unterbringung und Beförderung der Passagiere auf den größeren Ausflügen am Lande gesorgt werden, alles Dinge, bei denen sich das Organisationstalent des jugendlichen Direktors erprobte und glänzend bewährte.

Diese erste Orientreise war ein voller Erfolg, so dass sie im nächsten Jahre, 1892, wiederholt und im folgenden Jahre, 1893, von New York ausgeführt wurde, ein Beweis, wie fest das Renommee der Gesellschaft für diese Reise auch in Amerika bereits begründet war. Inzwischen war aber auch über Hamburg ein furchtbares Verhängnis hereingebrochen, das die Entwicklung des Schnelldampferverkehrs stark beeinträchtigte. Im Sommer 1892 brach die *Cholera-Epidemie* aus, die wochenlang anhielt und Tausenden von Menschen den Tod brachte. Wer diese Zeit in Hamburg miterlebt hat, dem ist sie wohl dauernd im Gedächtnis geblieben. Man war in Nordeuropa so wenig mehr an große Epidemien gewöhnt, man hatte besonders die Cholera mit Erfolg immer an der Ostgrenze bekämpft und von Deutschland ferngehalten, dass der panische Schrecken, der Deutschland befiel und zu den rigorosesten Absperrungsmaßnahmen gegen Hamburg und die Hamburger führte, wohl begreiflich erscheint, so lächerliche Formen auch die Absperrungsmaßnahmen manchmal annahmen. Umso mehr schädigten sie den Handel und den Verkehr Hamburgs. Natürlich wurden auch in den Vereinigten Staaten die strengsten Absperrungsmaßnahmen angeordnet, und der Passageverkehr von Hamburg ging vollständig in die Brüche, so dass die transatlantischen Linien sich zur Außerkraftsetzung des eben gegründeten Zwischendeckspools entschlossen. Die Packetfahrt verlegte ihren Schnelldampferverkehr, um ihn wenigstens aufrechterhalten zu können, zunächst nach Southampton, später nach Wilhelmshaven, und ließ die Dampfer gar nicht mehr nach Hamburg kommen. Den Zwischendecksverkehr versuchte man zunächst von Stettin aufrechtzuerhalten, stellte ihn aber später ganz ein. Geschäftlich kam diese Epidemie mit ihren nachhaltigen Folgen nahezu einem Zusammenbruch gleich, so dass für das Jahr 1892 sowohl wie auch für 1893 und 1894 die Packetfahrt von der Verteilung einer Dividende Abstand nehmen musste.

Nur langsam begann im Jahre 1893 der Wiederaufbau des Verkehrs. Es geschah alles, um die Absperrungsmaßnahmen in den Vereinigten Staaten zu beseitigen. Es wurde ein amerikanischer Arzt in Hamburg angestellt, Desinfektionsmaßnahmen vorgenommen, sogar die Möbel auf dem Schnelldampfer »Normannia«, der besonders in Verruf gekommen war, neu bezogen, um den Passagieren die Ängstlichkeit zu benehmen, und sanitäre Maßnahmen für die Abfertigung der Auswanderer nach den Vorschlägen des amerikanischen Arztes getroffen. Anfang 1893 konnte dann auch die Zwischendecksbeförderung in bescheidenem Umfange wieder beginnen und im Laufe des Jahres allmählich gesteigert werden. Aber das Kajütspublikum mied natürlich die Hamburger Dampfer, und die Besetzung der Schnelldampfer war überaus traurig. Zum Unglück kamen im Sommer 1893 abermals einige Cholerafälle in Hamburg vor, und wiederum musste der Schnelldampferbetrieb nach Wilhelmshaven verlegt werden. Das Zwischendecksgeschäft wurde sodann durch eine strenge Absperrung der östlichen Grenzen und eine von den hamburgischen Behörden verfügte Sperre gegen russische Auswanderer stark beeinträchtigt. Mit großer Tatkraft ging man trotz der geschäftlich katastrophalen Folgen daran, Maßnahmen zu treffen, die den Ausbruch einer ähnlichen Epidemie in der Zukunft verhüten sollten. Der Staat Hamburg begann eine durchgreifende Sanierung der Wohnungsverhältnisse und der Wasserversorgung der Stadt, und im Zusammenarbeiten mit den hamburgischen Behörden entwarf die Packetfahrt Pläne für den Bau der heute noch als mustergültig betrachteten und ihresgleichen suchenden Auswandererhallen vor den Toren Hamburgs. Die Pläne dafür entwarf der außerordentlich begabte, leider sehr früh verstorbene hamburgische Architekt Thielen, der später ein Meisterstück auch in der Schiffsausstattung auf dem Schnelldampfer »Deutschland« lieferte, und von dem auch die große Halle auf der Hamburger Gartenbau-Ausstellung des Jahres 1897 stammte, die in dem reichen Blumenschmuck einen unvergesslich schönen Eindruck machte.

Eine weitere folgenreiche Maßnahme war die von der preußischen Regierung beschlossene und durchgeführte sanitäre Untersuchung und Behandlung der Auswanderer an der Ostgrenze. Die Regierung schuf zu diesem Zweck die bekannten Kontrollstationen und übertrug ihre Verwaltung den beiden großen deutschen Dampferlinien. Damit wurde der Einschleppung jeder Art von Krankheiten durch den Auswandererverkehr in der wirksamsten Weise ein Riegel vorgeschoben und den Dampferlinien die Möglichkeit gegeben, den im Laufe der kommenden Jahre immer rigoroser werdenden sanitären Vorschriften der amerikanischen Regierung gerecht zu werden. Auch vom geschäftlichen Standpunkte aus erwies sich diese Maßnahme als eine wirksame Kontrolle des Auswandererverkehrs.

Auf die *geschäftliche Entwicklung* war die Cholerakatastrophe doch von sehr nachhaltigem Einfluss; es bedurfte einiger Jahre der Erholung, bevor eine Expansion wiedereinsetzte. Es kommt das in der Geschichte der Gesellschaft deutlich darin zum Ausdruck, dass die nächsten Jahre keinerlei Erweiterung des Liniennetzes brachten. Nur in der inneren Ausgestaltung wurde im Jahre 1895 für die Stärkung der Gesellschaft ein wichtiger Schritt mit dem Beschluss des Baues der sogenannten P-Dampfer getan, großen Schiffen von mäßiger Geschwindigkeit, die neben vorzüglichen See-Eigenschaften die Möglichkeit der Unterbringung einer großen Zahl von Passagieren, namentlich Zwischendeckern, und die Möglichkeit der Beförderung einer großen Gütermenge boten. In der Ausgestaltung des Liniennetzes geschah nur in Südeuropa ein wichtiger Schritt insofern, als die Gesellschaft sich im Jahre 1893 an dem *Dienst von Italien nach Nordamerika* und im folgenden Jahre auch an dem Dienst *von Italien nach dem La Plata* beteiligte und dabei Pool-Übereinkommen für den nordamerikanischen Dienst mit dem Norddeutschen Lloyd und der englischen Allan-Line und für den Südamerika-Dienst mit den italienischen Linien, schloss. Das letztere kam allerdings erst nach Verlauf einiger Jahre zustande.

Die im Verfolg der Cholera-Epidemie von der Direktion getroffenen umsichtigen Maßnahmen hatten nach Verlauf einiger Jahre so guten Erfolg und fanden so sehr den dankbaren Beifall des Aufsichtsrats, dass, als Ballin in einer Sitzung im Jahre 1896 den Etat für das Passagegeschäft verlegte, der Vorsitzende des Aufsichtsrats das bekannte, im preußischen Landtage einstmals gefallene Wort variierte und erklärte, dass der Aufsichtsrat »diesem Ministerium jeden Groschen bewillige«. Im selben Jahre fand übrigens auch die Einführung der Aktien der Gesellschaft an der Frankfurter Börse statt, ein Zeichen für die zunehmende Beachtung, die Börse und Publikum dem Papier widmeten.

Im Jahre 1897 feierte die Packetfahrt ihr *50-jähriges Bestehen* unter großer Anteilnahme der Öffentlichkeit. Vielleicht die bemerkenswerteste Anerkennung ist in einem Glückwunschschreiben des Generaldirektors der englischen *Cunard-Linie* enthalten, das deshalb hier im Wortlaut wiedergegeben sei. Es ist die Antwort auf eine an den Schreiber ergangene persönliche Einladung zur Teilnahme seitens eines Direktors der Packetfahrt und an diesen gerichtet. Es lautet wie folgt:

> »Mit großem Bedauern muß ich Ihnen mitteilen, daß ich an der Feier des 50jährigen Bestehens Ihrer Gesellschaft leider nicht teilnehmen kann. Ich bedauere das um so mehr, da ich die größte Bewunderung für die Tüchtigkeit und Unternehmungslust hege, mit der die Geschäfte Ihrer Gesellschaft namentlich in den letzten Jahren geleitet worden sind.
>
> Sie waren die ersten, die dem reisenden Publikum die Annehmlichkeit einer raschen und zuverlässigen Beförderung zwischen den beiden großen Kontinenten der Welt gaben, indem sie einen regelmäßigen Dienst von Doppelschraubendampfern mit hoher Geschwindigkeit und unübertrefflicher Einrichtung schufen.
>
> Sie gaben auch der Schiffahrtswelt das Beispiel der größtmöglichen Ersparnis bei der Beförderung der Güter der Welt in Fahrzeugen von stark vergrößerter Tragfähigkeit und entsprechender Wirtschaftlichkeit, ein Beispiel, dem andere Nationen zu ihrem eigenen großen Vorteil rasch gefolgt sind.
>
> Ihre Gesellschaft hat ferner einem tiefgehegten Bedürfnis entsprochen, indem sie eine höchst bequeme und dem Zweck angepaßte Möglichkeit für den Besuch von Szenerien gab, neuen sowohl wie alten, von allgemeinstem Interesse, und indem sie solche Reisen, die früher mit Schwierigkeiten und Unannehmlichkeiten verbunden waren, so bequem machte wie eine gewöhnliche Eisenbahnfahrt.
>
> Sie haben das vollbracht *nicht durch irgendwelche künstliche Hilfe, wie Regierungssubventionen,* sondern indem sie die Bedürfnisse des Reisenden und des geschäftlich tätigen Publikums vorwegnahmen und befriedigten und niemand, welcher Nationalität er auch sei, kann an-

gesichts solcher Tatsachen es unterlassen, die Voraussicht, den Scharfsinn und die Geschicklichkeit zu rühmen, die so große Ergebnisse in so verhältnismäßig kurzer Zeit erzielt haben, wie es die Leitung der Hamburg-Amerikanischen Packetfahrt-Actien-Gesellschaft getan hat.

Ich möchte daher Ihnen und Ihren Kollegen meine Glückwünsche aussprechen, indem ich nochmals bedauere, daß ich an Ihrer Jubelfeier nicht teilnehmen kann, und wünsche, daß Ihre Feier ein voller Erfolg sein und eine neue Aera von noch größerem Erfolg, wenn das möglich ist, für Ihre Gesellschaft damit beginnen möge.«

Mit dem Ende der 90er Jahre setzte eine starke Expansion der Gesellschaft ein. Im Jahre 1897 wurde die *Hamburg-Kalkutta-Linie* aufgekauft, deren Betrieb nach Ostindien aber nicht fortgesetzt, sondern deren Dampfer in andere Linien eingestellt wurden, und Ende desselben Jahres kam aus den Kreisen des hamburgischen Ostasienhandels die Anregung, die *Fahrt nach Ostasien* aufzunehmen.

Auch auf diesem Gebiete war in den vorausgegangenen Jahren die hamburgische Schifffahrt ins Hintertreffen geraten. Es bestand zwar in Hamburg die *Kingsin-Linie,* die sich aber lediglich dem Frachtgeschäft widmete und mit ihren Bemühungen, dem Norddeutschen Lloyd den Reichspostdampferdienst nach Ostasien streitig zu machen, keinen Erfolg gehabt hatte. Nunmehr beschloss die Packetfahrt die Errichtung einer Frachtdampferlinie und gleichzeitig auch den Eintritt in das Passagegeschäft.

Es hatte neben der Kingsin-Linie in Hamburg für eine kurze Zeit eine zweite Frachtdampferlinie bestanden, und zwar war dies eine Gründung der in Ostasien seit langem heimischen Bremer Firma Rickmers gewesen. Der Norddeutsche Lloyd aber, dem diese neu entstandene Linie im Hinblick auf die bevorstehende Erneuerung des Subventionsvertrages mit der Reichsregierung unbequem war, hatte im Jahre 1897 mit der Firma Rickmers ein Abkommen getroffen, wonach er vier Dampfer der Firma auf mehrere Jahre charterte und sie im nordamerikanischen Frachtgeschäft verwandte. Die Linie verschwand aber trotzdem nicht völlig, sondern die Firma Rickmers gab drei befreundeten Firmen in London, Antwerpen und Hamburg, die bisher ihre Agenten gewesen waren, ihre Zustimmung dazu, dass sie den Betrieb mit einigen übrig gebliebenen kleineren Dampfern und mit gecharterten Schiffen fortsetzten. Aus dem Kreise dieser Firmen kam nun die Anregung an die Packetfahrt, sich ihrerseits dem Geschäft zu widmen. Der Packetfahrt war diese Anregung auch um deswegen willkommen, weil sie mit ihrem Schiffsmaterial, das im Laufe der letzten Jahre stark vermehrt worden war, bisher lediglich auf Nord- und Mittelamerika angewiesen war. Das nordamerikanische Frachtgeschäft aber unterlag, je nach der Gestaltung der Wirtschaftslage drüben, starken Schwankungen. Auch die von Zeit zu Zeit wiederkehrenden Bestrebungen auf Erhöhung des Zollschutzes in den Vereinigten Staaten beeinflussten das Geschäft zeitweilig empfindlich, und im Fall eines nicht unmöglichen Zollkrieges zwischen Amerika und Deutschland musste man vielleicht mit einem völligen Stillstand rechnen. Seit längerer Zeit hatten sich deshalb die Bemühungen der Leitung auf eine Erweiterung des Verkehrsgebietes gerichtet, wie es ja überhaupt einer der Grundzüge der Ballin'schen Geschäftspolitik war, das Risiko möglichst zu verteilen, sich nicht auf ein Gebiet allein oder wesentlich allein zu stützen, sondern auch andere Verkehrsgebiete zu bearbeiten, um für Ausfälle auf einem einen Ersatz auf anderen zu haben. Endlich wünschte man auch da, wo Hamburg nicht genügend vertreten erschien, einen der Größe und Vielseitigkeit des hamburgischen Handels mehr entsprechenden Anteil am Verkehr. Die Verbindung mit den erwähnten Firmen in London, Antwerpen und Hamburg gab übrigens der Packetfahrt von vornherein eine feste Basis im ostasiatischen Verkehr, und man glaubte den Augenblick umso weniger verpassen zu dürfen, weil die nach Ostasien fahrenden Reedereien im Begriff waren, unter sich ein Abkommen zu schließen. Es galt deshalb rasch zu handeln, um nicht einer Vereinbarung sämtlicher Linien gegenüberzustehen, und noch vor Toresschluss eine Aufnahme in das Geschäft zu erreichen.

Die Verhandlungen über die Aufnahme des Dienstes, die Ende Dezember 1897 erst begonnen hatten, wurden deshalb sehr rasch zu Ende geführt, und schon in den ersten Tagen des Januar 1898 kündigte die Packetfahrt ihn an in Form einer monatlichen Fahrt nach den Häfen Penang, Singapore, Hongkong, Shanghai, Yokohama und Hiogo. Sechs Frachtdampfer von 8000 Tons Tragfähigkeit wurden dafür bereitgestellt, und es wurde auch gleichzeitig bekanntgegeben, dass man die Einstellung schnellerer und größerer Passagierdampfer in Aussicht genommen habe, sobald ein Bedürfnis dafür erkennbar sei. Die Hamburger Firma, die bisher Rickmers vertreten hatte, löste ihr Verhältnis zu dieser Firma und übernahm die Agentur für den neuen Dienst der Hamburg-Amerika Linie.

Natürlich stieß das Unternehmen auf einen gewissen Widerstand der bisher an diesem Verkehr Beteiligten, namentlich des Norddeutschen Lloyd, auch die Reichsregierung interessierte sich für den Fall und wirkte schließlich im Sinne einer Verständigung zwischen Lloyd und Packetfahrt. Ende des Monats Januar kam es dann auch zu einer *Verständigung mit dem Lloyd.* Übrig blieb aber noch die Beseitigung der Konkurrenz zwischen den beiden Hamburger Linien. Zu diesem Zweck trat die Verwaltung der Packetfahrt an die *Kingsin-Linie* mit dem Angebot einer *Fusion* heran, die ihr nicht nur zwecks Verhütung eines Konkurrenzkampfes erwünscht erschien, sondern auch zur Verstärkung des für die Ostasienfahrt verfügbaren Dampfermaterials, denn die Kingsin-Linie verfügte mit 13 Dampfern über ein für die Fahrt besonders gebautes, praktisches und gutes Material. Um die Fusion, die durch einen Aktienaustausch bewerkstelligt werden sollte, durchzuführen, wurde eine Generalversammlung einberufen zwecks Beschlussfassung über eine Erhöhung des Aktienkapitals um 5 Millionen Mark aus 50 Millionen. Die Verhandlungen mit der Kingsin-Linie gingen nicht ohne weiteres glatt vonstatten, und es bedurfte noch einer kleinen Erhöhung des Angebotes, um zum Erfolg zu kommen. Die Packetfahrt übernahm aus Grund des Fusionsvertrages sowohl die sämtlichen Schiffe wie auch das ganze Personal der Kingsin-Linie.

Der inzwischen mit dem Norddeutschen Lloyd zum Abschluss gebrachte Vertrag sah einen gemeinsamen Betrieb sowohl der vom Reich subventionierten Postdampferlinie wie auch einer Frachtdampferlinie nach Ostasien vor. Der Packetfahrt stand danach das Recht zu, falls nach dem neuen mit der Reichsregierung zu schließenden Vertrag ein 14-tägiger Dienst nach Ostasien zur Einrichtung kam, von den vier zu beschaffenden neuen Dampfern zwei zu stellen und zwei weitere einige Jahre später. Man ging dabei von dem Grundsatz aus, dass von neun zu stellenden Dampfern der Lloyd fünf und die Packetfahrt vier liefern solle. Im Hinblick auf die von ihm für den Dienst bereits gemachten Aufwendungen sollte der Lloyd aber an dem Erträgnis des Gewinnes eine Vorzugsbeteiligung haben. Neben dieser Postdampferlinie ging zunächst ein 14-tägiger Frachtdampferdienst, an dem beide Parteien mit der gleichen Zahl Dampfer beteiligt waren. Seine Leitung lag in Hamburg, die des Reichspostdampferdienstes in Bremen. Auf die Führung der Dienste hatten aber natürlich beide Parteien Einfluss. Die Regelung der Gewinnbeteiligung erfolgte in Form eines Pools.

Dasselbe Jahr 1898 brachte noch einige andere wichtige Veränderungen im Dienste der Packetfahrt. Zunächst wurde im Frühjahr des Jahres ein Abkommen mit der Philadelphia Shipping Co. getroffen, die ihrerseits ein Abkommen mit der Pennsylvania-Eisenbahn hatte, wodurch sich die Gesellschaft zur Unterstützung eines regelmäßigen *Frachtdampferdienstes von Philadelphia nach Hamburg* verpflichtete.

Noch wichtiger aber wurde der im selben Jahre ausbrechende *Krieg zwischen den Vereinigten Staaten und Spanien*. Die spanische Regierung wünschte eine Verstärkung ihrer Kriegsflotte durch sogenannte Hilfskreuzer, d.h. armierte, schnelllaufende Handelsschiffe, und bereits einige Zeit vor Ausbruch des Krieges wurde von dritter Seite der Packetfahrt ein Angebot für den *Ankauf der beiden Schnelldampfer »Normannia« und »Columbia«*, die zu den schnellsten Schiffen auf dem Ozean gehörten, gemacht. Um sich nicht dem Vorwurf einer unneutralen Handlungsweise auszusetzen, ließ die Packetfahrt die beiden Dampfer, bevor sie mit den Spaniern abschloss, der amerikanischen Regierung zum Kauf anbieten, die aber auf den Ankauf verzichtete, und es kam alsdann der Abschluss mit der vermittelnden englischen Firma zustande, die ihrerseits die Schiffe nach Spanien weiterverkaufte. Die Packetfahrt erzielte dabei gegen den durch starke Abschreibungen sehr herabgesetzten Buchwert der beiden Schiffe einen erheblichen Gewinn, der sie in den Stand setzte, für ihren Passagierdampferdienst neues Material zu beschaffen.

Es war inzwischen vom Norddeutschen Lloyd *ein neuer Schnelldampfer*, »Kaiser Wilhelm der Große«, in Dienst gestellt worden, über den Ballin, nachdem er eine Reise damit nach New York gemacht hatte, seinem Aufsichtsrat berichtete, dass er ein vorzügliches Schiff sei und selbst nach englischem fachmännischen Urteil eine große Leistung des Stettiner Vulcan, ein Triumph der deutschen Maschinen-

und Schiffbautechnik. Indes erschiene ein geschäftlicher Erfolg durch die großen Betriebskosten des Schiffes in Frage gestellt. Im Hinblick auf diese großen Betriebskosten der Schnelldampfer hatte Ballin schon im Jahre 1897 dem Aufsichtsrat das Projekt für den Bau von zwei langsameren, aber größeren Dampfern vorgelegt. Das Projekt wurde indes nicht ausgeführt, auch nicht, als die Packetfahrt durch den Verkauf der beiden Schnelldampfer nunmehr 1898 vor die Notwendigkeit gestellt wurde, neues Material für den Passagierdampferdienst zu beschaffen. Man benutzte vielmehr die sich im Jahre 1899 bietende Gelegenheit den Dampfer »Columbia« zu einem billigen Preise von Spanien zurückzukaufen und entschloss sich, den Schnelldampferdienst durch den Bau eines noch größeren und schnelleren Schiffes, als es der »Kaiser Wilhelm der Große« war, wieder zu vervollständigen. Dieses Schiff war der ebenfalls beim Stettiner Vulcan erbaute 1900 fertiggestellte *Dampfer »Deutschland«*, der in Größe und Ausstattung gegenüber den alten Schnelldampfern ein großer Fortschritt und für längere Zeit der schnellste Dampfer auf dem Ozean war.

In der Zwischenzeit machte man, um den wöchentlichen Schnelldampferdienst durchführen zu können, auch noch einen Versuch mit dem von der Firma Schichau für den Norddeutschen Lloyd erbauten, von diesem aber wegen Nichterfüllung der kontrahierten Bedingungen der Werft zur Verfügung gestellten Schnelldampfer »Kaiser Friedrich«. Da der Dampfer aber kein geschäftlicher Erfolg war, gab man diesen Versuch alsbald wieder auf, und das Schiff hat dann jahrelang für Rechnung der Firma Schichau im Hamburger Hafen aufgelegen, bis es endlich nach Frankreich verkauft wurde.

Neben dem Schnelldampferdienst war inzwischen ein *zweiter New Yorker Passagierdienst* eingerichtet worden, und zwar mit den bereits erwähnten, 1895 beschlossenen P-Dampfern – so genannt nach dem ersten Schiff, der »Pennsylvania« – einem in der Praxis allmählich herausgebildeten Typ großer kombinierter Dampfer von mäßiger Geschwindigkeit, deren ökonomischer Betrieb die Beförderung von Fracht zu sehr niedrigen Sätzen ermöglichte und dem großen Aufschwung im Güterverkehr zwischen Deutschland und Nordamerika Rechnung trug. Die Größe der Dampfer bedingte eine *möglichst rasche Beladung und Entlöschung*, was u.a. zur Einführung der ersten Getreide-Elevatoren führte, die eine rasche Entlöschung des nicht mehr in Säcken, sondern lose verschifften Getreides ermöglichten, vor allem aber zur Übernahme des Ladens und Löschens in eigene Regie. Der Zweck dabei war weniger eine Ersparnis an Betriebskosten als eine Beschleunigung der Abfertigung. Denn mit der Zunahme der Größe der Schiffe und der in ihnen angelegten Kapitalien wurde die rasche Abfertigung der Schiffe von immer größerer Bedeutung. Aus demselben Grunde entschloss man sich auch im Jahre 1898 zu einer abermaligen Veränderung der Hafenanlagen und schloss mit dem Hamburger Staat einen Vertrag für den *Bau der neuen großen Hafenanlagen in Kuhwärder*. Aber nicht nur die Hafenanlagen, sondern auch das *Geschäftshaus* wurde für den wachsenden Betrieb zu klein, trotzdem es durch Anbauten im Laufe der Jahre vergrößert worden war. Da eine weitere Ausdehnung am Dovenfleet nicht mehr möglich erschien, entschloss man sich zur Übersiedlung nach einer zwar im Zentrum der Stadt gelegenen, aber vom Geschäft bisher noch wenig ausgesuchten Gegend, dem Alsterdamm, den damals noch alte Patrizierhäuser mit Gärten schmückten Der Gedanke, dorthin überzusiedeln, erschien manchen Kreisen auch so befremdlich, dass es längerer Verhandlungen im Schoße der Verwaltung bedurfte, bis der Gedanke zur Tat und ein entsprechendes Grundstück, das von der Ferdinandstraße nach dem Alsterdamm durchging, angekauft wurde.

Für die Ballin'sche Politik der *Verteilung des Risikos* und für seine großzügige Auffassung von dem internationalen Charakter der Schifffahrt ist bezeichnend, dass man Ende der 90er Jahre auch daran ging, die *Tätigkeit der Gesellschaft nach dem Auslande zu verlegen*. Es war nicht der Wunsch nach einer Verteilung des Risikos allein, was den ersten Anstoß zu dieser Expansion gab, sondern auch die Tatsache, dass die Betriebskosten der Schiffe unter den Flaggen der verschiedenen Länder sehr verschieden waren, und in manchen Ländern nicht nur durch die Lebensgewohnheiten der Bevölkerung, sondern durch umfangreiche staatliche Hilfe niedriggehalten wurden. Das war z.B. damals in *Italien* der Fall, wo die Regierung durch Schiffbausubventionen den Bau billiger Schiffe ermöglichte. Das veranlasste die Packetfahrt zur Bestellung zweier Passagierdampfer dort, die entweder unter italienischer oder deutscher Flagge verwandt werden sollten, führte aber schließlich zur Gründung einer italienischen Reederei, der »Italia«. Es war in Aussicht genommen, dass diese Reederei sich der La-Plata-Fahrt widmen solle. Die geschäftlichen Resultate der Gesellschaft entsprachen übrigens im Laufe der Jahre doch nicht den Erwartungen, was 1905 zu einem Verkauf der Aktien nach Italien führte.

Die *Jahrhundertwende* bedeutete für die Schifffahrt der ganzen Welt die Zeit einer *außerordentlich starken Hochkonjunktur*. Veranlassung dazu gab der Ausbruch des *Krieges in Südafrika* im Oktober 1899. Er bedingte die Verwendung eines gewaltigen Schiffsmaterials zur Beförderung der englischen Truppen mit ihrer Ausrüstung nach Südafrika, und die Herausziehung dieses großen Materials aus dem übrigen Verkehr übte auf die Frachten einen außerordentlich befestigenden Einfluss aus. Mit den günstigen, infolgedessen erzielten Geschäftsresultaten stieg die Unternehmungslust in allen Schifffahrtskreisen.

Der Packetfahrt bot sich noch infolge eines anderen Umstandes die Gelegenheit zu einer außerordentlich bedeutungsvollen Ausdehnung. Zwischen der Hamburg-Südamerikanischen Dampfschifffahrts-Gesellschaft und der Firma A. C. de Freitas & Co. war ein Konkurrenzkampf ausgebrochen, der in überaus hartnäckiger Weise und ohne dass einer der beiden Parteien ein durchschlagender Erfolg beschieden war, geführt wurde. Mit der Firma de Freitas hatte Ballin bereits im Jahre 1893 für die Hamburg-Süd über eine Fusion der Südbrasil-Linien der beiden Reedereien verhandelt, ferner 1896 auf Wunsch des Vorsitzenden der Hamburg-Süd, Carl Laeisz, abermals Verhandlungen geführt, ebenso 1898 aus eigenem Antrieb, und er nahm nun, um dem hoffnungslosen Konkurrenzkampf ein Ende zu machen, und den alten Wunsch, diese Linie zu erwerben, endlich durchzuführen, diese Verhandlungen Ende 1900 wieder auf. Die Verhandlungen führten zu einem *Verkauf der von der Firma de Freitas betriebenen Linie nach Brasilien und dem La-Plata an die Hamburg-Amerika Linie*. Neben einer Vergütung für die Aufgabe des Dienstes und für den Eingang eines Konkurrenzverbotes sowie der Übertragung eines Teiles der Agentur für die neue Linie der Packetfahrt in Hamburg wurde der Firma de Freitas der durch sachverständige Schätzung festgestellte Marktwert der von ihr abzutretenden 14 Dampfer bezahlt. Als Sachverständiger fungierte in diesem Fall der Inhaber einer der großen

Londoner Schiffsmaklerfirmen, der mit der Packetfahrt seit Jahren in engen Geschäftsbeziehungen stand und ihr Vertrauensmakler in England war. Da die Schätzung gerade zur Zeit der höchsten Hochkonjunktur erfolgte, so kam sie auf einen Durchschnittspreis für die Tonne Schiffsraum hinaus, wie er bis zum großen Kriege niemals wieder bezahlt worden ist. Der Preis erschien selbst dem Taxator, wie er mir gelegentlich erzählte, so hoch, dass er es für seine Pflicht hielt, im Vorwege Ballin darauf aufmerksam zu machen. Er erhielt darauf aber nur die lakonische Antwort: »**I know, but I want the business**«, eine echt Ballin'sche Äußerung, bezeichnend dafür, wie wichtig ihm diese Ausdehnung erschien.

Auf die Übernahme der Firma de Freitas folgten sogleich *Verhandlungen mit der Hamburg-Südamerikanischen D. G. über einen gemeinsamen Betrieb der Südamerika-Linien,* die dann dadurch ausgestaltet wurden, dass die Packetfahrt einer englischen Firma, deren Linie von *Antwerpen* nach dem La Plata fuhr, diese abkaufte und sich damit auch diesen Hafen für die Südamerikafahrt eröffnete. Das erschien umso notwendiger, weil Antwerpen eine wachsende Bedeutung auch für die deutsche Ausfuhr gewann.

Es gibt wohl kaum ein Land der Welt, das von so viel Häfen verschiedener Nationalitäten bedient werden kann wie Deutschland. Im Süden reichen die Verbindungen der Mittelmeerhäfen bis in die Gebiete der süddeutschen Bundesstaaten hinein, im Westen haben Antwerpen und in etwas auch französische Häfen vorzügliche Eisenbahnverbindungen nach Süd- und Mitteldeutschland, und der Rhein bietet Antwerpen, und mehr noch Rotterdam, die denkbar zugkräftigste Verbindung mit dem deutschen Hinterland. Nimmt man hinzu, dass auch den skandinavischen Häfen ein gewisser Einfluss auf den deutschen Verkehr möglich ist, und ein noch viel stärkerer auf das Hinterland der deutschen Häfen in den Gebieten um die Ostsee, so hat man auf dem Verkehrsgebiete eine vollkommene Parallele zu dem Gebiete der Politik, auf dem seit Jahrhunderten ein Kampf der Nachbarländer um die Hegemonie in Deutschland und Mitteleuropa tobt. Diese Tatsache ist der eigentliche Grund und Antrieb für die Ballin'sche Vertragspolitik gewesen, ohne die das Chaos auf dem Verkehrsgebiete in Permanenz erklärt worden wäre.

In diesem Kampf um den mitteleuropäischen Verkehr spielte Antwerpen infolge der Eigenart des Platzes eine besondere Rolle. Antwerpen hatte keine bodenständige Reederei von solcher Bedeutung wie die seiner Nachbarländer. Im Geschäft des Platzes spielte der Durchgangsverkehr die größte Rolle, der Durchgangsverkehr sowohl aus dem belgischen wie namentlich aus dem deutschen Hinterlande. Eine große Zahl bedeutender Speditions-und Schiffsmaklerfirmen war in Antwerpen ansässig. Die Natur ihres Geschäftes brachte es mit sich, dass niemals Ruhe und Stetigkeit im Antwerpener Schifffahrtsleben eintrat, sondern ständig neue Erscheinungen und neue Unternehmungen auftauchten. Hinzukam, dass Antwerpen der Anlaufhafen für Reedereien aller Flaggen, namentlich der englischen und deutschen, war, denn aus dem Hinterlande kam das für die Beladung der Schiffe außerordentlich erwünschte Schwergut in umso stärkerem Maße, je mehr die Aufschließung der überseeischen Gebiete durch Eisenbahnen und industrielle Unternehmungen und die Beteiligung der mitteleuropäischen Industrie daran fortschritt. In dieser Hinsicht aber begann im neuen Jahrhundert eine außerordentlich starke Tätigkeit, die zu einem gewaltigen Aufschwung des Welthandels führte. Das europäische und später auch das amerikanische Kapital, dessen Blicke durch den Gewinn der ehemals spanischen Kolonien in Westindien und durch die zunehmende praktische Anwendung der »Monroe-Doktrin« über die Landesgrenzen hinaus gelenkt würden, befruchteten die überseeischen Gebiete in vorher niemals gesehenem Maße. Bahnbauten in Mittelamerika, darunter von Ozean zu Ozean gehende, die die Erschließung der amerikanischen Westküste außerordentlich förderten, wurden von englischem und amerikanischem Kapital geschaffen, ebenso neue Bahnverbindungen in Brasilien und Argentinien, dazu Hafenbauten fast in allen größeren südamerikanischen Hafenplätzen. Auch französisches, belgisches und in bescheidenem Maße deutsches Kapital beteiligten sich daran. Der Schienenweg über die Anden von der Ost- zur Westküste Südamerikas entstand und daneben zahlreiche große industrielle Unternehmungen. Der gewaltige Aufschwung beschränkte sich nicht auf Südamerika, die großen englischen Einflussgebiete Kanada und Australien schlossen sich an, ebenso Afrika nach Beendigung des Krieges und China. Russland hatte den Schienenstrang durch Sibirien zum Stillen Ozean geschaffen, und endlich ging auch Deutschland daran, seine Kolonien zu erschließen. Alle diese Unternehmungen brachten einen riesenhaften Export für die europäische Eisenindustrie, nicht zum wenigsten für die deutsche, deren maßgebende Organisation, der Stahlwerks-Verband, den Verschiffungsweg über Antwerpen stark begünstigte, weil er der billigste war, zum nicht geringen Nachteil der deutschen Häfen. Die deutschen Reedereien waren dadurch gezwungen, dem Verkehr zu folgen, und der Hafen von Antwerpen gewann auch für sie eine große Bedeutung. Die Hamburg-Amerika Linie trug dem später auch durch Begründung einer Filiale Rechnung.

Dem Eintritt in die Fahrt nach Brasilien und dem La Plata war schon im Jahre 1899 die Aufnahme der *Fahrt nach Nordbrasilien und dem Amazonenstrom* vorausgegangen, die später zu einem Konflikt mit der englischen Booth Line führte, der aber im Jahre 1902 durch Verhandlungen von Ballin beigelegt wurde. In späteren Jahren gestaltete sich das Verhältnis zu der Booth Line sogar sehr freundschaftlich, so dass eine weitgehende Interessengemeinschaft hergestellt wurde, wobei die Booth Line in Hamburg durch die Hamburg-Amerika Linie und diese am Amazonenstrom durch die englische Reederei vertreten wurde. Eine solche Interessengemeinschaft hatte zur Voraussetzung ein außerordentlich starkes gegenseitiges Vertrauen, und Ballin hat daher diese Interessengemeinschaft gelegentlich auch als die idealste aller von ihm geschlossenen bezeichnet. Noch im Jahre 1900 folgte die Ausgestaltung des westindischen Verkehrs durch eine Passagierfahrt nach *Mexiko*, und ebenfalls im selben Jahre wurde ein anderes bemerkenswertes Geschäft gemacht mit der Übernahme eines großen Kontraktes für die *Verschiffung von schwedischem Eisenerz* von den Häfen Narvik und Lulea nach Emden für die großen deutschen Eisenwerke im Westen. Für die Ausführung dieses Kontraktes wurden zwei Spezialschiffe in Auftrag gegeben. Das war auch der Beginn eines gewissen Aufschwungs für den Emder Hafen, der für die deutsche Erzversorgung von da ab eine bedeutende Rolle gespielt hat.

Im Jahre 1901 entschloss sich Ballin zu einer *Weltreise*. Die Verhältnisse in Ostasien, die durch den Erwerb von Tsingtau und die Unruhen in China eine besondere Note bekommen hatten, machten es ihm erwünscht, sie an Ort und Stelle kennenzulernen, namentlich wollte er auch die Verhältnisse der Passagierfahrt studieren, in die die Packetfahrt soeben gemäß ihrem Vertrage mit dem Norddeutschen Lloyd eingetreten war, sowie die Frage der Errichtung einer Linie auf dem Pazifik. Die Ausgestaltung des ostasiatischen Dienstes erforderte außerdem wichtige Abschlüsse an Ort und Stelle. Es erwies sich als notwendig, Stützpunkte für die Dienste zu erwerben, die Zubringerdienste an der Küste auszugestalten usw. Außerdem hatten die Wirren in China die Augen der europäischen Welt mehr als vorher auf den fernen Osten gelenkt, nebenbei hatten sie auch dem Norddeutschen Lloyd sowohl wie der Packetfahrt Gelegenheit zur Ausführung umfangreicher Truppen- und Materialtransporte für das deutsche Kontingent geboten. Über die Reise erstattete Ballin eingehende Berichte nach Hamburg, und zwar geschäftliche Berichte an die Direktion daheim, und Stimmungsbilder sandte er in Briefen an seine Mutter. Beide Arten Berichte sind sehr interessant, sie zeigen den Menschen und Geschäftsmann deutlicher als eine Beschreibung aus fremder Feder es vermöchte. Ich füge deshalb einige Auszüge aus den umfangreichen Berichten hier an und beginne mit den Briefen an die Mutter.

»An Bord des R. P. D. ›Kiautschou‹, den 16. Januar 1901.

Bei kaltem windigen Wetter trafen wir abends spät vor *Port Said* ein, und es war längst nach Mitternacht, als wir endlich den Lotsen aufgenommen hatten und in den Hafen dampfen konnten. Die Kälte hatte mich von der Kommandobrücke vertrieben, und da ich nicht glaubte, daß der Agent mit den Depeschen vor dem nächsten Morgen an Bord kommen würde, war ich dem Beispiel meiner Frau und fast aller Passagiere gefolgt und hatte mich zur Ruhe begeben. Da hatte man die Rechnung aber ohne die Araber gemacht; kaum war das Schiff zu Anker gebracht, als mit einem wilden Geschrei einem wahren Höllenlärm, einige Hunderte schwarzer Kerle über dasselbe stürzten, um in den weiten Raum der ›Kiautschou‹ die bestellten 800 Tons Kohlen zu tragen. Wohl nirgends in der Welt wird die Lieferung der Kohlen schneller besorgt, aber wohl nirgends vollzieht sie sich auch mit solch' einem infernalischen Lärm wie in Port Said. Man denke sich nur einige Hunderte wild durcheinander heulende Menschen, dazwischen brüllende Kommandorufe und das Geräusch der unausgesetzt in die Bunker strömenden Kohlen zu einem Ensemble vereinigt! Daß unter solchen Umständen an Schlaf für die Passagiere nicht zu denken war, ist leicht begreiflich ... Ich gab nach einigen Stunden den aussichtslosen Versuch, Ruhe zu finden, auf und fand, als ich in den Salon kam, daß so ziemlich alle Passagiere wohl oder übel (aber, wie Wippchen sagen würde, mehr übel als wohl) meinem Beispiel gefolgt waren. Hier mußte ich denn auch erfahren, daß die kundigen Thebaner unter den Passagieren gar nicht erst den Versuch gemacht hatten, zu schlafen, sondern um 2 Uhr nachts an Land gefahren waren. Port Said ist das richtige, auf den modernen Postdampferverkehr zugeschnittene Räubernest; die Läden und die Kneipen, die Konzerthäuser und Spielhöllen sind alle den modernen Verkehrsbedürfnissen entsprechend organisiert, und so war denn unsere ›Kiautschou‹ kaum in den Hafen gekommen, als die Besitzer dieser mehr oder weniger verlockenden Unternehmungen die Tore ihrer hell erleuchteten Häuser auch schon trotz der nächtlichen Stunde gastlich geöffnet hatten und bereit waren, im Zeichen des Verkehrs an unseren harmlosen Passagieren ihre Fähigkeiten zu erproben ...

Zwischen Aden und Colombo, 24. Januar 1901

... Vor *Aden* hatten wir nur kurzen Aufenthalt, und die für Schiffe, welche von Port Said kommen, dort bestehenden Quarantänevorschriften machten einen Besuch der Insel für die Passagiere der ›Kiautschou‹ unmöglich. Schattenlos, zwischen kahle Felsen geklemmt, sieht man den Ort vor sich liegen, den die Engländer zu einem zweiten Gibraltar ausgestalten möchten. Festungsarbeiten sieht man über die ganze Insel. Es muß ein trostloser Aufenthalt für Europäer sein. ›Des Teufels Punschkessel‹ nennen es die englischen Offiziere, für die eine Versetzung nach Aden gleichbedeutend sein muß mit einer Verbannung.

28. Januar 1901

... Wir haben inzwischen am 25. Januar einen genußreichen und für immer unvergeßlichen Tag in *Colombo* verlebt. Der Lotse brachte schon die Nachricht an Bord, daß die Königin Victoria gestorben sei, eine Meldung, die unsere lebhafte Sympathie und unter den englischen Passagieren eine große Trauer erweckte. Gegen 9 Uhr morgens begaben wir uns an Land und ich machte, da die Bureaus in Colombo erst nach 10 Uhr geöffnet zu werden pflegen, und ich so meine geschäftlichen Besuche noch nicht ausführen konnte, zunächst eine Wagenfahrt durch die herrlichen parkartigen Anlagen, welche die Stadt umsäumen. In den prächtigen Rahmen passen auch die Menschen hinein, die einst die Gebieter dieser fruchtbaren Insel waren. während sie jetzt unter den Segnungen der Kultur die Knechte der Europäer geworden sind …

… In dem alten Oriental-Hotel, nach welchem wir uns zum Luncheon begaben, trafen wir eine Anzahl unserer Reisegenossen im eifrigsten Handel mit den dort befindlichen singhalesischen und indischen Kaufleuten, welche sich bei Ankunft der Postdampfer auf den Terrassen der Hotels zu etablieren pflegen. Es ist das ewig gleiche Bild des orientalischen Handels, nur daß die Händler hier eine sich nie verleugnende, offenbar angeborene Grazie und Ritterlichkeit bekunden. Ein alter Mann, der mich mit seinen Edelsteinen verfolgte, und den ich abzuweisen versuchte, sagte mir in seinem unnachahmlich singenden Tone, in welchem die Leute das Englisch sprechen: ›Oh, fasse diesen Stein nur einmal an, du sollst ihn nicht kaufen, ich will ihn ja nur aus deiner glücklichen Hand zurückempfangen.‹ Dabei sind die Kerle die größten Gauner. Als ich für einen Bogen voll von alten Ceylon-Briefmarken, für welche der Händler mir 15 Mark als denjenigen Preis nannte, bei welchem er noch 5 Mark aus seiner Tasche zusetzen müßte, schließlich, um ihn zu verscheuchen, 2 Mark bot, überreichte er mir den Bogen mit den Worten: ›So, nimm ihn, ich weiß, daß das Opfer, welches ich dir bringe, mir zu einem Segen werden wird.‹ Später fand ich aus, daß der Mann die gleichen Marien einem Reisegenossen unter ähnlichen Versicherungen für 50 Pfennige verkauft hatte. Auch eine der Segnungen der Kultur! …

… Am Nachmittag machten wir eine herrliche Fahrt nach Mount Lavinia, einem schönen auf einer Anhöhe mit dem Blick über das weite Meer belegenen Hotel. Bildhübsche Kinder, schlank und flink wie die Gazellen, verfolgten bettelnd unseren Wagen. Sie wissen merkwürdig gut die Deutschen von den Engländern zu unterscheiden und kramten also für uns ihre deutschen Sprachkenntnisse aus. ›O mein Vater! Meine schöne Mutter! Du bist eine große Lady! Gib mir 10 Cents, guter Onkel!‹ Wir waren ganz erstaunt, auf eine so zahlreiche Nachkommenschaft hier zu stoßen …

2. Februar 1901

… Die Einfahrt in den Hafen von *Singapore* ist von seltener Schönheit, zwischen im herrlichsten Grün prangenden kleinen Inseln windet sich das Schiff hindurch, fast zwei Stunden fahren wir so, ehe wir in den eigentlichen Hafen gelangen … Die Verpflegungsverhältnisse sind in diesem Teile der Tropen außerordentlich schwierig, das Übermaß tötet auch hier. Die überreiche Fruchtbarkeit des Bodens macht es unmöglich, Gemüse und Feldfrüchte zu bauen, in wenigen Tagen schießt alles ins Kraut, und so ist man hier draußen darauf angewiesen, die Kartoffel sich von Java und die Gemüse von Mulsow in Hamburg zu holen. Von diesem Revers der Medaille hat mein alter Geographielehrer, der nie müde wurde, den Bodenreichtum dieser britischen Kolonie zu preisen, jedenfalls nichts gewußt.

Siugapore ist ein mächtig aufstrebender Stapelplatz für den Handel im Osten, es hat den Verkehr von Niederländisch-Indien, von Britisch-Borneo, von den Philippinen und den sogenannten Native States zum guten Teil über seinen Hafen gelenkt. Das konnten, natürlich mit Hilfe der Reedereien, energische und kluge Kaufleute zuwege bringen, und unter diesen Kaufleuten Singapore's – man darf es mit Stolz aussprechen – spielen heute die Deutschen die erste Rolle ...

... In *Saigon* haben wir 1½ Tag zugebracht. Die Franzosen haben die Stadt mit außerordentlichem Geschick angelegt und sie besitzen jedenfalls in Cochin-China eine außerordentlich wertvolle Provinz. Der Unterschied zwischen dem französischen und dem englischen Charakter ist in Saigon am besten dadurch dokumentiert, daß man mit einem Kostenaufwande von 2,5 Millionen Franken ein prächtiges Theater erbaut hat. Das hätte den Engländern nie passieren können, die hätten sicherlich das Geld in dem Bau von Klubhäusern und Rennbahnen angelegt ...

16. Februar 1901

... Die deutsche Kolonie von Hongkong gibt derjenigen von Singapore an Lebenslust und Geselligkeit nichts nach, an der Spitze in dieser Beziehung und überhaupt in der Repräsentation steht das Haus der Familie Siebs. Herr Siebs, der Seniorchef des Hamburger Hauses Siemssen & Co. ist seit einer großen Reihe von Jahren, ich glaube an zweiundvierzig, im Osten, wo er eine ganz außerordentlich prominente Stellung auch in den besten englischen Kreisen einnimmt. Dazu hat neben seiner großen Erfahrung in allen China betreffenden kommerziellen Verhältnissen und seiner eigenartigen Leutseligkeit und Hilfsbereitschaft seine liebenswürdige Gattin ein gut Teil beigetragen, die durch eine vornehme Gastfreiheit und einen musterhaft aufgezogenen Hausstand dem Hause Siebs einen außerordentlichen Namen verschafft hat. Wer von Frau Siebs empfangen wird, gilt – wie man mir in Hongkong sagte – dort für gesellschaftsfähig.

Ich kann meine Erinnerungen an Hongkong hier nicht in flüchtigen Strichen festlegen, ohne auf das eigenartige Leben und Treiben von Hongkong dieser Perle in dem großen Kranze englischer Kolonien, etwas ausführlicher einzugehen. Am Hafen entlang, meist in prächtigen Gebäuden, ziehen sich die Bureaus der großen Handelshäuser und Schiffahrtsagenturen hin, daran schließen sich die Straßen, welche Kaufläden in großer Zahl enthalten, und die Chinesenstadt mit ihrer emsigen Bevölkerung. Als Verkehrsmensch ist es mir sicherlich gestattet, über die Verkehrsmittel mich besonders auszusprechen. Das Pferd, welches nur in vereinzelten Exemplaren für Reit- und Sportzwecke vorhanden ist, wird in Hongkong durch den Menschen ersetzt, den Kuli, diesen letzten in seiner Rasse, der dem sensitiven Europäer unendliches Mitleid abnötigt. Im unteren Teile der Stadt hat die vom Kuli gezogene Ricksha das Übergewicht, aber Hongkong baut sich an einem Berge auf, und die Privathäuser liegen fast alle auf den herrlich gepflegten, terrassenförmig aufsteigenden Wegen, die den Peak umsäumen. Hier hinauf tritt der ›Chair-Kuli‹ (der Stuhlträger) in den Vordergrund, wie es auch innerhalb des ebenen Teiles der Stadt für vornehmer gilt, sich tragen zu lassen. Die gewöhnlichen Mietsstühle werden in der Regel nur von zwei Kulis getragen, dagegen gehören zum Privatstuhl vier Träger. Die Leute haben ein unendlich schweres Geschäft, den teilweise steil ansteigenden Berg hinauf und hinunter müssen sie ihre Gebieter schleppen, man muß die Zähne zusammenbeißen, wenn man zum ersten Male sich in dieser Form von keuchenden Menschen befördern läßt. In den bessergestellten europäischen Familien hat jedes Mitglied seinen Stuhl und die dazu gehörigen Kulis, die einen königlichen Lohn von Mk. 16,– bis Mk. 17,50 pro Monat erhalten, wofür sie sich selbst zu ernähren haben und nur eine weiße Jacke und ein bis an die Knie reichendes entsprechendes Beinkleid erhalten. Die armen Menschen kommen gewöhnlich aus dem Inlande, für ihre Ernährung brauchen sie pro Woche eine Mark, und das andere Geld senden sie heim an ihre Familien, denn sie sind meistens verheiratet und verdienen in solcher Stellung als Privatkuli nach ihren heimatlichen Begriffen ein Vermögen. Selten werden diese armen Kreaturen älter als 40 Jahre, ihre durchschnittliche Lebensdauer soll jedenfalls 35 Jahre nicht überschreiten. Für meine Frau und mich waren natürlich für die Zeit unseres Aufenthaltes 8 solcher Sklaven gemietet worden. Die armen Kerle, die es bei uns übrigens ganz gut hatten, lagen vom frühen Morgen bis in die Nacht hinein vor einem Nebeneingang des Hotels auf der Straße, wenn sie nicht mit uns unterwegs waren …

… Der *Chinese* kennt nur einen Feiertag, das ist Neujahr. Während des ganzen Jahres arbeitet er fleißig, er kennt keinen Sonntag und keine Erholungszeit, aber mit dem Anbruch des neuen Jahres verbindet er einen besonderen Glauben. Da löst er aus dem Pfandhause seine guten Kleider aus (die er schon deshalb dort unterbringt, weil er sie im

Leihhause vor Diebstahl gesichert weiß), während er den größten Teil seines übrigbleibenden Geldes in Feuerwerkskörpern anlegt. Um die bösen Geister im neuen Jahre von sich fernzuhalten, brennt der Chinese beim Beginn und an dem ersten und zweiten Tage des neuen Jahres Feuerwerk ab, ›**firecrackers**‹ in freundlicher Vereinigung mit Kanonenschlägen: ›en Putt vull Müüs‹ nannten wir es als Jungen, was hier zu Hunderttausenden verpufft wird. Man muß es erlebt haben, um es zu glauben. Fast 2 Tage und Nächte hindurch konnte man sich in die Nähe eines wilden Schlachtgetümmels versetzt wähnen, so knallte es an allen Ecken und Kanten, dazwischen – Raketen und Leuchtkugeln und das Geschrei der in Festesfreude schwelgenden Chinesen. Es war ein toller Lärm, und unsere Nachtruhe wurde natürlich arg gestört.

Die Häuser der Chinesenstadt waren bis unter die Dächer geschmückt. Fahnen, große prächtige Lampions, Girlanden aus buntem Papier mit frommen Sprüchen darauf und Blumen, je bunter, desto besser!

Die Stadt gehört an diesen, ihren einzigen Festtagen wieder den Chinesen, und die englische Verwaltung ist klug genug, diesen fleißigen, nüchternen Menschen die Freude nicht zu stören. Wie eine deutsche Polizeiverwaltung sich wohl zu solchem Beginnen verhalten hätte? ...

Shanghai, 6. März 1901

... Man hat sicherlich nicht zuviel gesagt, wenn man *Shanghai* das New York des Ostens nennt. Der ganze, im raschen Wachsen begriffene Verkehr von den Jangtse-Häfen, ebenso auch der größte Teil des Verkehrs aus den nördlichen Teilen des Reiches nimmt seinen Weg über Shanghai. Die deutsche Kolonie hier ist wesentlich zahlreicher als diejenige von Hongkong, und auch hier ergibt sich wieder die erfreuliche Tatsache, daß das Deutschtum einen außerordentlich lebhaften Anteil an dem großen Geschäfte hat, welches sich in Shanghai vollzieht ...

Zwischen Tsingtau und Nagasaki, an Bord d. Sibiria,
den 18. März 1901

... Der Dampfer unserer Gesellschaft, ›Sibiria‹, wartete schon seit 10 Tagen im Hafen auf uns, um für die nächste Zeit unsere Beförderung zu übernehmen. Ich hatte mich entschlossen, zunächst mit dem Schiff eine Reise auf dem *Jangtsekiang* zu machen, um diesen wichtigen Strom kennenzulernen, an dessen fruchtbaren Ufern die betriebsamsten chinesischen Städte liegen. Der Jangtse, wie er in gebräuchlicher Abkürzung genannt wird, ist tagereisenweit selbst für ganz große Seeschiffe befahrbar, im Sommer steigen seine mächtigen Wasser im oberen Lauf nicht selten um 50 Fuß, und so hat man denn auch bei der

Anlage der Städte unter großen Schwierigkeiten auf diese gewaltigen Überflutungen Rücksicht nehmen müssen. Unser Ziel war *Nanking*. Einst die alles beherrschende Hauptstadt des himmlischen Reiches, ist Nanking, nachdem es während der großen Revolution im Jahre 1862 zerstört wurde, und das Kaiserhaus seine Residenz nach Peking verlegt hatte, nie wieder zu einer Bedeutung gelangt. Nun hat man vor etwa 2 Jahren den Platz den Fremden geöffnet, und die Mächte haben sich beeilt, Konsulate hier zu errichten, einmal in der Hoffnung auf eine neue Entwicklung der Stadt, dann aber auch, weil ein Vizekönig in Nanking seinen Sitz hat.

Der liebenswürdige deutsche Konsul, Herr von Oertzen, der uns die gastfreundlichste Aufnahme bereitete, hat vorläufig über eine deutsche Kolonie zu wachen, die – sage und schreibe – aus einer Person besteht. Dieser junge Deutsche, der im chinesischen Zolldienst angestellt ist, befindet sich natürlich unter solch intensivem staatlichen Schutze sehr wohl, er raucht des Konsuls Zigarren und hatte ihn auch in Moselwein gerade lenz getrunken, so daß die ›Sibiria‹ just in Zeiten kam, um einer Beschwerde der deutschen Kolonie von Nanking über mangelnde Vorsorge des Reichs vorzubeugen. Der Konsul meinte, daß wir eine so chinesische Stadt, wie die innere Stadt von Nanking, nie wiedersehen könnten, und deshalb mußten wir wohl oder übel eine Expedition durch den Ort unternehmen.

Ich habe in Jaffa und Jerusalem Schmutz und Elend gesehen, aber eine solche Konzentration von Schmutz und Elend wie in Nanking ist dort bei weitem nicht erreicht. Meine Frau und eine junge Dame, die uns auf unserer Jangtse-Reise eine liebenswürdige Reisegenossin war, wurden in echten Mandarinensänften getragen, voran ritt der Dolmetscher des Konsulats, und wir anderen folgten hoch zu Esel auf chinesischen Sätteln, die ihrer Härte wegen einen Anspruch darauf haben, zu den Folterwerkzeugen gerechnet zu werden.

Durch ein Gewirr von unsagbar engen Gassen, in welchen Menschen und Tiere sich vorwärts schoben, ging der Weg. Jammernd lagen blinde und verkrüppelte Menschen vor ihren offenen Hütten, und die Zahl der mit Gebrechen behafteten schien fast größer als die Zahl der Gesunden. Als wir vor dem großen Tempel des Konfuzius hielten, und unsere Damen den Sänften entstiegen, drängten die sonst so furchtsamen Menschen hinter uns her, weil der Anblick europäischer Damen und noch dazu zwei so großer Exemplare ihnen neu war. Wir waren alle froh, als wir vor dem Hause des Konsuls wieder anlangten und nach einer gründlichen Reinigung den Tee uns munden ließen …

... Am 13. März frühmorgens gingen wir vor *Tsingtau* zu Anker. Ich war freudig überrascht von dem, was ich vor mir sah. Eine Stadt ist hier in unglaublich kurzer Zeit unter den schwierigsten Verhältnissen aus der Erde emporgewachsen!

In dem hübschen, aber sehr kalten Hotel ›Prinz Heinrich‹ war Wohnung für uns belegt, und am Nachmittage wanderten wir schon durch die vorläufig noch recht staubigen und teils unfertigen Straßen hinauf auf die Anhöhe, wo der stellvertretende Gouverneur und die höheren Offiziere sich angesiedelt haben. Wenn man auch zugeben muß, daß bei dem bisher Geschaffenen die militärischen Bedürfnisse weit in den Vordergrund geschoben sind und die Bedürfnisse von Handel und Verkehr noch zu kurz kommen, so bleibt die Leistung doch eine ganz außerordentliche, und jeder von uns, ganz besonders aber diejenigen, welche – wie der deutsche Generalkonsul Dr. Knappe aus Shanghai – den Ort vor zwei Jahren gekannt hatten, waren ebenso erstaunt wie erfreut über solchen Fortschritt.

Die ersten Tage in Tsingtau verliefen nicht anders als in den übrigen Plätzen. Tags viel Arbeit, abends Repräsentationspflichten. Ein anderes Gesicht nahm der Aufenthalt für mich aber an, als mein alter Gönner, der *Feldmarschall Graf Waldersee*, am Sonnabend morgen mit dem Kriegsschiff ›Kaiserin Augusta‹ eintraf. Er hatte seine Ankunft für 9 Uhr morgens angesetzt, und mit militärischer Pünktlichkeit ging sein Schiff vor Anker. Ich hatte mich mit dem Gouverneur zu seiner Begrüßung an Bord begeben, und der alte Herr war wirklich tief gerührt, als er mich wiedersah, da mein Erscheinen hier draußen ihn offenbar wehmütig an die Heimat erinnerte. Der Feldmarschall leidet sehr unter der Undankbarkeit seiner Stellung, und nach allem, was ich von ihm hörte, muß ich sagen, daß eine undankbarere Aufgabe einem Feldherrn wohl niemals gestellt worden ist. Seine Tätigkeit wird auf der einen Seite von den Diplomaten und auf der anderen von der Uneinigkeit der Mächte gehindert, und so sitzt er da und muß, anstatt in frischer soldatischer Weise voranzugehen, Worte spalten und lange Konferenzen um die leersten Etikettenfragen abhalten. Er hätte es besser verdient! ...

Tokio, 31. März 1901

... Japan – wie wirkte es auf uns, die wir von dem kahlen und kalten Norden Chinas kamen! Dort alles ernst und trübe, hier im lachenden Sonnenschein, von herrlich bewaldeten Höhen umgeben, ein prächtiger, sich bis ins Herz der Stadt hineinziehender, tiefer Hafen. Vor den Fenstern unserer Zimmer lagen die großen Postdampfer, lagen mächtige Kriegsschiffe, und auch unsere ›Sibiria‹ hatte ihren Ankerplatz so genommen, daß die Flagge der H.A.P.A.G. fröhlich zu uns hinauf grüßte.

Daß Klima und Natur auf den Menschen einen großen Einfluß üben, sieht man beim Japaner wie beim Chinesen; dieser immer ernst und mürrisch, wenig geneigt, sich um andere zu kümmern, der Japaner dagegen lustig, geschwätzig und in überschwenglicher Höflichkeit den Fremden entgegenkommend. Dabei muß aber hervorgehoben werden, daß die Ehrlichkeit der Chinesen, besonders der chinesischen Kaufleute, eine geradezu unantastbare ist, während den Japanern ein großes Teil Verschlagenheit und Mangel an Treue innewohnen soll, so daß die europäischen Kaufleute sehr schlecht auf sie zu sprechen sind.

Die Frauen Japans sind uns aus dem ›Mikado‹ und der ›Geisha‹ ja schon bekannt. Sie machen in der Tat einen außerordentlich sympathischen und gleichzeitig possierlichen Eindruck. Von den Frauen und dem Familienleben sieht der Fremdling in Japan in acht Tagen mehr, als er in ebenso vielen Jahren in China davon kennenlernt. Denn während in China die Frauen möglichst abgeschlossen von der Welt gehalten werden, spielt das ganze japanische Leben sich in der breitesten Öffentlichkeit ab. Das liegt zum guten Teil auch an der Bauart der Wohnungen. Zierlich wie die Menschen selbst, sind ihre Häuser, und wunderbarerweise baut sie der Japaner, der sonst alles nachahmt, was er in Europa gesehen, auch heute so, wie seine Väter es ihn gelehrt. Man sieht nur selten ein Fenster, dafür werden die luftlochartigen Öffnungen in den Häusern mit in Rahmen gespanntem Papier verdeckt. Anstatt der Türen hat man nur hin- und herschiebbare Gitter, und alles wird bei Tage sperrweit offen gehalten, so daß man die ganzen Räume von der Straße aus zu übersehen vermag. Im Sommer aber zieht der Japaner überhaupt mit Kind und Kegel auf die Straße, und man erzählt uns – daß dann die intimsten Familienszenen sich im Freien abspielen. Es will mir scheinen, als sei es nicht ein Mangel an Moral, sondern im Gegenteil, eine hochentwickelte Moral, wenn an und für sich natürliche Vorgänge als solche auch aufgefaßt und deshalb dem Lichte der Sonne nicht entzogen werden! …

… Am 23. März, 9 Uhr vormittags, kamen wir in Kobe an, wo wir für mehrere Tage Aufenthalt nehmen müssen. Unsere Reise nähert sich schon ihrer Beendigung, wenigstens haben wir das angenehme Gefühl, daß die Heimat uns nun näherrückt. Wie werden wir sie wiedersehen? Fast auf jeder Station dieser großen Fahrt hat eine Trauerbotschaft uns ereilt, und unser Aufenthalt in Kobe war ganz unter den Eindruck gestellt, den der Verlust meines alten Laeisz ausübte. Daß ich heimkehrend seinen Platz leer finden soll, will mir noch immer nicht in den Sinn.

Was ist das Leben – sprich,
Gib schnell mir den Bescheid,
Hingeben – was dir lieb,
Hinnehmen – was dir leid!« …

Ich lasse nunmehr einen Auszug aus den geschäftlichen Berichten folgen und schicke eine Aufzeichnung voran, die Ballin über die Resultate seiner Reise gemacht hat. Es heißt darin:

»An geschäftlich wichtigen Unternehmungen der Reise ist folgendes hervorzuheben:

1. die Errichtung einer eigenen Niederlassung in Hongkong,
2. der Erwerb der bisher von Diedrichsen, Jebsen & Co. betriebenen Reichspostdampferlinie nach Shanghai, Tsingtau und Tientsin,
3. der Erwerb der bisher von Rickmers betriebenen Jangtse-Linie,
4. der gemeinsam mit den Häusern Carlowitz und Arnhold, Karberg & Co. unternommene Ankauf eines großen Terrains vor dem Hafen von Shanghai für die Errichtung von Docks und Kaianlagen und die Pachtung der sogenannten ›Eastern Wharf‹. Aus diesen beiden Unternehmungen soll eine separate Aktiengesellschaft geschaffen werden.
5. Die Errichtung eines vorläufigen Bureaus in Shanghai. In Japan werden die Verhandlungen über die Errichtung einer Linie von Ostasien nach der amerikanischen Pazifikküste fortgesetzt.

In New York beginnen die Verhandlungen mit dem Vertreter des Hauses Forwood über den *Ankauf der Atlas-Linie.* Es fand dort ferner zum ersten Male eine unter meinem Vorsitz abgehaltene Versammlung sämtlicher Generalagenten der verschiedenen Linien unserer Gesellschaft statt, in welcher die Interessen unserer Gesellschaft beraten und beschlossen wurde, alle sechs Wochen zukünftig Zusammenkünfte abzuhalten.

Hongkong, 16. Febr. 1901

… Das *Geschäft von Singapore* hat während der letzten Jahre einen außerordentlichen Aufschwung erfahren, und das ist zu einem großen Teil der außerordentlichen Aktivität der Firma Behn, Meyer & Co. Zuzuschreiben, welche auch den Lloyd veranlaßt hat, die verschiedenen Küstenlinien von Singapore ins Leben zu rufen. Tatsächlich beschäftigt der Lloyd auf den verschiedenen Zweiglinien nicht weniger als 32 Dampfer. Mit Herrn Witthoeft, der sich bekanntlich nach Hamburg zurückgezogen hat, ist allerdings die treibende Kraft aus – Singapore geschwunden. Ich habe über verschiedene von ihm vorgeschlagene Unternehmungen verhandelt. Die aussichtsvollsten davon waren: Eine Linie Singapore–Rangoon–Australien und eine Küstenfahrt nach Rangoon, die zweifellos für unsere Frachtdampferlinie eine große Unterstützung sein könnte, aber sicherlich die lebhafteste Opposition der British India Co., die jetzt den Verkehr in Händen hat, hervorrufen würde, und da mit Bezug auf die Philippinenfahrt die Frage der amerikanischen Flagge noch ein Hindernis bildet, so sind die Verhandlungen über das Stadium der Vorbesprechung nicht weit hinausgekommen …

Hongkong, den 20. Febr. 1901

… Die Verhandlungen hier haben, wie ich es Ihnen auch schon kurz telegraphisch meldete, sich so gestaltet, daß der Errichtung einer eigenen *Niederlassung unserer Gesellschaft in Hongkong* Bedenken nicht entgegenstanden, und da es sich weiter bestätigt hat, daß für die Etablierung einer ostasiatischen Zentrale Hongkong der gegebene Platz sei, so habe ich die bezüglichen Schritte eingeleitet und zum Abschluß gebracht …

… Eine Errichtung von *Küstenlinien* von Hongkong aus ist in größerem Maßstabe mit Aussicht auf guten Erfolg nicht durchführbar. Wir haben, da die Verbindung Hongkong-Shanghai sehr gut gearbeitet hat, und eine Ausdehnung wünschenswert erscheint, die Einstellung eines dritten Dampfers auf dieser Linie in Aussicht genommen. Es ist ferner beschlossen worden, einen Dampfer zwischen Hongkong und Wladiwostok in regelmäßiger Fahrt zu beschäftigen. Über die Ausdehnung unserer Küstenlinien auch nach Swatow wird gegenwärtig noch verhandelt …

… Die Errichtung der eigenen Niederlassung unserer Gesellschaft hat in Hongkong ebensoviel Aufsehen wie Freude erregt, und nach den mannigfachen Erörterungen, welche ich hier zu pflegen Gelegenheit hatte, will es mir tatsächlich untunlich erscheinen, daß eine große Schiffahrtsgesellschaft ihre ausländischen Vertretungen in Händen von solchen kaufmännischen Firmen beläßt, welche gleichzeitig die Konkurrenten derjenigen Häuser sind, die sie zu Verschiffungen mit den Dampfern der betreffenden Gesellschaft heranziehen sollen. Trotzdem halte ich es für richtig, in Shanghai vorläufig auf die Errichtung eines eigenen Bureaus zu verzichten. Es erscheint mir erwünscht, die Wirksamkeit und den Erfolg der in Hongkong getroffenen Einrichtung abzuwarten, ehe man in Shanghai die bestehenden Verhältnisse ändert ...

Shanghai, den 4. März 1901

... Ich habe, wie ich Ihnen schon telegraphisch mitteilte, meinen Aufenthalt hier verlängern müssen, da ich mit den Verhandlungen bezüglich eventueller *Errichtung einer Jangtse-Linie* nicht recht vorwärts kommen kann.

Für die Fahrt auf dem Jangtse sind die wichtigsten Häfen Shanghai, Chinkiang, Nanking, Wuhu, Kiukiang und Hankau. Der Verkehr auf dem Jangtse liegt heute in Händen der folgenden Reedereien:

1. Butterfield & Swire, welche die größten und wohl auch die besten Schiffe besitzen.
2. Jardine, Matheson & Co.,
3. China Merchants' Co.,
4. einer kleinen chinesisch-englischen Linie,
5. des Norddeutschen Lloyd, der seine Schiffe allerdings unter Melchers' Flagge fahren läßt,
6. Rickmers und Arnhold, Karberg & Co., die für gemeinsame Rechnung die Fahrt betreiben.

Es sind dann noch einige kleinere Unternehmungen mit vereinzelten Schiffen in der Fahrt beschäftigt.

Die Fahrt wird mit flachgehenden Dampfern betrieben, teils Paddelböten, teils Doppelschraubenschiffen. In ihrer äußeren Erscheinung gleichen die Jangtse-Dampfer ganz außerordentlich, besonders wegen ihrer hohen Aufbauten, den Salondampfern, welche man von New York aus auf dem Hudson verkehren sieht. Der Tiefgang der Schiffe übersteigt bei wenigen 12 Fuß, und diejenigen, welche zeitweilig über Hankau hinausgehen, sind auch noch auf geringeren Tiefgang konstruiert. Die bei weitem überwiegende Einnahmequelle aller Jangtse-Dampfer ergibt sich aus dem außerordentlich starken chinesischen Passagierverkehr. Zweifellos wird mit den Jahren darin eine Änderung eintreten, und die Zeit nicht fern sein, in welcher das Frachtgeschäft die größere Nahrung liefert, denn der Handel der Jangtse-Häfen hat während der letzten Jahre einen großen Aufschwung genommen. So wächst denn auch von Jahr zu Jahr das Quantum der Ladung, welches die Jangtse-Dampfer zur Weiterbeförderung nach Europa hier in Shanghai anbringen ... Die Schwierigkeiten, welche sich der Etablierung einer Jangtse-Linie durch unsere Gesellschaft entgegenstellen, finden ihren Schwerpunkt in dem Mangel an geeigneter Landungsgelegenheit ...

An Bord des D. >Sibiria< auf dem Jangtse,
10. März 1901

... Nach dem Eindruck, welchen ich in *Nanking* gewonnen habe, möchte ich glauben, daß die erhoffte Entwicklung des Platzes noch recht lange auf sich warten lassen wird. Ganz anders liegen die Verhältnisse in *Chinkiang*, vor welchem Hafen wir augenblicklich ankern, und welches heute schon einen lebhaften Handel mit dem Inlande vermittelt. Darüber, daß im Falle einer weiteren Aufschließung des himmlischen Reiches der Handel auf dem Jangtse einen großen Umfang annehmen muß, kann kaum ein Zweifel bestehen. In höherem Maße noch als der Mississippi ist während der Sommermonate, also eigentlich während 8 Monate im Jahre, der Jangtse für tiefgehende Seeschiffe befahrbar. Das Wasser erfährt dann auf weite Strecken eine ungeheure Steigerung. Man hat solche Steigerung schon auf 38 Fuß konstatiert, und einige Dampfer der Russischen Freiwilligen Flotte verkehren mit einem Tiefgang von über 25 Fuß bis hinauf nach Hankau ...

... Wenn man von der gegenwärtigen Lage des Geschäftes sprechen will, so ist nicht zu verkennen, daß augenblicklich Schiffsraum auf dem Jangtse genügend vorhanden ist. Man möchte angesichts der neu hinzugekommenen Linie des Lloyd und Rickmers im Gegenteil sagen, daß es heute schon etwas >**overdone**< ist und daß es sich hier um Zukunftsmusik handelt. Trotzdem bin ich nach den eingehenden Ermittelungen, welche ich hier und in Shanghai vorgenommen habe, der Ansicht, daß die Hamburg-Amerika Linie aus den mehrfach erörterten direkten und indirekten Gründen auf eine Beteiligung an der Jangtse-Schiffahrt nicht verzichten darf. Wir würden, wenn wir den gegenwärtigen Zeitpunkt verpassen, aller Voraussicht nach einem geschlossenen, mächtigen Ringe gegenüberstehen und würden, wollten wir uns später trotz solcher großen Kombination unseren Anteil sichern, viel mehr Geld zu opfern haben als erforderlich ist, um jetzt schon dieses Geschäft auszubauen ...

An Bord der >Sibiria< zwischen Tsingtau und Japan, 19. März 1901

... In *Tsingtau* trafen wir mit dem D. >Sibiria< am Morgen des 14. März ein. Diese deutsche Kolonie macht einen außerordentlich guten und großen Eindruck. Überall ist mit viel Fleiß gearbeitet worden, und man möchte beinahe glauben, daß die Bautätigkeit sich etwas überhastet, und ein Rückschlag nicht ausbleiben kann. Wenn man durch unsere Brille die Sache ansieht, so wird man allerdings sagen müssen, daß das, was hier geschehen ist, zuviel an Wilhelmshaven und zuwenig an Hongkong sich anlehnt. Es war ja vorauszusehen, daß eine Kolonie, in welcher das Reichsmarineamt der absolute Herrscher ist, sich im überwiegenden Maße nach der marine-technischen Seite hin entwickeln würde. Da Remedur zu schaffen, ist es noch nicht zu spät, und ich habe tatsächlich großes Vertrauen zu der Entwicklungsfähigkeit Kiautschous mit fortgenommen. Trostlos sind vorläufig noch die Landungsverhältnisse, und mit Bezug auf die für Handelszwecke in Angriff genommenen Wasserbauten hat man bisher von der vermeintlichen Tatsache, daß die Dummheiten dazu da sind, um gemacht zu werden, einen höchst unbescheidenen Gebrauch gemacht ...

An Bord der ›Empreß of China‹ zwischen Yokohama und Vancouver, den 17. April 1901

... Inzwischen habe ich Gelegenheit gehabt, mich mit den in *Japan* obwaltenden Verhältnissen in mehr als einer Beziehung leidlich vertraut zu machen.

Das Land steht gegenwärtig einer wirtschaftlichen Krisis gegenüber. Gefördert durch ein leichtsinniges Kreditsystem hat der Import seit längerer Zeit den Bedarf weit überschritten, und nachdem man in der Erwartung einer inzwischen wieder vertagten Zollerhöhung auf Zucker, eine – für die japanischen Verhältnisse – ungeheure Quantität Zucker noch ins Land geschafft hat, steht man jetzt einer Geldnot gegenüber, die jedenfalls für längere Seit den Import lahmlegen wird.

Haben wir so mit einer Verminderung des ausgehenden Frachtverkehrs mit Japan für einen hoffentlich nicht zu langen Zeitraum zu rechnen, so haben wir neben diesem akuten Zustande für die zukünftige Gestaltung der Dinge hier einem viel einschneidenderen Faktor ins Gesicht zu sehen, das ist die Verdrängung des deutschen Handels durch den amerikanischen. Wie in China, so hat auch in Japan der Import von Nordamerika außerordentliche Fortschritte gemacht ... Ich kann die Erkenntnis nicht unterdrücken, daß in diesem wirtschaftlichen Kampfe ungeheure Vorteile auf amerikanischer Seite liegen. Sie werden mir gestatten, eine eingehende Begründung dieser Anschauung meinem mündlichen Bericht vorzubehalten ... Ich glaube, daß wir recht tun, mit möglichster Beschleunigung eine Verbindung zwischen Ostasien und der amerikanischen Westküste herzustellen ... «

Das Jahr 1903 brachte eine *Abänderung des Vertrages über die Ostasienfahrt mit dem Norddeutschen Lloyd* im Zusammenhang mit einer weitgreifenden Regelung des Verhältnisses der beiden Gesellschaften überhaupt, das in mehrfacher Beziehung eine Trübung erfahren hatte.

In den Berichten Ballins aus Ostasien ist bereits hervorgehoben, daß die Passagierfahrt nach Ostasien unter zu starker Berücksichtigung des Frachtdienstes leide. Außerdem hatte die Beteiligung an dem Reichspostdampferdienst der Packetfahrt nicht die erwarteten Erfolge gebracht. Da sie nur mit zwei Dampfern beteiligt war, stand sie gegenüber dem viel länger und stärker in dieser Fahrt vertretenen Norddeutschen Lloyd stark im Hintergrund. Der Bau der Dampfer war außerdem nicht zur Zufriedenheit ausgefallen, und im ganzen erschien Ballin das Äquivalent, das man dem Lloyd für die Beteiligung an dem Reichspostdampferdienst in Gestalt der Überlassung der Hälfte des Frachtdampferdienstes gegeben hatte, unverhältnismäßig hoch.

Man kam daher zu einer reinlichen Scheidung in der Weise, dass man dem Lloyd den Reichspostdampferdienst wieder ganz allein überließ und selber den gesamten Frachtdienst von Hamburg übernahm. Die praktische Scheidung erfolgte in der Weise, dass der eine der von der Packetfahrt erbauten Reichspostdampfer vom Lloyd übernommen wurde, wogegen dieser fünf Frachtdampfer an die Packetfahrt abtrat. Der Packetfahrt wurde dabei zugestanden, dass sie bis zu 40 Passagieren auf ihren Frachtdampfern befördern dürfe, was ihr die Möglichkeit der Entwicklung eines Passagegeschäfts in bescheidenem Umfange gab, eine Möglichkeit, von der sie übrigens nur vorübergehend Gebrauch gemacht hat. Gleichzeitig wurde auch vereinbart, dass Truppentransporte für die deutsche Regierung von den beiden Gesellschaften abwechselnd ausgeführt werden sollten. Mit dieser Neuregelung entfielen auch die weitergehenden Pläne für die Errichtung einer Passagierdampferlinie über den Stillen Ozean. Es kam auch dort nur zu einer Beteiligung am Frachtgeschäft, und zwar in indirekter Form durch Vercharterung von Schiffen an amerikanische Interessenten.

Aus dem Jahre 1903 ist ferner noch eine geschäftlich nicht bedeutende, aber in anderer Beziehung interessante Episode zu berichten, nämlich die *Anbahnung einer geschäftlichen Verbindung mit einer dänischen Gesellschaft,* die sich zunächst auf Westindien, später auch auf Russland bezog. Dieses dänische Unternehmen war die »*Østasiatiske Kompagni*« in Kopenhagen. Der Begründer dieser Gesellschaft, Herr *Andersen,* ist einer der erfolgreichsten Kaufleute, die der moderne Handelsverkehr kennt, der erfolgreichste seines Heimatlandes, zugleich aber auch ein internationaler Geschäftsmann großen Stils. Er hatte in jungen Jahren in Hinterindien sein Geschäft bescheidenen Umfangs aufgebaut, es im Laufe der Zeit durch den Erwerb wertvoller Konzessionen, insbesondere von Teakholzwaldungen in Siam, ausgebaut. Aus diesem Geschäft entstand im Laufe der Jahre eine immer mehr wachsende Reederei, die vermöge jener Konzessionen den besonderen Vorteil hatte, über eigene Ladung zu verfügen, was in schlechten Zeiten, beim Mangel an anderer Fracht, ein unschätzbarer Vorteil war. Bei diesem Geschäft, das er nach seiner Rückkehr nach Europa in Kopenhagen weiter ausbaute, erfreute sich Andersen der besonderen Förderung der *dänischen Königsfamilie,* später auch der *russischen Kaiserfamilie.* Seine besondere Gönnerin und sein Partner war die *Prinzessin Marie von Dänemark,* die in der Politik als Bismarcks Feindin bekanntgeworden ist, insbesondere durch ihren Versuch, zwischen dem Kanzler und dem Zaren Alexander III. Feindschaft zu stiften. Der große Kanzler berichtet darüber im 2. Bande seiner Gedanken und Erinnerungen, wie er diesen Versuch bei einem persönlichen Zusammentreffen mit dem Zaren zu vereiteln wusste. Die ungewöhnliche geschäftliche Gewandtheit der Prinzessin Marie brachte Andersen später auch die Verbindung mit Russland. Für die Weltklugheit und die einfachen Umgangsformen der Prinzessin ist es bezeichnend, dass sie eines Tages unangemeldet am Kontor der Hamburg-Amerika Linie derart inkognito erschien, dass der Bürodiener Herrn Ballin nur »eine Dame« melden konnte. Bezeichnend für die Art der Prinzessin sind zwei Briefe an Ballin, die hier wiedergegeben seien:

»17.1.1904

Mein verehrter Herr,

Hoffentlich entschuldigen Sie, dass ich Ihnen französisch schreibe. Sie können mir aber englisch antworten. Ich hatte eine Unterhaltung mit dem Direktor Andersen, der mir sagte, dass Ihre gemeinschaftlichen Verhandlungen zu nichts geführt haben, was ich persönlich sehr bedauere wie auch im Interesse der Sache. Ich bin sicher, dass, wenn diese neue Gesellschaft nicht auf besondere Hindernisse gestoßen wäre, Ihre Verhandlungen das erwünschte Resultat gehabt hätten. Es ist so bedauerlich, dass Herr Andersen sich mit so viel anderen Sachen zu befassen hatte; wenn Sie und er allein die Angelegenheit behandelt hätten und, wenn es eine rein geschäftliche Angelegenheit gewesen wäre, wäre das Abkommen sicher sofort zustande gekommen. Vielleicht finden Sie und Andersen in einiger Zeit eine Grundlage, auf der Sie zusammen arbeiten können. Ich lege persönlich sehr viel Wert darauf, eine Entente zwischen meiner Linie und der Ihrigen herbeigeführt zu sehen, damit Sie als gute Freunde nebeneinander Hand in Hand arbeiten können. Sie müssen mir dabei helfen. Herr Andersen ist nach hier so befriedigt von Ihrer Liebenswürdigkeit zurückgekehrt. Eins darf ich Ihnen noch sagen, dafür besitze ich genügend Geschäftserfahrung, wir beide bewundern Sie als Geschäftsmann. Ich würde mich glücklich schätzen, wenn Sie hierher kämen, nur bitte ich, Ihren Besuch einige Tage vorher anzukündigen. Mit den besten Wünschen für das neue Jahr und den Erfolg Ihrer Unternehmungen bin ich

Ihre ergebenste
Marie.«

»10. Febr. 1905

Verehrter Direktor,

Ich bin so erfreut darüber, dass ich von Herrn Andersen erfahren habe, dass seine Gesellschaft und die Ihrige mit gleichen Interessen in Dänisch-Westindien und in Russland zusammen arbeiten wollen. Es ist immer mein Gedanke gewesen, dass eine derartige Verständigung zwischen Ihnen und Herrn Andersen gute Resultate ergeben würde, und Sie dürfen sicher sein, dass Ihnen nicht nur meine persönliche Hilfe und meine Sympathie zur Seite steht, sondern auch die meiner Familie und die meiner russischen Familie, die sich alle so sehr für diese Angelegenheit interessieren. Ich hoffe sehr, dass ich Anfang März Sie in Hamburg sehen werde, wenn ich nach Frankreich reise. Mit den besten Empfehlungen

Ihre ergebene
Marie.«

Im Juni 1904, als der Dampfer »Prinzessin Victoria Luise« von der Kieler Woche um Skagen nach Hamburg fuhr, besuchte Ballin Kopenhagen und traf dort die Prinzessin Marie und das Königspaar, das ihn auf dem Schlosse Bernstorff zur Tafel lud. Ein geschäftliches Ergebnis hatten diese Verhandlungen im Jahre 1905 damit, dass ein gemeinsamer Betrieb für Westindien von der Packetfahrt zusammen mit der

Dänisch-Westindischen Ko. eingerichtet wurde. Vier neue große Schiffe der dänischen Gesellschaft fuhren unter Regie der Packetfahrt, die der dänischen Gesellschaft eine jährliche Pacht zahlte, und damit nicht nur mehr Schiffsmaterial zur Verfügung hatte, sondern auch eine Konkurrenz zwischen den beiden Gesellschaften vermied.

Ferner erwarb die Gesellschaft von den Dänen die Mehrheit der Aktien der »*Russisch-Ostasiatischen Dampfschifffahrts-Gesellschaft*«, um auch mit dieser Gesellschaft eine Interessengemeinschaft herzustellen. Für diese letztere Angelegenheit hatte sich auch der Deutsche Kaiser interessiert, dem Andersen bei Besuchen des Kaisers in Kopenhagen 1903 und 1905 über die Angelegenheit Vortrag hielt. Man strebte ein enges geschäftliches Zusammenarbeiten zwischen Russland, Deutschland und Dänemark an, auch zur Entwicklung des russischen Handels, für den man ein wirksames Instrument in der Russisch-Ostasiatischen Gesellschaft großziehen wollte. Leider war diese Interessengemeinschaft für Russland nicht von langer Dauer. Die russische Bürokratie machte Schwierigkeiten, wozu vielleicht auch beitrug, dass die Vertreter der Hamburg-Amerika Linie in Russland nicht mit der nötigen Vorsicht operierten. Jedenfalls war die Hamburger Gesellschaft von ihrer Beteiligung so wenig befriedigt, dass sie schon im Jahre 1906 sie nach Kopenhagen zurückverkaufte, und zwar mit einem erheblichen Verlust. Die westindische Gemeinschaft endete damit, dass die Packetfahrt die dänischen Dampfer endgültig übernahm.

Eine gewisse Zusammenarbeit brachte dann später noch die Aufnahme der Russisch-Ostasiatischen Gesellschaft in den transatlantischen Zwischendeckspool, und ferner hatte die Hamburg-Amerika Linie Gelegenheit, von technischen Erfahrungen der Dänischen-Ostasiatischen Ko. zu profitieren. Diese Gesellschaft hatte als erste in der ganzen Welt den Bau von *Motorschiffen* zur Spezialität gemacht, unterstützt durch die Werft von Burmeister & Wain in Kopenhagen, die den Dieselmotor, eine deutsche Erfindung, für den Schiffsbetrieb ausgestaltete, und der Ostasiatischen Ko. eine Flotte von ausgezeichneten Schiffen geliefert hat. Eines dieser Schiffe erwarb später die Hamburg-Amerika Linie zu Studienzwecken. Glänzend rentiert hat sich diese Eigenart der dänischen Gesellschaft im Kriege, weil sie dadurch von den englischen Bunkerkohlen und allen mit deren Lieferung verbundenen Hindernissen vollständig unabhängig war. Die Einseitigkeit der dänischen Werft, die einen bestimmten Motortyp konsequent ausbaute, hatte dieses große Resultat erzeugt, während man sich in Deutschland jahrelang in Versuchen mit den verschiedensten Typen erschöpfte. Das Bessere erwies sich hier als der Feind des Guten. Erst der Bau der zahlreichen Unterseebote im Kriege hat die deutsche Technik auf diesem Gebiete gewaltig gefördert und sie dann allerdings zu großen Leistungen befähigt.

Im Jahre 1904 brach der *Krieg zwischen Russland und Japan* aus. Er wurde für die Packetfahrt von derartiger Bedeutung, dass man ihn fast als die Quelle einer Wiedergeburt bezeichnen kann. Denn er gab ihr die Möglichkeit zum Verkauf einer ganzen Reihe von Dampfern mit erheblichem Gewinn und gleichzeitig zu einem Kohlenlieferungsgeschäft von gewaltigem Umfange. Durch die Schiffsankäufe schaffte die russische Regierung sich eine Anzahl Hilfskreuzer zur Kontrolle und Störung des japanischen Handels. Außerdem waren die Schiffsankäufe ebenso wie das große Kohlenlieferungsgeschäft dazu bestimmt, die Ausfahrt der baltischen Kriegsflotte nach Ostasien zu ermöglichen. Zur Kennzeichnung der Größe und der Schwierigkeit dieses Geschäfts seien einige Mitteilungen eingeschaltet, die sich in Ballin'schen Aufzeichnungen darüber befinden.

»Mai 1904

Eine Angelegenheit, die noch vielmehr als die ungarische (die Konkurrenz der Cunard-Linie von Ungarn) meine Tätigkeit und meine Nerven in Anspruch nimmt, sind die *Verhandlungen*, welche wir *mit der russischen Regierung* über den Verkauf von Schnelldampfern usw. für Kriegszwecke führen. Ich hatte schon am ersten Weihnachtstage Vertreter nach St. Petersburg geschickt, um bei der Regierung Schritte zu tun für den Fall, daß Handelsdampfer für die Kriegszwecke von russischer Seite erworben werden sollten. Seit der Zeit sind, mit Unterbrechung von wenigen Wochen, unsere Herren in St. Petersburg tätig, und es hat sich eine außerordentliche, telegraphische Verhandlung ergeben, welche bisher schon zu dem festen Verkaufe und zu der Abnahme des ›Fürst Bismarck‹ und der ›Belgia‹ führte. Ebenso ist auch die ›Augusta Victoria‹, welche gegenwärtig noch hier liegt, um

Dockungsarbeiten vorzunehmen, an Rußland verkauft, und die besten Aussichten bestehen dafür, daß die ›Columbia‹ gleichfalls in russischen Besitz übergehen wird.

Mit diesen Verkäufen sind natürlich große Fahrplanänderungen und Unannehmlichkeiten mannigfachster Art verbunden. Eine besondere Unannehmlichkeit war es, daß der ›Fürst Bismarck‹ der Firma Cook für eine Exkursion von 500 Mitgliedern der Sonntagsschule von Marseille aus verchartert war, und daß, um ihn frei zu machen, die ›Augusta Victoria‹ ihre übliche Orientreise in Neapel unterbrechen und die ›Columbia‹ für sie einspringen mußte.

Mit der ›Columbia‹ begab ich mich am 24. März von Hamburg über Gibraltar nach Neapel, wo ich am 31. März eintraf. Ich überwachte dort persönlich die Ordnung der Angelegenheiten, die sich mit Bezug auf die Umänderung des Fahrplans ergaben, und gehe, mit den Passagieren zusammen, mit der ›Columbia‹ nach Genua weiter. In Genua installiere ich an Bord einen Ingenieur, den die russische Regierung gesandt hat, um die Reise der ›Columbia‹ nach New York mitzumachen und fahre dann nach Nizza, wo ich einen etwa 17tägigen Urlaub genieße, der allerdings durch geschäftliche Korrespondenzen und Konferenzen außerordentlich illusorisch gemacht wird. Ich befinde mich dort gleichzeitig in der ärztlichen Behandlung des Professors Schweninger, den ich schon einige Zeit vorher in Berlin konsultiert hatte …

… Unser großer *Kohlenkontrakt mit der russischen Regierung* ist inzwischen noch erheblich vermehrt worden. Die Ausführung des Vertrages macht mir aber viel Sorgen, weil natürlich die englischen Blätter, besonders die ›Times‹, diesen Verwand benutzen, um die Neutralität Deutschlands zu verdächtigen. Bei der Schwäche unserer Regierung wirken diese Artikel natürlich sehr unerfreulich. Ich hatte Gelegenheit, die Sache mit dem Reichskanzler am Freitag, den 23. September, in Hamburg zu besprechen. Der Reichskanzler äußerte sich sehr besorgt über die Kohlenversorgung, weil er außerdem noch ein langes warnendes Telegramm des deutschen Botschafters in Japan erhalten hat. Ich habe dem Reichskanzler gesagt, daß er auf die Größe des uns erwachsenden Schadens gar keine Rücksicht zu nehmen brauche, daß vielmehr da, wo die Interessen des Reiches in Frage kämen, wir für unsere Interessen keine Rücksicht verlangen, und daß also, wenn die deutsche Regierung glaubt, daß es im Interesse des Reichs geboten sei, von der Ausführung des Vertrages Abstand zu nehmen, ich nur bäte, einen bezüglichen Befehl an uns ergehen zu lassen. Ohne einen solchen Befehl hätte ich natürlich kein Recht von einem unter völlig legalen Verhältnissen geschlossenen Vertrage zurückzutreten. Ich machte den Reichskanzler aber gleichzeitig darauf aufmerksam, daß Deutschland, wenn es zu diesem Schritt sich veranlaßt sähe, die Gefahr liefe, sich zwischen zwei Stühle zu setzen, denn, während man infolge der englischen Hetzereien kaum in Japan eine andere Stimmung erzeugen könne, wäre die Sache für Rußland ein geradezu vernichtender Schlag, denn Rußland würde unter solchen Verhältnissen nicht in der Lage sein, die baltische Flotte hinauszusenden.

Von Frankfurt aus begab ich mich nach Berlin, um auf Wunsch des Reichskanzlers mit dem Auswärtigen Amt noch über die Kohlenangelegenheit zu verhandeln. Ich hatte eine lange Konferenz mit Richthofen ...

... 1. Oktober 1904. Inzwischen haben unsere Geschäfte für die russische Regierung guten Fortgang genommen, und fast meine ganze Aufmerksamkeit nehmen diese mit viel Aufregung verknüpften Transaktionen in Anspruch. Sie machen eine große Zahl von Reisen für mich nach Berlin notwendig, weil ich es nicht nur für loyal, sondern auch für durchaus zweckdienlich halte, das Auswärtige Amt über das, was ich unternehme, nicht im unklaren zu lassen. Mehrere unserer Herren machen eine ganze Reihe von Reisen zwischen St. Petersburg und Hamburg, und fast täglich finden morgens Konferenzen der Direktoren über die Lage der Dinge, veranlaßt durch die fast täglich einlaufenden Telegramme aus Petersburg, statt. Um die Kohlenkontrakte auszuführen, haben wir eine große Zahl von fremden Schiffen chartern müssen, so daß zeitweilig *bis zu 80 Dampfern für die Russen unterwegs sind.* Zu dem Verkaufe der alten Schnelldampfer und der ›Belgia‹ kommt noch der endgültige Verkauf der ›Palatia‹ und ›Phoenicia‹ an Rußland, sowie der von 9 anderen Dampfern unserer Gesellschaft, darunter ›Belgravia‹, ›Asspria‹, ›Adria‹ und ›Granada‹ (die übrigen sind Frachtdampfer meistens aus dem westindischen Dienste), gleichfalls an die russische Regierung, aber mit dem Recht des Rückverkaufs an uns. Die große Aufgabe, welche wir übernommen haben, nämlich die bis dahin fast für unmöglich gehaltene Überführung eines so mächtigen Geschwaders wie dasjenige der sogenannten Baltischen Flotte von Europa nach Ostasien, haben wir glücklich gelöst. Die Flotte ist, ohne feste Kohlenstationen zu besitzen, lediglich durch die richtige Disposition von Dampfern und durch die Übergabe der Kohlen teilweise auf offenen Reeden, glücklich nach Ostasien gebracht worden. Daß sie dort in der Koreastraße ein so unrühmliches Ende fand, kann sicher nicht die Größe der Leistung beeinträchtigen, welche wir in der Bekohlung der Flotte auf dieser weiten Strecke vollbracht haben, und mit welcher wir Erfahrungen gesammelt haben, die auch für die deutsche Regierung von hohem Werte sind. Der Gewinn, den wir bei dem Kohlengeschäft erzielt haben, ist ein recht erheblicher, wenn er auch nicht exorbitant erscheint im Hinblick auf die außerordentliche Arbeitsleistung und auf das ungewöhnliche Risiko.«

Was diese Unternehmung geschäftlich für die Hamburg-Amerika Linie bedeutete, kennzeichnen am besten einige Ziffern. Die Gesellschaft kaufte bzw. erbaute in den Jahren 1904 und 1905 nicht weniger als 21 Dampfer für einen Gesamtpreis von 22½ Millionen Mark und hatte Mitte 1905 noch 19 Dampfer mit einem Gesamtpreis von 52 Millionen Mark im Bau, darunter die beiden großen Passagierdampfer »Amerika« und »Kaiserin Auguste Victoria« für die Nordamerika-Fahrt, ferner große Dampfer für die Mexiko-, die Laplata- und die Ostasien-Fahrt. Von den Kosten dieser Neuanschaffungen konnte sie 24 Millionen Mark aus ihren Schiffsverkäufen decken, ferner eine beträchtliche Summe aus Betriebsgewinnen, den Rest aus einer Prioritätenausgabe. Erst das Jahr 1913 hat ihr wieder einen ähnlich starken Zuwachs an Schiffsmaterial gebracht. Es war aber nicht nur der Zuwachs an Material, sondern es war vor allem *die völlige Neugestaltung des Nordamerika-Dienstes* durch die Einstellung der beiden großen Dampfer »Amerika« und »Kaiserin Auguste Victoria«, was die »Wiedergeburt« kennzeichnete. Damit folgte auf die Periode der Schnelldampfer eine andere, die bezeichnet wurde durch den langsameren, für den Passagier durch eine außerordentliche Bequemlichkeit ausgezeichneten Schiffstyp, eine bahnbrechende Neuerung, die dem Dienste der Gesellschaft eine gewaltige Anziehungskraft und eine hohe Rentabilität brachte. Die Gewinne aus diesem russischen Geschäft trugen auch dazu bei, für die Gesellschaft die Einbuße durch den scharfen Konkurrenzkampf mit der Cunard-Linie weniger fühlbar zu machen. Sie war trotz dieses Konkurrenzkampfes in der Lage, ihre Dividende im Jahre 1904 auf 9% und im Jahre 1905 sogar auf 11% zu steigern.

Das Jahr 1904 brachte dann noch eine besondere Beschäftigung in Gestalt der *Truppentransporte für Deutsch-Südwest-Afrika*, das Jahr 1905 wieder eine Auseinandersetzung mit dem Norddeutschen Lloyd. Sie entstand dadurch, dass von Bremen aus eine Konkurrenz zu der

Hamburger Kosmos-Linie ins Leben gerufen wurde, mit der seit dem Jahre 1900 die Packetfahrt in eine Interessengemeinschaft nach der *Westküste Amerikas* getreten war, und endete mit der Herstellung einer Interessengemeinschaft für diese und mit einer Vereinbarung zwischen dem Lloyd und der Packetfahrt, wonach in Zukunft Differenzen einer schiedsrichterlichen Entscheidung unterbreitet werden sollten. Dieser Streit hat damals viel Staub aufgewirbelt, so dass auch die Regierung und der Kaiser sich veranlasst sahen, auf eine Beilegung hinzuwirken.

Nachdem das Jahr 1906 noch die Begründung einer *Linie nach dem Persischen Golf* gebracht hatte im Zusammenhang mit den wachsenden deutschen Interessen nach dieser Weltgegend, brachte das Jahr 1907 abermals einen Konkurrenzkampf auf dem bisher von der Woermann-Linie allein betriebenen Gebiete der *Westafrika-Fahrt*. Eine Hamburger Reederei, deren Dampfer von der Woermann-Linie im Zusammenhang mit den großen von ihr zu bewältigenden Transporten für Deutsch-Südwest gechartert worden waren, benutzte die dabei gesammelte Erfahrung, um der Woermann-Linie Konkurrenz zu machen, und wurde schließlich von Bremen unter Beteiligung des Norddeutschen Lloyd aufgekauft. Als Gegenzug *schloss die Woermann-Linie eine Interessen-Gemeinschaft mit der Hamburg-Amerika Linie*. Auch auf diesem Gebiete kam dann nach einiger Zeit eine Hamburg-Bremer Verständigung zustande.

So gewann die Packetfahrt eine Beteiligung auch an der afrikanischen Fahrt, die ihr Begründer, *Adolph Woermann*, mit eifersüchtiger Liebe großgezogen und vor fremdem Einfluss zu bewahren bemüht gewesen war. In ihrem inneren Wesen, in der eifersüchtigen Liebe zu ihrem Unternehmen, waren Ballin und Adolph Woermann einander gleich, so verschieden sonst auch ihre Charaktere waren. Beide geschäftlich wagemutig bis zum äußersten, aber in ganz verschiedener Atmosphäre aufgewachsen und groß geworden, der eine darauf angewiesen, wo Kampf und Gewalt nichts nützten, mit Klugheit seinen Weg durch Widerstände hindurch zu finden, der andere ein Pionier auf kolonialem Gebiet, ein König in seinem afrikanischen Reich, ein Erschließer von Neuland, verbittert und in seiner inneren Kraft gebrochen, als die Verhältnisse ihn zwangen, mit anderen zu teilen. Bei seinem Tode hat ihm Ballin in der Presse einen Nachruf gewidmet, der vielleicht die beste

Charakteristik des bedeutenden Mannes war und nicht der Vergessenheit anheimfallen sollte. Er sei deshalb hier wieder aufgenommen.

»Mit Adolph Woermann ist ein Mann dahingegangen, der das Urbild eines Hanseaten war. Der Staatssekretär Dernburg selbst sagte mir einst, daß er sich wohl bewußt sei, daß seine Leistungen für die Kolonien niemals diejenigen erreichen könnten, die Adolph Woermann unter den denkbar schwierigsten Verhältnissen vollbracht habe.

Wohl nie hat ein Privatreeder solchen Wagemut gezeigt, wie wir ihn in der Woermannschen Reederei verkörpert sehen. Ohne staatliche Subvention, im Gegenteil unter Überwindung von Hemmungen mannigfachster Art, wie sie vom grünen Tisch zu kommen pflegen, hat Woermann die Verbindung zwischen Deutschland und seinen afrikanischen Kolonien in einer Weise ausgebaut, an welche man selbst in England nicht heranreichen kann. Verlustreiche Jahre haben seinen Wagemut nie erschüttert, er hatte sein Ziel fest im Auge, und fast mit jedem Schiffe, das er im Interesse der Verbindung des Mutterlandes mit seinen Kolonien erbauen ließ, schaffte er etwas Vollkommeneres und steigerte das ungeheure Risiko, das er persönlich auf sich zu nehmen hatte. Er trieb praktischen Patriotismus, ohne auf die Hilfe anderer und besonders ohne auf die Hilfe des Staates zu rechnen.

Und nun ist er gestorben in Verbitterung. Konnte seine hünenhafte Gestalt uns schon an den Eisernen Kanzler erinnern, so trat eine Wesensähnlichkeit in den letzten Jahren frappant hervor. Es ist bekannt, daß man Woermann nach Abschluß der kriegerischen Wirren in den Kolonien den Vorwurf machte, er habe das Reich übervorteilt. Diesen Vorwurf hat er nie verwunden, und wenn die Leute, die damals gegen ihn zu Felde zogen, auch darauf hinweisen können, daß das Schiedsgericht, welches die Ansprüche des Reiches prüfen sollte, einen Teil dieser Forderungen als richtig anerkannt habe, so ist das eine unzureichende Verteidigung. Denn klar ist nur geworden, daß Woermann, der allem Bureaukratismus abhold war und auch juristischen Rat bei Abschluß seiner Verträge nie in Anspruch genommen hat, bei diesen Verträgen mit dem Reich nicht diejenige Sorgfalt hatte walten lassen, welche in seinem Interesse notwendig gewesen wäre. Daß er das Reich übervorteilt und Riesengewinne sozusagen aus der Not des Reiches gezogen habe, wird durch die Tatsachen auf das schärfste widerlegt. Er hatte sich der Aufgabe, die Kriegstransporte zu besorgen, mit der ihm eigenen Großzügigkeit gewidmet, und hat diese Aufgabe glänzend gelöst. Um diese unübertreffliche Leistung durchführen zu können, hatte er seine Flotte um eine große Zahl von Schiffen verstärkt, und die Folge davon war, daß nach Erledigung der Aufgabe Woermann selbst einsehen mußte, daß er seine Kräfte überschätzt hatte. Die Tarife, welche Woermann mit dem Reiche vereinbart hatte, sind damals von meinem verstorbenen Kollegen, dem Generaldirektor des Norddeutschen Lloyd, Dr. Wiegand, und von mir selbst als durchaus angemessen begutachtet worden, im Gegenteil, wir beide haben erklärt, daß unsere Gesellschaften zu diesen Sätzen die Leistungen, welche Woermann übernommen hatte, nur mit einer geringen Anzahl von Expeditionen übernehmen würden, Woermann hat alles andere bewältigt, und sah nach Abschluß dieser gewaltigen Leistung sich genötigt, einen Teil der übergroßen Last, welche er dadurch auf seine Schultern geladen hatte, auf die Hamburg-Amerika Linie überzuleiten.

Sein eiserner Wille wäre auch ohne diese Mitwirkung mit der Sache fertiggeworden. Inzwischen hatte man aber angefangen, ihn mit Kot zu bewerfen, und als die Regierung offiziell Stellung gegen ihn genommen hatte, trat bei ihm jene Verbitterung ein, von welcher ich vorhin gesprochen habe. Alle, welche ihm während der letzten Jahre haben nahe sein dürfen, werden es nicht ohne aufrichtige Trauer bemerkt haben, wie dieser große Vaterlandsfreund zum bitteren Kritiker geworden war. Diese große Enttäuschung hat auch seine Gesundheit gebrochen, und in den letzten Jahren haben wir ihn nur noch als kranken Mann gesehen.

Es ist das Tragische im Leben Adolph Woermanns, daß diese eigenrichtige, starke und nur auf sich vertrauende Persönlichkeit das große Werk, das sie auf sich genommen hatte, schließlich doch nicht allein hat tragen können, und daß ihrem, im tiefsten Sinne des Wortes patriotischen Wirken mit Undank gelehnt worden ist. Das soll uns nicht hindern, dem großen Vaterlandsfreund und tatkräftigen Politiker, dem hamburgischen Patrioten, dem wahrhaft königlichen Kaufmann und dem größten, wagemutigsten und opferfreudigsten Privatreeder, den die Hansestädte jemals gesehen haben, den Zoll unserer Anerkennung darzubringen und ihm eine herzliche Dankbarkeit für alle Zeiten zu bewahren.

›Holt die Flagge auf Halbstock, Ihr Hanseaten, der größte Hanseat ist tot!‹«

Um die Aufzählung der vielen Konkurrenzkämpfe im ersten Jahrzehnt des neuen Jahrhunderts zu vervollständigen, sei hier gleich noch die Konkurrenz erwähnt, die im Jahre 1909 der sogenannte »Fürstenkonzern« im Bunde mit der Hamburger Firma, die schon die Woermann-Linie bekämpft hatte, unternahm, und zwar in der Fahrt von Antwerpen nach dem La Plata. Diese Konkurrenz endete mit einem Aufkauf der Reedereiunternehmungen des Fürstenkonzerns, der nicht lange danach seine geschäftliche Karriere mit einer finanziellen Katastrophe beendete, die den beteiligten fürstlichen Familien Hohenlohe und Fürstenberg gewaltige Vermögenseinbußen brachte, und deren Einzelheiten wohl noch in der Erinnerung sind. Darauf hier einzugehen, würde auch zu weit führen. Erwähnt sei nur noch, dass im Zusammenhang mit der Beilegung dieser Konkurrenz von den beiden großen deutschen Linien der preußischen Regierung gegenüber die Verpflichtung übernommen wurde, dem *Hafen von Emden* überseeische Verbindungen zu schaffen, namentlich auch eine Verbindung für den Zwischendecksverkehr nach Nordamerika. Diese Verbindungen waren eben erst aufgenommen worden, als der Krieg ausbrach und ihnen ein Ende setzte.

Einen großen Fortschritt brachte diese Zeit dem *transatlantischen Pool.* Nach dem Friedensschluss mit der Cunard-Linie waren noch verschiedentliche Störungen des friedlichen Verhältnisses unter den Linien erfolgt, u.a. durch eine Konkurrenz der russischen Freiwilligen Flotte, der mit Hilfe der Russisch-Ostasiatischen Dampfschifffahrts-Gesellschaft entgegengetreten wurde, durch eine zeitweilige Kündigung des Zwischendeckspools seitens einiger englischer Linien und endlich durch Differenzen der Hamburg-Amerika Linie mit dem Norddeutschen Lloyd. Außerdem strebte die Hamburger Linie eine Reform der Poolanteile an, da sie der Ansicht war, dass die vor 15 Jahren festgesetzten Anteile nicht mehr dem gänzlich verschobenen Größenverhältnis zwischen den beiden deutschen Linien entsprächen. Im Februar 1908 fanden alsdann unter dem Vorsitz Ballins mehrtägige Verhandlungen in London unter Teilnahme aller großen englischen und kontinentalen Linien statt, sowie auch der Canadian Pacific Eisenbahn, die zur Gründung der »*Atlantic Conference*« oder des sogenannten »*General Pool*« führten, dem im folgenden Jahre ein *Pool für den Mittelmeerverkehr folgte.* Beide Vereinbarungen wurden dann im Jahre 1911 erneuert.

Damit war ein so umfassendes Vertragsverhältnis geschaffen, wie es bisher unter den Reedereien überhaupt noch nicht bestanden hatte. Spätere Sonderabkommen mit den russischen und skandinavischen Linien vervollständigten das Netz.

Um die Bedeutung des Vertragssystems zu zeigen, das vor Kriegsausbruch bestand, durch den Krieg aber gänzlich zerstört worden ist, sei hier noch eine kurze *Übersicht über die wichtigsten Poolverträge,* an denen die Hamburg-Amerika Linie beteiligt war, eingeschaltet.

A. Passage-Pools

1. *Atlantic Conference.* Umfasste den Zwischendecksverkehr von nordeuropäischen und atlantischen Häfen bis zur Straße von Gibraltar nach den Vereinigten Staaten und Kanada und umgekehrt.

Mitglieder: Hamburg-Amerika Linie, Hamburg,
Holland-Amerika Linie, Rotterdam,
Norddeutscher Lloyd, Bremen,
Red Star Line, Antwerpen,
Allan Line, U.S. service, Glasgow,
Anchor Line, Liverpool,
American Line, Dominion Line, White Star Line } IMMC
Cunard Line, Liverpool.

Angeschlossene Linien (Sondervertrag mit den kontinentalen Linien):
Compagnie Générale Transatlantique,
Austro-Americana, Triest,
Russische Amerika-Linie, Libau,
Det Forenede Dampskibs-Selskab (durch Sondervertrag mit den britischen Linien alliiert), Kopenhagen

2. *Mediterranean Conference.* Umfasste den Verkehr von allen mittelländischen Häfen nach den Vereinigten Staaten und Kanada und umgekehrt sowie denjenigen italienischen und orientalischen Zwischendecksverkehr, der sich über die Kanalhäfen, wie Le Hâvre und Cherbourg, bewegte. Mitglieder:

Gruppe 1 Italienische Linien.
Navigazione Generale Italiana,
La Veloce,

Lloyd Italieno,
Lloyd Sabaudo,
Siculo Americana,
Italia.

Gruppe 2 Von italienischen Häfen fahrende fremde Linien.
Anchor Line,
Fabre Line,
Hamburg-Amerika Linie,
Norddeutscher Lloyd,
White Star Line.

Gruppe 3 Angeschlossene Linien.
Compagnie Générale Transatlantique,
Cia. Transatlantica Española,
Cunard Line, Mittelmeer-Dienst,
Austro-Americana,
American Line und White-Star Line (für den Verkehr heimwärts über Cherbourg, Kanal-Dienst)
Hellenic Transatlantica S. N. Co. } Griechischer und
National S. N. Co. of Greece } oriental. Verkehr

3. *Peninsular Conference.* Umfasste den Verkehr zwischen spanischen und portugiesischen Häfen der Atlantischen Küste nach Brasilien und Argentinien.

Mitglieder: a) des *Brasil-Pools:*
Chargeurs Réunis,
Hamburg-Amerika Linie,
Hamburg-Südamerikanische D. G.,
Koninklijke Hollandsche Lloyd,
Lamport & Holt,
Messageries Maritimes,
Norddeutscher Lloyd,
Pinillos Izquierdo & Co.,
Pacific Steam Navigation Company,
Royal Mail Steam Packet Company.
b) des *La Plata-Pools:*
Chargeurs Réunis,
Compania Trasatlantica,
Hamburg-Amerika Linie,
Hamburg-Südamerikanische D. G.
Houlder Line,

Houston Line,
Koninklijke Hollandsche Lloyd,
Lamport & Holt,
Messageries Maritimes,
Norddeutscher Lloyd,
Pinillos Izquierdo & Co.,
Argentine Cargo Line Ltd.,
Pacific Steam Navigation Company,
Royal Mail Steam Packet Company.

4. *Britisch & Continental Conference.* Umfasste den Verkehr von nordeuropäischen Häfen nach Brasilien und Argentinien.

Mitglieder: Hamburg-Amerika Linie,
Hamburg-Südamerikanische D. G.,
Norddeutscher Lloyd,
Koninklijke Hollandsche Lloyd,
Royal Mail Steam Packet Company,

Angeschlossen durch Sondervertrag mit den deutschen Linien:
Austro-Americana für den Verkehr von Triest.

B. Frachten-Pools

1. *Nordatlantischer Frachten-Pool.* Umfasste den Verkehr von deutschen, belgischen und holländischen Häfen nach den Vereinigten Staaten.

Mitglieder: Hamburg-Amerika Linie,
Holland-Amerika Linie,
Norddeutscher Lloyd,
Red Star Line.

2. *Deutscher Frachten-Pool* nach Brasilien.

Mitglieder: Hamburg-Amerika Linie,
Hamburg-Südamerikanische D. G.,
Norddeutscher Lloyd.

3. *Frachten-Pool nach dem La Plata.* Von deutschen, holländischen und belgischen Häfen.

Mitglieder: Hamburg-Amerika Linie,
Hamburg-Südamerikanische D. G.,
Deutsche Dampfschifffahrts-Gesellschaft »Hansa«,
Norddeutscher Lloyd.

Angeschlossen für den Frachtverkehr ab Antwerpen durch Sondervertrag: (Antwerp-River Plate Pool).
Houlder Bros. & Co. Ltd.,
Lamport & Holt,
Prince Line, Ltd.

4. *China & Japan and Straits Frachten-Pools* für den Heimwärts-Verkehr.
Mitglieder: Hamburg-Amerika Linie,
Peninsular & Oriental Steam Navigation Company,
Ocean Steamship Company,
China Mutual Line,
Nippon Yusen Kaisha,
Glen Line,
Shire Line,
Ben Line,
Shell Line.

In dem Auf und Ab der geschäftlichen Konjunktur bildete *das Jahr 1908* für die Reederei einen Markstein mit einem Tiefpunkt, der in seinen Folgeerscheinungen nur mit der Cholerazeit vergleichbar ist. Bereits im zweiten Halbjahr 1907 brach die bis dahin glänzende Konjunktur zusammen, über die ganze Welt verbreitete sich eine in solchem Umfange und solcher Allgemeinheit seltene wirtschaftliche Depression. Kein Zweig des Reedereigeschäfts, weder Fracht noch Passage, blieb davon verschont, zu Hunderten sammelten sich die beschäftigungslosen Dampfer in den großen Häfen an. Auch in den Hafenanlagen der Hamburg-Amerika Linie in Kuhwärder lagen sie reihenweise angebunden. Mit der schärfsten Sparsamkeit in den Ausgaben suchte Ballin dem gewaltigen Ausfall an Einnahmen zu begegnen, keine Ausgabe, und war sie noch so klein, die nicht unbedingt nötig war, wurde bewilligt, immer und immer wieder die Abteilungsleiter darauf hingewiesen, dass größte Sparsamkeit im Betriebe und die wirtschaftlichste Ausnutzung des Dampfermaterials das Gebot der Stunde sei. Trotzdem ließ sich reine Rentabilität nicht erzielen, das Unternehmen musste für 1908 auf die Verteilung einer Dividende verzichten. Auch die Bautätigkeit wurde eingestellt, ein großer Passagierdampfer, der bei Harland & Wolff gebaut werden sollte, annulliert.

Langsam begann dann im Jahre 1908 eine Besserung, die sich bald verstärkte, so dass die schlimme Zeit schneller überwunden wurde, als man geglaubt hatte. Sie hatte zudem das Gute gehabt, dass sie die Reedereien allesamt bereitwilliger zu Verständigungen machte und die Konkurrenzen verschwinden ließ, auch der »General-Pool« war ja eine Frucht dieser Zeit. Umso reicher war dann die Ernte in den folgenden guten Jahren, die den *Höhepunkt der Entwicklung der Hamburg-Amerika Linie* bezeichneten mit guten Erträgnissen für die Aktionäre und vor allem einer sehr starken inneren Konsolidierung des Unternehmens. Die Bilanzen wurden von Jahr zu Jahr besser, sichtbare und unsichtbare Reserven nahmen zu, Hand in Hand mit einer für eine Schifffahrtsgesellschaft ungewöhnlichen Liquidität der Mittel. Mit Recht konnte der damalige Vorsitzende des Aufsichtsrats in einer der Bilanzsitzungen dieser Jahre feststellen, dass die Gesellschaft noch niemals eine so gute Bilanz gehabt habe.

Alsbald nach der Depression begann dann auch wieder die *Bautätigkeit.* Zunächst nur sehr zögernd mit der Bestellung eines Frachtdampfers von der bis dahin ungewöhnlichen Größe von 12000 Tonnen Tragfähigkeit bei Harland & Wolff in Belfast zu einem ebenso ungewöhnlich billigen Preis. Es war nahezu der Rekord der Billigkeit, und man bewunderte den Mut der Werft, die Bauten zu solchen Bedingungen übernahm. Indes war sie nicht die allein wagemutige, es schloss sich ihr sogleich auch eine deutsche Werft, der Bremer Vulkan, an, mit einem ähnlichen Angebot, denn auch die deutschen Werften hatten Mangel an Arbeit. Das Resultat der Arbeit dieser beiden Werften war ein Typ von Frachtdampfern, der sich besonders in der ostasiatischen Fahrt ausgezeichnet bewährt und reiche Früchte getragen hat.

Allmählich erwachte auch auf anderem Gebiete wieder der Wagemut. Insbesondere drängten die Verhältnisse in der *nordamerikanischen Fahrt* zu neuen Taten. Die beiden Dampfer »Amerika« und »Kaiserin Auguste Victoria« hatten sich ausgezeichnet bewährt, aber was neben ihnen in dem Passagierdienst der Gesellschaft nach New York lief, um die wöchentlichen Abfahrten zu bestreiten, war nicht gleichklassig. Das geplante vergrößerte Schwesterschiff war 1908 abbestellt worden. Inzwischen hatten andere Reedereien hochwertige Schiffe herausgebracht, insbesondere hatten sich die beiden großen Turbinendampfer der Cunard-Linie, »Lusitania« und »Mauretania«, glänzend bewährt, und die White Star Line baute den Riesendampfer »Olympic«, dem zwei Schwesterschiffe mit den stolzen Namen »Titanic« und »Gigantic« folgen sollten. Diesem Beispiel schickte sich die Cunard-Linie an mit dem Bau der »Aquitania« zu folgen. Man war also im Begriff, dem reisenden Publikum wieder Neues, nie Gesehenes zu bieten. Da konnte wohl die Packetfahrt nicht zurückbleiben, und Ballin begann sich mit den Plänen eines Neubaus zu beschäftigen, der naturnotwendig von dem Besten ausging, was die Konkurrenz zu bieten beschlossen hatte, der »Olympic«. So entstanden mit Hilfe des Stettiner Vulkan, der in einem überaus scharfen Wettbewerb sich den Austrag für das erste Schiff sicherte, und für die beiden Schwesterschiffe in der Zusammenarbeit mit Blohm & Voß die Entwürfe für die drei »Imperator«-Dampfer. Nach ihrer Geschwindigkeit waren es Schnelldampfer der alten Art, nach ihrer Einrichtung eine Vereinigung dieses Typs mit dem inzwischen geschaffenen der »Kaiserin«, in ihrer geschäftlichen Grundlage eine Neuerung insofern, als nicht mehr Fracht und Zwischendeck die Basis der Rentabilität bildeten, sondern die Kajüte. Eine gutbesetzte Kajüte »trug« das Schiff, d.h. sicherte seine Rentabilität. Darum wurde bei ihrem Bau und ihrer Einrichtung alles getan, was nur erfunden werden konnte, um das Kajütspublikum anzuziehen. Der Bau dieser Schiffe war eine gewaltige Leistung der deutschen Technik, mit Stolz konnte der Senior der Firma Blohm & Voß bei dem Stapellauf der »Vaterland« sagen, dass es das größte Schiff der Welt sei, gebaut auf dem größten Helgen, dass es unter dem größten Kran seine Ausrüstung erhalten und im größten Schwimmdock gedockt werden würde! Ein Höhepunkt im Leben Ballins und seiner Gesellschaft war der Stapellauf des dritten und größten Schiffes, des »Bismarck«, das die Enkelin des Fürsten taufte, in Wirklichkeit der Kaiser. Denn die Flasche Schaumwein, die das Schiff »taufen« sollte, zerschellte nicht, als sie von der Hand der jungen Dame in Bewegung gesetzt wurde, und dann warf sie der Kaiser mit kräftigem Schwung gegen den Steven des gewaltigen Schiffes. Es war immer einer der Herzenswünsche Ballins auf politischem Gebiete gewesen, auch die letzte Erinnerung an den unseligen Zwist zwischen Kaiser und Kanzler zu tilgen, soweit es möglich war. Dem Andenken des Fürsten, den er glühend verehrte, das größte Produkt seiner Arbeit zu weihen, war ihm eine große Freude, dass der Kaiser dem gern zustimmte, eine noch größere. Wie sehr hatte er die unglückliche »Regie« bedauert, die bei dem ersten Besuche des Kaisers nach der Enthüllung des Bismarck-Denkmals in Hamburg den Kaiser bei dem Denkmal vorbeiführte, ohne ihn es besichtigen zu lassen! Das müsse ja den Eindruck erwecken, als wenn der Kaiser absichtlich vorbeigefahren wäre. »Hätte ich dem Kaiser vorher nur ein Wort sagen können, er wäre sofort hinaufgefahren!«, sagte er mir nach diesem Besuch. Aber die »gute Regie«, die im Leben der Fürsten eine so große Rolle spielt, so viele Fehler vermeiden und Schwächen verdecken kann, wie oft hat sie dem Kaiser gefehlt!

Aus dem Bau der Imperatoren, die eine außergewöhnliche Vergrößerung des in der nordamerikanischen Fahrt verwandten Schiffsraums bedeuteten, entstand wieder eine *Meinungsverschiedenheit mit dem Norddeutschen Lloyd,* der die Vergrößerung des Poolanteils nicht zugestehen wollte, die die Packetfahrt glaubte beanspruchen zu können. Diese Meinungsverschiedenheit untergrub in etwas die Stellung beider Gesellschaften in Österreich, dessen Regierung als »**tertius gaudens**« geschickt Nutzen daraus zu ziehen wusste. Im Übrigen aber richtete sie keinen Schaden an, da es alsbald zu Verhandlungen kam, die mit dem Ziele einer weitgehenden Interessengemeinschaft, nicht allein in der transatlantischen Fahrt, geführt wurden. Von ihrem glücklichen Ablauf versprach Ballin sich eine neue Ära in den Vertragsbeziehungen auf dem Ozean, denn er glaubte an die Möglichkeit einer ständigen Weiterentwicklung dieser Beziehungen nicht nur innerhalb der deutschen Linien, sondern auch international. Und das Vorhandene schien ihm zum Teil überlebt. Das ist ja nur natürlich, denn was diese Vereinbarungen ausschalten sollen, ist der menschliche Egoismus, der aber unausrottbar ist. »Du magst die Natur mit der Heugabel austreiben, sie kehrt doch zurück«, sagt der römische Dichter, und so bedarf es da, wo eine menschliche Eigenschaft, wie der Egoismus, durch Verträge in Schranken gehalten werden soll, nicht nur einer ständigen Flickarbeit an dem Vertragsnetz, sondern von Zeit zu Zeit einer gründlichen Reparatur »auf neu«. Eine solche versprach Ballin sich von der neuen Gemeinschaft mit dem Lloyd. Die geschäftlichen

Ereignisse der letzten Jahre vor dem Kriege, soweit sie nicht im vorstehenden bereits erwähnt, traten hinter den großen Ereignissen dieser kurzen Epoche, der geschäftlichen Konsolidierung, dem Ausbau der Flotte und den Verhandlungen mit dem Lloyd an Bedeutung weit zurück, und ich darf mich daher auf diesen kurzen Abriss beschränken.

Um die ganze große Entwicklung von 1886 bis 1913 zu kennzeichnen, möchte ich aber hier noch eine zahlenmäßige, zusammenfassende Übersicht anfügen, die das Wachstum von Albert Ballins Werk und die Früchte, die es trug, besser, als Worte es können, charakterisiert.

Die Hamburg-Amerika Linie unterhielt Anfang 1886 einen Postdampferdienst von Hamburg nach New York und 4 Linien nach Westindien und Mexiko.

An neuen Verbindungen wurden seitdem eingerichtet:

1886	*Stettin – New York
1887	Westindien eine 5. Linie
1888	Hamburg – Baltimore
	Westindien eine 6. Linie
1889	Schnelldampferdienst nach New York
1890	Hamburg – Philadelphia
	Westindien eine 7. Linie
1891	Exkursionsreisen: Erste Orientfahrt
1892	Hamburg – New Orleans
	Hamburg – Montreal
	Hamburg – Boston
	Italien – New York
1893	Westindien eine 8. Linie
	Exkursionsreisen: Erste Nordlandfahrten
1895	New York – Brasilien
1896	*Genua – La Plata
1897	*Hamburg – Portland
1898	Hamburg – Antwerpen – Ostasien
	New York – Ostasien
1899	*Hamburg – Ciudad Bolivar, Maracaibo
	Hamburg – Nordbrasilien
1900	*Hamburg – Ostasien (Reichspostlinie)
	Hamburg – Mittel- und Südbrasilien – La Plata Küstenlinien in Ostasien
1901	*Hamburg – Westküste von Süd- und Nordamerika
	New York – Westindien 4 Linien
	Postdampferlinie Shanghai – Tsingtau – Tientsin

1902	*New York – Levante
	*Hongkong – Wladiwostok
1903	*New York – Westindien eine 5. Linie
	Hamburg – Mexiko Passagierdienst
1904	Reisebüro vorm. C. Stangen
	Seebäderdienst
	Mittelmeerfahrten
	*Westküste Amerika – Ostasien
1905	*Shanghai – Korea
	*New York – Westindien eine 6. Linie
	Interkolonialdienst in Westindien
1906	Hamburg – Persischer Golf
	*Libau – New York
	Dampferdienst nach Rheinhäfen
1907	Hamburg – Afrika
1908	Exkursionen: New York – Westindien
1909	Exkursionen: Reise um die Welt
1910	*New York – Cuba
	Exkursionen: Nordamerika – Südamerika
1911	Hamburg – Vorderindien
1913	Hamburg – Ostasien – Westküste Amerika.

Die mit einem Stern bezeichneten Linien sind wieder eingegangen.

Die *Flotte der Hamburg-Amerika Linie* stieg seit dem Jahre 1886 bis Ende 1913 von 22 Ozeandampfern mit 60531 Tons auf 172 Ozeandampfer mit 1028762 Brutto-Reg.-Tons. Neu gebaut oder gekauft wurden in den 28 Jahren 269 Schiffe mit 1388206 Tonnen, durch Verkauf abgestoßen: 101 Dampfer mit 346927 Tonnen und im Bau befanden sich Ende 1913 19 Dampfer mit 268766 Tonnen, so dass sich einschließlich der im Bau befindlichen Dampfer die Gesamtflotte auf 1360360 Brutto-Reg.-Tonnen belief.

Bis Ende 1913 stieg das *Aktienkapital* von 15000000 Mark auf 157500000 Mk., die *Prioritätsschuld* von 5,6 auf 69,5 Mill. Mk., die *sichtbaren Reserven* von 3595285 Mk. auf 58856552 Mk.

An *Betriebsgewinn* erzielte in den 28 Jahren die Linie 521727426 Mk., wozu die deutsche Regierung durch Subsidien 2735700 Mk. beitrug während der vorübergehenden Teilnahme am Reichspostdampferdienst.

An *Dividende* gelangten während der 28 Jahre zur Ausschüttung durchschnittlich 7,02% **p.a.** Nach meiner Ansicht darf man diese Ziffer als einen Beweis dafür betrachten, wie wenig im Grunde genommen die größte Schifffahrtsgesellschaft der Welt ein »kapitalistisches« Unternehmen war. Denn aus einem Reingewinn von über einer halben Milliarde flossen den Aktionären nur rund 140 Mill. Mk. Verzinsung für ihr Kapital zu; vom Rest wurde der größte Teil zur Stärkung des Unternehmens, also für die Gesamtvolkswirtschaft, verwandt.

Der *Zugang an Schiffsmaterial* betrug in den einzelnen Jahren in Brutto-Reg. Tonnen:

1886	6706	1896	26064	1906	103835
1887	4115	1897	48789	1907	97083
1888	11640	1898	76571	1908	33702
1889	38683	1899	90013	1909	33299
1890	18658	1900	101737	1910	12494
1891	15596	1901	124137	1911	62211
1892	7203	1902	42619	1912	51092
1893	7947	1903	52446	1913	114796
1894	35186	1904	40111		
1895	9830	1905	112533		

Über einen Punkt, der im geschäftlichen Leben Ballins eine bedeutende Rolle gespielt hat, wird der Leser der voraufgegangenen Kapitel eine ausführliche Darlegung vielleicht vermissen. Das ist das *Verhältnis zum Norddeutschen Lloyd.* An Rivalität zwischen den beiden Gesellschaften hat es nicht gefehlt. Ein Grund dafür war schon darin gegeben, dass, als Ballin in die Packetfahrt eintrat, diese hinter der jüngeren Bremer Linie ganz außerordentlich stark zurückgeblieben war in ihrer geschäftlichen sowohl wie in ihrer technischen Entwicklung, in beider Hinsicht namentlich dadurch, dass die Packetfahrt den Fortschritt in der Technik des Dampferbaus nicht mitgemacht hatte. Eine Folge davon war, dass sie in den Passagepool mit einem im Vergleich zum Lloyd sehr geringen Anteil eintreten musste. Ihr gewaltiger Aufschwung unter der Leitung Ballins führte natürlich zu größeren Ansprüchen ihrerseits auf diesem Gebiete, und da gleichzeitig der Lloyd nicht die Hände in den Schoß legte, so ergab sich ein geschäftlicher Wettlauf, der sicherlich nicht wenig zu der großen Stellung beigetragen hat, die beide Gesellschaften sich in der internationalen Schifffahrt errungen haben. Auf die Einzelheiten dieses Wettbewerbs einzugehen, erschien mir heute aber überflüssig, und ich möchte mich darauf beschränken, eine Darstellung wiederzugeben, die Ballin selber in einem *Artikel zum Jubiläum des Norddeutschen Lloyd* im Jahre 1907 gegeben hat. Es ist gleichzeitig ein außerordentlich interessanter Beitrag zu der Entwicklungsgeschichte der transatlantischen Schifffahrt, und mag darum diesen Überblick beschließen.

»Das Jahr 1907 ist ein Jubiläumsjahr für die transatlantische Schiffahrt; während die Hamburg-Amerika Linie am 27. Mai die 60. Wiederkehr des Tages ihrer Gründung feiert, begeht am 20. Februar der Norddeutsche Lloyd sein 50jähriges Jubiläum. Von berufener Seite und aus gewandterer Feder wird anläßlich dieses Tages gewiß der Werdegang des großen bremischen Unternehmens ausführlich gewürdigt werden. Mich drängt es nur, heute auf eine mehr als zwanzigjährige gemeinsame Arbeit einen Rückblick zu werfen.

Bis zum Jahre 1885 standen die beiden großen deutschen Schiffahrtsgesellschaften fast in keiner Fühlung miteinander; es herrschte im Gegenteil eine offene Feindschaft. Die zeitweilig gemachten Annäherungsversuche, die auch wohl zu Verabredungen über einzuhaltende Tarife führten, waren immer nur von kurzer Dauer gewesen und hatten darum in den Beziehungen keine endgültige Besserung, sondern häufig eher noch eine Verschlechterung zuwege gebracht. Ich rechne es mir als ein Verdienst an, die Brücke zwischen Hamburg und Bremen geschlagen zu haben, welche einer im Laufe von 20 Jahren immer enger gewordenen Gemeinschaft den Weg geöffnet hat.

Als ich im Jahre 1886, bald nach meinem Eintritt in die Hamburg-Amerika Linie, nach Bremen ging, um Verhandlungen darüber zu pflegen, wie man die Schärfe der Konkurrenz zwischen den beiden großen Schiffahrtsgesellschaften mildern oder beseitigen könne, stand an der Spitze der Verwaltung des Norddeutschen Lloyd der Direktor Lohmann, während das Präsidium des Aussichtsrats der Konsul H. H. Meter führte. Daß H. H. Meier, der gemeinsam mit dem Direktor Crüsemann als Gründer des Lloyd anzusehen ist, sich um diesen und um Bremen überhaupt geradezu unsterbliche Verdienste erworben hat, besonders auch durch seine geschickte parlamentarische Mitarbeit im Deutschen Reichstag, ist zu bekannt, als daß ich weiter auf die Tätigkeit dieses ausgezeichneten Mannes hier einzugehen brauchte. Es ist auch bekannt, daß H. H. Meier in den besten Zeiten des Deutschen Reichstages immer zu denjenigen gehörte, die das Ohr des Hauses hatten, und daß es seiner außerordentlich fähigen Vertretung und seinem Einfluß zu danken war, daß Bismarck die Reichspostdampferlinien in Bremen etablierte, obwohl damals der Verkehr sowohl mit Ostasien als mit Australien zum ganz überwiegenden Teile in Hamburg lag.

Im Jahre 1886, als ich, wie erwähnt, nach Bremen ging, um eine bessere Temperatur zwischen dem Lloyd und der Hamburg-Amerika Linie herbeizuführen war die Leitung der Geschäfte schon aus den alternden Händen Meiers in diejenigen des Direktors Johann G. Lohmann übergegangen. Lohmann war ein Mann von ungewöhnlicher Energie und seltenem Organisationstalent. Unvergessen wird es in der Geschichte der Weltschiffahrt bleiben, daß Lohmann der Schöpfer der nordatlantischen Schnellschiffahrt unter deutscher Flagge ist. Er hatte allerdings an dem Chef des Hauses John Elder & Co. in Glasgow einen kongenialen Techniker gefunden, der seine Pläne nicht nur ausführen, sondern sie noch verbessern konnte. So entstanden auf der Werft von John Elder & Co. in Glasgow für den Norddeutschen Lloyd jene Schiffe, welche, mit dem Schnelldampfer ›Elbe‹ im Jahre 1881 beginnend, in den Dampfern ›Werra‹, ›Fulda‹, ›Saale‹, ›Trave‹, ›Aller‹ und ›Lahn‹ ihre Fortsetzung fanden und eine denkwürdige Periode in der Schnelldampferverbindung zwischen der alten und der neuen Welt einleiteten. Es waren praktische und in jeder Beziehung dankbare Schiffe; dankbar für die Reederei, der sie hohen Gewinn brachten, dankbar für den Verkehr, dem sie eine regelmäßige und schnelle Verbindung schufen. Ich entsinne mich noch, daß ich im Jahre 1888 im Hafen von New York mit dem Direktor einer der größten englischen Schiffahrtsgesellschaften an Bord eines seiner Dampfer mich befand, als der Schnelldampfer des Norddeutschen Lloyd, die »Lahn«, in den Hafen einlief. Bewundernd blickte mein englischer Kollege auf seine Uhr, berührte salutierend seinen Hut und sagte mit ehrlicher Begeisterung: »**Wonderful boats, they are really doing clock-work!**« Das war auch das allgemeine Gefühl im reisenden Publikum: Die größte Zuverlässigkeit, die größte Präzision der vortrefflichste Dienst.

Am 9. Februar 1892 wurde Direktor Lohmann seinem Wirkungskreise entrissen. Sein reiches Leben fand ein jähes, aber beneidenswertes Ende; in der Generalversammlung des Hauses Seefahrt schloß der Tod ihm sanft die Augen, unmittelbar nachdem er eine Ansprache an die Versammlung gehalten hatte. In den letzten Jahren seines Lebens war er technisch schlecht beraten gewesen. Sein alter Freund, Sir William Pearce, der schon erwähnte Chef der Schiffswerft von John Elder, wollte den Übergang von der Einzelschraube zur Doppelschraube nicht mehr mitmachen. Lohmann und die Techniker des Lloyd hatten sich aber im Laufe der Jahre so sehr daran gewöhnt, die Überlegenheit jenes Mannes als Techniker anzuerkennen, daß sie zwar der Hamburg-Amerika Linie folgten, indem sie den Bau zweier Schnelldampfer einer deutschen Werft übergaben, aber sich nicht entschließen konnten, das von der Hamburger Gesellschaft adoptierte Doppelschraubensystem in Anwendung zu bringen. So entstanden noch im Jahre 1890, in Stettin gebaut, die beiden neuen Schnelldampfer ›Havel‹ und ›Spree‹ als Einzelschraubenschiffe zu einer Zeit, in der das reisende Publikum sich über die vermehrte Sicherheit des Doppelschraubensystems schon völlig klar geworden war.

Im Jahre 1888 war Konsul H. H. Meier von der Leitung des Lloyd zurückgetreten, nach seinem Ausscheiden ging der Vorsitz im Aufsichtsrat auf Herrn Reck über, der diesen Posten aber nur kurze Zeit verwaltete, um ihn dann an Geo. Plate abzutreten. Herr Plate kann, wenn ich recht unterrichtet bin, das große Verdienst für sich in Anspruch nehmen, den heutigen Generaldirektor, damaligen Rechtsanwalt des Norddeutschen Lloyd, Dr. Heinrich Wiegand, für die Direktion der Gesellschaft gewonnen zu haben. Plate verzichtete, um sich den Interessen des Lloyd und anderen bremischen Interessen noch mehr zur Verfügung stellen zu können, vor einigen Jahren auf die Fortsetzung seines eigenen Geschäfts und widmet sich heute gemeinsam mit Wiegand in der intensivsten Weise der Förderung des Lloyd. Ihnen schließt sich als Dritter im Bunde der Konsul Achelis an, der Vizepräsident des Aufsichtsrats, dem ebenfalls noch weit über den eigenen Interessen diejenigen des großen bremischen Schiffahrtsunternehmens stehen.

Eins ist überhaupt nicht nur für die Entwicklung des Norddeutschen Lloyd sondern für die ganze Entwicklung Bremens ausschlaggebend gewesen. Das ist der Umstand, daß sich eine an Zahl zwar kleine, an Einsicht und Mitteln aber reiche Gruppe von Männern in den Dienst des Gemeinwohls mit einer Energie und Opferwilligkeit – in dieser Hinsicht genügt es, den Namen Franz Schütte zu nennen – gestellt hat, die wahrlich ihresgleichen sucht! Welche Seite der Entwicklung Bremens man auch betrachten mag, den Fortschritt in Handel und Schiffahrt, die kostspieligen Arbeiten zur Verbesserung des Zugangs von der See, das konsequente Streben nach einer Erschließung und Umgestaltung der Verbindungen mit dem Hinterlande oder endlich die in jüngster Zeit so nachdrücklich angestrebte Förderung und Vergrößerung der bremischen Industrie – immer ist es dieselbe kleine Gruppe, von der der eine oder der andere dabei in erster Linie steht. Das ist ein Beispiel so uneigennütziger und erfolgreicher Zusammenarbeit, daß man wohl wünschen möchte, es möge anderswo im Deutschen Reiche recht viel Nachahmung finden!

Was beim Lloyd in der Ära Wiegand geschaffen ist, stellt alles früher Errungene weit in den Schatten. Es wurden die Reichspostdampferlinien mit neuem Material ausgestattet, die große indo-chinesische Küstenfahrt aufgebaut, Linien nach Kuba und den Häfen des Mexikanischen Golfs errichtet, im Mittelmeer neue Verbindungen hergestellt, dem Reichspostdampferdienst eine Frachtenlinie nach Australien und Holländisch-Indien angegliedert, die Südseelinie ausgestaltet usw. Es wurde vor allen Dingen auch die neue Schnelldampferklasse geschaffen, die, mit dem ›Kaiser Wilhelm der Große‹ beginnend, noch in diesem Jahre mit der ›Kronprinzessin Cecilie‹ ihre ruhmvolle Vollendung erfahren soll.

Da die Hamburg-Amerika Linie inzwischen auch nicht gerade die Hände in den Schoß gelegt hatte, ergab sich zwischen diesen beiden weitaus größten Schiffahrtsgesellschaften der Welt auf fast allen Meeren ein frischer, fröhlicher Wettbewerb, der durch verständige Kompromisse soweit in Grenzen gehalten werden konnte, daß man auf die Geschäftsführung der beiden Gesellschaften wohl das Wort anwenden darf: ›Getrennt marschieren, vereint schlagen‹. Denn immer da, wo ausländische Konkurrenz in unfairer Weise die eine oder die andere Partei attackieren wollte, haben die beiden Gesellschaften trotz des Wettbewerbs untereinander stets Schulter an Schulter gestanden. Diese Gemeinsamkeit in der Auffassung nationaler Fragen hat auch zum guten Teil mit dazu beigetragen, daß da, wo bei freier Konkurrenz eine Vergeudung von Nationalvermögen Platz gegriffen haben würde, Betriebsgemeinschaften, Preiskonventionen und ähnliche Verträge geschlossen wurden. So unterhalten die Gesellschaften heute Betriebsgemeinschaften für einen großen Teil ihres nordamerikanischen Verkehrs, für den Frachtverkehr mit Ostasien, für die Verbindung mit Kuba, während sie im Passagegeschäft für die erste und zweite Klasse und in vielen anderen Zweigen durch Preiskonventionen sich verständigt haben.

Daß dieses Verhältnis immer ein ungetrübtes gewesen sei, kann man nicht behaupten. Es wäre mit der Zeit sonst auch langweilig geworden. Aber bis jetzt haben, nach den gelegentlichen atmosphärischen Entladungen Wiegand und ich noch immer verstanden, eine angenehme

Temperatur zwischen den beiden Gesellschaften wiederherzustellen. Daß es in Zukunft so bleiben möge, kann man im Interesse der beiden großen Unternehmungen nur wünschen.«

VII

Die technische Neugestaltung der Hamburg-Amerika Linie

An einer anderen Stelle dieses Buches habe ich die großen Passagierdampfer als die eigensten Geisteskinder Ballins bezeichnet. Sie waren es in der Tat so sehr, dass man kaum feststellen konnte, wo die Leistung der Techniker aufhörte und die Ballin'sche anfing und umgekehrt. Er hatte eine ausgesprochene Abneigung dagegen, sich auf *eine* Technik und *einen* Techniker zu verlassen, so sehr, dass er es als Grundsatz aufstellte, dem Vorstand seiner Gesellschaft dürfe niemals ein Techniker angehören, denn sie dürfe nicht das Risiko laufen, seinen natürlichen Alterungsprozess in ihrem technischen Betriebe mitzumachen. Sie solle ja noch länger als hundert Jahre leben und jung sein. Derselbe Grund veranlasste ihn auch, alles zu tun, um unter den Werften stets den Wettbewerb rege zu halten, und sich nicht nur auf die Erfahrungen und Kenntnisse der *deutschen Technik* zu verlassen, sondern die der *englischen* gleichermaßen zu berücksichtigen. Schon früh in seiner Laufbahn knüpfte er enge geschäftliche Beziehungen zu der Firma Harland & Wolff in Belfast und persönliche zu ihrem Inhaber, damals Mr. Pirrie, jetzt Lord Pirrie. Nach dem Vorbilde der White Star Line traf Ballin bereits 1898 ein Abkommen mit dieser Firma, wonach sie dauernd einen Helgen zur Verfügung der Packetfahrt hielt. Ballin begründete das dem Aufsichtsrat gegenüber damit, dass die Gesellschaft, sowohl was Neubauten wie auch Reparaturen angehe, nirgends billiger und besser bedient worden sei als in Belfast, wo sie alle Neubauten unter einem Regievertrag herstellen ließ, d.h. zum Kostpreise mit bestimmten prozentualen Zuschlägen für Regie und Gewinn. Die Packetfahrt werde dadurch in der Lage sein, immer das Neueste und Beste kennenzulernen, was die englische Schiffbautechnik hervorbringe, sich gleichsam Modelle zu verschaffen, die sie in Deutschland weiter ausbauen könne. Nach diesem System ist in der Tat mit einigen der wichtigsten und besten Schiffstypen verfahren worden, die die Packetfahrt ausgebildet hat, und gewiss nicht zum Nachteil der deutschen Schiffbauindustrie, die so im besten Sinne des Wortes auf den Schultern der englischen mit ihrer alten und reichen Erfahrung stand. Verkörperte sich doch auch in dieser die ganze, große Erfahrung der englischen Reederei.

Ballin ging ferner von dem Grundsatz aus, dass zwar der Techniker die Fortgestaltung der Technik zur Aufgabe habe, der Kaufmann aber die kaufmännische Ausnutzung dieser Fortschritte und der Reeder, der Passagierdampfer betreibt, die besondere Aufgabe, jeglichen Fortschritt in den Dienst des Reisenden zu stellen. Selber, wie ebenfalls schon früher bemerkt, mit einem starken Schönheitsgefühl und nicht minder starken Ansprüchen an Schönheit und Annehmlichkeit der Umgebung ausgestattet, mit einem besonderen Sinn für das begabt, was der Engländer mit dem kaum übersehbaren Wort »Komfort« bezeichnet, trachtete Ballin stets danach, seine *persönlichen Erfahrungen und Beobachtungen auf Reisen in die Tat* umzusetzen, d.h. dem Wohlbefinden seiner Reisenden dienstbar zu machen. Wer die fertigen Schöpfungen seines Geistes sah, ahnte nicht, bis in welche Einzelheiten er dabei ging, und wie viele Kleinigkeiten, deren Summe doch eben den »Komfort« ausmachte, auf seine Anregung zurückgingen. Jede Reise, die er auf einem Dampfer seiner oder einer anderen Gesellschaft machte, brachte eine Fülle von solchen Anregungen, namentlich für die technischen Abteilungen und den Wirtschaftsbetrieb. Zahlreiche Notizen, die er sich auf den einzelnen Reisen machte, sprechen dafür. Als Beispiel seien hier zwanglos herausgegriffene Notizen von einer New Yorker Reise in den 90er Jahren wiedergegeben, die ich in einem kleinen Notizbuch fand. Es sind nur Stichwörter, aber dem Leser wohl verständlich:

»Moselwein-Lieferantenliste revidieren – Bekanntmachungen an Bord auf das geringste Maß beschränken, die nötigen in geschmackvoller Form einrahmen – Passagierlisten sollen die Segellisten (Verzeichnis der Dampferabfahrten) und Regulative enthalten – Luxuskammer ›Kaiser Friedrich‹, Schlüssel, Riegel, Schieblade; kein

Platz für Koffer; Handtücher zu klein – ›Deutschland‹ Behälter für schmutzige Wäsche – Steward ›Oceanic‹ weiße Jacken – Selleriegläser – größere Butterdosen – große Kopfkissen – Bouillontassen – Spielkarten: Packetfahrt ganze Firma – Packetfahrt ganze Firma auf Wehbers Weinsiaschen – Toast in der Serviette servieren (warm).«

Solche Notizen wurden schon während der Reise zu eingehenden Berichten und Dienstanweisungen verarbeitet, und infolgedessen bedeutete auch eine längere Seereise keineswegs eine Ruhepause in der Arbeit. Gab sie doch auch immer Gelegenheit zu ausgiebiger Inspektion des praktischen Betriebes. Um dem Leser auch ein Beispiel solcher Reiseberichterstattung zu geben, füge ich hier noch einige Stücke aus den bereits zitierten *Berichten von der Ostasien-Reise an.*

Diese Berichte befassten sich nicht nur mit geschäftlichen Verhältnissen und Abschlüssen in Ostasien, sondern auch mit Fragen des praktischen Dienstes auf den Dampfern, und sie zeigen, mit welcher Sorgfalt Ballin in diesen Dingen bis in die kleinsten Einzelheiten zu gehen pflegte. Seiner Aufmerksamkeit entging nichts, mochte es sich nun auf die Ausrüstung des Schiffes, die Einrichtung der Räume, den Dienst an Bord oder die Verpflegung beziehen. Auch auf dem ihm von Haus aus nicht bekannten Gebiete der Tropenfahrt erkannte er mit untrüglichem Blick Mängel und Fehler und Mittel, ihnen abzuhelfen.

»*An Bord der ›Kiautschou‹ vor Neapel,*
den 10. Jan. 1901

… Durch die additionellen 25 Fuß haben die Wirtschaftsräume der ›Kiautschou‹ im Vergleich zu denjenigen der ›Hamburg‹ außerordentlich gewonnen. Die Dekoration des Salons ist meiner Ansicht nach minderwertiger als diejenige der ›Hamburg‹: die weißen Serviceschränke im Salon sind nicht nur schlecht gearbeitet, sondern werden natürlich, wenn sie gut gehalten werden sollen, viele Mühe und Kosten verursachen. Die Schränke sind nicht einmal mit einem Riegel versehen, so daß die Stewards, wie ich wahrnahm, schon auf den genialen Einfall gekommen sind, unten den Stiel von einem Teelöffel hineinzuklemmen, damit die Türen nicht immer offen fallen …

Zu Nutz und Frommen der Ausrüstungsabteilung füge ich noch hinzu, daß die Äpfel außerordentlich minderwertig sind, ein Umstand, der umso mehr befremdet, als man es doch so bequem gehabt hätte, dem Schiff amerikanische Äpfel an Bord zu geben. Die Frühstückskarten sind noch nach der alten Mode und nicht, wie vor etwa Jahresfrist beschlossen, täglich wechselnde. Ginger Ale, welches auf solchen Fahrten sicher begehrt ist, steht zwar auf der Karte, ist aber nicht an Bord. Die Stewards sind teilweise noch sehr jung und unerfahren, und vorläufig macht die ganze Bedienung einen sehr verwilderten Eindruck. Wir sollten der kürzlich besprochenen Idee, während des Winters englische Unterrichtsstunden für Stewards einzuführen, ernsthaft nähertreten, denn auch auf dieser Reise sind mindestens ebenso viele Engländer an Bord wie deutsch sprechende Passagiere.«

»An Bord der ›Kiautschou‹ vor Port Said,
13. Jan. 1901

Was die *Einrichtung des Schiffes* anbetrifft, so muß ich sagen, daß, wenn die ›Hamburg‹ und ›Kiautschou‹ nach unseren eigenen Plänen erbaut worden wären, das Urteil sehr nahe läge, daß wir ohne Erfahrung bezüglich der Erfordernisse der Passagierfahrt in den Tropen die Aufgabe zu lösen versucht hätten. Tatsache ist, daß ich, was die Passagiereinrichtung anbetrifft, auf diesen Schiffen so gut wie nichts finde, worin man eine besondere Rücksicht auf die Tropenfahrt und auf die langen Reisen genommen hat. Die Kammern sind viel zu klein, meiner Meinung nach sind sie mit ganz vereinzelten Ausnahmen nicht größer als auf den nordamerikanischen Dampfern, und die große Zahl von Innen-Kammern ist für diese Fahrten natürlich vom Übel. Ebenso ist die Zahl der Badezimmer bei besetztem Schiff unzureichend, und Rauchzimmer sowie Gesellschaftssalons können bei ungünstiger Witterung und vollem Schiff die platzsuchenden Passagiere bei weitem nicht aufnehmen. Ohne der Frage des Rendiments heute schon nähertreten zu wollen, eine Frage, auf welche eingehend zurückzukommen ich mir vorbehalte, möchte ich meine Vermutung dahin aussprechen, daß die Verpflegung der Klasse der P- und Barbarossa-Dampfer auf dieser großen ostasiatischen Reichspostfahrt ein Fehlgriff ist. Das Moment der Frachtbeförderung tritt bei diesen Schiffen viel zu sehr in den Vordergrund, und die Wahrnehmung der umfangreichen Ladungsgeschäfte in der großen Zahl von Häfen wird nicht durchgeführt werden können, ohne große Belästigung und Beeinträchtigung des Passagier- und Postdienstes. Der bisherige Verlauf der Reise der ›Kiautschou‹ liefert Ihnen schon einen Beweis der Berechtigung meiner Bedenken. Um wieder in den vorgezeichneten Fahrplan zu kommen, müssen wir die ganze Reservekraft dransetzen und schleppen so über 7000 Tons Ladung unter schweren Opfern an Kohlenverbrauch mit 15–16 Knoten über diese weiten Strecken. Das wäre alles noch plausibel, wenn für diese außerordentlichen Aufwendungen auch höhere Fachteinnahmen erzielt würden. Tatsächlich befördern wir aber die große Ladung zu gleichen Raten wie die Frachtdampfer, und tatsächlich handelt es sich mit wenigen Ausnahmen um Ladung, die eine schnelle Beförderung gar nicht beansprucht und ebensowohl mit 11 Knoten Geschwindigkeit reisen könnte. Ich fürchte sehr, daß ein krasses Mißverhältnis sich ergeben wird zwischen den erhöhten Leistungen der Reedereien mit diesen Schiffen und der dafür gewährten Erhöhung des Reichszuschusses ...«

»*An Bord des R.P.D. Kiautschou vor Colombo,*
24. Jan. 1901

... Ich mache die Ausrüstungsabteilung auf einen anderen großen Übelstand aufmerksam, den ich auf vielen unserer Schiffe und auch hier gefunden habe, das ist das verständnislose Zusammenpacken empfindlicher Proviantartikel mit solchen, die einen starken Geruch von sich geben. Ich habe hier z.B., wie schon so oft, das Schwarzbrot in einem Raum gelagert gefunden, in welchem außer anderen Artikeln Schinken und große Stücke anderen Fleisches waren ... Es sollte auf den Schiffen ein Raum geschaffen werden, der nur für die Aufbewahrung des Brotes bestimmt ist, und die Küper müßten eingehend darüber belehrt werden, welche Artikel sie unbedenklich zusammenpacken können und welche für sich gesondert gehalten werden müssen ...

... Die folgenden Mängel möchte ich noch erwähnen: 1. Die Leinenkammer in der 2. Kl. ist viel zu klein; das Leinenzeug war in einer Passagierkammer aufgestapelt. 2. Im Damensalon der 2. Kl. sind Plüschbezüge verwendet worden, in der Hitze natürlich eine sehr unerfreuliche Einrichtung. 3. Die Zahlmeisterkammer ist zu klein. 4. Die Herrentoilette beim Rauchzimmer müßte mit einer selbstschließenden Tür, die unten und oben offen ist, versehen werden, wie man sie auf den White Star Schiffen hat. 5. Für das Achterdeck der 1. Kl. wäre ein doppeltes Sonnensegel erwünscht. 6. Der Direktor der Suez Canal Cp. riet dringend, für das Steuern der großen Schiffe durch den Kanal 3 oder 4 der besten Leute speziell auszusuchen und möglichst wenig zu wechseln. 7. Die Kammer Nr. 257 ist kein menschenwürdiger Aufenthalt, sie hat weder Luft noch Licht. 8. In der Kammer ist nicht die Möglichkeit gegeben, irgend etwas zu verschließen 9. Der Teppichläufer in den Gängen sah schon nach der Abfahrt von Genua total verschossen und alt aus. Es ist sehr bedauerlich, daß wir es nicht durchsehen können, den Gummibelag auf unseren Schiffen einzuführen.

Hongkong, den 16. Febr. 1901

... Wir setzten unsere Reise von Singapore nach Saigon und Hongkong mit dem *französischen Postdampfer >Tonkin<* am 6. abends 5 Uhr fort ... Wir erhielten eine Kabine auf dem unteren Deck, und, da vor der Kammer ein Tisch aufgestellt war, an welchem abwechselnd die sehr zahlreich an Bord befindlichen Kinder, dann die weiße und endlich die farbige Bedienung gespeist wurde, war der Lärm ebenso groß, wie der Gestank unerträglich war. Den letzteren zu erhöhen, bemühten sich erfolgreich die farbigen Leute, denen man gestattet hatte, ihr Nachtquartier unter den Tischen und auf der Luke aufzuschlagen. Dazu mußten die Fenster infolge des schlechten Wetters geschlossen bleiben, und wenn uns nicht der sehr liebenswürdige Kommandant seinen elektrischen Ventilator, den einzigen, welcher auf der >Tonkin< existierte, zur Verfügung gestellt hätte, würde ein längerer Aufenthalt in der Kammer überhaupt nicht möglich gewesen sein. In Saigon wurden die meisten der Passagiere gelandet, und wir hatten von dort nach Hongkong eine auf dem Oberdeck belegene außerordentlich große Kabine. Die >Tonkin< ist vor drei Jahren erbaut und gilt zusammen mit einem im vorigen Jahre fertiggestellten Schwesterschiff für das beste Fahrzeug der französischen Postlinie. Das Modell dieses Schiffes sowie die innere Einrichtung ist total veraltet. Eines jedoch ist modern, die Franzosen haben auf Oberbetten ganz verzichtet und haben, wenigstens soweit feste Betten in Betracht kommen, in jeder Kammer, ähnlich wie wir es auf der >Victoria Luise< haben, zwei Unterbetten placiert. Nur in einzelnen Kammern, die mit 3 oder 4 Personen belegt werden können, sind Vorkehrungen für Oberbetten getroffen. Die Franzosen haben ferner gar keine Promenadendeckskammern auf diesen Schiffen und haben durch den Verzicht auf diese Einrichtung natürlich ein außerordentlich schönes Promenadendeck gewonnen. Das Schiff war schmutzig, unsauber in allen Teilen und sah infolge dessen trotz seines jugendlichen Alters sehr abgenutzt aus.

Die Küche war recht gut, den Passagieren wird nicht eine solche Mastkur zugemutet wie auf den deutschen Postdampfern, und ich glaube, daß für so lange Reisen der normale Mensch dieser Verpflegungsform den Vorzug geben möchte. Die Bedienung war außerordentlich freundlich und aufmerksam ... «

Die Tätigkeit Ballins umfasst beinahe *die ganze Periode, in der sich der große Fortschritt im modernen Dampferwesen vollzogen hat,* mit der Ausnahme, dass, als Ballin zur Packetfahrt kam, der Norddeutsche Lloyd bereits seinen durch Schnelligkeit und Regelmäßigkeit ausgezeichneten Schnelldampferdienst eingerichtet hatte, mit dem er allen anderen Reedereien voraus war, und den es nun zu verbessern und zu übertreffen galt. Von dieser einen Schiffsklasse abgesehen, stand die Dampfschifffahrt, von heute aus betrachtet, in den Kinderschuhen.

Der Schiffspark der Hamburg-Amerika Linie bestand im Jahre *1886* im Wesentlichen aus zwei Arten von Schiffen, einmal den nach Nordamerika, hauptsächlich nach New York, fahrenden Dampfern und sodann den auf der westindischen und mexikanischen Route beschäftigten Schiffen.

Die *Nordamerika-Dampfer* waren – mit der einzigen Ausnahme der ziemlich verunglückten »Hammonia«, bei der man auf halbem Wege vom Alten zum Modernen stehengeblieben war – Dampfer von dem Typ der in den 70er Jahren nach einem schweren Konkurrenzkampf übernommenen Dampfer der Adler-Linie, also langsame Dampfer mit Kajüte, Zwischendeck und Frachträumen. Außerdem waren noch Schiffe von dem von der Carr-Linie ins Leben gerufenen und von dieser übernommenen Typ im Betriebe, die größere Ladungsmengen und daneben nur Zwischendeckspassagiere beförderten. Die Schiffe für Nordamerika waren noch sämtlich in England gebaut, standen jedoch sowohl den englischen Passagierdampfern wie auch den Lloyddampfern in jeder Beziehung nach. Es waren aus Eisen gebaute Schiffe mit einfachem Boden, niedrigen Decks und engen Eingängen und hatten größtenteils noch eine Schoner-Takelage, von der man bei jeder sich bietenden Gelegenheit Gebrauch machte zur Unterstützung der Maschinenkraft. Die Maschinen waren Compound-Maschinen, die Kessel Einfachender, zum Teil noch querschiffs stehend, mit zwischen den Kesseln liegenden, längsschiffs angeordneten Heizräumen, in denen hölzerne Fußböden an Stelle der jetzigen eisernen Flurplatten bei schlechtem Wetter und eingedrungenem Wasser manchmal auftrieben und sehr ungemütliche Situationen schafften. Die Schnelligkeit dieser Schiffe war durchschnittlich nicht mehr als 13–14 Seemeilen pro Stunde.

Die Schiffe in der *westindischen und mexikanischen Fahrt* waren verhältnismäßig kleine Frachtdampfer, die nebenher noch 12–24 Kajütspassagiere beförderten. Diese Kajütseinrichtungen waren nur zu dem

Zweck geschaffen, um Geschäftsfreunden und nach Übersee gehenden jungen Leuten, die eine direkte und billige Überfahrtsgelegenheit wünschten, eine solche anbieten zu können. Außerdem war noch eine, aber sehr beschränkte Beförderungsmöglichkeit für einige Passagiere dritter Klasse vorhanden.

Der geschäftliche Ausbau der Packetfahrt seit Eintreten Ballins brachte, mit der Vermehrung der Abgangs- und Bestimmungshäfen und der Schaffung neuer Linien, bei den Frachtdampfern eine anhaltende Steigerung der Schiffsgröße und der Ladefähigkeit und bei den Passagierdampfern eine Steigerung der Schnelligkeit und Größe und einen weitgehenden Ausbau der Passagiereinrichtungen. Je kostspieliger mit dieser Entwicklung die Schiffe an sich wurden, desto notwendiger wurde auch die Verbesserung der Lade- und Löscheinrichtungen, denn je rascher die Schiffe abgefertigt wurden, je mehr Reisen sie machten, desto intensiver wurde das angelegte Kapital ausgenutzt.

Bei der *Entwicklung des Schiffsmaterials* kann man, namentlich in der nordamerikanischen Fahrt, in der sich die maßgebende Entwicklung vollzog, im Wesentlichen vier Typen von Schiffen unterscheiden. Erstens, schnelle Schiffe mit Einrichtungen für Passagiere der sämtlichen Klassen mit verhältnismäßig wenig Ladung, aber besonders bequemer und prächtiger Ausstattung. Sicherheit, Schnelligkeit und Bequemlichkeit waren bei diesen Schiffen die drei maßgebenden Gesichtspunkte.

Zweitens, Schiffe mit mäßiger Geschwindigkeit, von bedeutender Größe, daher mit sehr bequemen Einrichtungen für Passagiere aller Klassen und mit großer Ladefähigkeit.

Drittens, Schiffe, die in der Hauptsache Frachtdampfer, aber so gebaut waren, dass ein Teil ihrer Räume für die Aufnahme von Zwischendeckspassagieren, und zwar für eine große Zahl, eingerichtet werden konnte.

Viertens, reine Frachtdampfer.

Der *Ausbau des Nordamerika-Dienstes* begann mit den im vorhergehenden Kapitel bereits besprochenen *Schnelldampfern*, dem ersten der vier Typen, Doppelschraubendampfern, teils in Deutschland, teils in England gebaut, mit denen ein regelmäßiger wöchentlicher Dienst nach New York eingerichtet wurde. Den Schiffen wurde eine solche Geschwindigkeit gegeben, dass sie den Neuntage-Dienst des Lloyd in einen Achttage-Dienst verwandelten. Ihre Kajüten waren mit einem bis dahin ungewohnten Luxus ausgestattet, und auf die Ausbildung des nautischen sowohl wie des Bedienungspersonals wurde äußerste Sorgfalt verwandt. Diese in den Jahren 1889/91 erbauten, 8500 Brutto-Reg.-Tonnen großen Schiffe hatten eine Geschwindigkeit von 18 Seemeilen und als wesentliche Verbesserungen in technischer Hinsicht einen Doppelboden über das ganze Schiff, eine Trennung der Maschinenräume durch ein Längsschott, eine Trennung der Heizräume durch wasserdichte Schatten, weitgehende künstliche Ventilation und elektrische Beleuchtung im ganzen Schiff, ferner ein wesentlich verbessertes System zur Bekämpfung von Feuer. Die Unterkunftsräume der verschiedenen Klassen waren im Vergleich zu den bisherigen New Yorker Dampfern der Packetfahrt unendlich verbessert und schöner und geräumiger geworden, und stellten für die damalige Zeit den Gipfel des Luxus dar; diese Schiffe waren die Grundlage für den Ausbau des Kajütsgeschäfts der Gesellschaft. Als Ende der 90er Jahre infolge des Verlaufs zweier Schnelldampfer, und nachdem andere Gesellschaften mit besseren Schiffen herausgekommen waren, die Beschaffung neuen Materials für den New Yorker Dienst erforderlich wurde, entschloss Ballin sich nochmals zum Bau eines Schnelldampfers, der seinerseits wieder alle vorhandenen übertreffen sollte. Es war der 1900 fertiggestellte Schnelldampfer »*Deutschland*«, an Raumgehalt mit 15500 Brutto-Reg.-Tonnen fast doppelt so groß wie seine Vorgänger. Die Fortschritte im Bau der Kolbenmaschine erlaubten auch eine wesentliche Steigerung der Geschwindigkeit, nämlich auf 23½ Seemeilen, womit die »Deutschland« dann auch lange Zeit das schnellste Schiff auf dem Ozean war. Die Schotten-Einrichtungen und die Schotten-Schließvorrichtungen waren verbessert. Für die Unterbringung von Passagieren, die eine besonders ruhige und angenehme Reisegelegenheit suchten, wurden zum ersten Mal Luxuskammern und kleine abgeschlossene Wohnungen geschaffen, so dass die Bewohner dieser bevorzugten Räume nicht mehr, wie bisher, ausschließlich auf die Benutzung der allgemeinen Passagierräume angewiesen waren. In ihrer inneren Ausstattung stellte die »Deutschland« einen gewaltigen Fortschritt dar, der Speisesaal der ersten Klasse zerfiel nicht mehr, wie auf der »Augusta Victoria«, in einen unteren und oberen Raum, die durch einen Lichtschacht verbunden waren, vielmehr vereinte ein großer freier Raum alle Reisenden. Die wesentlich gesteigerte Größe des Schiffes gestattete hierbei sowie bei allen anderen Räumen erheblich größere Abmessungen nach allen Richtungen, auch in der Höhe.

Als einige Jahre nach dem Bau der »Deutschland« ein Ersatz der im Russisch-Japanischen Krieg verkauften Dampfer notwendig wurde, verließ Ballin den Schnelldampfertyp und ging, dem Grundsatz der Größe und Bequemlichkeit folgend, zu dem Typ der »Amerika« über, der in die zweite unserer vier Klassen gehört. Zum Schnelldampfertyp ist er dann aber noch einmal zurückgekehrt, als die Fortschritte der Technik eine Steigerung der Größe der ganz schnellen Schiffe ermöglichten. Denn der Fehler der Schnelldampfer bis zur »Deutschland« lag in ihrer zu geringen Größe, in dem Missverhältnis des nutzbaren Raumes zu dem, der für den Antrieb und Betrieb des Schiffes erforderlich war. Als dann aber die Cunard-Dampfer »Lusitania« und »Mauretania« die Brauchbarkeit der Turbinenmaschine und die Möglichkeit des Baues größerer Schiffe von hoher Geschwindigkeit erwiesen hatten, die White Star Line zum Bau der »Olympic«-Klasse von 40000 Brutto-Reg.-Tonnen übergegangen war, erschien Ballin der früher geplante Bau einer vergrößerten »Amerika«, also eines Schiffes von 30–35000 Brutto-Reg.-Tonnen und ca. 19 Seemeilen Geschwindigkeit überholt, und er kam zu einem Typ von Schiffen von solcher Geschwindigkeit, dass drei ausreichen würden, in der Saison einen wöchentlichen Dienst durchzuführen, allerdings bei nur sehr kurzem Aufenthalt im Hafen, und von solcher Größe und Schönheit, dass sie keinen anderen nachstanden, und die Vorzüge des Amerika-Typs mit denen der Schnelldampfer vereinigten. Das waren die drei Imperator-Dampfer: »Imperator« – so genannt nach einem Vorschlag des Kaisers –, »Vaterland« und »Bismarck« – so genannt auf Ballins Vorschlag mit der Absicht, durch eine markante kaiserliche Huldigung für das Andenken des großen Kanzlers, wenn möglich, auch die letzte Erinnerung an den unseligen Zwist im Gemüt des deutschen Volkes zu tilgen. Bekanntlich sind die drei Schiffe durch den Krieg und den Frieden von Versailles in Feindeshand gefallen, und die englische Presse beginnt schon zur Stunde den »Bismarck« als das kommende schönste und größte Schiff der Welt – unter englischer Flagge – zu preisen. Diese Klasse von Schiffen ist allerdings das Vollendetste, was die Schiffbaukunst bisher geleistet hat und wird es wohl auch für etliche Zeit bleiben. Dass die verarmte Welt und der zurückgegangene Weltverkehr für Größeres und Schöneres ein Bedürfnis haben sollte, ist nicht anzunehmen.

Die Schiffe der *Imperator-Klasse,* die mit dem 1913 erbauten Dampfer »Imperator« ins Leben trat, waren Vierschrauben-Dampfer, mit Turbinen, die ihre Kraft aus nicht weniger als 42 Wasserrohrkesseln erhielten und von fast der dreifachen Größe wie der Dampfer »Deutschland«, nämlich 52000 Brutto-Register-Tonnen. Zwischen ihnen und den Dampfern, die Ballin bei Beginn seiner Laufbahn vorgefunden hatte, war ein Unterschied wie zwischen Tag und Nacht. Ein kurzer Vergleich zeigt am besten den gewaltigen Fortschritt, der im Laufe von noch nicht drei Jahrzehnten erzielt worden ist. In der Größe der Schiffe war man von 3000 auf über 50000 Brutto-Reg.-Tonnen gestiegen, in der Geschwindigkeit von 14 bis auf fast 25 Seemeilen, in den Deckshöhen von 6½ auf 8 Fuß in den unteren Decks und in den für die Gesellschaftsräume bestimmten oberen Decks bis auf 20 Fuß. Große Teile der oberen Decks waren den Gesellschaftsräumen vorbehalten, die ihren Gipfel erreichten in dem großen Ballsaal, der kaum einem gleichen Raum eines Landhotels an Größe und Pracht der Einrichtung nachstand. Schiffbautechnisch war die Konstruktion eines solchen freitragenden Raumes, ohne Stützen, von 450 qm Grundfläche eine nie gesehene Leistung. Neben ihm waren riesige Speisesäle für die einzelnen Klassen, Rauchzimmer, Damenzimmer, Restaurant, Wintergarten, Schwimmbad und noch zahlreiche andere Nebenräume für die Erholung und Unterhaltung der Passagiere vorhanden.

Während auf den alten Schiffen die kleinen Kabinen um den sogenannten Salon herum angeordnet waren, die Bewohner der Kabinen hören konnten, was im Salon vor sich ging, und dem im Salon Sitzenden kein Geräusch aus den Kabinen entging, hatte man im Laufe der Zeit die Gesellschaftsräume von den Kammern räumlich vollständig getrennt. Deren Ausmaße waren wesentlich vergrößert worden. Die übereinander angeordneten Betten hatten in der ersten Klasse frei nebeneinander stehenden Platz gemacht, und von den Kabinen für vier Personen, die früher die Regel gebildet hatten, war man zu Kabinen für zwei Personen übergegangen, hatte auch zahlreiche Kabinen für nur eine Person und schließlich die sogenannten Luxuskammern geschaffen, die als Wohn- und Schlafzimmer eingerichtet waren. Ihrerseits bildeten sie einen Vorläufer für tatsächliche Wohnungen aus drei und später noch mehr Räumen bestehend, die wieder ihren Gipfel in den Luxuswohnungen der Imperator-Klasse mit einer Gesamtgrundfläche von nicht weniger als 126 qm erreichten. Der dem Passagier zur Verfügung stehende Raum wuchs im Laufe der Zeit von 4 qm Grundfläche für die zweibettige Kammer bis auf 16 qm in den Kammern der Imperator-Klasse, die also ein völlig normales Zimmer und nicht mehr eine »Kammer« darstellten. Die Luxuswohnungen gar stiegen bei der Imperator-Klasse bis auf 126 qm und umfassten zwölf Räume bis zu 23 qm Größe im Einzelnen. Im Speisesaal war man bei der Amerika-Klasse bereits von den »Table d'hôte«-Tischen zu kleineren runden Tischen übergegangen, und hatte auch das »Table d'hôte«-System bei der Verpflegung der Passagiere verlassen. In seiner Beköstigung wurde mehr und mehr jeder Mann sein eigener Herr. Auf der »Amerika«-Klasse waren auch schon für diejenigen Passagiere, die eine von der Mehrzahl ganz abgesonderte eigene Beköstigung vorzogen, die von der Ritze Carlton-Gesellschaft bewirtschafteten Restaurants geschaffen, die ebenfalls auf den Imperator-Dampfern ihre vollkommenste Ausgestaltung erhielten und das höchste an Luxus darstellten, was in dieser Hinsicht auf dem Ozean zu finden war.

Für die übrigen Klassen war gleichfalls viel Neues und Angenehmes geschaffen worden. Auf den alten Dampfern lag die 2. Klasse gewöhnlich im vorderen Teil des Schiffes, hatte nur kleine primitive Kammern und meistens nur einen kleinen Speisesaal zur Verfügung. Für die 3. Klasse gab es nur die sogenannten Zwischendecks, offene Räume, nicht in Kammern eingeteilt, und keine besonderen Aufenthaltsräume. Auf den neueren Schiffen war man zur Teilung dieser Klasse in Kammern und ein offenes Zwischendeck übergegangen und hatte beide mit besserer Einrichtung und Ventilation und besseren Aufenthaltsräumen versehen, auch den Decksraum reichlicher bemessen. In allen Klassen war im Laufe der Jahre die Verpflegung wesentlich gebessert worden, wobei die technischen Errungenschaften für die Aufbewahrung und Konservierung der Lebensmittel eine große Rolle spielten. Während die alten Schiffe nur kleinere Eisräume für die Konservierung von Lebensmitteln hatten, verfügten die neuen Schiffe über große künstlich gekühlte Proviantträume. Mit der zunehmenden Zahl der Passagiere hatte man auch dem Bau der Hospitäler und der ärztlichen Fürsorge immer mehr Aufmerksamkeit geschenkt, und auch in dieser Hinsicht waren erhebliche Verbesserungen erzielt.

Am größten waren natürlich die *Fortschritte in schiffbautechnischer Hinsicht*. Die Größe der Schiffe verminderte an sich schon die Heftigkeit der Schiffsbewegungen in schlechtem Wetter, besondere Vorrichtungen, wie Schlingerkiele und Schlingertanks, verringerten noch weiter, auch bei schwerem Seegang, die Rollbewegungen der Schiffe. Von der Compound-Maschine war man zu immer größeren und leistungsfähigeren Kolbenmaschinen, schließlich zu Turbinen und auf Frachtdampfern zu großen Ölmotoren übergegangen. Die maschinellen Einrichtungen wurden durch Hilfsmaschinen der verschiedensten Art und von großer Zahl ergänzt, die für die Beleuchtung, Ventilation, für den Küchen- und Wirtschaftsbetrieb und die Sicherheitseinrichtungen dienten. In den Sicherheitseinrichtungen war man vom einfachen Boden zum Doppelboden und schließlich zu dem längs und quer in ein förmliches Zellensystem geteilten Doppelboden übergegangen, der bei der Imperator-Klasse an der Bordwand noch ein Stück hochgezogen war und damit eine zweite Schiffswand und einen wirksamen Schutz bei Kollisionsgefahr bildete. Die Zahl der Rettungsboote war vergrößert, die Boote selber in Größe, Form und Einrichtung verbessert. Auf den höchsten Punkten der Schiffe waren Notbeleuchtungsstationen eingebaut, die selbständig elektrischen Strom für eine Notbeleuchtung erzeugen konnten. Das ganze Schiff war durch wasserdichte Querschotten mit mechanisch schließbaren Türen in eine große Zahl voneinander vollständig getrennter Abteilungen geteilt worden. Gegen Feuer war durch die weitgehende Unterteilung des Schiffes Schutz geschaffen, außerdem aber besondere Einrichtungen für die Bekämpfung des Feuers vorgesehen, u.a. durch ein weitverzweigtes Rohrsystem, durch das man jeden einzelnen Raum unter Dampf setzen konnte zur Erstickung des Feuers. Feuersicheres Material war beim Bau der Zwischenwände zur Anwendung gekommen, und schließlich auf den ganz großen Schiffen eine berufsmäßig ausgebildete Feuerwehr vorhanden. Für die Navigation bildeten neben der drahtlosen Telegraphie die Kreiselkompasse, die Unterwasserschallsignale und der Einbau von zwei statt, wie früher, nur einer Steuermaschine erhebliche Fortschritte, von kleineren Neuerungen abgesehen.

Von sprichwörtlicher Güte war die *Verpflegung* auf den deutschen Dampfern; die dafür bestimmten Küchenanlagen waren nach dem Muster der großen Hotels ausgebaut und mit allen Hilfsmaschinen versehen. Die großen Provianträume waren geteilt in Räume für unverderbliche und leicht verderbliche Waren, und für die letzteren Kühlräume mit je nach den Eigenschaften der Waren verschiedenen Temperaturen vorhanden.

Vielleicht die interessanteste Entwicklung hat der oben *unter Ziffer 2 erwähnte Schiffstyp* erfahren. Er stammte aus England und wurde von dort 1894 mit den Dampfern »Persia« und »Patria« übernommen, von denen der erstere eine Größe von 5800 Brutto-Register-Tonnen und 12 Seemeilen Geschwindigkeit, der zweite eine Größe von 7400 Tons und 33½ Seemeilen Geschwindigkeit hatte. Die Schiffe waren für Kajüts- und Zwischendeckspassagiere eingerichtet, hatten außerdem eine erhebliche Ladefähigkeit. Sie zeigten besonders gute Seeeigenschaften, die durch ihre Größe, Form und Beladung bedingt war. Den darin liegenden großen Vorteil erkannte Ballin sogleich, und bildete dann diesen Typ bis zur höchsten Vollkommenheit aus, bis zu einer Größe von 13000 Brutto-Reg.-Tonnen und zu einer Geschwindigkeit von 13 Seemeilen. Die Schiffe waren mit Doppelschrauben und allen damals bekannten Sicherheitseinrichtungen versehen, infolge ihrer Größe auch sehr gute Seeschiffe und bei den Passagieren außerordentlich beliebt. Eine weitere Vervollkommnung dieses Typs wurde dann in den Jahren 1905–1906 mit den Dampfern »Amerika« und »Kaiserin Auguste Victoria« erreicht, von denen der erste bei Harland & Wolff, Belfast, als »Modell«, der zweite beim Stettiner Vulcan erbaut war. Diese Schiffe waren mit dem höchsten Luxus für die Passagierbeförderung versehen, waren infolge ihrer Größe von fast 25000 Brutto-Register-Tonnen außerordentlich seetüchtig und standen mit ihrer Geschwindigkeit von 17½ Seemeilen den alten Schnelldampfern nicht weit nach. Geschäftlich betrachtet, waren sie eine außerordentlich viel glücklichere Schöpfung als die Schnelldampferklasse, weil sie alle Möglichkeiten des Geldverdienens auf dem Gebiete sowohl der

Fracht- wie der Passagierbeförderung in sich vereinigten. Die Größe der Schiffe gab die Möglichkeit, die Passagierräume sehr groß und schön zu gestalten in einer bis dahin nicht erreichten Weise. Man kann von diesen Schiffen wohl behaupten, dass sie am meisten dazu beigetragen haben, den großen Ruf der Linie auf dem Gebiete des Passagierverkehrs zu festigen.

Die Entwicklung der *Frachtdampfer* war im Wesentlichen bedingt durch die zunehmenden Ansprüche, die die Güterbeförderung stellte. Die Umwandlung Deutschlands vom Agrarstaat zum Industriestaat bedingte die Einfuhr großer Mengen Lebensmittel und Rohmaterialien. Hinzu kam die gewaltige Entwicklung der deutschen Schwerindustrie und ihr wachsender Export großer Mengen von Eisenfabrikaten und Maschinen. In den 90er Jahren erreichte der Getreideexport Nordamerikas seine Höhe; als er infolge des steigenden Verbrauchs im eigenen Lande abnahm, bot einen Ersatz der riesige Export von Futtergetreide, Baumwolle, Fetten, Ölen und Fleischfabrikaten, Südamerika exportierte zunehmende Mengen von Getreide, Wolle, Häuten, von Kaffee und Tabak, aus dem fernen Osten kamen Reis, Tee, Saaten, Kopra, Öle, schließlich in großen Mengen die so bekannt gewordene Sojabohne, und die afrikanischen Kolonien sandten immer wachsende Mengen von Hölzern, Erzen, Palmkernen, Wolle usw. Ihrerseits wieder bezogen alle diese Gebiete immer größere Mengen von Fabrikaten und von Material zum Ausbau ihrer Verkehrsmittel und ihrer Industrie; alles das machte es nötig, die Frachtdampfer ständig zu vergrößern. Im Verkehr nach dem amerikanischen Kontinent war man dabei wenig behindert, da die meisten Häfen dem Tiefgang keine Grenzen setzten. Im Verkehr nach dem Osten taten das bis zu einem gewissen Grade die Abmessungen des Suezkanals, der allerdings mit den Jahren erheblich und zwar 1908 auf 27, 1912 auf 29, 1914 auf 30 Fuß vertieft wurde.

Dieser Entwicklung folgte Ballin mit der Ausgestaltung der Frachtdampfertypen nicht nur auf dem Fuße, sondern eilte ihr manchmal voraus. Einen wesentlichen Fortschritt gegenüber dem, was er vorfand, stellten schon die im Jahre 1896 gebauten Schiffe der »Adria«-Klasse dar, mit einer Größe von etwa 5500 Brutto-Register-Tons, wesentlich vergrößerten Luken, verbesserten Ladebäumen und erhöhter

Geschwindigkeit. In allen diesen Richtungen wurde mit dem Bau der Dampfer der »Abessinia«-Klasse 1900 ein weiterer Fortschritt erzielt und ein noch stärkerer gegen Ende des folgenden Jahrzehnts mit dem Bau der Dampfer der »Fürst Bülow«-Klasse, Schiffen von nicht weniger als 12000 Tonnen Tragfähigkeit, für den Verkehr nach dem fernen Osten bestimmt. Bei Ausbruch des Krieges war eine Klasse von Schiffen im Bau mit Doppelschrauben, einer Tragfähigkeit von 16000 Tonnen und einer Geschwindigkeit von 13 Meilen.

Auf den *Nebenlinien*, wie z.B. der westindischen, war der Fortschritt entsprechend der Zunahme des Güterverkehrs ebenso sichtbar. Typisch für die vorballinsche Zeit waren Schiffe, wie die »Rhenania«, von nur 1200 Brutto-Reg.-Tonnen und 9–10 Meilen Geschwindigkeit. Schon 1887 trat aber eine Verbesserung ein mit dem Typ der »Ascania«, und wie stark weiterhin die Fortschritte waren, zeigen Dampfer wie der für die Mexiko-Fahrt bestimmte »Fürst Bismarck« von 8300 Brutto-Reg.-Tonnen und 16 Meilen Geschwindigkeit mit sehr guten Einrichtungen für Kajüts- und Zwischendeckspassagiere, und der Typ des Dampfers »Steigerwald«, für Westindien und Mittelamerika bestimmt, mit 13 Seemeilen Geschwindigkeit und gleichfalls sehr guten Passagiereinrichtungen. Ein Spezialtyp wurde alsdann im Jahre 1912 geschaffen in Gestalt von Schiffen wie der Dampfer »Carl Schurz«, der insbesondere für den schnellen Transport von Passagieren und Bananen von Westindien nach New York gebaut war. Diese Schiffe liefen etwa 16 Seemeilen und hatten vorzügliche Passagiereinrichtungen. Sie waren in jeder Hinsicht ein vollendeter Typ für die Tropenfahrt.

Auch die übrigen Linien, an denen sich im Laufe ihrer Entwicklung die Packetfahrt beteiligte, wurden mit immer besseren und größeren Schiffen bedacht; auf sie alle einzeln einzugehen, würde im Rahmen dieser Darstellung, die sich auf die Hervorhebung weniger, markanter Züge beschränken muss, zu weit führen.

Nur eines besonderen Typs sei noch kurz gedacht, der *Exkursionsdampfer*. Ursprünglich ein Aushilfsmittel für die Beschäftigung der Schnelldampfer in der flauen Zeit, war das Exkursionsgeschäft im Laufe der Zeit Selbstzweck geworden, und zu den Nordlands- und den Mittelmeerfahrten gesellten sich später andere, wie die Westindienfahrten, schließlich Reisen um die Welt. Um ihre Durchführung, für die immer auch die großen Passagierdampfer verwandt wurden, doch von diesen unabhängiger zu machen, wurden zwei Exkursionsschiffe, im Stile der Lustyachten erbaut, die »Prinzessin Victoria Luise« und für einfachere, kleinere Reisen der »Meteor«. Als die erstere verlorengegangen war, trat an ihrer Stelle zunächst ein angekaufter englischer Passagierdampfer, später die für diesen Zweck speziell umgebaute »Deutschland«, alsdann »Victoria Luise« genannt. Sie trugen Jahr für Jahr Scharen von Vergnügungsreisenden an die Stätten alter Kultur oder besonderer Naturschönheit und waren beim internationalen Reisepublikum außerordentlich beliebt. Sie trugen nicht wenig dazu bei, den Freundeskreis der Linie ständig zu vergrößern.

Ein englisches Sprichwort sagt, dass Nachahmung die höchste Schmeichelei ist. In der Schifffahrt ist es stets Sitte gewesen, dass jede Gesellschaft von den Erfahrungen und Fortschritten der anderen profitierte. Das haben auch die Packetfahrt und ihre Leitung getan, aber sie haben unendlich mehr gegeben, als sie genommen haben, und niemals hat es in der Schifffahrt eine Persönlichkeit gegeben, die auch in technischer Hinsicht so sehr Vorbild und Anreger war wie Albert Ballin.

VIII

Politik

Trotz aller Kämpfe, die Ballin in seiner geschäftlichen Laufbahn durchgefochten hat, hat einmal jemand behauptet, er sei keine »eigentliche Kampfnatur« gewesen. Wenn man darunter einen Charakter verstehen will, der einen Kampf bis zum Biegen oder Brechen durchficht, so hat man recht. Niemals kam es Ballin auf den Kampf an sich oder auf die Niederzwingung des Gegners an, er hätte das mit einem seiner drastischen Ausdrücke als »perverses Vergnügen« bezeichnet, immer kam es ihm nur darauf an, für sich und sein Unternehmen die nach Lage der Sache erreichbar besten Lebensbedingungen zu erringen. Darum hat man ihn auch den »*Mann des Kompromisses*« genannt.

Das kennzeichnet in der Tat sowohl seine Politik wie die Grundsätze, von denen sie ausging. Es mag sein, dass in anderen Gewerben Konkurrenzkämpfe mit völligem Sieg endigen können, in der Reederei können sie es selten. Denn es gibt darin keine schwachen Gegner – es sei denn, gänzlich unerfahrene und konstitutionell schwache Existenzen. Aber der Kleine ist in der Reederei durchaus nicht immer der Schwächere, im Gegenteil, die Konkurrenz, die ihm kleine Wunden schlägt, schlägt dem großen Gegner große, und erschöpft diesen vielleicht eher als den anderen. Außerdem sind viele Neugründungen auf dem Gebiete der Reederei in den letzten Jahrzehnten vom Nationalismus getragen gewesen, Regierungen und Völker haben sich hinter sie gestellt, und auf solchem Boden ist für ein Privatunternehmen schwer zu kämpfen. Die Geschichte des transatlantischen Passagepools gibt mehr als ein Beispiel dafür. Schon der Kampf der Carr-Linie gegen die Packetfahrt war ein Beispiel dafür, was der Kleine gegen den Großen vermag.

In solcher Schule erzogen, hatte Ballin die Erkenntnis, dass auf wirtschaftlichem Gebiete Zusammenschluss und Kompromiss regieren, derart in sich aufgenommen, dass sie für ihn zum alles beherrschenden Prinzip wurde, zusammen mit dem Grundsatz, niemals einen Kontrahenten unter einem Vertrag festzuhalten, unter dem er glaube, nicht existieren zu können, und nur denjenigen Vertrag für gut zu halten, bei dem beide Parteien glaubten, ein gutes Geschäft gemacht zu haben. Die zahlreichen Gemeinschaftsverträge, die er geschlossen hat, und die, je länger je mehr, ein immer engeres und ausgedehnteres Netz unter den Reedereien der ganzen Welt spannten, sprechen für seine konsequente und erfolgreiche Anwendung dieses Grundsatzes.

Für ihn war er auch für *die Politik* der einzig richtige. Darum hat er den großen Krieg immer wieder als einen »dummen Krieg« oder den »dümmsten aller Kriege« bezeichnet, weil sein Anlass, der österreichisch-serbische Konflikt, ein für die Weltgeschichte und die Wohlfahrt der Völker so unbedeutender war. Führte man doch die Wurzel dieses Konfliktes auf den für den Weltverkehr sicher belanglosen wirtschaftlichen Konflikt zwischen Ungarn und Serbien, krass ausgedrückt, den Kampf gegen das serbische Schwein, zurück. »Es hätte keines Bismarck bedurft, diesen Krieg zu verhindern«, war Ballins oft wiederholter Ausspruch über die Tragweite der unmittelbaren Kriegsursachen.

Keineswegs verkannte er die großen Gegensätze, die hinter diesen unmittelbaren Ursachen standen, die Koalition Russland-Frankreich gegen Deutschland und den englisch-deutschen Gegensatz. Dieser letztere war für ihn das Zünglein an der Waage, konnte er ausgeglichen werden, war nach seiner Ansicht ein Weltkrieg nicht mehr zu befürchten. Auf die Möglichkeit und die Gefahr eines solchen hatte ihn kein anderer als *Fürst Bismarck* hingewiesen. Es war 1891 bei dem Besuche des Fürsten zur Besichtigung des nach ihm benannten Schnelldampfers der Packetfahrt. »Ich werde den Weltkrieg nicht mehr erleben«, hatte der Fürst gesagt, »aber Sie werden ihn noch sehen, und er wird vom Orient seinen Ausgang nehmen.«

Mit wachsender Sorge hatte Ballin den *Gegensatz zwischen England und Deutschland* infolge des deutschen Flottenbaues entstehen und sich verschärfen sehen. Ein tatkräftiger Gehilfe der Regierung in der Propaganda für den Ausbau der Flotte um die Jahrhundertwende, war er ein Gegner des später sich entspinnenden Wettbauens mit England und versuchte, was in seinen Kräften stand, unheilvollen Folgen vorzubeugen.

Seine Erfahrung im langjährigen Verkehr mit England und seine Kenntnis der englischen Psyche sagten ihm, dass das englische Argument gegen den deutschen Flottenbau – eine Nation, die ein Drittel der bewohnten Erde beherrsche und diese Herrschaft sich erhalten wolle, könne auf eine überragende Stellung zur See nicht verzichten – jedenfalls vom englischen Standpunkt aus richtig sei, und darum von England bis zur äußersten Konsequenz durchgefochten werden würde. Darum erschien ihm auch hier das *Kompromiss in Gestalt einer englisch-deutschen Verständigung* das gegebene. Dass der Gedanke nicht durchdrang, lag wohl – von persönlichen Momenten abgesehen – daran, dass in Deutschland nicht »der Gedanke des Kompromisses« der vorherrschende war, sondern neben Unkenntnis der Außenwelt und ihrer Eigenart die Überschätzung der eigenen Kraft. Beide Eigenschaften sind typisch für die beiden in Deutschland damals dominierenden Faktoren, das, was man Altpreußentum nennen kann, und die sogenannte Schwerindustrie; jene beiden Richtungen, die sich auf wirtschaftlichem Gebiete zu der Zollpolitik zusammenfanden, die zwar Deutschland zu einer wirtschaftlichen Blüte verhalf, aber schweren internationalen Konfliktstoff schuf, und die dann auch im Kriege das gemacht haben, was Politik sein sollte, aber nur ein schlechter »Kriegsersatz« dafür war.

Für die internationale Stellung Ballins ist bezeichnend, dass an ihn zuerst die Anregung zu einer *Ausgleichsaktion* zwischen England und Deutschland herantrat, die mit dem *Besuche des Ministers Haldane in Berlin 1912* ihren Kulminationspunkt erreichte. Angesichts des geschichtlichen Interesses, das diese Episode beanspruchen kann, soll näher auf sie eingegangen werden.

Die *Vorgeschichte dieser Aktion,* die endgültig erst durch den großen Krieg zum Scheitern kam, geht bis zum Jahre 1908 zurück. Der Vermittler war dabei auf englischer Seite *Sir Ernest Cassel,* ein geborener Deutscher, der in jungen Jahren nach England gekommen war und es zu einem der erfolgreichsten Finanziers der Welt gebracht hatte. Er war mit dem Prinzen von Wales, späteren König Eduard dem VII., sehr befreundet geworden, auch sein Bankier und sein politischer Berater.

In seinem Hause erschien der König in seinen letzten Lebensjahren fast täglich zu einer Bridgepartie. Die Gründe, die Cassel veranlassen konnten, dem Versuch einer Verständigung zwischen seinem Adoptiv-Vaterlande und seinem eigentlichen Vaterlande seine Hand und seinen großen Einfluss zu leihen, brauchten für einen so klugen und erfahrenen Mann nicht so weit abzuliegen. Einmal mochte es ererbte und erworbene Neigung zu dem einen und zu dem anderen Lande sein – Cassel hat sich wiederholt auch als Deutschen bezeichnet und ist während des Krieges als solcher aus dem »Geheimen Rate« ausgeschlossen worden –, andererseits machte vielleicht gerade jener Umstand sein Urteil besonders unvoreingenommen und klar. Sein und seiner Freunde Gedankengang war etwa der folgende.

Nachdem durch die *Politik des König Eduard VII.* die Stellung Frankreichs auf dem Kontinent wesentlich gestärkt war, wurde die Gefahr eines Konflikts auf dem Kontinent drohend, umso mehr da auch zwischen England und Deutschland sich immer mehr Konfliktstoff ansammelte, einerseits durch die weltpolitische Betätigung Deutschlands, andererseits durch eine geschäftliche Expansion, der gegenüber England ins Hintertreffen zu geraten drohte. Die eigentliche Ursache dafür sah man in England in dem Mangel einer der deutschen ähnlichen Schutzzollpolitik; ein Mangel, der die Entwicklung der englischen Industrie zurückhielt, und kein rechtes Interesse der englischen Finanzwelt an dieser Entwicklung aufkommen ließ, während im Gegensatz dazu die ganze Kraft der deutschen Finanzwelt in die deutsche industrielle Entwicklung hineingelegt wurde und diese immer unabhängiger vom ausländischen Kapital machte. Die Zeit, in der die Finanzierung der deutschen Industrie mit französischem Geld, die sogenannten französischen »Pensionen«, d.h. die Diskontierung der Wechsel der deutschen Industrie durch das französische Kapital, eine große Rolle spielte, und für Zeiten politischer Verwicklungen eine große Gefahr darstellte, lag noch nicht weit zurück, war aber inzwischen durch das Erstarken des eigenen deutschen Kapitals überwunden. Hinzu kamen die deutschen Flottenrüstungen.

Für England bot ein *Ausgleich mit Deutschland* die Möglichkeit einer Sicherung seiner Vormachtstellung zur See, die es um jeden Preis zu behaupten entschlossen war, unter gleichzeitiger Minderung der auch für England immer mehr anschwellenden Flottenlasten. Der liberalen Regierung, die ans Ruder gekommen war, lag aber an finanzieller Entlastung besonders, da sie sich der Erkenntnis nicht verschloss, dass auch für England die Zeit einer staatlichen Sozialpolitik gekommen war.

Die Verbindung Ballins mit jenen englischen Kreisen wurde durch Freunde aus der deutschen Hochfinanz hergestellt, englischerseits hatte man die Verbindung mit Ballin wohl hauptsächlich deshalb gesucht, weil man darin bei seiner bekannten Freundschaft mit dem Kaiser die Möglichkeit einer zunächst unverbindlichen Anknüpfung mit der deutschen Regierung erblickte, der, wenn sie Erfolg versprach, die direkte Verbindung zwischen den beiden Regierungen jederzeit folgen konnte. Bei der traditionellen engen Verbindung der englischen Geschäftskreise mit der Politik, den Parteien und der Regierung bedeutete dieser Gedankengang keineswegs eine Hintertreppenpolitik, sondern nur die Schaffung einer ersten Verbindung zur Sondierung der maßgebenden deutschen Stellen.

Der *Stand der deutsch-englischen Beziehungen im Allgemeinen* war zu jener Zeit etwa wie folgt.

Besuche des Königs Eduard in Wilhelmshöhe und des deutschen Kaiserpaares in Windsor im Sommer 1907 hatten einen sehr freundschaftlichen Verlauf genommen, und im Verein mit anderen Bekundungen freundlicher Beziehungen zwischen deutschen und englischen Körperschaften auch die öffentliche Meinung der beiden Länder günstig beeinflusst. Die Stimmung wurde aber alsbald wieder nervös. Zwischen England und Russland wurde ein Abkommen über asiatische Grenzfragen getroffen, das zu Anfragen im Reichstag führte, ob auch die deutschen Interessen in Vorderasien gewahrt seien. Gleichzeitig ging im Sommer 1907 die Haager Konferenz zu Ende, ohne eine Verständigung über die Beschränkung der Rüstungen gebracht zu haben, die man in England gern gesehen hätte; und zu Ende 1907 brachte die deutsche Regierung beim Reichstag eine Flottennovelle ein, die die Lebensdauer der großen Schiffe von 25 auf 20 Jahre herabsetzte, was den Kosten von drei neuen Linienschiffen gleichkam. Hand in Hand damit setzte eine starke Agitation für die Flotte in der Öffentlichkeit ein, und in sehr unliebsamer Weise wurde die öffentliche Aufmerksamkeit auf die Agitation des Deutschen Flottenvereins dadurch gelenkt, dass Prinz Rupprecht von Bayern das Protektorat über den Bayrischen Landesverband des Flottenvereins niederlegte, weil die Leitung des Vereins, an dessen Spitze damals der bekannte General Keim stand, Politik und Parteipolitik getrieben habe. Das führte alsdann auch zu einer Neubesetzung des Präsidiums.

Eine *Hochflut der Agitation gegen Deutschland* und die deutsche Flottenpolitik setzte im Frühjahr 1908 in England ein. Im Februar teilte die »Times« mit, dass der deutsche Kaiser an Lord Tweedmouth, den ersten Lord der Admiralität, einen Brief geschrieben habe mit dem offenbaren Zweck, den englischen Marine-Etat zu beeinflussen, und obwohl Lord Tweedmouth das selbst im Parlament energisch in Abrede stellte und erklärte, der Brief habe einen rein privaten Charakter, und keine Geringeren als Lord Lansdowne und Lord Rosebery diese Erklärung unterstützten, führte diese Veröffentlichung doch zu einer heftigen Agitation in einem Teil der englischen Presse und der Öffentlichkeit. Auch das Parlament befasste sich in beiden Häusern im März 1908 mit der deutschen und der englischen Flottenpolitik eingehend. Der Vorsitzende der Imperial Maritime League, Lord Esher, forderte in einem Artikel in der »National Review«, dass England für jedes deutsche Kriegsschiff zwei baue, und der bekannte General Baden-Powell schilderte die Gefahr einer deutschen Invasion in England als drohend. Andererseits betonte Sir Edward Grey, der Staatssekretär des Auswärtigen, in einer öffentlichen Rede den oben schon hervorgehobenen Gesichtspunkt, dass eine Herabminderung der Kosten für die Flottenrüstung für England erwünscht sei, dass er eine solche aber nur eintreten lassen könne im Einvernehmen mit den anderen Nationen.

Unter diesen Umständen konnte klugen Geschäftsleuten auf beiden Seiten wohl einleuchten, wie erwünscht es sein müsse, auf einen solchen Weg der beiderseitigen Einschränkung des Flottenbaus hinzusteuern.

Im Sommer 1908 *hatte Ballin seine erste Unterredung mit Sir Ernest Cassel* und berichtete darüber dem Kaiser eingehend bei dem Besuche des letzteren in Hamburg und Kiel Ende Juni 1908. Gleichzeitig verfasste nach seinen Mitteilungen der Pressechef des Auswärtigen

Amtes, Geheimrat Hammann, einen Bericht für den Reichskanzler und den Staatssekretär des Auswärtigen, der hier mangels einer eigenen Auszeichnung Ballins über die Unterredung dem Inhalte nach wiedergegeben sei.

Von dem englischen Freunde wurde das Gespräch mit der Erklärung eingeleitet, dass er lange schon das Bedürfnis gehabt habe, aus seiner genauen Kenntnis der politischen Lage und der maßgebenden Persönlichkeiten heraus als Privatmann zu dem Privatmann die gegenwärtige Lage zu besprechen. Er möchte dazu beitragen, eine gefährliche Entwicklung der bestehenden Rivalitäten zu verhüten. Der *englische König* sei aufs tiefste davon durchdrungen, dass der rasche Ausbau der deutschen Flotte die englische Stellung zur See bedrohe. *Zwar wisse er, dass sein Neffe niemals leichtfertig auf Händel ausgehen werde und seiner innersten Natur nach den Schrecken eines Krieges widerstrebe.* Möchte daher auch in den Jahren, die ihm – dem König – noch beschieden seien, kein englisch-deutscher Krieg ausbrechen, so müsse er doch dafür sorgen, seinem Sohne die ihm überkommene Stellung Englands auf den Meeren so zu hinterlassen, dass sie auch der Nachfolger des Kaisers nicht anfechten könne.

Auf die Bemerkung Ballins, dass doch die ruhmreiche englische Flotte bei ihrer notorischen Übermacht die junge deutsche Flotte nicht zu fürchten brauche, wurde ihm erwidert: Man wisse in englischen Fachkreisen sehr genau, dass die Verstärkung der deutschen Flotte erheblich größer sei, als es nach den amtlichen Darstellungen im Deutschen Reichstage scheine. Obwohl man nun nicht bezweifele, dass die englische Flotte nicht nur der Schiffszahl nach immer überlegen bleiben werde, sondern auch technisch in Bezug auf Material, Konstruktion und Armierung hinter der deutschen keineswegs zurückstehe, so flößten doch die Vorzüge des deutschen Systems der Bemannung und ein tiefer Respekt vor der Tüchtigkeit der deutschen Seeoffiziere die Besorgnis ein, dass die deutsche Überlegenheit im Menschenmaterial die englische Überlegenheit der Schiffszahl aufwiegen könne. England habe im Burenkriege erfahren, wie schwer es sei, einen an Zahl schwächeren, aber todesmutigen Feind niederzuringen. *Die Sorge vor der deutschen Gefahr sei die treibende Kraft für die ganze Ententepolitik und diese ein Beruhigungsmittel für jene.* Daher sei auch in Reval den Russen der Rat gegeben worden, auf den Ausbau der Flotte zu verzichten und alle Kraft auf das Landheer zu verwenden.

Auf die Andeutung, dass eines Tages England im Einverständnis mit Frankreich und Russland an Deutschland die Frage richten könne, wann es in der Verstärkung seiner Rüstung zur See Halt zu machen gedenke, erwiderte Ballin: Da biete sich seinem Freunde Gelegenheit, England und der Sache des Friedens einen großen Dienst zu erweisen, indem er keinen Zweifel darüber aufkommen lasse, dass eine solche Anfrage der Krieg sei. Deutschland werde sich einem solchen Versuch zu »einem Faschoda mit aller Macht widersetzen!

Im weiteren Verlaufe der Unterredung bemerkte Cassel, der gegenwärtige Zustand der Reichsfinanzen – über den er sich genau unterrichtet zeigte – würde es Deutschlands sehr schwer machen, einen Krieg zu beginnen. Dabei wies er darauf hin, welchen großen Einfluss gegenwärtig die wechselseitigen Geldinteressen für die politischen Beziehungen der Länder erlangt hätten, und wie abhängig die kapitalbedürftigen von den Geld leihenden Ländern geworden seien. Allerdings gebe es auch für die großen Gläubigerstaaten unbequeme Lagen, so jetzt für England, nachdem die Vereinigten Staaten den größten Teil ihrer japanischen Schuldtitel nach England abgeschoben hätten. Das Missverhältnis zwischen Militärlasten und wirtschaftlichem Vermögen trete in Japan immer deutlicher hervor, und vor die Wahl zwischen Auspowerung des Volkes oder Verzug in der Zinszahlung gestellt, werde sich der Japaner am Ende lieber für den letzteren entscheiden.

Im »Constitutional Club« in London hörte Ballin den Vortrag eines Parlamentsmitgliedes, das unter allgemeiner Zustimmung ausführte: Die Lage Englands sei nicht so günstig, wie es nach der Ententepolitik scheine. Zur Zeit der Königin habe man viel bessere Bilanz gehabt; was jetzt auf der Kreditseite stehe, seien zum Teil Forderungen an schlechte Schuldner, wie Spanier, Portugiesen, Japaner, deren politisches Wohlverhalten England zu hoch bezahle. Man dürfe sich durch Bilanzverschleierung nicht über den Wert der Ententen täuschen lassen.

Reichskanzler Fürst v. Bülow und Staatssekretär v. Schön waren, wie Geheimrat Hammann Ballin alsbald brieflich mitteilte, für die Information sehr dankbar und fanden namentlich die Antwort auf die

Andeutung über die Abrüstungsfrage »ebenso verdienstlich wie richtig«. Inzwischen habe auch der Kaiser den Kanzler brieflich über den wichtigen Inhalt des Vortrages von Ballin unterrichtet.

An den Besuch Ballins knüpfte sich noch ein kurzer Briefwechsel, der hier wiedergegeben sei. Vorweg sei bemerkt, dass die in dem Brief Ballins erwähnte *Sandschak-Bahn* im Frühjahr 1908 die öffentliche Meinung in Europa lebhaft erregt hatte. Im Februar hatte der österreichische Minister des Auswärtigen v. Aehrenthal in einem Ausschuss der Delegationen den Plan einer das bosnische Bahnsystem mit Mitrowitza im Sandschak Novi Pazar verbindenden Eisenbahn angekündigt. Das führte zu einem heftigen Protest in der russischen Presse, die das als einen politischen Vorstoß Österreichs auf dem Balkan und als eine Unterbrechung der von den Großmächten in Mazedonien angestrebten Reformen bezeichnete. In Österreich betrachtete man eine Unterstützung durch Deutschland als dessen Bundespflicht, und Fürst Bülow bemühte sich denn auch, in einem Interview die »Nowoje Wremja« zu beschwichtigen. Er erklärte darin die Behauptung der russischen Presse, das Projekt gehe von Berlin aus, für vollkommen irrig; Österreich verfolge, ebenso wie Deutschland, auf den Balkan nur Handelsinteressen. Dieses zur Erklärung der Stelle im Briefe Ballins vom 13. Juli 1908, der im Übrigen nach einem Dank für die freundliche Aufnahme wie folgt sich äußerte:

> »Was ich Ihnen als meine Mutmaßung über die Sandschak-Bahn-Angelegenheit sagte, trifft übrigens vollständig zu. Der Kaiser sowohl als nachträglich auch Fürst Bülow haben mir auf das Bestimmteste versichert, daß man in Berlin von dieser Maßnahme Österreichs ebenso sehr überrascht worden ist wie in London und Petersburg.
>
> Hoffentlich kommen unsere hohen Herren recht bald zusammen. Es wird hier nichts sehnlicher gewünscht als die Herstellung und die Aufrechterhaltung der freundnachbarlichsten und wärmsten Beziehungen der beiden Monarchen und der beiden Nationen. Unser Kaiser wird erst Mitte August von seiner Nordlandreise und dem Besuche in Schweden heimkehren, ich nehme aber an, daß die beiden hohen Herren sich gelegentlich der Rückkehr Ihres Königs von Marienbad treffen, und daß dann das Datum für die Erwiderung des offiziellen Besuches in Berlin durch die Majestäten vereinbart wird. Ich verspreche

mir von diesem Berliner Besuche die allerglücklichsten Folgen für die beiden Nationen.«

Darauf kam von Cassel die Antwort:

> »Wie Sie, verspreche ich mir von der Zusammenkunft unserer Monarchen viel Gutes und nach dem, was ich höre, wird dieselbe sich doch auf der Hinreise meines Hohen Herrn arrangieren lassen. Nach wie vor bin ich davon überzeugt, daß bei uns eben die selben guten Dispositionen vorliegen wie bei Ihnen.«

Die hier angeregte *Zusammenkunft zwischen König Eduard und Kaiser Wilhelm* fand alsdann am 11. August auf der Reise des Königs Eduard nach Ischl in Schloss Friedrichshof statt und fand in der deutschen Presse ein freundliches Echo.

Auch der Austausch von Freundlichkeiten zwischen den Bevölkerungen beider Länder ging weiter. So besuchte im August 1908 Lloyd George, damals Schatzkanzler, Deutschland, um sich über die deutsche Arbeiter-, Invaliditäts- und Altersversicherung zu unterrichten, englische Arbeiter kamen zum Besuche der deutschen Gewerkschaften herüber sowie zum Studium deutscher Industrieverhältnisse. Auch das amtliche England äußerte sich sowohl durch Lloyd George wie durch Churchill in sehr freundlicher Weise für eine Verständigung mit Deutschland; sie sei der einzige Weg, sagte Lloyd George, der über Europa immer noch lagernden Spannung ein Ende zu machen.

Ende Oktober ereignete sich dann der für die kaiserliche Politik so kompromittierende *Zwischenfall mit dem »Daily-Telegraph«-Interview.* Der Kaiser hatte in diesem u.a. sich in bitteren Worten darüber ausgesprochen, dass man seine Freundschaft für England so wenig würdige, und als Probe dieser Freundschaft mitgeteilt, dass er während des Burenkrieges das Ersuchen von Frankreich und Russland, mit ihnen zusammen dem Kriege ein Ende zu machen und England zu demütigen, abgelehnt und von seiner Antwort den König von England in Kenntnis gesetzt habe, ferner dass er einen Feldzugsplan ausgearbeitet und der Königin übersandt habe, dem der von England wirklich ausgeführte sehr nahe gekommen sei. Zu den deutschen Flottenbauten bemerkte der Kaiser, dass Deutschland eine starke Flotte brauche, um in der Frage der Zukunft des Stillen Ozeans mitsprechen zu können, und endlich sagte der Kaiser noch mit Bezug auf die deutsche Stimmung gegenüber England, dass in weiten Kreisen der mittleren und unteren Schichten Deutschlands keine freundliche Gesinnung für England herrsche.

Dieses Interview, das in Deutschland einen unsagbar niederschmetternden Eindruck machte und zu den bekannten großen Debatten im Reichstag im November 1908 führte, während derer der Kaiser – was auch sehr übel in der Nation empfunden wurde – in Donaueschingen beim Fürsten Fürstenberg zur Jagd weilte, und das in England wie im übrigen Auslande den Eindruck stärkster Wankelmütigkeit der deutschen Politik erweckte, ist, wie inzwischen bekannt geworden, nur durch ein unglückliches Versehen zur Veröffentlichung gelangt. Es wurde vom Kaiser in korrekter Weise dem Fürsten Bülow nach Norderney gesandt, von diesem aber nicht gelesen, sondern nach Berlin an das Auswärtige Amt zur Prüfung weitergegeben, wo ein unglücklicher Geheimrat es aber nur daraufhin prüfte, ob es tatsächlich unrichtige Angaben enthalte, diese aber nicht darin fand, es mit einem entsprechenden Vermerk versah, woraufhin es wieder ungeprüft die Stadien der ministeriellen Verantwortlichkeit passierte und zur Veröffentlichung gelangte. Diese Kette von Verhängnissen änderte freilich nichts daran, dass der Monarch die politische Tragweite dieser Mitteilungen fühlen und sein Herz nicht in dieser offenherzigen Weise auf der Zunge tragen durfte, – leider einer der Hauptfehler des Kaisers – dass die Umgebung des Kaisers ihn sowie den Kanzler sofort auf die große Tragweite der Veröffentlichung hätte hinweisen, dass auch der Kanzler und das Auswärtige Amt nach so viel trüben Erfahrungen auf den Kaiser und seine Auslassungen besser hätten aufpassen, und dass endlich auch ein Geheimrat des Auswärtigen Amtes etwas politisches Verständnis hätte besitzen müssen.

Auf die Bemühungen der *amtlichen* Kreise, mit dem Ausgleich der Spannung zwischen den beiden Nationen weiter zu kommen, übte dieser Zwischenfall keinen Einfluss. Am 9. Februar 1909 machte das englische Königspaar den in Ballins Brief vom 13. Juli 1908 als so sehr erwünscht bezeichneten offiziellen Besuch in Berlin. Für die Bedeutung dieses hochoffiziellen Besuches sprach der Umstand, dass er erst im neunten Jahre der Regierung König Eduards erfolgte, wohl nicht zum wenigsten infolge des durchaus nicht freundschaftlichen Verhältnisses zwischen Onkel und Neffe, wobei die begreifliche Abneigung des Kaisers gegen den Lebenswandel seines Onkels als Prinz von Wales eine große Rolle spielte. Indes ist es ja besser, derartige persönliche Empfindungen in Geschäft und Politik nicht mitsprechen zu lassen. In englischen offiziösen Kommentaren wurde die Bedeutung dieses Besuches nachdrücklich unterstrichen, und auch die deutsche Presse tat das, wenn auch daneben warnende Stimmen erklangen, die vor einer Überschätzung solcher Akte warnten. Sehr kühl klang auch die Erklärung des Staatssekretärs v. Schön auf eine Anfrage im Reichstag, ob von England eine Anregung zu einer Verständigung über die Flottenbauten ergangen sei. Die Erklärung ging dahin, dass ein formeller Vorschlag für eine Verständigung, der als Basis für Verhandlungen habe dienen können, nicht gemacht worden und wohl unterlassen sei, weil es unter befreundeten Mächten nicht üblich sei, Anträge zu stellen, deren Berücksichtigung zweifelhaft sei!

Die Freunde der Verständigung, insbesondere Cassel und Ballin, unterließen es trotz aller dieser Hemmungen nicht, den einmal angeknüpften Faden weiter zu spinnen. *Im Juli 1909 war Ballin abermals zum Besuche bei Cassel und setzte die politische Unterhaltung fort.* Er berichtete darüber dem Kaiser wie folgt:

»Mein Freund, dem ich schon vor etwa acht Tagen in einem Privatbriefe meinen bevorstehenden Besuch angekündigt und angedeutet hatte, daß ich den Wunsch hätte, zu meiner persönlichen Information bei dieser Gelegenheit auch das Gespräch fortzusetzen, welches wir vor Jahresfrist über die Flottenfrage gepflogen hatten, schien sich inzwischen über diese Angelegenheit maßgebendenorts völlig orientiert zu haben. In der langen Unterhaltung, welche wir hatten, sprach er mit außerordentlicher Sicherheit, und jedes Wort schien vorher überlegt zu sein.

Ich sagte meinem Freund im Eingang unserer Unterhaltung, daß es ihn nicht Wunder nehmen könne, wenn angesichts der großen Aufregung, welche in England über die deutschen Kriegsschiffbauten herrsche und einer feindlichen Stimmung gegen Deutschland als Unterlage diene, ich den Wunsch hätte, an die interessanten Gespräche wieder anzuknüpfen, welche ich vor Jahresfrist über denselben Gegenstand mit ihm gepflogen habe. Ich wies darauf hin, daß diese von einer gewissenlosen Presse und von unverständigen Parlamentariern in das Volk getragene Erregung geeignet sei, ein ganz anderes Ergebnis zu zeitigen als dasjenige, welches vielleicht der Regierung heute innerhalb ihres Programms erstrebenswert sei. Ich hob hervor, daß ich selbstredend nur als Privatmann rede, der mit Interesse die englischen Zeitungen und die Briefe seiner englischen Freunde lese, und daß meine Wissenschaft sich also nur auf private Quellen stütze.

Vor Jahresfrist, so betonte ich, habe mein Freund mir in seiner klaren und klugen Weise die Notwendigkeit einer Verständigung zwischen Deutschland und England über den Ausbau ihrer Kriegsflotten dargelegt und mich gebeten, in dieser Richtung zu wirken. Diese Anregung sei bei mir auf fruchtbaren Boden gefallen. Der Umstand, daß es mir gelungen sei, auf den wichtigsten Gebieten der transozeanischen Handelsschiffahrt Deutsche, Engländer, Franzosen, Italiener, Oesterreicher und eine ganze Reihe kleinerer Nationen unter einen Hut zu bringen und an die Stelle eines schrankenlosen und unwirtschaftlichen Wettkampfes friedliche und für alle Teile ersprießliche Verhältnisse zu setzen, müßte mir Sympathie einflößen für den Gedanken, daß auch zwischen den Regierungen ein solcher Weg bei gutem Willen gangbar sein müßte. Ich hätte mich deshalb entschlossen, unserer Regierung einen solchen Plan zu unterbreiten. Ehe ich das aber tun könne, müßte ich natürlich wissen, ob man in England heute noch den Standpunkt teile, den mein Freund vor Jahresfrist vertreten hätte.

Cassel erwiderte mir darauf, daß sich seit Jahresfrist die Verhältnisse für England erheblich verschoben hätten, und daß er nicht mehr in der Lage sei, die Ansichten zu vertreten, die er damals verfochten hätte. Es sei heute klarer, als es damals gewesen sei, daß England seine Suprematie auf dem Meere unter allen Umständen und völlig ungebunden aufrecht erhalten müsse. Angesichts der inzwischen beschlossenen Kriegsschiffbauten Österreichs und Frankreichs sei eine einseitige Verständigung zwischen Deutschland und England nicht mehr möglich. Österreich sei ein sicherer Faktor in Deutschlands Rechnung, dagegen sei Frankreich kein zuverlässiger Aktivposten für England. Hinzu kämen noch die völlig unsicheren Faktoren Rußland und Italien. England würde zu einer Macht fünften Ranges herabsinken, wenn es angesichts dieser Expansionen sich von Deutschland auf ein Programm festlegen lassen würde. Deutschland habe seine überwältigend große Armee, mit welcher es Österreich, Italien, Rußland und Frankreich in Schach halten könne. England habe nur die Flotte, um seine Weltmachtstellung stützen und seine Kolonien an sich halten zu können. England habe Gelegenheit gehabt, viele Jahrzehnte hindurch ein großes Vermögen anzusammeln. Diese Zeiten seien vorbei. Unter der Regierung Kaiser Wilhelms II., der mit nicht genug zu rühmendem Zielbewußtsein Deutschland in den Welthandel eingeführt, die deutsche Industrie und die deutsche Handelsschiffahrt zu nie geahnter Blüte entwickelt habe, habe England im Überseeverkehr immense Verluste erlitten. Der englische Handel ginge zurück, und zweifellos würde England nicht in der Lage sein, auf die Dauer bei seinem Freihandelssystem zu beharren.

Am schwerwiegendsten schien meinem Freund die Frage des österreichischen Kriegsschiffbaus zu sein. Dieser Umstand, im Zusammenhang mit der unsicheren Haltung Rußlands und der unberechenbaren Gestaltung der Verhältnisse in Frankreich, schien dem Könige besondere Sorge zu bereiten. Mein Freund sagte mir schließlich, er hielte den Moment für eine Verständigung für Deutschland sehr glücklich, für England aber sehr unglücklich gewählt. Man dürfe nicht über eine Einigung verhandeln, während man sich fürchte. In England trete diese Furcht heute in sehr unliebsamer Weise zutage, und diese Erscheinung müsse in Deutschland den Eindruck hervorrufen, daß England bereit sei, eine Einigung herbeizuführen selbst zu ungünstigen Bedingungen. England sei ins Hintertreffen gekommen, nicht nur mit Bezug auf seinen Handel, sondern auch mit Bezug auf seinen Kriegsschiffbau. Die Konkurrenz im Welthandel in Zukunft siegreich zu bekämpfen, sei für England aus vielen Gründen wenig aussichtsvoll. Dagegen sei die Ausmerzung des ungünstigen Verhältnisses im englischen Kriegsschiffbau nur eine Geldfrage. Die Mittel müßten und würden beschafft werden, um die englische Flotte wieder auf eine solche Höhe zu bringen, wie sie im Hinblick auf die Weltlage erforderlich sei.

Ich erwiderte meinem Freunde, daß ich erstaunt sei über den völligen Wandel seiner Ansichten in dieser Angelegenheit. Nicht das, was er gesagt, sondern das, was er nicht gesagt habe, ließe mich vermuten, daß in englischen Regierungskreisen vielleicht nicht ohne Schuld der deutschen Regierung, die Anschauung Wurzel gefaßt habe, die Kaiserliche Regierung werde nach Absolvierung des gegenwärtigen Flottengesetzes auf eine weitere Expansion der deutschen Flotte verzichten und sich lediglich auf den langsamen Ersatz abgängig werdender alter Fahrzeuge beschränken. Solche Anschauung könne nur dann eine gewisse Berechtigung haben, wenn man in England ein gleiches System adoptiere. Erachte man dagegen in England, wie ich aus seinen Worten entnähme, den Zeitpunkt für gekommen, um die Stärkeverhältnisse zwischen den beiden Ländern durch umfangreiche Neubauten zu verschieben, so würde man bald finden, daß man die Rechnung ohne den Wirt gemacht habe. Angesichts der hier herrschenden Tendenzen müsse meiner, allerdings ganz persönlichen und völlig unmaßgeblichen Ansicht nach Deutschland auch über das Flottengesetz hinaus darauf bedacht sein, die Kriegsflotte in einem solchen Maße zu erweitern, daß es einen Defensivkrieg mit sicherem Erfolge führen könne. Ein zügelloses Kriegsschiffbauen auf englischer Seite bedeute also eine Schraube ohne Ende für beide Nationen.

Damit schloß die erste Unterredung und ich nahm die Einladung an, am Abend bei Sir Ernest Cassel mit einigen prominenten Freunden zu speisen.

Als ich am Abend wieder erschien, war ich nicht wenig erstaunt, zu finden, daß ich der einzige Gast sei. Mein Freund sagte mir, er habe die anderen Herren unter dem Vorwande, daß er sich noch zu unwohl fühle, abbestellt, um mit mir allein zu sein. Es lag auf der Hand, daß er inzwischen über den Ausgang unserer Unterredung berichtet, und daß eine andere Stimmung Platz gegriffen habe. Es schien mir unzweifelhaft, daß dieser Umschwung herbeigeführt war durch meine Äußerungen über die Notwendigkeit einer ferneren Erweiterung der deutschen Flotte, wenn das bezügliche Vorgehen Englands dazu dränge. Dieser Eindruck erwies sich im Verlaufe der nun folgenden langen Besprechung als durchaus richtig.

Cassel führte aus, daß das liberale Kabinett mit Bezug auf die Flottenfrage ›**pennywise and poundfoolish**‹ gehandelt habe. Das fühle heute die große Mehrheit des englischen Volkes, und das habe die furchtsame und feindselige Stimmung in England hervorgerufen. Die liberale Regierung habe damit ein großes Unglück angerichtet, und sich seiner Überzeugung nach dadurch selbst das Grab gegraben. Er glaube, es würde nicht lange dauern. bis man eine andere Partei am Ruder sehe. Hätte das liberale Kabinett nicht seinen phantastischen sozialpolitischen Ideen zu Liebe die Flotte vernachlässigt, so würde von einer deutschfeindlichen Stimmung heute nicht die Rede sein. Dazu träten erschwerend andere politische Fragen. Frankreich sei im Hinblick auf den französischen Volkscharakter immer ein unberechenbarer Faktor gewesen. Es sei heute angesichts seiner innerpolitischen Lage aber unsicherer denn je. Demgegenüber stände die Zuverlässigkeit, mit der Deutschland dank seinem militärischen Übergewicht über Österreich disponieren könne. Von Rußland wolle er gar nicht reden. Er habe die englische Annäherung an Rußland nie für klug gehalten.

Wenn man – und das habe er geglaubt, aus meinen Worten entnehmen zu dürfen – die Notwendigkeit zugäbe, daß England im Hinblick auf seine kolonialen und seine Welthandelsinteressen eine ausgesprochene Suprematie auf dem Meere sich bewahren müsse, so glaube er, daß verständige Männer schließlich doch eine Formel zu finden wissen müßten, welche eine Einigung zwischen den beiden Ländern sichere. Eine große Schwierigkeit biete die von mir immer wieder betonte Forderung, daß England bei dem System des Freihandels verbleiben müsse. England könne in diesem Punkte wohl für sich, aber nicht für seine großen Kolonien sprechen. Die Geschichte beweise, daß England die Vereinigten Staaten von Nordamerika aus seinem Besitze verloren habe, als es versuchte, ihnen in handelspolitischer Beziehung Fesseln anzulegen. Daß Deutschland trotz der üblen Erscheinungen, welche sich jetzt bei der Reform der Reichsfinanzen gezeigt haben, reich genug sei, um auch weiterhin seine Flotte in bisherigem Abstande zu England zu vermehren, schiene ihm zweifellos. Es sei eben der große Fehler des liberalen Kabinetts und anderer Berater des Königs gewesen, daß man geglaubt habe. das deutsche Flottengesetz würde aus finanziellen Gründen nicht in vollem Maße durchgeführt werden. Der Reichtum in Deutschland sei in viel höherem Maße gewachsen, als, seiner Meinung nach, selbst die deutsche Regierung und die deutschen Finanzkreise glaubten. Deutscher Wohlstand begegne einem überall, man wende sich schon erstaunt auf der Straße um, wenn man heutzutage während der Saison in Ägypten oder in Italien die Touristen eine andere Sprache sprechen höre als die deutsche. Für ihn sei es jedenfalls keine Frage, daß Deutschland heute in der Lage sei, mit dem englischen Kriegsschiffbau selbst dann Schritt zu halten, wenn dieser Schritt auch ein recht lebhafter sei.

Daß England in absehbarer Zeit das System des Freihandels verlassen würde, halte er aus innerpolitischen Gründen für ganz ausgeschlossen, und, da ein Vertrag nicht für ewig zu schließen sei, sondern für eine Reihe von Jahren, brauche seiner Meinung nach Deutschland eine solche, im Hinblick auf die Selbständigkeit der Kolonien unüberwindliche Frage nicht zur Bedingung zu machen; man könne hingegen in manchen anderen, zwischen den beiden Regierungen schwebenden Fragen englischerseits ein freundwilliges Entgegenkommen beweisen. Er sei also geneigt, seine am Vormittag ausgesprochene Meinung dahin zu ändern, daß es sicherlich nur nützlich wirken könne, *wenn einige verständige Männer,* von beiden Seiten ernannt, *zu einer Besprechung über die angeregte Frage zusammenkommen würden.* Diese Zusammenkunft müßte eine absolut sekrete sein, und Einigkeit müßte auf beiden Seiten, darüber herrschen, daß es im Falle eines Erfolges bei einem solchen Vertrage keine Sieger und keine Besiegten geben dürfe. Das sei eine ›**conditio sine qua non**‹.

Ich versprach, bei sich ergebender Gelegenheit in diesem Sinne in Berlin zu wirken, und wir verabredeten eine baldige weitere Zusammenkunft.

Mein Freund ist zweifellos ein außerordentlich geschickter Verhändler. In meiner vieljährigen bezüglichen Erfahrung erinnere ich mich kaum, mit einem Manne verhandelt zu haben, der Stunden hindurch so sicher, so vorbedacht und so zielbewußt diskutiert hat.«

Dieser Bericht wurde vom Kaiser dem *Staatssekretär v. Tirpitz* mitgeteilt, der dazu eine freundliche Stellung einnahm und sich für die Heranziehung des *Reichskanzlers v. Bethmann Hollweg*, der am 14. Juli dem Fürsten Bülow gefolgt war, zur Behandlung der Frage einer Verständigung mit England aussprach. Demgemäß erhielt der Kanzler, und zwar durch den Kaiser persönlich, eine Abschrift des Ballinschen Berichtes. Das war korrekt und vermied eine zu Zeiten des Fürsten Bülow nicht immer glücklich umschiffte Klippe, nahm allerdings, wie sich später zeigte, der Behandlung der Sache die frische Initiative Außerdem nahm diese Art der Behandlung die Verantwortung für den Ausgang ganz und gar von den Schultern des Staatssekretärs des Reichsmarineamts. Ballin pflegte sein Urteil später dahin zusammenzufassen, dass, wenn der Staatssekretär v. Tirpitz die Verantwortung für den Ausgang dieser Verhandlungen gehabt hätte, wenn er z.B. als Reichskanzler sie geführt hätte, sie schwerlich ergebnislos verlaufen sein würden. Der Sinn der ganzen Verhandlung, die Ballin geführt hatte, war aber, dass eine Konferenz von »sachverständigen und vernünftigen Leuten«, das heißt, zunächst von Marine-Leuten, sich zusammensetzen und darüber beraten solle, wie ohne Schaden für die Wehrkraft der beiden Länder eine Einschränkung ihres Flottenbaus erfolgen könne. Diese Idee war so einfach und einleuchtend, dass, wenn sie zunächst ausgeführt worden wäre, und wenn man die Sachverständigen mit dem Gefühl der Verantwortung für das, was in politischer Hinsicht von ihrer Entscheidung abhing, erfüllt hätte, sie zu einem Erfolg hätte führen müssen. So aber, wie der Kanzler die Sache anfing, musste er unter Umständen, ohne dass es überhaupt zu einer Aussprache zwischen den englischen und den deutschen Marinefachleuten kam, gegen den Widerstand der Ressorts die Sache durchbiegen. Das aber war eine Aufgabe, der Herr v. Bethmann Hollweg gewiss nicht gewachsen war, dieser entschlussloseste aller deutscher Kanzler, dem sein und unser Unheil die schwersten Entscheidungen in die Hand gegeben hat, die je ein deutscher Staatsmann zu treffen hatte.

Nach einer Unterredung zwischen Ballin und dem Reichskanzler folgte in Übereinstimmung mit dem Kanzler eine telegraphische Korrespondenz zwischen Ballin und Sir Ernest Cassel. Diese ergab, dass die Dispositionen für eine Verhandlung in dem im Ballinschen Bericht besprochenen Sinne in London günstig waren, und dass Cassel den Wunsch nach einer neuen Unterredung zur Vorbereitung des Weiteren zu erkennen gab. Daraufhin wandte sich Ballin an den Kanzler mit der Frage, ob er nunmehr diesen Weg weiter gehen solle, oder ob der Kanzler einen anderen vorziehe. Unter diesem anderen war der Weg der direkten amtlichen Verhandlungen zu verstehen. Ballin fügte in einem Telegramm an den Kanzler hinzu, dass er die Mitteilungen von den günstigen Dispositionen so auffasse, dass sein Freund beauftragt sei, das Nähere wegen der Zusammenkunft der Sachverständigen zu vereinbaren. Alsdann müsse er aber, wenn er zu einer neuen Besprechung gehe, über die Ansichten und Absichten des Kanzlers informiert sein. Die Antwort des Kanzlers vom 11. August lautete wie folgt:

> »Besten Dank für Ihr freundliches Telegramm, dem ich sofort eingehende Beachtung schenke. Ich werde mir erlauben, Ihnen eine weitere Antwort zugehen zu lassen, sobald ich morgen und in den nächsten Tagen mit den in Frage kommenden Persönlichkeiten die erforderlichen Besprechungen gehabt haben werde.«

In dieser Antwort kam bereits deutlich zum Ausdruck, dass der Kanzler die weitere Behandlung der Sache auf *amtlichem Wege* und nach seinen eigenen Ideen vorzog.

Das weitere besagt ein Brief des Kanzlers an Ballin vom 21. August, folgenden Inhalts:

> »Ich habe heute die Ihnen in Aussicht gestellten offiziellen Schritte ausgeführt. Da ich mit Sir Edward Goschen (dem englischen Bot-

schafter in Berlin. D. V.) absolute Geheimhaltung ausgemacht habe, und eine Mitteilung Ihres Freundes an die englische Regierung, daß ich eine offizielle Demarche in der Angelegenheit unternommen hätte, als eine Indiskretion aufgefaßt werden könnte, bitte ich, Ihrem Freund, wenn Sie ihm überhaupt eine Mitteilung zukommen lassen müssen, so zu antworten, daß diese Gefahr ausgeschlossen ist.«

Der Brief zeigt, was auch bei späterer Gelegenheit zutage trat, dass die deutsche politische Leitung nebenbei es auch nicht verstand, zu einem Vermittler von der Stellung und dem guten Willen, wie sie zweifellos Sir Ernest Cassel eigen waren, ein Verhältnis zu finden, das schon allein die Klugheit gebot. Wenn trotzdem das Interesse des englischen Freundes für die Verständigung nicht gänzlich schwand, war es nur der Interpretation zu danken, die Ballin – auch darin unübertrefflich – diesem mehr als kühlen Korbe zweifellos gegeben hat.

Dass Ballins Freund über die *Stimmung in England* nicht einseitig berichtete, geht aus einer anderen englischen Mitteilung, die Ballin zu dieser Zeit zuging, hervor. Darin heißt es:

»Der einzige Zweck meines Schreibens ist, Ihnen zu sagen, daß wenn an maßgebender Stelle in Ihrem Lande irgendwie Geneigtheit besteht zu einer Verständigung mit unserm Lande in Flottenfragen zu kommen, ich nach meinen Erkundigungen überzeugt bin, daß die jetzige Zeit geeignet ist, dieser Frage näher zu treten, und daß unsere gegenwärtige Regierung einem Abkommen durchaus geneigt wäre.«

Indes, der Amtsschimmel war gesattelt und vermochte nicht das Rennen nach Hause zu bringen. Warum nicht, und warum insbesondere der Schritt Bethmanns bei dem englischen Botschafter ohne Folgen blieb, darüber müssten die Akten des Auswärtigen Amtes Aufschluss geben.

Am 14. Juli 1910 hat *Asquith* in einer eingehenden Rede zum britischen Flottenprogramm sich darüber geäußert, dass mit Deutschland eine Verständigung nicht habe zustande gebracht werden können. »Die deutsche Regierung hat uns mitgeteilt – ich habe mich darüber nicht zu beklagen und nichts zu erwidern – daß ihr Vorgehen in der Angelegenheit durch einen Akt des Reichstages, durch das Flottengesetz, geleitet wird, welches Jahr für Jahr automatisch weitergeht. Ich freue mich, sagen zu können, daß das Jahr 1911/12 das letzte unter diesem Gesetz ist, in welchem vier Schiffe gebaut werden sollen. Die Zahl sinkt in den folgenden Jahren auf zwei. Wir hoffen daher, wir befinden uns auf dem Gipfel der Welle. Wenn es möglich wäre, durch eine Verständigung zwischen den beiden Ländern selbst jetzt das Baumaß zu verringern, so würde niemand darüber mehr erfreut sein als die britische Regierung Wie das Haus weiß, *haben wir uns der deutschen Regierung genähert in dieser Angelegenheit,* aber sie hat sich außerstande gesehen, irgend etwas zu tun, und sie würde nichts tun ohne einen Akt des Parlaments, welcher das Flottengesetz widerruft. Sie erklärt uns, ohne Zweifel völlig der Wahrheit gemäß, daß sie nicht die Unterstützung der öffentlichen Meinung in Deutschland haben würde.«

Da diese Erklärungen unbestritten sind, muss man annehmen, dass die Ressorts bei uns sich hinter dem formalen Bedenken der Unmöglichkeit der Aufhebung oder Änderung des Flottengesetzes (aus Rücksicht auf die öffentliche Meinung) verschanzt haben – ein klarer Beweis, dass in der Behandlung dieser Frage der große politische Zug durchaus fehlte. Und leider war nicht einmal die Hoffnung, dass man »auf dem Gipfel der Welle sei«, berechtigt. Denn das Jahr 1912 brachte noch eine neue Flottennovelle.

Nur als formale Bedenken kann man auch diejenigen ansehen, die *Herr v. Bethmann Hollweg* am 30. März 1911 gegen eine internationale Rüstungsbeschränkung anführte: »Wenn die Großmächte ein Abkommen über eine allgemeine internationale Abrüstung treffen wollen, dann müssen sie sich zuerst darüber einigen, welche Geltung überhaupt die einzelnen Nationen im Verhältnis zueinander beanspruchen dürfen ... Praktisch – könnte man vielleicht sagen – ist ein Ranganspruch allerdings schon angemeldet worden: England ist davon überzeugt – und hat es wiederholt erklärt – daß trotz aller seiner Wünsche auf Einschränkung der Rüstungsausgaben und auf Schlichtung etwaiger Streitigkeiten im schiedsrichterlichen Verfahren, seine Flotte unter allen Umständen jeder möglichen Kombination in der Welt gewachsen oder sogar überlegen sein müsse. Diesen Zustand anzustreben, ist das gute Recht Englands und gerade, wie ich zur Abrüstungsfrage stehe, würde ich der letzte sein, dieses Recht irgendwie anzuzweifeln. Ganz etwas anderes ist es aber, einen solchen Anspruch zur Grundlage eines Abkommens zu machen, das von den anderen Mächten in friedlicher Zustimmung angenommen werden soll. Wenn da Gegenansprüche erhoben werden, wenn andere Mächte mit dem ihnen zugewiesenen Kontingent nicht zufrieden sind? Meine Herren, man braucht diese Frage bloß auszuwerfen, um zu wissen, wie es auf einem Weltkongreß – ein europäischer würde ja nicht ausreichen – zugehen würde, der über derartige Ansprüche zu entscheiden hätte.«

Wenn diese Auslassung etwa eine Antwort auf die wiederholten englischen Auslassungen, wie die obige von Asquith, sein sollte, so war dabei nicht berücksichtigt, dass es zur Behebung der schwerwiegendsten Differenz auf diesem Gebiete, der englischdeutschen, wirklich keines »Weltkongresses« bedurfte.

Von einem anderen, politischen Standpunkte aus hatte Herr v. Bethmann sich bereits am 10. Dezember 1910 im Reichstag zu der Frage geäußert. »Über unsere Beziehungen zu England und angebliche Verhandlungen mit diesem über vertragliche Beschränkungen der Rüstungen zur See muß ich zunächst hervorheben, daß es wohl **publici iuris** ist, daß die großbritannische Regierung wiederholt dem Gedanken Ausdruck gegeben hat, eine vertragsmäßige Festlegung der Flottenstärken der einzelnen Mächte würde zu einer wesentlichen Beruhigung in den internationalen Beziehungen beitragen … Auch wir begegnen uns mit England in dem Wunsche, Rivalitäten in Beziehung auf Rüstungen zu vermeiden, haben aber in den ab und zu stattgehabten, unverbindlichen, von gegenseitigem freundschaftlichen Geiste getragenen Pourparlers stets den Gedanken vorangestellt, daß eine offene und vertrauensvolle Aussprache und darauf folgende Verständigung über die beiderseitigen wirtschaftlichen und politischen Interessen das sicherste Mittel zur Beseitigung jeglichen Mißtrauens wegen des gegenseitigen Kräfteverhältnisses zu Wasser und zu Lande sei.«

Dass diese Auslassungen *den für England einzig und allein maßgebenden Punkt,* nämlich die Beschränkung des deutschen Flottenbaus resp. Flotten-Weiterbaus, nicht trafen, geht klar aus der Antwort hervor, die *Sir Edward Grey* am 14. März 1911 im Parlament unter ausdrücklicher Bezugnahme auf die Bethmannsche Rede gab. England, erklärte er, habe nicht den Wunsch, dass seine Beziehungen zu irgendeiner Macht so beschaffen sein sollten, dass dadurch herzliche

Beziehungen zu Deutschland unmöglich würden. Es sei speziell ein Abkommen mit Deutschland angeregt worden. Dazu sei ein sehr vorsichtiges Vorgehen notwendig. Wenn er irgendeine Hoffnung machen würde, dass Deutschland infolge eines Abkommens von seinem Flottengesetz abstehen oder dasselbe ändern würde, so würde ihm sofort widersprochen werden. Nur innerhalb der Grenzen jenes Flottengesetzes könne vielleicht etwas zwischen den beiden Regierungen geschehen. Ein Abkommen könnte vielleicht zu einer Verlangsamung der Ausgaben führen oder dazu, dass das gegenwärtige Programm Deutschlands keine Steigerung erfahren würde. Alles dieses könne Gegenstand der Erörterung zwischen beiden Regierungen sein, und es wäre in jeder Beziehung vorteilhaft, wenn ein Abkommen erzielt werden könnte. Auf diese Rede antwortete die »Norddeutsche Allgemeine Zeitung«, dass, wenn zur Beseitigung des Misstrauens in der öffentlichen Meinung Englands Vereinbarungen, wie die von Grey angedeuteten, etwas beitragen könnten, man deutscherseits gern bereit sein werde, dazu die Hand zu bieten. Man darf aus dieser Auslassung wohl schließen, dass Herr v. Bethmann seinerseits solchem Abkommen geneigt war. Warum ist es dann aber nicht dazu gekommen?

Um zu verstehen, weshalb das englische Kabinett auf die Ausräumung der deutsch-englischen Flottenbaudifferenz und auf die Beruhigung der öffentlichen Meinung so großen Wert legte, muss man sich daran erinnern, dass das liberale Kabinett durch seinen Kampf gegen das Oberhaus in einen heftigen Gegensatz zur konservativen Partei geraten war, die ihrerseits dem Kabinett im Wahlkampf auf das schärfste die Vernachlässigung der Flotte vorwarf und zur Bekräftigung dieses Arguments immer wieder auf die deutsche Gefahr hinwies. Auch war inzwischen, am 7. März 1910, der alte König gestorben, und von dem neuen hieß es, dass er schon bei seiner Thronbesteigung insofern kein unbeschriebenes Blatt war, als er bisher sehr gegen Deutschland und in Händen einer kleinen Gruppe von konservativen Leuten war, die man zu den Heißspornen zählen konnte.

Es seien hier *zwei Stimmungsbilder* eingeschaltet, die Ballin bei einem Aufenthalt in *London* Anfang und Mitte 1910 zur Information für den Kaiser entworfen hat.

Anfang 1910: »Wenn man sagt, daß diese Stadt im Zeichen der Parlamentswahlen steht, so ist das eine außerordentlich milde Bezeichnung. Man kann einfach nur sagen, daß die Einwohner dieser Stadt verrückt geworden sind. Die City, die bis vor kurzer Zeit sich so verständig gehalten hatte, ist aus Rand und Band und glühende Verfechterin der Tarifreform. Jeder Sieg der Konservativen wird von den Kaufleuten mit Jubel begrüßt. Unter diesen Umständen ist natürlich auch selbst in der City die Kriegsfurcht gewachsen. Wenn man sich fragt, wie dieser außerordentliche Umschwung in den Kreisen verständiger Geschäftsleute Platz greifen konnte, so findet man als Antwort zwei Tatsachen, einmal das schlechte Geschäft und dann die wenig glückliche Politik von Lloyd George mit Bezug auf die Nationalisten (Irländer), ferner sein Liebäugeln mit der Arbeiterpartei und seine sozialpolitischen Gesetze, welche sich schon schwer fühlbar machen.

Das Geschäft ist schlecht in England, und von dem Aufstieg, der sich in Deutschland schon so stark bemerkbar macht, ist hier bis jetzt noch wenig zu spüren. Es liegt sehr nahe, daß in einem so kaufmännischen Volke wie die Engländer angesichts dieser mehr als zwei Jahre jetzt dauernden großen geschäftlichen Depression der Wunsch nach einer Änderung der Handelspolitik außerordentlich Nahrung finden muß. Verstärkt wird dieser Wunsch noch, wenn man sieht, daß für neue Kriegsschiffbauten und für die Bezahlung der schweren Lasten, welche die Sozialpolitik den Staatsmitteln auferlegt, einem die Möglichkeit vorgeredet wird, das alles aus den Zöllen zu decken, welche die Ausländer bezahlen müssen.

Es erscheint ziemlich sicher, daß trotz der großen Siege der Konservativen die gegenwärtige Regierung mit Hilfe der Nationalisten eine kleine Mehrheit behalten wird. Das ist, was ich immer vorausgesagt habe. Es ist aber zweifellos eine recht unbequeme Mehrheit, über welche das liberale Kabinett verfügen wird, und man ist sich darüber einig, daß es kaum viel länger als ein Jahr dauern wird, bis wir hier wieder einer Auflösung des Parlaments gegenüberstehen. Wenn nun die Engländer sagen, daß bei dieser nächsten Auflösung die liberale Partei zerschmettert werden wird, so ist das sehr übertrieben. Hier hängt alles mit dem Geschäft zusammen. Wenn sich im Laufe dieses Jahres die geschäftlichen Verhältnisse auch in England bessern und alles wieder vor dem Wind geht, dann werden die Schutzzöllner in der City wieder zu ›**free traders**‹ und werden sich wohl hüten, den Ast abzusägen, auf dem sie sitzen. Von der Entwicklung von Handel und Verkehr hängt meiner Ansicht nach hier alles ab. Heute ist, wie gesagt, der Schutzzoll und die schutzzöllnerische Vereinigung mit den Kolonien hier Trumpf, und der Deutschenhaß ist so schlimm, daß man mit seinen ältesten Freunden kaum noch zusammen kommen kann, weil man plötzlich findet, daß die Leute Narren geworden sind und nur von dem zukünftigen Kriege und dem zukünftigen Schutzzollsystem sprechen. Die Volksmenge steht fast die ganze Nacht hindurch auf den großen Plätzen, wie Trafalgar Square, um die Wahlresultate aus dem Inlande zu erfahren. Die Leute benehmen sich dabei musterhaft. Seltsamerweise verteilt man ja hier dieses Wahlvergnügen über mehrere Wochen und steigert infolgedessen die politische Erregung des Volkes zur Weißglühhitze. Ich bin überzeugt, daß nach einigen Monaten die Sache hier wieder ganz anders aussehen wird.«

Mitte 1910: »Ich bin vor einigen Tagen von England zurückgekehrt und ich weiß, es wird interessieren zu hören, wie sich mir die Dinge dort auf wirtschaftlichem und politischem Gebiet darstellen.

Ich weilte zuletzt während der großen Wahlen in London und berichtete von dem Taumel, in welchen die englische Nation hineingeraten war, und welcher seine Spitze gegen die Deutschen richtete.

Das Bild hat nun eine völlige Veränderung erfahren. Die Erledigung der Wahlkampagne, der Tod des Königs und **last not least** der Besuch des Kaisers anläßlich dieses Trauerfalls haben diesen überall in die Erscheinung tretenden Umschwung bewirkt. Jedermann, mit dem ich während meines Aufenthalts in London sprach, ob liberal oder konservativ, rühmte mit wärmsten Ausdrücken die sympathische Art, in welcher der Kaiser trotz der vielfachen Kränkungen, welche er – wie man offen zugibt – von seinem verstorbenen Oheim erfahren hat, in England sich gab.

Dem Wirken des neuen Königs sieht man mit Reserve, aber mit der dem Engländer eigenen Loyalität und gutem Willen entgegen. Die innerpolitische Situation ist nach wie vor eine schwierige. Kommt es nicht zu einem Kompromiß zwischen den Parteien, so wird eine Wahl spätestens im Frühjahr ganz unvermeidlich sein. Ich habe aber auch viele politisch geschulte Männer gesprochen, welche die Ansicht vertraten, daß, auch wenn ein Kompromiß herbeigeführt wird, es unvermeidlich sei, die Entscheidung der Nation über dieses Kompromiß durch die Ausschreibung von Neuwahlen herbeizuführen. Wie diese ausfallen werden, ist heute schwer zu sagen. Die Ansichten, welche man heute in der Presse sowohl wie im Publikum aussprechen hört, lassen erkennen, wie sehr ich recht hatte, als ich in meinem damaligen Brief daran erinnerte, daß die Engländer eine Nation von Kaufleuten sind, welche, wenn die Geschäfte nur wieder besser gehen würden, nach dem alten Grundsatze ›**leave well alone**‹ sich davor hüten würden, den Schutzzöllnern weiter Gefolgschaft zu leisten.

Das Geschäft hat sich nun inzwischen gebessert, allerdings sehr wenig, viel weniger als in Deutschland, aber selbst diese geringe Wiederbelebung hat schon in der City dem Freihandelsgedanken reichliche Nahrung zugeführt. Es hängt jetzt also, wenn man mit Neuwahlen im Frühjahr rechnet, viel von der weiteren Entwicklung in Handel und Wandel ab. Ich gestehe, daß ich da in Bezug auf England die Dinge recht pessimistisch ansehe. Die Engländer können wirklich mit uns nicht mehr mitkommen, und wenn sie nicht noch die Macht des Kapitals hätten, und wenn nicht ein Strom Goldes sich immer noch aus den großen Kolonien in das kleine Mutterland ergösse, so wären sie infolge ihrer gesättigten und konservativen Lebensgewohnheiten bald für uns im Wettbewerb aus dem Weltmarkte eine ›**quantité négligeable**‹.

Die Kapitalmacht und die vorzügliche ausländische Politik, welche sie in jahrhundertealter Schulung betreiben, zieht ihnen natürlich immer Geschäfte ins Land, die unseren höchsten Neid (ist Neid nicht eine der Nationaleigenschaften der Deutschen?) erregen müssen.«

Bis Mitte 1911 blieb die Stimmung freundlich. Ballin berichtete darüber Anfang Juli:

»Die Stimmung, soweit sie in der City von London zum Ausdruck kommt, ist gegenwärtig eine durchaus deutschfreundliche. Der Besuch unserer Majestäten anläßlich der Enthüllung des Victoria-Denkmals (Frühjahr 1911) hat einen außerordentlich sympathischen Eindruck hinterlassen, einen Eindruck, der noch verstärkt worden ist durch die Teilnahme unseres kronprinzlichen Paares an den Krönungsfeierlichkeiten. Unser Kaiser ist tatsächlich heute eine der populärsten Persönlichkeiten in England, und der Gedanke an eine politische Verständigung mit Deutschland hat gegenwärtig in England in allen Kreisen eine große Resonanz.«

Die oben erwähnte Neigung zur Verständigung wurde im weiteren Verlaufe des Jahres doch überschattet und zurückgedrängt durch die neue Aufrollung der Marokko-Affäre mit der Entsendung des »Panther« nach Agadir, die neue Schwierigkeiten mit Frankreich brachte und im Verfolg davon auch mit England. Die letzteren bekundeten sich namentlich durch eine *scharfe Rede Lloyd Georges* im Juli 1911, die im Wesentlichen darauf hinauslief, dass England es nicht zugeben könne, dass es in Fragen, die seine Lebensinteressen berührten, in einer Weise behandelt werde, als wenn es nicht mehr existiere. Das gab wiederum der konservativen Opposition in Deutschland Anlass zu sehr scharfen Angriffen gegen Herrn v. Bethmann und auch gegen England, gegen das Herr v. Heydebrand das Schiller'sche Wort von der nichtswürdigen Nation zitierte, die nicht ihr Alles an ihre Ehre setze. Auch verstimmte bekanntlich der Ausgang der Sache mit dem deutsch-französischen Kongo-Abkommen in Deutschland sehr, weil der materielle Erfolg den großen Aufwand kaum lohnte und ganz sicher nicht die Möglichkeit, durch den »Panther-Sprung« in einen großen Krieg verwickelt zu werden.

Wie groß damals in den internationalen Wirtschaftskreisen die Sorgen waren, geht auch aus dem nachstehenden Brief hervor, den Ballin damals an den *Staatssekretär von Kiderlen-Waechter* richtete. Man muss bei ihm etwas zwischen den Zeilen lesen:

»Der Baron Leopold Rothschild aus London telegraphierte mir soeben, daß nach den Nachrichten, welche er von den Pariser Rothschilds heute empfing, man in Paris sehr enttäuscht sei darüber, daß in der noch nicht in den Details bekannten deutschen Antwort wichtige Fragen in der Schwebe geblieben sind. Die Stimmung im Publikum fange aber an bedrohlich zu werden, und eine möglichst schnelle Einigung sei deshalb im allseitigen Interesse erwünscht.

Ich hielt es für meine Pflicht, Ihnen von dieser Äußerung Kenntnis zu geben. ›**Take it for what it is worth**‹.

Daß man hier, wie wohl überall in Deutschland, mit wachsender Sorge auf die Entwicklung der Dinge blickt, brauche ich Eurer Exellenz ja nicht zu sagen. Insoweit deckt sich also der Wunsch der deutschen Nation wohl mit dem Wunsche der französischen.

Es wäre auch vermessen, wollte ich Euerer Excellenz über die Stimmung und Rüstung in England sprechen. Sie sind darüber aus Ihren amtlichen Quellen noch besser orientiert, als ich es durch meine Beziehungen bin.

Mit den wärmsten Wünschen für eine erfolgreiche Erledigung dieser schwierigen und verantwortungsvollen Aufgabe, habe ich die Ehre zu zeichnen als Euerer Excellenz ergebenster Ballin.«

Vom Ende des Jahres 1911 stammt ein *interessantes Aktenstück*, das den Gegensatz der Anschauungen in England und Deutschland und die Möglichkeit, zu einem Ausgleich zu kommen, drastisch beleuchtet.

Ein *Artikel aus der »Westminster Gazette«* über den englisch-deutschen Gegensatz wurde Ballin von einem englischen Freunde mit dem Bemerken übersandt, dass er die Anschauung der großen Mehrheit der liberalen Kreise über die auswärtige Politik wiedergäbe. Der Artikel wurde von Ballin mit dem Zusatz, dass der Einsender einer der klügsten Engländer sei, die ihm im Leben begegnet seien, zur Information für den Kaiser nach Berlin gesandt. Der Artikel kam dann mit einer Reihe eigenhändiger Randbemerkungen und einer ausführlichen Schlussbemerkung des Kaisers an Ballin zurück, auch die zahlreichen Unterstreichungen sind vom Kaiser. Des historischen Interesses halber ist der Artikel, der hier seinem Wortlaute nach in Übersetzung folgt, auch im Faksimile beigefügt.

»Die Grundlagen der englischen Politik

Auf dem Wege zu einer englisch-deutschen Entspannung

Wenn wir dauernd in ein besseres Verhältnis zu Deutschland kommen sollen, müssen wir einige Dinge ganz vergessen und uns an andere sorgsam erinnern, die ein Grund zur Kontroverse in den letzten sechs Jahren gewesen sind. Wir müssen aufhören, uns selber als beauftragt zu betrachten mit der Mission, das Gleichgewicht in Europa umzustellen. Wir müssen nicht allgemein davon sprechen, als wenn wir über einen Krieg im großen Stil auf dem Kontinent nachdächten und uns dafür rüsteten. Jeder Krieg mit irgendeiner Macht würde natürlich zur Folge haben, dass wir unsere gesamten Streitkräfte zu Wasser und zu Lande in der Weise gebrauchten; die am meisten Erfolg zu versprechen scheint, und wenn wir unglücklicherweise mit Deutschland zum Kriege kämen, müssten wir natürlich uns für berechtigt halten, unser Heer sowohl wie unsere Flotte zu verwenden, wenn wir das für zweckmäßig hielten. Aber es ist sehr wünschenswert, dass wir allen unseren Nachbarn klar machen, dass unser Wert als Freund oder Feind hauptsächlich auf der See liegt, dass, was wir für den einen oder gegen den anderen tun können, in erster Linie durch unsere Flotte bestimmt wird und nicht durch unser Heer, und dass die Aufrechterhaltung unserer Flotte ein Ziel ist, von dem wir durch keinen Traum militärischen Ruhms abgelenkt werden. In dieser Hinsicht mag Rivalität zwischen uns und einer der großen Militärmächte bestehen, es sollte aber keine Bitterkeit und keine Feindschaft vorhanden sein. Wir sollten einfach das tun, was ganz Europa anerkennt, dass wir tun müssen, und unsere vertraglichen Verpflichtungen würden nicht mit Deutschlands Politik kollidieren, es sei denn, Deutschland würde feindliche Angriffspläne haben, was es auf das energischste bestreitet. Alsdann bleibt immer die Möglichkeit von Verständigungen zwischen England und Deutschland zwecks gegenseitiger Erleichterung im Schiffsbauwettbewerb. Wir können auf solche nicht hindrängen, denn wie die Erfahrung uns gezeigt hat, würde das schwere Missverständnisse hervorrufen, wenn es von derjenigen Macht, die die stärkste Flotte besitzt, einer anderen Macht vorgeschlagen wird, die eine weniger starke Flotte hat. Aber alles, was die aufeinander folgenden britischen Regierungen über diese Frage gesagt haben, besteht noch zu recht, und der Antrieb, die Ausgaben einzuschränken, was das relative Verhältnis zwischen den konkurrierenden Mächten nicht ändert, ist immer noch stark und mag noch stärker werden.

Es ist aber noch mehr als dies notwendig, wenn wir die Atmosphäre des Argwohns zerstreuen wollen, die in letzter Zeit alle Verhandlungen der beiden Mächte miteinander umgab. Wir müssen versuchen, mittelst Aufwand von Einbildungskraft uns in des Deutschen Schuhe zu versetzen und versuchen, den Inhalt der Vorwürfe zu verstehen, die er gegen Großbritannien und die britische Politik erhebt. Wir können nicht als reinen Unsinn ein Gefühl verwerfen, das durch das ganze Volk geht und das, wie jeder, der Deutschland besucht oder deutsche Freunde hat, weiß, von klugen und ruhigen Leuten geteilt wird, die unserem Lande in allen Ehren wohlgesinnt sind. Lassen wir die Englandhasser und die alldeutschen Chauvinisten außer Betracht, und fragen wir, was jene Leute sagen! In der Hauptsache, dass Großbritannien seine Seemacht benutzt, um jede Nation, die es als Wettbewerber oder Rivalen empfindet, zu blockieren. Großbritannien tat es, werden sie uns sagen, mit Russland, indem es Russland vom eisfreien Meer im nahen und fernen Osten ausschloss, und mit allen Mitteln sich bemühte, es in die Steppe und den eisigen Norden zurückzudrängen, es tat es mit Frankreich, bis es 1904 plötzlich und unvorhergesehen seine Politik änderte. Es tut es jetzt mit Deutschland, indem es Deutschland in China bedrängt, den Ausbau der Bagdad-Bahn zum Persischen Golf verbietet, unbegründeterweise es daran hindert, sich mit Frankreich über einen Hafen in Marokko zu verständigen, und es dazu drängt, sich einen Ersatz in dürren und entfernten Gegenden zu suchen, wo sein Streben nach der See für die britische Seemacht als bequem oder nicht zu unbequem empfunden wird. Immer fällt auf die Dauer der Vorwurf auf die britische Seemacht zurück, jene unangreifbare, geheimnisvolle, weitreichende Macht, die es England ermöglicht, seine Hand auf alles zu legen, seine Nachbarn von ihrem Platz an der Sonne fernzuhalten und sich in unbegründeter Weise in Angelegenheiten zu mischen, die es nichts angehen.

So sagt man, indem man die Geschichte mit glaubwürdigen und häufig eingebildeten Einzelheiten ausschmückt, eine Geschichte, die neue Nahrung erhält mit jedem diplomatischen Zusammenstoß, in dem Deutschland unterliegt oder unterlegen zu sein glaubt. Der Engländer antwortet darauf natürlich, dass man an dieser Klage selbst den besten Maßstab hat für Deutschlands rastlosen Ehrgeiz, dass es nicht so empfinden und nicht so denken würde, wenn es nicht tatsächlich Angriffspläne hätte, die dieses Land die Pflicht hat im Zaum zu halten.

Der Deutsche erwidert darauf, dass nichts so aufreizend ist wie die selbstgerechte beleidigte Unschuld des Engländers. Unglücklicherweise bringen Beschuldigungen uns nicht weiter. Was immer an diesen Gefühlen recht oder unrecht sein mag, wir müssen damit als Tatsache rechnen, und sie beschwichtigen, wenn wir können. Gibt es einen Weg, um das zu tun?

Wenn wir uns nicht selber täuschen wollen, müssen wir offen antworten, dass es nichts gibt, das sofort geschehen kann. Es gibt keine Linie der britischen Politik, die geändert werden kann. (Anmerkung des Kaisers: richtig.) Es gibt kein Argument oder eine besondere Erklärung, die beruhigend wirken könnte. Nationen akzeptieren niemals ihre gegenseitigen Unschuldserklärungen. Sie beschäftigen sich mit dem Vorhandensein bestimmter Kräfte, deren Gebrauch mit Sicherheit nicht vorhergesagt werden kann. Regierungen kommen und Regierungen gehen. Die Macht, die eine Regierung für die Verteidigung bestimmte, mag in der Hand ihres Nachfolgers zum Angriff dienen, wenigstens sagen das die Staatsmänner, wenn sie auf hohem Pferde sitzen; für alle praktischen Zwecke macht es einen gewaltigen Unterschied, ob sie zueinander in freundlichen oder feindlichen Beziehungen stehen. Das große österreichisch-ungarische Heer kann einmal gegen Deutschland gebraucht werden, aber die deutschen Staatsmänner sind zufriedengestellt in der Annahme, dass es für Deutschland gebracht werden wird. Frankreichs Lage und Seemacht mag vielleicht gegen Großbritannien gebraucht werden, die britischen Staatsmänner aber geben sich mit der Annahme zufrieden, dass Frankreichs Politik eine wohlwollende sein wird. Wenn in ähnlicher Weise Deutschland überzeugt werden könnte, dass die britische Seemacht nicht gegen Deutschland verwandt werden wird, so würde das einen gewaltigen Unterschied für die miteinander wetteifernden Flottenpläne der beiden Mächte machen. Diese Überzeugung kann aber nur erzeugt werden durch ein Aufhören der diplomatischen Reibungen und durch den allmählichen Aufbau einer Erfahrung vermittelst gemeinsamer Anstrengungen der beiden Mächte, die die Öffentlichkeit in beiden Ländern davon überzeugt, dass sie nicht darauf ausgehen, einander ein Bein zu stellen.

Ich befasse mich in diesem Aufsatz mit der britischen Politik, und es ist nicht meine Aufgabe, mich darüber zu verbreiten, was Deutschland tun sollte. Aber kurz gesagt, wenn Deutschland wünscht, dem englisch-deutschen Streite ein Ende zu machen, so sollte es sich zur Aufgabe setzen, uns davon zu überzeugen, dass Deutschland nicht nach einer Vorherrschaft in Europa strebt, (Anmerkung des Kaisers: **unmitigated nonsense!**) bei der wir das nächste Opfer sein würden, nachdem man Frankreich erledigt hat. (Anmerkung des Kaisers: **are 23 years of my government not enough as a proof that nobody here dreams of such nonsense!!??**) Ich drücke mich so kühn aus, nicht um Deutschland eines solchen Planes zu beschuldigen, sondern um ausdrücklich den Verdacht abzulehnen, der die tiefste Grundlage aller der diplomatischen Reibereien während der letzten sieben Jahre gewesen ist. (Anmerkung des Kaisers: !!) Nachdem ich so meine Ansicht ausgesprochen und, wie ich hoffe, den deutschen Ansprüchen gerecht geworden bin, möchte ich im Folgenden nur mich mit dem beschäftigen, was wir unsererseits tun können, um die Ursache oder den Vorwand für irgendein ehrlich gemeintes Missverständnis zu beseitigen, das man in Deutschland mit Bezug auf unsere Seemacht hegen kann.

Indem wir für die Zwecke unserer Darstellung die Analogie mit Russland annehmen, die ich eben einem Deutschen in den Mund gelegt habe, können wir als erstrebenswertes Ziel im Allgemeinen den Wunsch festlegen, zu Deutschland nicht in dieselbe Position zu kommen, die wir früher Russland gegenüber einnahmen. Im Lichte späterer Ereignisse kann nichts kostspieliger oder fragwürdiger erscheinen, als der dauernde Reibungszustand, der zwischen Russland und uns 40 Jahre lang bestanden hat. In all diesen langen Jahren waren wir für Russland und Russland für uns in jedem Stück der Schurke, und schließlich verwarf unser Premierminister diese ganze Politik als ein >Setzen auf das falsche Pferd<. (Anmerkung des Kaisers: **That is what England has been doing for the last 7 years.**) Es mag daran erinnert werden, dass Russlands Klagen über uns genau dieselben waren, die man jetzt in Deutschland hört, dass wir Russland von der See abschnitten und vermittelst unserer Flotte in allen Teilen der Welt sein natürliches Wachstum und seine Ausdehnung eindämmten. Die Analogie ist natürlich nicht ganz genau, aber sie ist genau genug, um ein Beispiel und eine Warnung abzugeben.

Wenn wir die Sache von einem rein egoistischen Gesichtspunkte aus betrachten, können wir eine allgemein gehaltene Proposition aufstellen. Auf die Länge der Zeit ist es für uns gefährlicher, berechtigte deutsche Ambitionen zu unterdrücken, als gelegentlich das Risiko zu laufen, dass Deutschland einen Hafen oder einen Küstenstreifen erhält, der vielleicht, aber nicht wahrscheinlich, in Kriegszeiten einen deutschen Kreuzer beherbergt oder als Kohlenstation für deutsche Kriegsschiffe dient. Die Beherrschung der See würde für unsere Nachbarn unerträglich, wenn sie praktisch ein Veto für ihre Ausdehnung würde, (Anmerkung des Kaisers: **so it is!**), es sei denn, dass unter vorauszusehenden Umständen die britische Flotte im Kriege gehindert werden würde. Eine der Hauptursachen für Kriege oder wenigstens für den Wettlauf in den Rüstungen, ist die übertriebene Angst der Strategen, sich ihre Position im Kriegsfall zu sichern. Moderne Dip-

THE FOUNDATIONS OF BRITISH POLICY.*

VI.—TOWARDS AN ANGLO-GERMAN DETENTE.

If we are to get permanently on to better terms with Germany, we must clean forget some things and carefully remember other things which have been a cause of controversy during the last six years. We must cease to think of ourselves as chargee with a mission to redress the balance of power in Europe. We must not talk at large as if we were meditating Continental warfare on the large scale, and organising ourselves to that end. Any war with any Power would, of course, involve the consequence that we should employ the whole of our force, naval and military, in whatever way seemed best to conduce to success; and if unhappily we were at war with Germany we should naturally hold ourselves free to use army as well as navy, if we thought it expedient to do so. But it is most desirable for us to make clear to all our neighbours that our value as friend or foe is mainly on the sea, that what we can do for the one or against the other is determined in the main by our navy and not by our army, and that the maintenance of our navy is an object from which we shall not be diverted by any dream of military glory. On these lines there may be rivalry, but there ought not to be bitterness and hostility between us and any of the great military Powers. We should be doing simply what all Europe recognises that we must do, and our treaty obligations would not conflict with Germany's line of action unless she meditated acts of aggression, which she most vigorously disclaims. Then always there remains the possibility of agreements between England and Germany for mutual relief in competitive shipbuilding. We cannot press these, for, as experience has shown us, they are liable to grave misunderstanding when proposed by the Power with the strongest navy to the Power possessing an inferior navy. But all that successive British Governments have said on this question still holds good, and the motive for checking expenditure which does not alter the relative position of the competing Powers is still a strong one, and may grow stronger.

But more than this is necessary, if we are to dissipate the atmosphere of suspicion which latterly has surrounded all the dealings of the two Powers with each other. By some effort of imagination we must put ourselves in the German's shoes, and endeavour to understand the substance of the charges which he brings against Great Britain and British policy. We cannot dismiss as pure unreason a sentiment which passes through the whole people, and, as everyone knows who visits Germany or has German friends, is shared by intelligent and quiet people who honestly wish well to this country. Putting the Anglophobes and Pan-German Jingoes out of account, what do these people say? Mainly that Great Britain takes advantage of her sea-power to pursue a blocking policy against every nation whom she conceives to be a competitor or rival. She did it, they will tell you, with Russia, blocking her from the warm water in the Middle-East and Far-East, and endeavouring by all means to drive her back on to the steppes and the frozen North. She did it with France, until she suddenly and unaccountably reversed her policy in 1904. She is doing it now with Germany, thwarting her in China, vetoing the approach of the Bagdad Railway to the Persian Gulf, interfering unwarrantably to prevent her from settling with France for a port in Morocco, and driving her to find "compensation" in arid and remote regions where her emergence to the sea is thought to be convenient or not too inconvenient to the British *seemacht.* Always in the long run the complaint comes back to British sea-power, that intangible, mysterious, far-reaching influence which enables England to have her hand on everything, to keep her neighbours from their place in the sun, to interfere unwarrantably in affairs not her own.

Thus, the tale runs, decked out with plausible and frequently fictitious detail, that receives fresh accretions with every diplomatic encounter in which Germany comes off, or imagines herself to have come off, second-best. The Englishman, of course, replies that the complaint itself is the measure of Germany's restless ambitions, that she would not think and feel like this if she did not really entertain aggressive designs which it is the duty of this country to hold in check. The German retorts that nothing is so exasperating as the self-righteous injured innocence of the Englishman. Recriminations, unfortunately, carry us no further. Whatever may be the rights and wrongs of these emotions, we have to deal with them as facts and to mitigate them, if we can. Is there any way open to us of doing that?

If we are not to deceive ourselves, we must answer plainly that there is nothing which can be done at once. There is no line of British policy which can be changed; there is no argument or verbal explanation which will have a reassuring effect. Nations never accept each other's protestations of innocence. They are concerned with the existence of certain forces the use of which it is impossible to predict with certainty. Governments come and

Governments go; the force which one Government intended to be defensive may become aggressive in the hands of its successor. At least that is what statesmen say when they are on their high horses; for practical purposes it makes an enormous difference whether they are on friendly or hostile relations with each other. The great army of Austria-Hungary might be used against Germany, but German statesmen are content to assume that it will be used for Germany. The naval and military force of France might be used against Great Britain, but British statesmen are content to assume that its action will be benevolent. And similarly, if Germany could be convinced that British sea-power would not be used against her, it would make an enormous difference to the competitive naval budgets of the two Powers. That conviction, however, can only be produced by the cessation of diplomatic friction and by the gradual building-up of an experience, through the mutual efforts of both Powers, which will convince their publics that they are not endeavouring to trip each other up.

I am concerned here with British policy, and it is no part of my business to enlarge upon what Germany should do. But, briefly, the object for her, if she desires to make an end of the Anglo-German contention, is to convince us that she is not aiming at a European hegemony in which we shall be the next victim after France is disposed of. I put it thus baldly, not to accuse her of that design, but in order to define accurately the suspicion which has been at the back of all the diplomatic encounters of the last seven years. Having stated it thus, and, I hope, given due weight to the German counter-plea, in what follows I shall consider only what we may do on our side to avoid giving cause or pretext to any honest apprehensions entertained in Germany about our sea-power.

unmitigated nonsense! !!

are 23 years of my Government not enough as a proof that nobody here dreams of such nonsense!!??

Accepting for the purposes of argument the analogy from Russia which I quoted just now from a German disputant, we may lay it down broadly as an object to be arrived at *not* to get into the same position with Germany as we formerly occupied with Russia. Nothing, in the light of subsequent events, could have been more costly or futile than the chronic irritation which was kept up between Russia and ourselves for a period of forty years. For all those years we became to Russia, and Russia became to us, the villain of every piece, and at the end of it all our own Prime Minister dismissed the whole policy as a "backing of the wrong horse." Let it be remembered that Russia's complaint against us was exactly what is now heard in Germany, that we blocked her from the sea and barred her natural growth and expansion in all parts of the world by the action of our fleet. The analogies, of course, are not exact, but they are sufficiently near o furnish an example and a warning.

that is what England has been doing for the last 4 years!

Looking at it from a purely selfish point of view, we may lay lown one general proposition. It is more dangerous to us in the ong run that legitimate German ambitions should be thwarted han that we should occasionally run the risk of seeing Germany gain a port or a strip of sea-board which might conceivably, though not probably, harbour a German cruiser in time of war or serve as a coaling-station for German warships. The command of the sea would become intolerable to our neighbours, if it became in practice a veto on their expansion, lest in conceivable circumstances the British fleet should be embarrassed in war. One of the main causes of war, or at least of competition in armaments, is the extreme anxiety of strategists to secure their positions in case of war. Modern diplomacy, it has been said, is a manœuvring for position in imaginary wars invented by Staff Colleges, and in this process the political conditions which make for peace are constantly disregarded. In the present case there are two points of view to be kept steadily in mind:

So it is!

(1) It is a political condition of peace that Germany should have room for expansion without having to fight for it—which means good Colonies or commercial spheres with outlets to the sea.

(2) It is necessarily a strategical object with a Board of Admiralty that Germany or any possible rival on the sea should have as few deep-water harbours as possible capable of being converted into naval bases whence cruisers might emerge to prey upon commerce. The Admiralty will argue with perfect propriety that, according to modern conditions, it takes three cruisers to contain one, and, therefore, that every potential naval base threatens this country with a disproportionately greater expenditure.

The business of the statesman is to find the balance between these two views. The Admiralty view, if made the sole test, will clearly overreach itself by producing jealousy, friction, and unrest, which will be much more expensive in the long run than the provision of a sufficient force to obviate the danger. The political view, on the other hand, must take account, for what it is worth, of the naval view that expansion in this direction or that may complicate the naval problem, and seek for arrangements which will not have this consequence.

The working-out of these principles in a given case like that of the Bagdad Railway and its terminus is no easy matter, and may lead to conclusions which will be displeasing to the Chauvinists of both countries. In these affairs we have always to remember the extremely business-like nature of German diplomacy. It is no use to expect that Germany will give to us what she regards as a German concession, unless we have some equivalent to offer in exchange. But, on the other hand, just because Germany has this unemotional *do ut des* characteristic, the situation between her and other Powers is peculiarly well-defined. If she does not serve God for nought, neither does she serve Satan for nought. Ultimately she decides the question of war or peace on a strict consideration of her own interests. She will even, as we have just seen in the Morocco case, half-draw the sword, and then declare herself ready for a business-like bargain. On these lines, the expansion of Germany may be attended with much hard-bargaining, but it ought not to lead to war. — *richtig*

I am dealing only with the foundations of policy, and it is no part of my object to furnish a finished design for the structure. That, in any case, would be premature and dangerous. The main point is that we should be prepared for a policy of give-and-take, — *ja* and that, by all means in our power, and even occasionally at the sacrifice of purely strategical considerations, we should avoid the imputation of deliberately blocking Germany's expansion. Let us, in particular, cease carping at Germany when she gains a legitimate advantage, which in no wise threatens our interests, as in Turkey. Another point of great importance is that a serious effort should be made to get the minor diplomacy of the two Powers on to a better footing. The disposition of each Foreign Office is to see the hand of the other in the most innocent transactions. The suspicion of England extends to every German Embassy and Consulate all over the world, the suspicion of Germany to every British Embassy and Consulate. — *ja* All the junior members of both services apparently imagine that they are pleasing their superiors by adding their quotulum to the total of irritation about trivial things. — *??!* Hence a perpetual pin-pricking on either side. Responsible people profess to deplore it, but they do too little to stop it. It should be a rule in diplomacy that, in proportion as you have serious causes of contention with another Power, you should be studiously polite to it in small things. You are in a far better position to negotiate the big things, when you are known to be reasonable and friendly about the little things. It is impossible to over-rate the mischief which has been done between England and Germany by the multiplication of absurd little contentions which are of no consequence in the long run to either Power.

Ganz gut, bis auf die [illegible] Idee
wir strebten die Hegemonie von Central Europa an!
Wir sind eben Central Europa und daß andere
kleinere Staaten sich an uns anlehnen, oder in unseren
Wirkungskreis kommen, durch das Gesetz der Schwerkraft,
zumal wenn sie vom selben Stamme sind, ist ganz
natürlich. Das wollen die Engländer nicht, weil es ihre
Theorie von der "Balance of Power" – d. h. die europ. Großstaaten
gegen einander ad libitum auszuspielen – absolut zu nichte
macht und einen einigen Continent schaffen würde, was
sie mit allen Mitteln hintertreiben wollen. Daher die Lüge
von unseren Gelüsten auf Hegemonie! Wie sie sie schon in der Welt
herausgeschrien und behauptet! Die Hohenzollern haben noch niemals nach so
ehrgeizigen und unehrlichen Zielen je gestrebt! und will's Gott werden es niemals

Wilhelm

lomatie, hat man wohl gesagt, ist ein Manövrieren um Positionen in eingebildeten Kriegen, die von Kiegsschulen erfunden werden, und in diesem Prozess werden die politischen Verhältnisse, die für den Frieden sprechen, dauernd unbeachtet gelassen. Im gegenwärtigen Fall müssen zwei Gesichtspunkte ständig vor Augen gehalten werden:

1. Es ist eine politische Bedingung für die Erhaltung des Friedens, dass Deutschland Raum für seine Ausdehnung hat, ohne dafür kämpfen zu müssen, d.h. gute Kolonien oder Geschäftssphären mit Ausgängen zur See.

2. Es ist notwendigerweise ein strategisches Ziel für eine Admiralität, dass Deutschland oder irgendein anderer Wettbewerber auf der See so wenig wie möglich Häfen am tiefen Meer besitzt, die in Flottenstationen umgewandelt werden können, von denen Kreuzer auf einen Handelskrieg ausgehen können. Die Admiralität wird vollkommen richtig behaupten, dass unter modernen Verhältnissen drei Kreuzer dazu gehören, um einen einzusperren, und dass deshalb jeder starke Stützpunkt unser Land mit einer unverhältnismäßig größeren Ausgabe bedroht.

Es ist die Aufgabe des Staatsmannes, den Ausgleich für diese beiden Anschauungen zu finden. Der Standpunkt der Admiralität, wenn er allein die Probe aufs Exempel abgeben soll, wird offenbar sich selbst vorbeilaufen, indem er Eifersucht, Reibung und Unruhe schafft, die auf die Dauer kostspieliger sich erweisen wird, als die Bereitstellung einer genügenden Macht, um der Gefahr zu begegnen. Der Standpunkt des Politikers anderseits muss den Gesichtspunkt der Flotte, für das was er wert ist, in Rechnung stellen, dass nämlich eine Ausdehnung nach dieser oder jener Richtung das Flottenproblem kompliziert, und muss nach Verständigungen suchen, die diese Folge nicht haben.

Die Ausarbeitung dieser Grundsätze in einem gegebenen Fall, wie dem der Bagdad-Bahn und ihrem Endpunkte ist nicht einfach und mag zu Schlüssen führen, die den Chauvinisten beider Länder nicht gefallen. In diesen Dingen müssen wir immer an die außerordentlich geschäftsmäßige Natur der deutschen Diplomatie denken. Es gibt kein deutsches Zugeständnis, wenn wir nicht im Tausch etwas Gleichwertiges anzubieten haben. Aber auf der anderen Seite, gerade weil Deutschland diesen unerschütterlichen **do ut des** Charakter hat, ist die Lage zwischen Deutschland und den anderen Mächten genau definiert. Wenn es seinem Gott für nichts dient, dient es auch dem Teufel für nichts. Endgültig entscheidet es die Frage von Krieg oder Frieden nach genauer Erwägung seiner eigenen Interessen. Es wird sogar, wie wir jetzt eben in der Marokkofrage gesehen haben, das Schwert halb aus der Scheide ziehen und sich dann zu einem geschäftsmäßigen Handel bereit erklären. Unter diesem Gesichtspunkte mag die Ausdehnung Deutschlands mit viel scharfem Handeln (**hard-bargaining**) verbunden sein, aber das braucht nicht zum Kriege zu führen. (Anmerkung des Kaisers: richtig!)

Ich befasse mich nur mit den Grundlagen der Politik und habe nicht die Absicht, einen endgültigen Plan für das Gebäude zu entwerfen. Das würde zweifellos voreilig und gefährlich sein. Die Hauptsache ist, dass wir (Anmerkung des Kaisers: **yes**) zu einer Politik des Gebens und Nehmens bereit sein sollten, und dass wir mit allen Mitteln, über die wir verfügen, und gelegentlich selbst mit dem Opfer rein strategischer Erwägungen den Verdacht vermeiden sollten, dass wir absichtlich Deutschlands Ausdehnung blockieren. Lasst uns insbesondere aufhören, Deutschland zu schmähen, wenn es einen rechtmäßigen Vorteil gewinnt, der in keiner Weise unser Interesse bedroht, wie in der Türkei! Ein anderer Punkt von großer Wichtigkeit ist, dass man ernsthaft danach strebt, die kleineren Diplomaten der beiden Mächte in ein besseres Verhältnis zueinander zu bringen. Jedes Auswärtige Amt ist geneigt, die Hand des anderen in den unschuldigsten Dingen zu erblicken. Englands Argwohn erstreckt sich auf jede deutsche Gesandschaft und jedes Konsulat über die ganze Welt, (Anmerkung des Kaisers: **yes**) Deutschlands Argwohn auf jede britische Gesandschaft und jedes britische Konsulat. Alle jüngeren Mitglieder im diplomatischen Dienste glauben offenbar, dass sie ihren Vorgesetzten gefällig sind, indem sie ihr Quäntchen zu der allgemeinen Verbitterung über geringfügige Dinge beitragen. Daher kommt eine fortgesetzte Politik der Nadelstiche auf beiden Seiten. Leute, die sich verantwortlich fühlen, behaupten, dass sie das beklagen, (Anmerkung des Kaisers–: ??!) aber sie tun zu wenig, um damit ein Ende zu machen. Es sollte ein Grundsatz der Diplomatie sein, dass in demselben Verhältnis, wie man ernste Gründe zum Streit mit einer anderen Macht hat, man absichtlich höflich ihr gegenüber in kleinen Dingen ist. Man ist in einer viel besseren Lage zur Verhandlung über die großen Fragen, wenn man bekannt ist als vernünftig und freundschaftlich in kleinen Dingen. Es ist unmöglich, das Unheil zu überschätzen, das zwischen England und Deutschland angestiftet worden ist durch die Vervielfachung kleiner Streitigkeiten, die auf die Dauer für keine der beiden Mächte von Bedeutung sind.«

> Ganz gut bis auf die lächerliche Idee, wir strebten die Hegemonie von Zentraleuropa an! *Wir sind* eben Zentraleuropa, und daß andere kleinere Staaten sich an uns anlehnen oder in unseren Wirkungskreis kommen durch das Gesetz der Schwerkraft, zumal wenn sie vom selben Stamm sind, ist ganz natürlich. Das wollen die Engländer nicht, weil es ihre Theorie von der »**Balance of power**« – d.h. die europäischen Großstaaten gegeneinander **ad libitum** auszuspielen, absolut zu nichte macht, und einen einigen Kontinent schaffen würde, was sie mit allen Mitteln hintertreiben wollen. Daher die Lüge von unseren Gelüsten auf Hegemonie! Wie sie sie schon in der Welt beanspruchen und betreiben! Wir Hohenzollern haben noch niemals nach so ehrgeizigen und nebelhaften Zielen gestrebt! Und wills Gott, werden es niemals!
>
> *gez. Wilhelm I. R.*

Das Jahr 1912 begann mit mehrfachen Äußerungen der englischen Presse, die sich freundlich zu einer deutsch-englischen Verständigung aussprechen Ja, man ging so weit, *Deutschland eine viel freiere Betätigung auf kolonialem Gebiete als möglich in Aussicht zu stellen*; wie ein Blatt sagte, auch die »Begründung eines afrikanischen Reiches von Meer zu Meer«. Im gleichen Sinne äußerte sich ein Brief von Cassel vom 9.1.12 an Ballin wie folgt:

> »Seidem ich Ihnen zuletzt schrieb, habe ich Gelegenheit gehabt, mit *Winston Churchill* vertraulich zu sprechen. Er fühlt, daß der Posten, welchen er seit kurzem bekleidet, ganz besondere Limitationen mit sich bringt, welche ihm nicht erlauben würden, in der jetzigen Lage einen Besuch, wie den von Ihnen angedeuteten, zu machen. Wenn unser König nach Deutschland gehen und Winston mitnehmen sollte – unter diesen Hypothesen – würde er sich hochgeehrt fühlen, die ernsten Angelegenheiten, welche sich in der Schwebe befinden, besprechen zu können. Eine derartige Gelegenheit müßte dann auf natürliche Weise

entstehen und Winston würde sich des Einverständnisses des Premierministers und Sir Edward Grey's zu versichern haben.

Soweit Winston. Seine freundschaftlichen Gesinnungen für Deutschland sind Ihnen bekannt. Seit seinen Jünglingsjahren kenne ich ihn intim, und er hat nie seine Bewunderung für den Kaiser und für die Nation verhehlt. Er betrachtet die Entfremdung der beiden Nationen als sinnlos und würde, davon bin ich überzeugt, irgend etwas tun, das in seiner Macht liegt, um gute Beziehungen herbeizuführen.

Der Krebsschaden liegt darin, daß England die enorme Entwicklung der deutschen Kriegsmarine als eine ernste Bedrohung seiner Lebensinteressen ansieht. Dieses sitzt fest, und darüber gibt es keine zwei Stimmen in London.

Wenn es möglich sein sollte, in dieser Richtung etwas zu tun, das Deutschland nicht gefährdet und den Alp von der englischen Brust wegnimmt, dann, glaube ich, würde man hier *sehr weit* gehen, um deutschen Wünschen entgegenzukommen.«

Die auffallende Tatsache, dass nach so langer Pause und trotz der früheren vergeblichen Versuche abermals ein, und zwar diesmal *besonders ernster* Anlauf gemacht wurde, zu einer Flottenverständigung zu kommen, dürfte verschiedene Gründe gehabt haben. Einmal hatte der Marokko-Fall 1911 gezeigt, wie nahe man doch durch verhältnismäßig kleine Ursachen einer großen Katastrophe kommen konnte, wenn die Atmosphäre des allseitigen Misstrauens nicht beseitigt wurde, und deren Ursache sah man eben in England vorwiegend in den in regelmäßigen Perioden wiederholten neuen Rüstungen. Auch wusste man wohl, dass in Deutschland eine neue Flottenvorlage bevorstand, die ihrerseits in England neue Unruhe und ebenfalls neue Ausgaben für erhöhte Rüstungen zur Folge haben musste. Das liberale Kabinett aber hätte sich lieber friedlichere Lorbeeren erworben. Endlich war im Oktober 1911 Winston Churchill erster Lord der Admiralität geworden, und da Churchill als keineswegs deutschfeindlich galt, so mochte sich an den Beginn seiner Tätigkeit auch die Hoffnung knüpfen, dass die marinetechnischen Voraussetzungen für eine Verständigung mit Deutschland unter seinem Regime herstellbar sein würden. Jedenfalls hatte Ballin, wie auch aus dem obigen Brief hervorgeht, die Hoffnung gehegt, dass Churchill zu einem Besuch in Deutschland, und damit die beiderseitigen Marinemänner an einen Tisch zu bringen sein würden. Das war stets ein Lieblingsgedanke von Ballin gewesen, weil er auf Grund seiner langen geschäftlichen Erfahrung in schwierigen Verhandlungen wusste, dass nichts mehr die Menschen auf die Dauer auch geistig trennt, als wenn sie niemals persönlich zusammenkommen, und niemals die Gelegenheit haben, sich persönlich zu sehen und aus eigener Anschauung das Wesen und die Gedanken des anderen kennen zu lernen. Auch war anzunehmen, dass, wenn die beiden wirklich verantwortlichen Männer, *Churchill und Tirpitz*, in Verhandlungen zusammengesessen hätten, auf beiden Seiten das Verantwortungsgefühl zu groß gewesen sein würde, um es zu einem Misserfolg der Verhandlungen kommen zu lassen.

Leider kam es zu einer solchen Begegnung nicht, sondern nur zu einem Vorläufer dafür, dem *Besuch des Ministers Haldane in Berlin.*

Über die erste Anregung zu diesem Besuch liegt schriftliches Material nicht vor, wohl aber geht aus allem hervor, dass die erneute Anregung zu diesem Verständigungsversuch abermals von Cassel und Ballin ausgegangen und bei Herrn v. Bethmann auf empfänglichen Boden gefallen war. Denn auf ein mit Zustimmung (richtiger wohl im Auftrage) des Kanzlers von Ballin nach London an seinen Freund gesandtes Telegramm traf am 2. Februar 1912 bei Ballin, der sich zur Förderung dieser Verhandlungen in Berlin befand, eine Antwort ein, in der mit einem Dank des Ministeriums des Auswärtigen für die Einladung zur Besprechung in Berlin und für den ganzen Geist der deutschen Anregung ausgeführt wurde, dass *das neue deutsche Flottengesetz* eine erhebliche und sofortige Erhöhung des englischen Flottenetats notwendig machen würde, weil er auf der Annahme beruhe, dass das deutsche Flottenprogramm unverändert bleiben werde. Wenn aber die britische Regierung gezwungen sei, eine solche Erhöhung des Flottenetats vorzunehmen, werde die angeregte Verhandlung schwierig, wenn nicht unmöglich sein. Andererseits würde man die deutschen Aufwendungen wohl durch eine zeitliche oder irgendeine andere Veränderung so modifizieren können, dass eine ernsthafte Vermehrung, um dagegen Front zu machen, nicht notwendig würde. Dann sei die britische Regierung bereit, sogleich die Verhandlungen fortzusetzen in der Voraussetzung, dass die Flottenausgaben besprochen werden könnten und dass Aussicht (»**fair prospect**«) bestehe, zu einem günstigen Resultat zu kommen. Wenn das annehmbar sei, erachte die britische

Regierung einen privaten und nicht offiziellen Besuch eines englischen Ministers in Berlin für den nächsten geeigneten Schritt.

Ich kann nunmehr ohne Kommentar einige Dokumente folgen lassen, die für sich sprechen. Zunächst einen *Brief des Kanzlers an Ballin*:

»Berlin, den 4.2.1912

Verehrter Herr Ballin. Ich arbeite mit meinen Herren noch an der Fassung der Antwort und werde um 11 Uhr noch nicht fertig sein. Ich werde danach den Entwurf unmittelbar S. M. zur Genehmigung vorlegen. Unter diesen Umständen erscheint es mir zweifelhaft, ob eine Rücksprache zwischen uns schon um 11 Uhr angezeigt ist. Ich nehme vielmehr an, daß ich Ihnen erst zwischen 12 und 1 Uhr etwas Bestimmtes sagen kann und werde dann telephonieren. Sie brachten für die große Sache schon so viel Opfer, daß Sie auch diese abgeänderte Bitte hoffentlich freundlich akzeptieren werden. Eiligst Ihr

Bethmann Hollweg.«

Sodann einen *Brief Ballins an Sir Ernest Cassel*, der die Situation erläutern sollte:

»Die Angelegenheit wird durch das in Ihrem offiziellen Telegramm übermittelte Verlangen recht schwierig. Tatsache ist, daß eine Vorlage eingebracht werden sollte, die weit mehr als das Doppelte forderte im Vergleich zu demjenigen, was heute noch nachgeblieben ist. Diese reduzierte Vorlage ist viel geringeren Umfangs, als Nation und Parlament erwarteten. Geht man davon noch herunter, so wird der höchst unerwünschte Eindruck hervorgerufen, daß man, der Verständigung mit London die Wege zu bereiten, solche Opfer habe bringen müssen. Das muß natürlich unter allen Umständen vermieden werden, denn in der in Aussicht genommenen Vereinbarung darf es weder Sieger noch Besiegte geben.

Daß man diesseits an die Sache herantritt mit der größten Sympathie und dem besten Willen für den Erfolg, brauche ich nicht zu betonen, denn das haben Sie ja durch die Aufnahme, die Sie hier fanden, in der eindrucksvollsten Form selbst erfahren.

Und nun ist es mir gelungen, von den Herren, wenn auch unter schweren Bedenken, die Zusage zu erhalten, welche dortseits angestrebt wurde, nämlich – ›Man ist bereit, die Frage der beabsichtigten Flottenvermehrung zu diskutieren. d.h. **bona fide** zu diskutieren‹ –

womit also auch der ›fair prospect‹ geschaffen ist für das angeregte eventuelle Entgegenkommen.

Für notwendig halte ich es nun, daß der Delegierte, der hierher entsandt wird, von einem Marinefachmann begleitet ist. Ferner wird der Herr sich ja darüber klar sein, daß auch er mit der größten Offenheit zu verhandeln haben wird und daß es ihm überlassen bleiben muß, nachzuweisen, daß man auch das britische Programm so zu gestalten die Absicht hat, daß das gegenwärtige Verhältnis keinesfalls verschlechtert, sondern eher verbessert wird. Das wird man doch niemals bei Ihnen gewollt oder auch nur gewünscht haben, daß man diesseits sich bindet, während der englischen Programmausdehnung Beschränkungen nicht bereitet sind. Ein wichtiger Faktor für die Erlangung der dortseits gewünschten Zusagen wird ferner eine scharf ausgeprägte Neutralitätsvereinbarung sein.

›**Reciprocal assurance**‹ ist ein weiter und sehr magerer Begriff; die Haltung und Aktion Englands im letzten Sommer hätte, wenn ein Advokat darüber zu befinden gehabt hätte, die Verpflichtungen solcher ›**reciprocal assurance**‹ kaum verletzt, und doch standen wir am Rande eines Krieges gerade durch die dortseitigen Maßnahmen.

Ich glaubte, lieber Freund, Ihnen diese Darlegungen übermitteln zu sollen, damit Sie im Interesse dieser großen Sache noch diejenigen Schritte vor der Abreise des Delegierten tun können die Ihnen angebracht erscheinen.

Im Übrigen wünscht man hier sehr, daß Sie sich dem großen Opfer nicht entziehen, hier am Platze zu sein, wenn diese Verhandlung stattfinden. Ich persönlich halte das auch für höchst notwendig, und selbstredend werde ich Ihnen Gesellschaft leisten.

P.S. Der Reichskanzler, dem ich diesen Brief vorlegte, glaubte, es sei besser, ihn nicht abzusenden, weil in der offiziellen Note schon alles gesagt sei.

Ich schicke ihn Ihnen aber doch, weil er die Situation hier vielleicht noch besser wiedergibt als die Note. Bitte sorgen Sie dafür, daß der Delegierte sich klar darüber ist, daß es eine Sache von ›**give-and take**‹ ist. Und kommen Sie bitte hierher. Es ist ein großes Opfer, aber es ist ja auch eine Sache, die eines großen Opfers wert ist.

Unser Generalsekretär, Herr Huldermann, der dieses Schriftstück überbringt, ist im Bilde und ein Meister in der Verschwiegenheit.«

Die in diesem Brief enthaltenen Darlegungen wurde ich beauftragt, mündlich noch weiter zu erläutern bei der Überreichung der folgenden Note der deutschen Regierung an Sir Ernest Cassel zur Weitergabe an die englische Regierung:

»Wir sind bereit, die Aussprache in freundlichem Sinne fortzusetzen. In der Frage der Flottennovelle, die zu einer Diskussion der beiderseitigen Flottenpläne führen wird, ist ein Entgegenkommen gegenüber den englischen Wünschen möglich, wenn wir gleichzeitig ausreichende Bürgschaften für eine uns freundliche Orientierung der englischen Politik erhalten. Die Vereinbarung würde zum Ausdruck zu bringen haben, daß beide Mächte übereinkommen, an keinen Plänen, Kombinationen und kriegerischen Verwicklungen teilzunehmen, die gegen eine derselben gerichtet sind. Ein solches Abkommen würde gleichzeitig eine Verständigung über die gegenseitigen Rüstungsausgaben ermöglichen.

In der Annahme, daß England sich in diesem Gedanken mit uns begegnet, würden wir es mit Freude begrüßen, wenn ein englischer Minister zunächst zu privatem vertraulichen Meinungsaustausch nach Berlin käme.«

Mit dieser Note reiste ich noch am Abend des 4. Februar nach London ab, wo ich am folgenden Abend eintraf und mich sogleich zu Sir Ernest Cassel begab. Über unsere Unterhaltung und das Ergebnis des Besuches habe ich damals folgendes für Herrn Ballin aufgezeichnet:

»Die Note, die ich überbrachte, befriedigte unseren Freund zunächst nicht. Er meinte, es hätte nichts weiter bedurft als einer kurzen Erklärung: ›Ja, wir sehen einen **fair prospect**!‹ Diese Antwort sei zwar lang, aber ausweichend. Von dieser Ansicht kam er allerdings im Laufe unserer mehr als zweistündigen Unterhaltung zurück. Ich wies ihn darauf hin, daß der Ausdruck ›Wir sind bereit, die Aussprache in freundlichem Sinne fortzusetzen‹ nach meiner Ansicht die Erklärung enthalte, daß man deutscherseits einen ›**fair prospect**‹ sehe, mehr als ein freundliches Entgegenkommen könne man doch von der deutschen Regierung nicht verlangen. Unser Freund sagte ferner, der Besuch Haldane's in Berlin habe nach seiner Auffassung den Zweck, durch ein Mitglied des Kabinetts sich die Gewißheit zu verschaffen, daß in Berlin wirklich eine freundliche Geneigtheit bestehe, zu verhandeln; das müsse man positiv wissen, ehe *Grey* und *Churchill* herüberkämen; *wenn diese kämen*, würden sie unverrichteter Dinge nicht wieder abziehen. Unser Freund betonte dabei immer, daß er nur seine persönlichen Ansichten wiedergebe; er sprach aber offenbar mit der größten Autorität. Die neue deutsche Flottennovelle mit drei Dreadnoughts bedeute eine neue starke Rüstung, die England parieren müsse und werde. Sei Deutschland aber bereit, über sein bisheriges Programm nicht hinauszugehen, werde England erfreut sein, seinerseits Ersparnisse machen zu können. Die von mir angedeutete deutscherseits bestehende Befürchtung, daß England seinerseits eine Bindung Deutschlands zu starken, von uns nicht mehr einzuholenden Rüstungen benutzen könnte, bezeichnete unser Freund aus dem vorerwähnten Grunde als unmöglich, indes machte ich ihn auf die nachdrücklich betonte Notwendigkeit einer Bindung auch des englisches Programms noch besonders und wiederholt aufmerksam. Die frühere Idee der Festlegung eines bestimmten Stärkeverhältnisses der beiden Flotten zueinander goutierte er anscheinend nicht oder nicht mehr; wenn man in eine Diskusion der Quoten hineinsteige, verliere man sich in Einzelheiten. Er zeigte sich immerhin im Laufe des Abends nicht mehr so völlig abgeneigt, auch dies zu diskutieren. Das Wesentliche, darin stimmte er zu, sei ein freundliches politisches Verhältnis und wenn, wie ich meinte, Deutschland Grund habe, sich in vielen Fällen über englischen Widerstand gegen berechtigte deutsche Expansion zu beklagen, so könne man nichts Besseres tun, als Punkt für Punkt, Erdteil für Erdteil durchzusprechen, wie man es seiner Zeit mit bestem Erfolg in den englisch-französischen Verhandlungen getan habe. Gegen den Wunsch einer Abrundung unseres Kolonialbesitzes und nicht übergangen zu werden bei einer Verteilung dessen, was auf der Welt noch zu haben sei, habe England nichts.

In der Frage der Neutralitätserklärung fand er schließlich die deutsche Note akzeptabel, indem er sich streng an den Wortlaut hielt. Es sei ein Unterschied zwischen solchen Erklärungen, meinte er, man könne ja auch vielfachen Sinn in die Worte hineinlegen. Da ich vermutete, daß er hierbei an die Bindung Englands gegenüber Frankreich dachte, fragte ich weiter und bat um eine Erläuterung des Neutralitätsbegriffs. Er drückte sich sehr vorsichtig und wieder mit allem Vorbehalt aus. Was er im Sinn hatte, ist Folgendes. England hat Verträge mit Frankreich, Rußland und anderen Staaten, die es zur Neutralität dem anderen Kontrahenten gegenüber verpflichten, aber nicht für den Fall, daß dieser letztere einen Angriffskrieg führt.

Das heißt auf zwei praktische Fälle angewandt: In der Marokkofrage hätte im vorigen Sommer ein Abkommen, wie es jetzt gemacht werden soll, England nicht gehindert, in einem Krieg zwischen uns und Frankreich für letzteres Partei zu nehmen, weil in diesem Falle nach seiner sehr bestimmt vorgetragenen und begründeten Ansicht Deutschland der aggressive Teil war. Hätten wir dagegen im Fall des türkisch-italienischen Krieges Italien die Freundschaft gekündigt und für die Türkei Partei genommen, hätte England das nicht benutzen dürfen, mit Italien gegen uns zu konspirieren.

Bei meinem zweiten Besuche erklärte mir Cassel übrigens mit starker Bestimmtheit – er hatte sich in der Zwischenzeit zusammen mit seinem Freunde Haldane offenbar ein sehr bestimmtes Urteil gebildet – wir könnten alles haben, was jene anderen Mächte von England bekommen hätten, *aber mehr nicht,* und das Versprechen einer loyalen Politik – ›und daß wir gute Freunde sein können, haben wir doch Frankreich gegenüber gezeigt‹, fügte er hinzu.

Übrigens plädierte er den englischen Standpunkt in einer sehr interessanten Weise. England habe früher Großes geleistet, in den letzten Jahrzehnten sei es infolge seines großes Reichtums zurückgegangen (›Das macht sich übrigens auch schon bei Ihnen fühlbar‹, sagte er), Deutschland dagegen sei mächtig vorangekommen und in 15–20 Jahren werde es England überholt haben. Wenn nun ein solcher Konkurrent rüste, in einer Weise, die nur gegen England gerichtet sein könne, dürfe der Konkurrent sich nicht wundern, wenn England bestrebt sei, ihn überall da zurückzuhalten, wo er sich fühlbar mache. England könne deshalb auch nicht zusehen, daß Deutschland etwa den ganzen Kontinent sich untertan mache; das würde ›**the balance of power**‹ verschieben. England könne daher auch nicht Gewehr bei Fuß zusehen, wenn Deutschland Frankreich angreife und vernichte. Aus dieser Situation ergäbe sich für England auch die einfache Frage, wenn es zu einem Abkommen mit Deutschland nicht kommt, ob es warten wolle, bis sein Konkurrent noch größer und unüberwindlich geworden sei oder ob es jetzt losschlagen wolle. Das letztere scheine ihm vom englischen Standpunkte aus nicht das Verkehrte zu sein.

Unser Freund ließ durch seinen Sekretär zunächst eine Abschrift der deutschen Note machen und sandte sie an Haldane. Im Laufe des Abends kam eine Empfangsbestätigung, aus der er mir die Worte vorlas: ›**So far very good.**‹ Das beeinflußte denn auch offensichtlich sein eigenes Urteil über die deutsche Note günstig.

Cassel ist am Dienstag mit Haldane von dem ›**Thanksgiving Service**‹ nach Hause gefahren. Haldane hat bei ihm gefrühstückt. Er ging gerade um 3 Uhr, als ich kam. Haldane nimmt keinen Marinefachmann mit; er prätendiere zwar nicht, die Einzelheiten zu kennen, wisse aber doch für die Besprechung genug. Er werde seine Karten ganz offen aufdecken und frei reden.

Über die deutsche Politik sprach unser Freund sehr abfällig: seit Bismarck sei sie nichts mehr wert gewesen. Was Ballin unter den Schiffahrtsgesellschaften erreicht habe, sei viel mehr wert als die ganze deutsche Diplomatie.«

Die in diesem Bericht enthaltenen positiven Mitteilungen wurden dem Kanzler weitergegeben.

Zum besonderen Verständnis mag hier eingeschaltet werden, dass die später, Ende März 1912, beim Reichstag eingebrachte *deutsche Flottennovelle* die Bildung eines dritten aktiven Geschwaders vorsah, um die Vermehrung des Mannschaftsbestandes der Zunahme des Materials anzupassen. Für dieses dritte Geschwader war alsdann der Neubau von drei Linienschiffen und zwei kleinen Kreuzern nötig. Ferner war eine Vermehrung der Unterseeboote und die Beschaffung von Luftschiffen in Aussicht genommen.

Die Besprechung mit dem Minister Haldane fand am 9. Februar in Berlin, und zwar im Schloss und unter Vorsitz des Kaisers statt. Der Reichskanzler war dabei nicht anwesend, er sprach mit Haldane separat. Über ihr Resultat liegt eine authentische Mitteilung vor, nämlich eine Mitteilung des Kaisers an Ballin, die sogleich nach der Konferenz »per Leibgendarm« übersandt wurde. Sie lautet:

»Schloß Berlin, 9.2.1912. 6 Uhr abends

Lieber Ballin.

Die Konversation hat stattgefunden, alle **pros** und viele **contras** sind erwogen und durchgesprochen worden. Unser Standpunkt eingehend dargelegt. Novelle erörtert. Einigung durch mich herbeigeführt auf folgender Basis (unverbindliche **line of action**): 1. das Agreement in seiner Größe und Wichtigkeit muß zustande kommen und darf durch *Details nicht gestört* werden, 2. daher soll im Agreement in keiner Weise irgend ein Bezug genommen werden auf Flottenstärken, Standards, Bauten pp., 3. das Agreement soll **purely political** sein. 4. sobald das Agreement publiziert ist (hierselbst) und die Vorlage in den Reichstag danach eingebracht wird, lasse ich als oberster Kriegsherr der Kommission durch Tirpitz erklären: drittes Geschwader wird gefordert und wird bewilligt, der Bau der drei Extraschiffe zu seiner Vervollständigung dagegen wird erst 1913 in Angriff genommen und 1916 und 1919 erst je ein Schiff gefordert. Haldane war einverstanden und erklärte sich damit befriedigt. Ich bin sehr weit entgegengekommen. Aber dies ist nun *das Ende*! Er war sehr nett und verständig und hat meinen Standpunkt als oberster Kriegsherr sowie Tirpitz in der Novellenfrage dem Reichstag gegenüber vollkommen verstanden. Ich glaube damit alles getan zu haben, was in meinen Kräften steht!!! Ich hab das Meinige getan, Cardinal, tut Ihr das Eure!

Cassel informieren mit Grüßen.
Ihr treuer Freund
gez.: Wilhelm I. R.«

Nach der Abreise Haldanes von Berlin trat in der so verheißungsvoll begonnenen Unterhaltung zwischen den beiden Regierungen eine längere Pause ein, in die eine unglückliche *Rede von Churchill* fiel, die auch von der liberalen Presse in England als wenig geschickt bezeichnet wurde. In Deutschland verstimmte besonders die eine Wendung darin, dass im Gegensatz zu England, für das eine große Flotte eine bittere Notwendigkeit sei, für *Deutschland die Flotte mehr eine Art Luxus* sei.

Über die Ursachen der Stockung geben im Übrigen die nachstehenden beiden Briefe des Kanzlers an Ballin Auskunft.

»Berlin, 2.3.1912

Lieber Herr Ballin!

Privatnachrichten bestätigen, daß es der Inhalt der Novelle ist, der den Umschwung veranlaßt hat. Man fürchtet, daß dieser Inhalt die öffentliche Meinung so ungünstig beeinflussen werde, daß diese gleichzeitig ein ›**political agreement**‹ nicht akzeptieren werde. Man hielte jedoch an der Absicht der Verständigung fest, wenn diese nun auch erst in einem halben oder ganzen Jahre perfekt werden könne.

Infolge dieser Nachrichten bedarf die vorbereitete Antwort an London noch der Umarbeitung und ist noch nicht abgegangen. Ich werde Sie von dem Abgang benachrichtigen.

Aufrichtigst Ihr
gez.: Bethmann Hollweg.«

»Berlin, 8.3.1912

Lieber Herr Ballin!

Zu Ihrer vertraulichen Information. England betont hinsichtlich der Flottenfrage nach wie vor die Schwierigkeit, eine starke Vermehrung der Ausgaben der Öffentlichkeit gegenüber mit einem politischen und kolonialen Abkommen zu versöhnen. Es rechnet jedoch darauf, daß selbst, wenn ein Abkommen nicht zustande kommen sollte, das Vertrauen und der freie Meinungsaustausch, welche durch Lord Haldane's Mission hergestellt seien, zwischen beiden Regierungen fortbestehen würden. In eine Besprechung über die Möglichkeit einer Einigung aus kolonialem Gebiet soll demnächst eingetreten werden.

Die Aufgabe ist, die Verhandlungen nicht zum Abbruch kommen zu lassen. Wird mit Ruhe weiter verhandelt, so bleibt trotz Flottennovelle Erfolg möglich. An der letzteren muß nach Lage der Sache unbedingt festgehalten werden. England kann sich nicht darin einmischen, wieviel Personal wir auf unseren vorhandenen Schiffen placieren. Was das Bautempo für die drei Linienschiffe anlangt, so hätte ich, wie Sie wissen, freie Hand vorgezogen. Nach der allerhöchsten Entscheidung sind jedoch die Baujahre 1913 und 1916 definitiv festgesetzt. Aber das ist ein entschiedenes Entgegenkommen gegen England.

Diskrete private Unterstützung nur erwünscht.

Vielen Dank für Ihre Mitteilungen. Sie wissen, daß und weshalb ich in diesen Tagen nicht schreiben konnte.

Mit aufrichtigen Empfehlungen,
Ihr Bethmann Hollweg.«

Um zu ergründen, ob vielleicht fremde Einflüsse in London eingewirkt hätten, wurde ich Anfang März zu einer Begegnung im Süden mit Sir Ernest Cassel geschickt. Herr Ballin gab mir einen Brief mit, in dem die Lage der Dinge ausführlich geschildert wurde. Da die Begegnung sich verzögerte, habe ich den Brief vorsichtshalber auftragsgemäß verbrannt und seinen Inhalt nur mündlich wiedergegeben.

Ballin schilderte darin zunächst kurz die Situation, wie sie sich ihm, nachdem er die verschiedenen in Betracht kommenden Stellen in Berlin gesprochen hatte, darstellte, und zwar wie folgt:

1. Nach Haldanes Rückkehr hat Sir Edward Grey Gelegenheit genommen, Metternich offiziell auszusprechen, dass er sehr befriedigt sei über den glücklichen Ausgang der Haldane'schen Mission und hat Metternich zu verstehen gegeben, dass er Schwierigkeiten eigentlich kaum noch sähe.

2. Wenige Tage darauf hat Asquith im Parlament Erklärungen abgegeben, welche die Äußerungen von Grey im weitesten Maße bestätigen und den angenehmsten Eindruck in Berlin machten.

3. Infolgedessen gab der Reichskanzler eine gleich friedliche und hoffnungsvolle Erklärung im Reichstage ab.

4. Es entstand trotzdem in England eine Pause von mehreren Wochen, in welcher weder Metternich noch irgendeine Stelle hier von der amtlichen Stelle in London irgendeine Benachrichtigung erhielt. Das hat natürlich Befremden erregt.

5. Metternich wird nach dem Foreign Office berufen, Grey fängt an, Bedenken zu erheben in der Hauptsache wegen der hier vorliegenden Flottennovelle. Ich muss hier einschalten, was Sie auch von Haldane mündlich gehört haben, dass in der Besprechung an dem letzten Tage in Berlin, an welchem wir mit Haldane hier zusammen waren, eine Verständigung zwischen Haldane und der hiesigen maßgebenden Stelle über das Bautempo für die drei Linienschiffe erzielt worden war. Wie Sie erinnern, war man sich darüber einig geworden, dass man über die geplante Aktivierung des dritten Geschwaders und die damit verbundene Mannschaftsverstärkung nicht sprechen, sondern das als nicht zur Verhandlung gehörig betrachten wollte. Jetzt also, ganz unvorhergesehen, tritt die große Wendung in der Sache ein. Grey, natürlich sehr höflich, bringt, wie gesagt, die Bedenken vor gegen die Mannschaftsverstärkung, wirft Fragen auf über die Absichten mit Bezug auf Torpedoboote und Unterseeboote und betont – das lässt tief blicken – dass jedenfalls der Haldane'sche Besuch großen Nutzen gestiftet habe, auch wenn nach den Verhandlungen nichts kommen sollte.

6. Es folgt eine neue Unterredung mit Metternich, in welcher gesagt wird, dass nach den Berechnungen des Marineministers die Mannschaftserhöhung sich auf 15000 Mann belaufe. Man habe in England geglaubt, es handele sich höchstens um 4–5000 Mann. Man habe Bedenken gegen diese große Mannschaftsverstärkung, kurz und gut, man scheint neue Verhandlungen zu wünschen, welche tief eingreifen in die Dispositionen der diesseitigen maßgebenden Stellen über die deutsche Flotte. Metternich sagt, er könne nach diesen Erörterungen nur annehmen, dass der Ministerrat sich mit den Haldane'schen Abmachungen nicht einverstanden erklärt habe. Grey antwortete in höflichen diplomatischen Ausdrücken, aber in gesundes Deutsch übersetzt: »Das stimmt.«

Ballin führte dann weiter aus, dass die deutsche Flottenvorlage nach und nach auf ein Minimum heruntergedrückt worden sei, dass man weniger nicht mehr einbringen könne. Denn man könne und dürfe natürlich nicht das Gefühl erwecken, als ob auf Einsprüche Englands große Änderungen eingetreten seien. Zum Schluss bat Ballin seinen Freund nach London zu reisen, um weiteres festzustellen, und erbat sich auch, selber nach London zu kommen.

Über meine Unterhaltungen mit Sir Ernest Cassel, die am 9. und 10. März 1912 in Marseille stattfanden, habe ich wie folgt berichtet:

»Unser Freund kam mit etwa vierstündiger Verspätung an, empfing mich aber noch um 10 Uhr abends. Ich erzählte ihm die Geschichte meiner Reise und gab ihm mündlich den Inhalt des Briefes von Herrn Ballin wieder. Als ich bis zu dem Punkte gekommen war, daß Grey Metternich gegenüber neue Einwendungen erhoben habe, und seitdem die Sache ins Stocken geraten sei, man in Deutschland nichts mehr gehört habe – unterbrach mich unser Freund mit der Bemerkung, daß seitdem von englischer Seite ein Memorandum überreicht worden sei mit den Beanstandungen, die man an der deutschen Flottenvorlage zu machen habe. Diese sei seines Wissens der einzige Stein des Anstoßes, das gehe auch aus einem Brief hervor, den er unterwegs von Haldane erhalten habe.

Auf meine Bemerkung, Herr Ballin habe in einer Anmerkung zu seinem Briefe die Befürchtung ausgesprochen, daß ausländische Einflüsse störend wirkten, erwiderte unser Freund, das sei sicher nicht der Fall. Frankreich sei ja mit England befreundet und habe keinen Grund, gegen ein Abkommen mit Deutschland zu intrigieren, das doch der Erhaltung des Friedens nur förderlich sein könne.

Als ich dann den weiteren Inhalt des Briefes erzählte, namentlich auch den Hinweis auf die Verringerung der deutschen Flottenvorlage, erklärte Cassel, er sei mit den Details nicht so vertraut, er habe seiner Zeit in seiner Darstellung für die englische Regierung nur von den Linienschiffen gesprochen, und über das andere sei er vielleicht zu rasch weggegangen; er ließ ferner ziemlich deutlich durchblicken, daß auch Haldane in Berlin zu weit gegangen sei und Erklärungen abgegeben habe auf einem Gebiet, das er nicht beherrsche. Nachher habe dann die Kritik der Flottenvorlage im englischen Marine-Ministerium eingesetzt und alsdann habe er bereits vor seiner Abreise noch in Cannes einen Brief von Winston Churchill bekommen, der sehr böse gehalten gewesen sei. Churchill hätte darin erklärt, Deutschland habe einen so langen Wunschzettel, den England erfüllen solle, daß man dann wenigstens ein Entgegenkommen in der Flottenfrage finden müsse. Alles hänge jetzt von Churchill ab; stelle man ihn zufrieden, so komme alles übrige sicher zustande. Churchill und Lloyd George seien die besten Freunde des Abkommens. Unser Freund ließ auch deutlich erkennen, daß man in England mit einer Hinausschiebung der deutschen Vorlage, also der bekannten ›Verlangsamung des Tempo‹ zufrieden sei. Aber nur, wenn Herr Ballin das erreichen könne, verspräche er sich von den Verhandlungen Erfolg. Man müsse das Eisen schmieden, so lange es heiß sei, und dieses Eisen sei schon etwas kalt geworden. Übrigens unterschreibe er Grey's Äußerung, daß der Besuch Haldane's auf jeden Fall Gutes getan habe, die Stimmung sei ja freundlicher geworden. Auf einzelne Taktlosigkeiten, wie die Worte Churchill's vom Luxus der deutschen Flotte, dürfe man kein Gewicht legen. Die englische Regierung müsse aber, wenn die deutsche Vorlage komme, ihrerseits das Dreifache beantragen, und sie könne nicht mit einer solchen Vorlage kommen und gleichzeitig sagen, sie habe mit Deutschland ein Abkommen gemacht. Das sei widersinnig und unmöglich. Das Argument, daß es unvernünftig sei, ein Abkommen zu machen und weiter zu rüsten, besteht in England offenbar noch in voller Kraft, und ist ja auch ein nicht zu widerlegender Einwand des gefunden Menschenverstandes.

Unser Freund suchte im Laufe des Gesprächs aus seinen Papieren den Brief von Haldane hervor, den er unterwegs erhalten hatte. Darin sagt Haldane, die Verhandlungen mit Metternich drehten sich jetzt um die Flottenvorlage, das englische Marineministerium habe ein Memorandum darüber für die deutsche Regierung gemacht. Dieser Brief, der vom 25. Februar datierte, war nicht so pessimistisch gehalten, dagegen hatte er von Churchill, wie schon erwähnt, früher bereits einen ›sehr bösen‹ Brief bekommen. Dabei ist ja aber Churchill jetzt der Mann, von dem alles abhängt, nicht der freundliche Vermittler Haldane.«

Um die Angelegenheit weiter aufzuklären und zu fördern, fuhr Ballin sogleich nach meiner Rückkehr zu einem Besuch nach Paris und London. Über seine *Eindrücke in Paris* unterrichtete Ballin den Reichskanzler in einem Briefe, in dem es u.a. hieß:

»Ich habe bei der Kürze meines Aufenthalts in Paris mich nur zu orientieren vermocht über die Anschauungen in der Hochfinanz. In Frankreich ist ja aber die Stimmung, die sich in der Finanzwelt geltend macht, sehr maßgebend. Man hält die politische Situation für ausgesprochen friedlich, freut sich, daß die Marokko-Sache unter Dach und Fach ist, und ist gegenwärtig eigentlich frei von politischen Beklemmungen. Eine Einigung zwischen Deutschland und England würde die französische Finanzwelt mit großer Freude begrüßen. Meine Freunde versichern mich, daß auch in der Regierung gegen den Gedanken einer solchen Verständigung keine Abneigung herrscht, daß man sich im Gegenteil Vorteil davon verspricht. Man glaubt allerdings nicht daran, daß diese Einigung zustande kommen wird, weil man annimmt, daß die deutsche Volksstimmung zu sehr dagegen ist. Wenn trotz dieser Stimmung in einflußreichen und maßgebenden Kreisen der Eindruck einer gewissen Kriegslust in der französischen Nation sich dem Fremden aufdrängt, so ist zu einem großen Teil das eine Reflexerscheinung der Agitation des ›Matin‹ für die Unterstützung der Flugtechnik durch freiwillige Beiträge. Die Franzosen begeistern sich an diesem Gedanken, und da der Gedanke einen absolut kriegerischen Hintergrund hat, spricht ›der Mann in der Straße‹ auch in Verbindung mit den französischen Erfolgen in der Aviatik von einem siegreichen Kriege.«

Ferner erhielt ich aus *London* telegraphische Mitteilungen zur Weitergabe an den Kanzler. Danach hatte Ballin in Unterredungen mit dem deutschen Botschafter sowie mit Haldane festgestellt, dass man in London die Mannschaftsvermehrung in der deutschen Flottennovelle viel höher berechnete, als die in Berlin gegebenen Zahlen waren. Eine Aussprache zwischen Fachleuten, um diese Differenzen aufzuklären, wäre daher sehr erwünscht. Ballin hatte ferner den Eindruck, dass das englische Ministerium und der König nach wie vor die Sache sehr wünschten, und keinerlei Unstimmigkeit im Kabinett darüber vorhanden sei. Eine mehrstündige Unterhaltung mit Churchill bestätigte diese Eindrücke. Man hatte in London geglaubt, die Mannschaftsverstärkung betrage höchstens die Hälfte, war auch erschreckt über die große Zahl der Torpedoboote und Unterseeboote, aber da die Ziffern, welche man in London herausrechnete und welche in dem schon vor längerer Zeit von der britischen Regierung übermittelten Memorandum angegeben waren, von deutscher Seite als nicht zutreffend bezeichnet wurden, sei Churchill ganz einverstanden, dass ein Sachverständiger von jeder Seite die Richtigstellung der Irrtümer bewirke. Churchill sei durchdrungen von dem Wunsche, die Sache zu gutem Ende zu führen und hoffe immer noch durch einen Neutralitätsvertrag die deutsche Regierung zu bewegen, die Flottenvorlage zu ermäßigen.

Nach diesen Feststellungen trat Ballin sogleich die Rückreise nach Berlin an, da er eine weitere Einwirkung von privater Seite nicht für gut hielt und überzeugt war, dass die im Gange befindliche Besprechung des Neutralitätsvertrages in den Händen des Botschafters bestens aufgehoben war.

In Berlin hatte man sich aber inzwischen entschlossen, von der Flottenvorlage nichts mehr abzulassen. Mit dieser Mitteilung wurde Ballin dort empfangen, als er, von London zurückgekehrt, am 16. März beim Kaiser und Kanzler war.

Von Sir Ernest Cassel wurde alsdann der englischen Regierung vorgeschlagen, die Verhandlungen über das *Neutralitätsabkommen mit Deutschland* fortzuführen, sobald sich die erste Erregung über die Flottenvorlage gelegt habe, was wohl im Laufe einiger Monate der Fall sein könne. Die Zwischenzeit solle man benutzen, alle Einzelheiten klarzustellen. *In Berlin aber betrachtete man die Verhandlungen als abgebrochen,* denn der *Kaiser* gab am 19. März auf eine Mitteilung Ballins über seinen letzten Depeschenwechsel folgende telegraphische Antwort:

> »Besten Dank für Brief. Die letzten Vorschläge, gleich nach Ihrer Abreise eingetroffen, verlangten Unmöglichkeiten und waren in Form geradezu so verletzend gehalten, daß sie rundweg abgelehnt worden sind. Dazu ist die unerhörte Rede Churchill's gekommen, die von manchem seiner Landsleute, wie von großem Teil der englischen Presse als Provokation Deutschlands aufgefaßt worden ist. Mit Recht. Das – agreement – ist dadurch von England gebrochen und – erledigt. Verhandlungen sollen auf ganz anderer Basis neu angeknüpft werden. Wo ist Entschuldigung für ›Luxusflotte‹ in der Rede?!
>
> *Wilhelm I. R.*«

Diesen Abbruch der Verhandlungen bestätigte auch der Kanzler in einem Brief an Herrn Ballin vom 19. März:

»Verehrter Herr Ballin! Verbindlichen Dank für Ihren Brief vom 18. Ihr Freund hat Metternich dasselbe gesagt, was er Ihnen depeschierte. Winston Churchills Rede hat nicht meinen Erwartungen entsprochen. Er scheint doch ein unverbesserlicher Hitzkopf zu sein. Die Wehrvorlagen gehen wohl erst übermorgen an den Bundesrat, da an der Militärvorlage noch im letzten Augenblick geändert wird. Gleichzeitig wird ihr Inhalt veröffentlicht.

Ich vermute, daß die Arbeit jetzt überhaupt für einige Zeit eine Pause erfährt. Sie krankt daran, daß die Aufgabe innerlich unlöslich ist. Für Ihre treue Hilfe werde ich Ihnen stets aufrichtig dankbar sein. Vergessen Sie bei Ihrem nächsten Berliner Aufenthalt nicht die Wilhelmstraße.

Mit verbindlichem Gruß
Ihr ergebenster
gez. Bethmann Hollweg.«

Der Gedanke, dass die Aufgabe innerlich unlöslich sei, wurde in Deutschland, besonders natürlich in Marinekreisen, vielfach geteilt und darüber hinaus auch die Auffassung vertreten, dass die Verhandlungen englischerseits nicht ehrlich geführt worden seien, der zweifellos ehrliche und aufrichtige Vermittler Haldane von seinen Kollegen mindestens desavouiert worden sei.

Mit diesen Anschauungen hat sich Ballin später einmal in charakteristischer Weise in einem Briefe auseinandergesetzt, den er an einen ihm seit Jahren befreundeten hohen Marineoffizier aus London schrieb, wohin er sich in der kritischen Zeit vor Kriegsausbruch 1914 auf Wunsch des Auswärtigen Amtes begeben hatte. In diesem Brief heißt es:

»Man glaubt auf unserer Seite nicht daran, daß Verhandlungen mit England über ein Flottenausbau-Agreement erfolgreich sein können, und Sie halten es deshalb für richtiger, daß solche Verhandlungen überhaupt nicht erst aufgenommen werden. Sie sagen sich, daß die Ergebnislosigkeit solcher Bemühungen nur dazu führen würde, die Situation zu verschlechtern, – eine Auffassung, die ich in vollem Umfange teile.

Sie werden auf der anderen Seite aber auch die Richtigkeit der Erwägung nicht bestreiten können, daß, wenn die verantwortlichen Leiter der englischen Flottenpolitik immer von neuem den Wunsch nach einer Aussprache zu erkennen geben, die ablehnende Haltung Deutschlands hier zu dem Glauben führen muß, daß man bei uns große weit über den bekannten Rahmen hinausgehende Absichten verfolgt. Mein etwas ermüdetes Gehirn reicht nicht ganz aus, die Richtigkeit der deutschen Auffassung zu erfassen. Ich sehe die Dinge ja aber auch nur von meinem kaufmännischen Standpunkt, und von diesem Standpunkt will es mir scheinen, daß es immer besser ist, einen Konkurrenten innerhalb gewisser Grenzen zu binden, als daß man ihm eine uferlose Expansion gestattet. Erst wenn ich die Überzeugung gewonnen habe, daß dieser Konkurrent aus finanziellen oder anderen Gründen nicht mehr mitkommen kann, würde er für mich eine Partei sein, über die ich einfach zur Tagesordnung überginge.

Die Auffassungen des Fachmannes und des Kaufmannes gehen hier also auseinander. Ich darf deshalb diesen Gegenstand verlassen, ohne von den mir sehr beachtenswert erscheinenden Gedanken zu sprechen, die mir *Winston Churchill* gestern abend entwickelte. Wenden möchte ich mich nur noch mit einem Wort gegen die Auffassung, daß die Haldane'sche Mission damals nicht ehrlich gemeint gewesen ist. Nach einer Unterhaltung, die ich vorgestern abend mit *Sir Edward Grey* hatte, bin ich vom Gegenteil noch mehr überzeugt als ich es vorher war. Ich halte Grey für einen ernsten, ehrlichen und klugen Staatsmann. Und darin werden Sie ja auch mit mir übereinstimmen daß jedenfalls die Haldane'sche Mission die fast unerträglich gewordene Atmosphäre glücklich gereinigt hat, die zwischen Deutschland und England bestand.«

Welche Auffassung die richtigere war, die des Kaufmanns oder die des Marinetechnikers, darüber hat inzwischen wohl die Geschichte entschieden.

Über die weitere Entwicklung der Dinge bis zum Kriege ist nicht mehr viel zu berichten.

Das oben wiedergegebene Urteil des Kanzlers über die *Rede Churchills* vom 18. März 1912 war wohl auf Grund der telegraphischen Berichte abgegeben. Wenn man die Rede im vollen Wortlaut las, konnte man darin nichts Aggressives finden, allerdings war sie eine völlig offene und ungeschminkte Darlegung der Rivalität der beiden

Mächte im Flottenbau. Sie enthielt auch den Vorschlag des »**naval holiday**«, d.h. einer beiderseitigen Pause im Flottenbau. Jedenfalls erschien sie uns damals als durchaus geeignet, die Ansichten bei uns über die Konsequenzen der unausgesetzten Marinerüstungen zu klären. Ich habe sie damals ins Deutsche übertragen, und mit Hilfe eines der Verständigungskomitees in Deutschland verbreitet. Freilich ohne Erfolg. Denn in beiden Ländern bestanden ja starke Gruppen, die der Ansicht waren, dass die Verständigungsbestrebungen doch keinen Erfolg haben könnten und dass das »**parare bellum**« das einzig Richtige sei. Nur ein starker politischer Wille hätte diese Schwierigkeit überwinden können. Aber Herr v. Bethmann hielt ja die Aufgabe für innerlich unlösbar, und über den Kaiser hatten nach seinem Anfangsenthusiasmus wohl andere Einflüsse die Oberhand gewonnen Ballin führte später das Scheitern der Aktion u.a. darauf zurück, dass Kaiser und Kanzler es unternommen hatten, *selber* die Sache von Anfang bis zu Ende durchzuführen, statt sie durch den Staatssekretär des Auswärtigen und den Staatssekretär v. Tirpitz durchführen zu lassen.

Ein Streiflicht auf die Ursachen, an denen diese letzte große Verständigungsaktion gescheitert ist, werfen übrigens auch Gerüchte, die im März 1912 in der deutschen Presse verbreitet wurden und denen zufolge der Staatssekretär Kiderlen abgehen wollte, weil er zu den Verhandlungen mit England nicht genug hinzugezogen sei, wonach ferner die Stellung des Reichskanzlers erschüttert und Tirpitz unzufrieden sein solle, weil die Flottenvorlage nicht genug bringe. In all den Gerüchten saß wohl ein Korn Wahrheit, und das hatte wohl auch mit der Stellung der drei Erwähnten zur Englandfrage zu tun.

Aus der Umgebung des Kaisers schrieb man Ballin alsbald nach dem Haldane'schen Besuch:

> » ... Was ich in stundenlanger Rolle als aufmerksamer Zuhörer in mich aufgenommen habe, ist der Eindruck, daß Ihre großzügige Aktion in den zünftigen Händen teils aus Ungeschick, teils aus bureaukratischem Hochmut malträtiert wird, vor allem, daß wir den Augenblick nicht mutig beim Schopf anfassen ... «

Die Konsequenz aus dem Ausgang der Sache zog auch bald nach dem Scheitern des hier ausführlich geschilderten letzten Verständigungsversuches der Botschafter *Graf Metternich*. Er hatte stets die Ansicht vertreten, dass ein Krieg Deutschlands gegen Frankreich und Russland England auf der Seite unserer Gegner finden werde, und den Anlass zu seinem, mit dem üblichen »Gesundheitszustand« motivierten Abgang gab ein Bericht, in dem er die Vermutung aussprach, dass eine Fortsetzung unserer Rüstungen uns spätestens 1915 den Krieg mit England bringen werde. Dieser Bericht soll eine sehr ungnädige kaiserliche Randbemerkung erhalten haben. Daraus zog der Botschafter, dem eine sehr selbständige Ansicht zu eigen war, die Konsequenz. Er mochte sich umso mehr dazu veranlasst fühlen, als der Fehlschlag der Haldane'schen Mission in konservativen Kreisen in England ein entsprechendes Echo fand. Auch dort versäumte man nicht, auf die allein seligmachende Fortsetzung der Rüstungspolitik zu drängen und die deutsche Unzuverlässigkeit ins grellste Licht zu setzen.

Auf den Grafen Metternich folgte als Botschafter *Herr v. Marschall*, in politischen Kreisen und von der englischen Presse sehr sympathisch und mit hohen Erwartungen für die weitere Besserung der Beziehungen unter dem Einfluss seiner anerkannt großen diplomatischen Begabung begrüßt. Der Kaiser habe »seinen besten Mann« geschickt, das beweise, welche Bedeutung auch er auf die Besserung der Beziehungen lege. Aber v. Marschall wurde schon im September 1912 durch den Tod von seinem Posten abberufen, und ihn besetzte im Oktober der *Fürst Lichnowsky*. Sein Bemühen um die Beziehungen der beiden Länder ist aus seiner Denkschrift bekannt. Nicht zu unterschätzen ist neben der Tätigkeit der Botschafter die in der Öffentlichkeit weniger sichtbare, aber mit großer Geschicklichkeit und Konsequenz durchgeführte Wirksamkeit des Botschaftsrats, späteren Staatssekretärs *v. Kühlmann*. Dank seinen sehr guten persönlichen Beziehungen zu den leitenden englischen Persönlichkeiten, insbesondere zu Sir Edward Grey, hat er, namentlich in der Zeit der Botschafterwechsel, sehr viel zur Aufrechterhaltung guter Beziehungen und zur Erhaltung des europäischen Friedens, besonders während der Zeit des Balkankrieges, getan. Sein besonderes Bemühen galt auch der Ausarbeitung der Kolonial-Abkommen, desjenigen über die Bagdad-Bahn und des über die afrikanischen Fragen, die beide Mitte 1914 zur Unterschrift fertig waren, und von denen man das erste wohl als ein Zeichen nicht nur wesentlich gebesserter deutsch-englischer Beziehungen, sondern auch dafür ansehen durfte, dass England nicht bereit war, in kleinasiatischen Fragen sich nur nach russischen Wünschen zu orientieren. Wer sich nachträglich für die Möglichkeiten deutscher Expansion im Einverständnis mit England interessiert, wie sie damals auf Grund dieser Kolonialverhandlungen bestanden, dem sei eine 1913 bei Puttkamer & Mühlbrecht in Berlin anonym erschienene Schrift »Deutsche Weltpolitik und kein Krieg« empfohlen. Sie hatte den damaligen Vertreter der Kölnischen Zeitung in London, Dr. Plehn, zum Verfasser und geht auf Kühlmann'sche Inspiration zurück.

Auf eine Episode, die in den Schluss des Jahres 1912 fällt, möchte ich hier noch kurz eingehen, weil sie in der deutschen Öffentlichkeit bereits besprochen worden ist, zuletzt in den »Süddeutschen Monatsheften« im Juni 1921 bei Besprechung von Berichten des Grafen Lerchenfeld, bayerischen Gesandten in Berlin. Es wird darin ein Vorfall erwähnt, den der *Kaiser* in einem *Briefe an Ballin* vom 15. Dezember 1912 bespricht. In diesem Briefe äußerte sich der Kaiser unter Bezugnahme auf die jüngst hervorgetretene *österreichisch-serbische Spannung* in charakteristischer Weise über die deutsche Politik in Bezug auf Österreich. Als die Beziehungen zwischen Wien und Petersburg einen ernsteren Charakter angenommen hatten, nachdem erkannt worden war, dass Serbiens Haltung auf der Hoffnung auf Unterstützung seitens Russlands beruhten, sei für Deutschland die Möglichkeit eingetreten, dass wir Wien zu helfen haben würden.

»Denn«, so heißt es weiter, »die slawischen Untertanen in Österreich waren sehr erregt geworden und konnten nur durch energisches Auftreten der Gesamtmonarchie gegen Serbien in Ruhe gehalten werden. Österreich stand am Wendepunkt, und es wurde zur *Existenzfrage*, ob es *deutsch* bleiben und *deutsch* regiert werden – damit *bündnisfähig* bleiben – konnte oder vom Slawentum überschwemmt werden und damit *bündnisunfähig*. Wenn wir zur Waffe zu greifen gezwungen würden, so war es für uns, um *Österreich* zu helfen, nicht nur Rußland abzuwehren, sondern sich überhaupt der Slawen zu erwehren und *deutsch* zu bleiben. **Id est**, es stand ein *Rassenkampf* bevor der Germanen gegen die übermütig gewordenen Slawen. Ein *Rassenkampf*, der uns nicht erspart bleiben wird, denn es handelt sich um die Zukunft der Habsburgischen Monarchie und die *Existenz* unseres Vaterlandes. (Das war der eigentliche Inhalt von Bethmanns forscher Rede.) Also eine *Existenzfrage* für die *Germanen* auf dem europäischen Kontinent!

Hierbei war es nun von Wert, daß England bis dato den österreichisch-deutschen Standpunkt unterstützt hatte. Da nun der Krieg gegen Rußland sofort mit den Kampf mit *Frankreich* bedeutete, so war es von Interesse zu wissen, ob in diesem – rein *kontinentalen* Falle – England nicht seine, uns im Februar vorgeschlagene Neutralität ganz gut erklären könnte.

Am 6. Dezember kam nun Haldane, anscheinend in Greys Auftrag zu Lichnowsky und erklärte dem erstaunten Botschafter in dürren Worten: Falls Deutschland mit Rußland und Frankreich in einen Krieg verwickelt würde, werde England **nicht** *neutral* bleiben, sondern *sofort* Frankreich beispringen! Die Begründung dafür lautete: England könne und werde es *niemals dulden,* daß wir eine Vormachtstellung auf dem Kontinent einnähmen, unter der sich der Kontinent einigen könnte. Daher dürfte England eine Niederwerfung Frankreichs durch uns unter keinen Umständen dulden. Wie nun diese Nachricht auf die ganze Wilhelmstraße gewirkt hat, können Sie sich wohl vorstellen! Mich hat sie nicht überrascht – wie Sie wissen, habe ich *militärisch* stets mit England als Feind gerechnet – aber sie bringt eine erfreuliche *Klärung,* wenn auch nach der *negativen* Seite hin.«

Ballin unterließ nicht, über jenen Haldaneschen Besuch bei dem deutschen Botschafter eine Aufklärung bei seinem Freunde einzuholen und erhielt von diesem folgende Haldanesche Erklärung:

Es habe ihm völlig ferngelegen, sagte Lord Haldane, dem Fürsten Lichnowsky einen Besuch zwecks ausdrücklicher Abgabe einer solchen Erklärung zu machen; er erinnere sich überhaupt nicht, dass ein Wort über Balkanfragen gesprochen worden sei. Er habe eine halbstündige sehr angenehm verlaufene Unterhaltung mit dem Fürsten Lichnowsky gehabt, in deren Verlauf er Veranlassung gehabt habe, die Formel zu wiederholen, die während seines Aufenthaltes in Berlin besprochen worden sei und die sich auf Englands Interesse daran beziehe, dass Frankreich intakt bleibe. Möglicherweise habe das Anlass zu dem Missverständnis gegeben.

Fürst Lichnowsky erwähnt den Vorfall in seiner Denkschrift »Meine Londoner Mission« in folgender Weise: »Ich wies (in Berichten nach Berlin) immer wieder darauf hin, daß England, als Handelsstaat bei jedem Kriege zwischen europäischen Großmächten außerordentlich leiden, ihn daher mit allen Mitteln verhindern würde, andererseits aber eine Schwächung oder Vernichtung Frankreichs im Interesse des europäischen Gleichgewichts und, um eine deutsche Übermacht zu verhindern, niemals dulden könne. Das hatte mir bald nach meiner Ankunft Lord Haldane gesagt. In ähnlichem Sinne äußerten sich alle maßgebenden Leute.«

Das Scheitern der Verständigungsverhandlungen hatte zur Folge, dass die englischen Marinerüstungen weiter gingen und daneben die Umorganisation der Flotte, die Konzentration der Schlachtflotte in der Nordsee, die der französischen Flotte im Mittelmeer, was bei uns als Drohung gegen Italien aufgefasst wurde, und zu einer scharfen, inspirierten Kritik in der »Frankfurter Zeitung« Anlass gab. Trotzdem kamen immer noch von Zeit zu Zeit freundliche Auslassungen aus England über Verständigungsmöglichkeiten, den »**naval holiday**« usw.

Mit welcher Fähigkeit Ballin an dem Gedanken festhielt, die Marineautoritäten zu einer Verständigung zu bringen, beweist die Tatsache, dass er versuchte, *mit dem englischen Geschwader, das 1914 zur Kieler Woche kam, auch Churchill herüber und endlich zu einer persönlichen Aussprache mit Tirpitz zu bringen.*

Churchill war auch durchaus geneigt, leider aber wünschte man in Deutschland – und zwar war es diesmal der Kaiser, der diesen Wunsch hatte – dass man von England aus offiziell in Deutschland anfrage, ob sein Besuch willkommen sei. Eine solche Anfrage zu stellen, das ging offenbar der englischen Regierung zu weit, und die Anfrage unterblieb. Churchill ließ aber sagen, wenn Tirpitz wirklich den Wunsch habe, ihn zu sprechen, werde er Mittel und Wege finden, eine Zusammenkunft herbeizuführen.

So war auch dieser letzte Versuch missglückt, und, ehe weitere unternommen werden konnten, brach das Verhängnis herein.

IX

Der Kaiser

Die Freundschaft Ballins mit dem Kaiser, die der Welt so viel Stoff zu Vermutungen und Kommentaren gegeben hat, führte der Kaiser gelegentlich bis auf das Jahr 1891 zurück, in dem er den Schnelldampfer »Augusta Victoria« besichtigte und zusammen mit der Kaiserin auf dem neuen Schnelldampfer »Fürst Bismarck« eine längere Fahrt machte. Nach seinem eigenen Gefühl muss Ballin, obwohl er bei dieser Fahrt mit einem Orden und freundlichen Worten ausgezeichnet wurde, dabei noch nicht in nähere Berührung mit dem Kaiser gekommen sein. Denn er selber gab mir als Beginn der Bekanntschaft eine denkwürdige Sitzung in Berlin an, die der Vorbereitung der *Eröffnungsfeier des Nord-Ostsee-Kanals 1895* galt.

Der Kaiser wünschte die Feier möglichst glanzvoll zu gestalten; sowohl die hamburgische Regierung wie auch die Schifffahrtskreise kamen ihm dabei entgegen. Dem lebhaften Geist Ballins, obwohl er noch jung in seiner Position war, entging auch die Möglichkeit der Propaganda für seine Gesellschaft, die solches Fest bot, nicht. Der Kaiser interessierte sich für alle Einzelheiten. Nachdem Beratungen in Hamburg beim Senat stattgefunden hatten, erging die Einladung an die Beteiligten zu einer *Besprechung im Schloss zu Berlin.* Dabei führte der Kaiser den Vorsitz. Es sollten ein Dampfer des Norddeutschen Lloyd und ein Dampfer der Hamburg-Amerika Linie die Vertreter der Reichsbehörden, des Parlaments und die geladenen Gäste aufnehmen, soweit sie nicht etwa auf der »Hohenzollern« selbst sich befanden, und sollten der »Hohenzollern« bei der Fahrt von Hamburg elbabwärts zum Kanal folgen. Er habe, so äußerte der Kaiser bei der Besprechung dieses Punktes, bestimmt, dass hinter seiner »Hohenzollern« zunächst der Dampfer des Lloyd fahren solle, dann der Dampfer der

Hamburg-Amerika Linie. Nachdem der Kaiser das geäußert hatte, erbat sich Ballin das Wort und bemerkte, dass es, da man auf Hamburger Gebiet abfahre, doch wohl angebracht sei, auch dem Hamburger Dampfer die Ehre des ersten Platzes hinter der Kaiserpacht zu geben. Daraufhin erklärte der Kaiser in nicht gerade sehr gnädigem Ton, dass das nach seiner Ansicht nicht erforderlich sei, außerdem habe er dem Lloyd bereits sein Wort gegeben. Ballin erwiderte darauf, dass, wenn der Kaiser sein Wort gegeben habe, die Sache ja damit erledigt sei und er seinen Wunsch, wenn er ihn auch für berechtigt halte, zurückstelle. Am Schluss dieser Sitzung nahm der auch anwesende *Graf Waldersee* Ballin beim Arm mit den freundlichen Worten: »Da Sie nun doch unter dem Brandenburger Tor aufgehängt werden, so lassen Sie uns noch vorher bei Hiller frühstücken.« Diese Freundlichkeit hat Ballin dem Grafen niemals vergessen und ihm und seiner Familie dauernde Freundschaft bewahrt. Das Arrangement, das dann die Hamburg-Amerika Linie für die Aufnahme ihrer Gäste traf, wurde auf das sorgsamste vorbereitet und durchgeführt. Es ist schwer, dem Unkundigen ein Bild davon zu geben, welch gewaltige Kleinarbeit damit verbunden ist, eine große Zahl anspruchsvoller Gäste auf einem Dampfer unterzubringen, sodass möglichst keiner über seine Aufnahme zu klagen hat, zumal, wenn, wie bei einer solchen Gesellschaft natürlich, auch noch zahlreiche schwierige Rang- und Standesfragen zu berücksichtigen sind. Es gehört außerdem eine peinlich-sorgsame Vorsorge und Vorausberechnung dazu, damit vor allem die Fragen, die mit dem leiblichen Wohl, mit der Empfangnahme der Gäste, der Überführung des Gepäcks usw. verbunden sind, richtig gelöst werden. Dank der intensiven Arbeit, die Ballin und seine Mitarbeiter auf diese Sache verwandten, funktionierte sie aber tadellos, und die leibliche Fürsorge war so gut vorgesehen, dass am Abend in Brunsbüttel, als die Hamburg-Amerika Linie ihre von den Feierlichkeiten zurückkehrenden Gäste an Bord ihres Dampfers mit einem schön ausgebauten kalten Buffet empfing, der Ruf davon sich rasch verbreitete und auch von den anderen Schiffen Gäste eilends herüberkamen, die bei der offiziellen Bewirtung nicht auf ihre Rechnung gekommen waren.

Der Verlauf der Sache trug jedenfalls dazu bei, den Ruf der Gesellschaft als Gastgeberin zu begründen.

Das vorstehend beschriebene Ereignis wird immerhin den Kaiser, der Widerspruch wohl unter vier Augen, aber nicht in größerem Kreise hören mochte, haben erkennen lassen, dass bei der Hamburger Gesellschaft ein eigenwilliger, selbständiger Geist herrschte, der sich nicht widerspruchslos unterordnete und seine Stellung zu wahren verstand. Jedenfalls hat er Ballin seine Opposition niemals nachgetragen, wozu vielleicht auch die große Mühe beitrug, die die Leitung der Packetfahrt sich um das Gelingen der Feier an sich gab. Aber das Ereignis wird ein Grund mit dafür gewesen sein, dass der Kaiser von nun an die Entwicklung der Hamburg-Amerika Linie besonders aufmerksam verfolgte. Sein lebhaftes Interesse fanden in erster Reihe die *Schiffsbauten*, bei denen er sich schon sehr früh zu Gunsten der deutschen Werften einsetzte.

Das erste Eingreifen des Kaisers in die Schiffbaupolitik der Packetfahrt zu Gunsten der deutschen Werften datiert sogar schon aus der Zeit, da er noch Prinz war. Ballin hat darüber in einer Rede bei der Probefahrt des Dampfers »Meteor« mitgeteilt, dass, als die Verwaltung gerade in Verhandlungen mit englischen Schiffbauern über den *Bau des ersten Schnelldampfers* sich befand, der preußische Gesandte sich habe melden lassen und der Verwaltung im Auftrage des *Fürsten Bismarck* eröffnet habe, dass dieser auf dringenden Wunsch des *Prinzen Wilhelm* sie auffordern lasse, den Bau dieses großen Schiffes *einer deutschen Werft anzuvertrauen*. Denn es sei die Überzeugung des Prinzen, dass es für Deutschlands Zukunft unbedingt notwendig sei, dass es nicht länger nur die Aschenbrödel-Arbeiten auf diesem Gebiete verrichte, und Prinz Wilhelm sei überzeugt, dass unter den deutschen Ingenieuren Männer genug seien, die, wenn man sie nur in den Sattel setzen wollte, dasselbe leisten könnten wie ihre englischen Berufsgenossen. Das Schiff, das alsdann von der Packetfahrt dem Stettiner Vulcan in Auftrag gegeben wurde, war der nach der jungen Kaiserin »Augusta Victoria« benannte, 1888 vom Stapel gelaufene Schnelldampfer, der gleich auf seiner ersten Reise »das blaue Band des Ozeans« gewann.

Eine noch praktischere Anregung des Kaisers betraf den *Bau eines Exkursionsdampfers*, zu dem sich die Gesellschaft entschloss, nachdem Exkursionsreisen, die mit den Schnelldampfern in der Zeit der flauen Saison im transatlantischen Passagierverkehr unternommen worden waren, gute Resultate ergeben hatten. Der Kaiser, der von dieser Absicht hörte, entwarf auf Grund der Erfahrungen, die er mit der »Hohenzollern« gemacht hatte, sowohl eine Skizze, wie auch eine Denkschrift, die sich mit der Einrichtung des Dampfers beschäftigten und nach Ansicht Ballins einige beachtenswerte Vorschläge enthielten, obwohl der Kaiser naturgemäß nicht über die Ziele und Zwecke, die die Gesellschaft aus Gründen der Rentabilität an seine Einrichtung stellen musste, unterrichtet sein, und daher namentlich in letzterer Hinsicht nicht in allem richtig urteilen konnte.

Dass bei der eigenen großen Reiselust des Kaisers es die *Exkursionsreisen* waren, die ihn in besonderem Maße interessierten, kann nicht Wunder nehmen. Auch davon gab er einen Beweis bereits in den ersten Jahren seiner Regierung. In der bereits erwähnten Rede bei der Probefahrt des »Meteor« erwähnte Ballin darüber, indem er seine ersten Erfahrungen auf diesem Gebiete berichtete: »Es fehlte selbst in meiner allernächsten Umgebung nicht an Leuten, die glaubten, es sei in meinem Oberstübchen nicht ganz richtig, als ich im Januar des Jahres 1891 mit der ›Augusta Victoria‹ an der Spitze von 241 kühnen Reisenden die erste Vergnügungsreise nach dem Orient unternahm ... Der Kaiser, der damals das Schiff besichtigte, verabschiedete sich mit den Worten: ›Bringen Sie unsere Landsleute nur auf die See, das wird der Nation und Ihrer Gesellschaft reiche Früchte tragen‹, von uns und dem Schiffe.«

In späteren Jahren waren es Ereignisse in der Entwicklung der Gesellschaft, die mit der weltpolitischen Expansion zusammenhingen, die den Kaiser besonders interessierten, wie die Beteiligung der Gesellschaft an der ostasiatischen Reichspostdampferlinie, ihr Eintritt in die ostafrikanische Fahrt usw. Nachdem aber dann im Jahre 1901 der Kaiser ein so intensives Interesse an der Bildung des Morgan-Trusts und seiner Verbindung mit den deutschen Gesellschaften genommen hatte, gab es kaum ein bedeutendes Ereignis im Leben der Packetfahrt – keine Erweiterung ihres Betriebes, keine Einstellung eines großen neuen Dampfers – das er nicht mit freundlichen Wünschen begrüßt und begleitet hätte. Daneben nahm der Kaiser auch an dem persönlichen Wohlergehen Ballins den lebhaftesten Anteil. Zu Weihnachten oder Neujahr sandte er briefliche oder telegraphische

Glückwünsche, meist in Form von Ansichtskarten oder Photographien von seinen Reisen mit herzlichen Worten, ebenso zu besonderen Gedenktagen im Leben Ballins oder zur Wiederherstellung von einer Krankheit. Seinerseits setzte Ballin den Kaiser von solchen Vorgängen, von denen er glaubte, dass sie sein Interesse fänden oder sein Wissen vom Wirtschaftsleben innerhalb und außerhalb der deutschen Grenzen bereichern könnten, in Kenntnis, so von den besonders wichtigen Pool-Verhandlungen, wie z.B. der Bildung des »General Pool« im Jahre 1908, oder von Abmachungen mit anderen deutschen Reedereien und dergleichen; ebenso berichtete er über Lage und Stimmung im Auslande, wenn er bei seinen Reisen wichtige Symptome, namentlich auch politischer Art, feststellte.

Eine besonders fürsorgende Form nahm die *kaiserliche Teilnahme* im Jahre 1904 an. Ballin hatte in der vorausgegangenen Zeit unter lange anhaltenden starken Nervenschmerzen gelitten, die nach den verschiedensten ärztlichen Versuchen eine dauernde Linderung erst erfuhren, als der Patient in die Hände des berühmten »Bismarckarztes«, *Geheimrat Schweninger,* kam, der ihn, nach Ballins Aussage, mit rührender Fürsorge und großem Erfolge behandelte. Für den für Arzt und Umgebung nicht gerade bequemen Patienten war allerdings Schweninger mit seiner energisch zugreifenden Art wohl in hervorragendem Maße der geeignete Arzt.

> »Bereits im Januar 1904«, heißt es in den Ballin'schen Aufzeichnungen, »hatte mich der Kaiser telegraphisch zur Teilnahme am Ordensfeste in Berlin einladen lassen und hatte bei der daran sich schließenden Cour eine längere Unterredung mit mir, welche darin gipfelte, daß der Kaiser in hohem Grade besorgt war über meine Gesundheit. Offenbar hatte ihm sein Leibarzt, Exzellenz Leuthold, ungünstig über meinen Gesundheitszustand berichtet. Der Kaiser sagte mir, daß er es nicht länger ansehen könne, wie ich so ganz ohne genügende Hilfe und ohne jemanden, der einmal meine Stellung übernehmen könne, oder mich doch jetzt bei längerer Abwesenheit vertrete, wäre. Dieser Zustand mache ihm große Sorgen und er müsse, schon im nationalen Interesse, sich mit der Frage beschäftigen, da er sich nicht der Gefahr aussetzen könne, wie im Falle Krupp, daß ein so großes Unternehmen ohne genügende Leitung einmal dastehe. Er wisse, daß von allen Männern in

seiner Umgebung *Herr v. Grumme* mir am besten gefiele, und ich eine hohe Meinung von Grumme hätte. Auch für ihn sei Grumme der beste Mann, den er je um sich gehabt habe, und den er infolgedessen nur schwer ersetzen könne. Trotzdem sei er bereit, Grumme zu beeinflussen, in die Dienste der Hamburg-Amerika Linie überzutreten, wenn ich ihm bestätigen wolle, daß ich darin eine Lösung der von ihm besprochenen Fragen erblickte, und daß mir diese Lösung eine durchaus angenehme und sympathische sei. Er brächte dieses Opfer gern, weil er überzeugt sei, daß durch diese Arbeitsentlastung meine Gesundheit bald wieder hergestellt sein würde, und ich dem Kaiser und dem Reich dadurch noch lange würde dienen können. Ich versicherte dem Kaiser mit meinem lebhaftesten Danke, daß keine Lösung mir angenehmer sein könne als die von ihm ins Auge gefaßte, und daß ich ihn nur bitten könne, wenn er wirklich dieses Opfer bringen wolle, mit Grumme über die Angelegenheit zu sprechen. Der Kaiser hat dann noch an demselben Abend Grumme holen lassen, der sich sogleich bereit erklärte, zu uns überzutreten, wenn es der Wunsch des Kaisers sei.«

Bei dem Interesse des Kaisers für die Entwicklung der Handelsflotte spielte natürlich auch die *Flottenpolitik* und der Ausbau der Kriegsflotte eine große Rolle. Waren doch Handelsflotte und Seeinteressen für den Kaiser jedenfalls das wirkliche Motiv der Flottenpolitik, ebenso wie sie für die Tirpitz-Politik ein wertvolles Propagandamittel waren. Im ersten Stadium dieser, damals noch sehr gemäßigten Flottenpolitik und Flottenpropaganda hat Ballin nach seinen eigenen Äußerungen mir gegenüber eine sehr aktive Rolle gespielt. Es war in der Zeit, als die bekannte, seitdem jährlich erschienene Publikation des Reichsmarineamts, der »Nautikus«, zu erscheinen begann, und eine sehr intensive journalistische Propaganda für die Flotte und für die Seeinteressen in Deutschland entwickelt wurde. Es ist erfahrungsgemäß schwer, eine solche Propaganda ins Leben zu rufen, besonders in einer im Ganzen so wenig einhellig eingestellten Presse, wie es die deutsche damals war. Aber noch schwerer ist es, eine solche, einmal begonnene Propaganda wieder aufhören zu lassen oder auch nur einzuschränken. Das ist deshalb so schwer, weil die Voraussetzung für eine intensive Propaganda die Interessierung einer großen Zahl einzelner Individuen ist. Diese alsdann, wenn der Zweck der Propaganda erreicht, ihre intensive Fortsetzung vielleicht nicht mehr erwünscht ist, umzustellen oder gar, wie man sagt, »zurückzupfeifen«, ist schwer, ja unmöglich. Das Thema von den Seeinteressen Deutschlands schwand nicht mehr von der Tagesordnung, und musste für jede Flottennovelle wieder herhalten, ja sogar für die Vergrößerung des Nord-Ostsee-Kanals auf die Dimensionen der »Dreadnoughts« musste die ständig zunehmende Vergrößerung der Schiffsbauten der Handelsflotte eine Begründung abgeben, obwohl niemand daran dachte, diese großen Neubauten durch den Kanal zu schicken, weil die Tiefe der Ostsee und ihrer Zugänge den Betrieb solcher großen Schiffe dort nie erlaubt hätte. Voll Bitterkeit erklärte Ballin in späteren Jahren manchmal die Schriftsteller, die kein Ende des Lobes finden konnten für den »Wagemut unserer Handelsflotte« usw., für die größten Feinde der Hamburg-Amerika Linie.

Neben der Flottenpropaganda waren es die besonderen Aufgaben, die die Reichspolitik in Form der Truppentransporte nach Ostasien und Südwestafrika der deutschen Handelsflotte stellte, was den Kaiser besonders interessierte, sodann die häufigen Begegnungen mit Schiffen der Handelsflotte auf seinen Reisen, insbesondere mit den Exkursionsdampfern in norwegischen Gewässern, wo er die Schiffe besuchte und über ihren Zustand und ihre nautische Führung häufig lobende Kritiken abgab; endlich die größer und größer werdende sogenannte »*Kieler Woche*«. Ursprünglich nur ein segelsportliches Unternehmen, namentlich der Hamburger Seglerkreise, wurde die Kieler Woche im Laufe der Zeit mehr und mehr ein großes »gesellschaftliches« Ereignis, zu dem die Hamburg-Amerika Linie seit dem Jahre 1902 einen ihrer großen Dampfer entsandte als Hotelschiff für einen großen Kreis geladener Gäste. Voraus ging seit dem Jahre 1897 ein Besuch des Kaisers und häufig auch der Kaiserin, in Hamburg zur Teilnahme an dem Sommerrennen und an der Segelregatta aus der Unterelbe. In jenem Jahre hatte der Kaiser bereits die Absicht, einem Festessen des Norddeutschen Regatta-Vereins an Bord des Packetfahrt-Dampfers »Columbia« beizuwohnen, er blieb aber im letzten Augenblick der Feier fern. Im folgenden Jahre, 1898, entsandte dann die Gesellschaft zu der Regatta ihren Dampfer »Pretoria«, und auf diesem fand in Anwesenheit des Kaisers das später so bekannt gewordene, vom Kaiser regelmäßig besuchte »Regattadiner« statt. Bereits dieser Kaiserbesuch brachte für Ballin wenigstens die Absicht einer besonderen Auszeichnung in Form einer Einladung nach der »Hohenzollern«. Die Einladung erreichte Ballin aber zu spät, erst auf der Rückfahrt nach Hamburg, so dass er ihr nicht Folge leisten konnte. Bei dem Besuch im folgenden Jahre setzte der Kaiser Ballin an seine Seite, und unterhielt sich lange mit ihm, besonders über die ihm sehr am Herzen liegende Einführung der Tiefladelinie auf deutschen Schiffen, die dann auch nicht lange darauf bei der Packetfahrt, später allgemein, erfolgte.

Bei diesen Besuchen in Hamburg pflegte der Kaiser später im Hause von Ballin, wo er bereits 1905 einen Besuch abgestattet hatte, ebenso wie 1904 dem neuen Verwaltungsgebäude der Gesellschaft, zu frühstücken und bei dem Regattadiner auf der Unterelbe eine Rede zu halten, in der sich gelegentlich politische Andeutungen befanden. So 1908: »Wir haben uns, trotzdem wir keine Flotte haben, wie sie sein soll, einen Platz an der Sonne erkämpft. Es wird nun meine Aufgabe sein, dafür zu sorgen, daß dieser Platz an der Sonne uns unbestritten erhalten bleibt ... Ich kann mich als Oberhaupt des Reiches nur über jeden Hanseaten, mag er aus Hamburg, Bremen oder Lübeck sein, freuen, welcher hinausgeht und mit weitem Blick neue Punkte sucht, wo er einen Nagel einschlagen kann, um sein Rüstzeug daran aufzuhängen.« 1912 zitierte der Kaiser das Wort aus dem Lübecker Ratskeller: »Das Fähnlein ist leicht an die Stange gebunden, aber es kostet viel, es mit Ehren wieder abzunehmen.« Und 1914 nach dem Stapellauf des großen Dampfers »Bismarck« wurde das Bismarck-Wort variiert: »Wir Deutsche fürchten Gott, aber sonst Nichts und Niemanden auf der Welt!«

Auch die *Kieler Woche* war keineswegs frei von Politik, und der dauernde persönliche Verkehr, in den dabei Ballin mit dem Kaiser geraten musste, gab häufig Gelegenheit, auch seine Ansicht über politische Dinge zu hören. Es ist unter Wilhelm II. viel von »unverantwortlichen Ratgebern« die Rede gewesen, die im Interesse bestimmter Cliquen oder Strömungen auf den Kaiser einzuwirken versucht haben sollen, und die Auswahl der persönlichen Umgebung des Kaisers war gewiss nicht so, dass sie ihm ein möglichst einwandfreies Bild aller Strömungen in der Nation verschaffte. Die Traditionen des preußischen Hofes und der Prinzen-Erziehung mögen dazu beigetragen haben. Das Ergebnis war jedenfalls, dass in schicksalsschweren Stunden, wie im

Kriege, es unmöglich war, den Kreis, der sich um den Kaiser gebildet hatte, zu durchbrechen und ihn dessen Einfluss zu entziehen. Welcher Art dieser Einfluss gewesen sein muss, und wie wenig er dazu geeignet war, den Kaiser zu einer Selbstkritik seiner Anschauungen zu bringen, hat der Erfolg gezeigt. Hinzukam, dass es nur selten und nur besonders gut akkreditierten Leuten glückte, den Kaiser für längere Zeit allein zu sprechen, und dass der Kaiser Widerspruch in größerem Kreise, in dem er sich stets als Herrscher fühlte, nicht liebte. Ballin hat wiederholt Gelegenheit zu langer vertraulicher Aussprache gehabt, wenn er z.B. nach der Rückkehr aus dem Auslande zum Kaiser geladen wurde und dann auf einem Spaziergang nach dem Frühstück mit dem Kaiser allein war.

Über solche Unterhaltungen mit dem Kaiser heißt es z.B. in den Aufzeichnungen Ballins vom 3. Juni 1901, als Ballin an der kaiserlichen Frühstückstafel teilgenommen hatte:

»Nach dem Frühstück ließ sich der Kaiser von mir über meine Reise (nach Ostasien) berichten und machte mir seinerseits außerordentlich interessante Mitteilungen über seinen Aufenthalt in England und damit zusammenhängende politische Angelegenheiten.« Über die Kieler Woche desselben Jahres heißt es: »Ich erfreute mich großer Auszeichnung seitens des Kaisers, der mich am 27. Juli noch einmal nach Kiel berief, um gemeinsam mit dem Reichskanzler mit mir über die Frage der japanischen Bank zu sprechen.«

Ballin hatte sich um die Gründung einer deutsch-japanischen Bank nach seiner Ostasienreise außerordentlich bemüht. Aus späteren Jahren finden sich noch folgende Aufzeichnungen:

»Am 15. Oktober (1903) bin ich vom Kaiser nach Potsdam befohlen. Der Kaiser empfängt mich mit großer Auszeichnung, und ich nehme an der Familientafel gemeinsam mit dem Reichskanzler und dem Grafen Metternich teil. Es ist am Tage vor der Konfirmation des Prinzen Oscar und des Prinzen August. Ich hatte vor der Tafel schon eine längere Unterhaltung mit dem Kaiser, und nach aufgehobener Tafel nahm der Kaiser von den Plänen unseres neuen Exkursionsdampfers Kenntnis und erklärte sich damit einverstanden, daß dieser Dampfer den Namen ›Meteor‹ führt. Meine auf 3 Uhr angesetzte Abfahrt muß ich auf Wunsch des Kaisers bis zum nächsten Zuge verschieben, und ich habe mit ihm und dem Reichskanzler eine weitere lange, außerordentlich interessante Konferenz.« …

»Am 10. Dezbr. (1903) erhalte ich eine Depesche, welche mich zum 11. nach dem Neuen Palais zum Kaiser beruft. Zu meiner unendlich großen Freude war der Kaiser wieder in der Lage, seine Stimme vollkommen zu gebrauchen, sah frisch und wohl aus, und ich hatte während eines Spazierganges im Park eine lange Unterredung mit ihm über meine amerikanische Reise und über andere Dinge. Der Kaiser beabsichtigt im Februar eine längere Erholungsfahrt mit seiner ›Hohenzallern‹ im Mittelmeer einzutreten und wird sich nach Genua wahrscheinlich mit einem der Reichspostdampfer begeben, welcher für ihn gechartert werden soll.« … (April 1914) »Der Kaiser hatte mich schon in Italien sehen wollen. Als ich in Neapel ankam, war dort schon eine Depesche, worin ich aufgefordert wurde, eventuell nach Messina zu kommen. Angesichts des Standes unserer Verhandlungen mit der russischen Regierung hielt ich es jedoch nicht für erwünscht, dem Kaiser in jener Zeit zu begegnen, und hatte so erst Gelegenheit ihn am 3. Mai in Berlin zu sprechen, wo ich mich gerade zur Teilnahme an einer Sitzung der Disconto-Gesellschaft und zu Verhandlungen mit Stübel über den etwaigen Transport weiterer Truppen nach Südwestafrika aufhielt. Ich wurde eingeladen, an der Frühstückstafel der Majestäten teilzunehmen, wo gerade der Geburtstag des Kronprinzen im Vorwege gefeiert wurde, da der Kaiser am 6. Mai nicht in Berlin anwesend war. Der Kaiser hat sich auf der Reise sehr erholt, er ist magerer geworden, und auch die Kaiserin ist sehr beglückt über seine Frische und gutes Aussehen. Wir sprachen natürlich über die verschiedenen Tagesfragen, und der Kaiser war, wie immer, voll von Wohlwollen und Güte gegen mich.« … »Am 20. Juni 1904 findet die übliche Kaiser-Regatta in Cuxhaven statt und das übliche Diner an Bord des ›Blücher‹, woran sich, für uns, vom 22.–28. Juni die Kieler Woche schließt, die wir auf der ›Victoria Luise‹ verleben und die mich in besonders nahe Berührung mit dem Kaiser bringt, der mich mit zum Segeln auf dem ›Meteor‹ nach Eckernförde nimmt und mit mir die politische Lage besonders im Hinblick auf die Marokko-Frage und Englands Haltung bespricht.« … »Am 19. Juni 1904 weilen der Kaiser und die Kaiserin mit mehreren ihrer Söhne in Hamburg. Ich speise mit ihnen bei Tschirschky (dem preußischen Gesandten in Hamburg) und fahre auch hinaus zum Rennen. Am 20. Juni begeben wir uns nach Cuxhaven, wo mich an Bord der ›Deutschland‹ die Nachricht überrascht, welche der Kaiser inzwischen an Kaempff (Kapitän der ›Deutschland‹) hat übermitteln lassen, daß der Dampfer ›Kaiser Wilhelm II.‹ vom Lloyd, nachdem man ihm neue Schrauben von größerer Fläche gegeben hat, den Schnelligkeitsrekord an sich gerissen hat. Am Abend spät läßt mich der Kaiser noch an Bord der ›Hohenzollern‹ kommen und hat dort eine lange Unterredung mit mir über Fragen mannigfachster Art. Am 21. Juni ist die Regatta in Cuxhaven, und zum Diner kommt der Kaiser mit dem Prinzen Heinrich an Bord der ›Deutschland‹. Der Kaiser war sehr aufgeräumt und in bester Stimmung. Durch den Umstand, daß Bürgermeister Burchard krankheitshalber nicht an dem Diner teilnahm, der sonst immer den Kaiser nach dem Essen sehr für sich in Anspruch nimmt, war es mir möglich, eine Reihe von Hamburger Herren dem Kaiser vorzustellen. Da mich der Kaiser zum 22. abends auf der ›Hohenzollern‹ zu Tisch hatte einladen lassen, mußte ich, anstatt nach Hamburg zurückzukehren, in der Nacht noch mit einem Schlepper durch den Kanal fahren. Ich halte mich am 22. im Logirhaus des Kaiserlichen Yachtklubs auf, während bei mir im Hause ein Diner für 36 Personen stattfindet. Am 23. siedle ich auf die ›Prinzessin Victoria Luise‹ über, wo mittags auch die Gäste eintreffen. Die Kieler Woche des Jahres 1904 trat dadurch besonders hervor, daß während derselben der König von England zum Besuche des Kaisers in Kiel eintrifft. Wir haben außer der ›Prinzessin Victoria Luise‹ den Dampfer ›Prinz Joachim‹ dem Kaiser zur Verfügung gestellt zur Unterbringung der Staatsminister und anderen Gäste, welche der Kaiser im Zusammenhange mit der Anwesenheit des Königs von England eingeladen hat. und wir haben ferner zum ersten Male ein Hotelschiff bei dieser Gelegenheit in Gebrauch gestellt, und zwar den Dampfer ›Graf Waldersee‹, dessen Plätze sämtlich belegt worden sind. Am 27. Juni bin ich mit meiner Frau und einer Anzahl anderer Gäste der ›Prinzessin Victoria Luise‹ zum Tee beim Kaiserpaare auf der ›Hohenzollern‹ und habe auch eine längere Unterhaltung mit dem König von England.«

Bei Unterhaltungen unter vier Augen war der Kaiser nicht der Monarch, sondern der Freund seines Freundes und Ratschlägen und Ermahnungen, ja sogar herbem Tadel zugänglich. Ballin hat manches Mal erzählt, dass bei solchen Gelegenheiten der Kaiser sich alles ruhig habe sagen lassen und ihn dabei mit guten, treuen Augen angesehen habe. Und dass er die offenen Äußerungen Ballins nicht übel genommen hat, bezeugt das herzliche Interesse, mit dem er u.a. an persönlichen Ereignissen in der Familie Ballin, so an der Verlobung der Tochter, Anteil nahm, und das auch den Tod Ballins überdauert hat.

Da aber die Besuche beim Kaiser immer nur sporadisch waren, häufig mit monatelangen Pausen, und viel seltener, als die Welt im allgemeinen angenommen hat, Ballin auch von dem Rechte, dem Kaiser direkt zuschreiben, nur in Ausnahmefällen Gebrauch machte, so kann auch von einer dauernden Beeinflussung des Kaisers nicht entfernt die Rede sein, ebenso wenig, so gern auch der Kaiser die Ansichten Ballins gehört haben mag, ihnen auch manches Mal vielleicht Beachtung schenkte, von einer wirklichen Einwirkung auf den Gang der Politik. Im gegebenen Falle (vergl. das Kapitel »Politik«) jedenfalls erwies sich Ballins Einfluss und das Schwergewicht seiner Gründe nicht als zureichend, um gegen den Einfluss anderer Leute, die dem Kaiser dauernd näher waren, sein Ziel zu erreichen.

In dieser Hinsicht ist die Bedeutung der Freundschaft Ballins mit dem Kaiser vielfach stark überschätzt worden, noch mehr, soweit sie den daraus der Hamburg-Amerika Linie erwachsenen Nutzen betrifft. Ein Kollege Ballins im Vorstand der Gesellschaft hatte durchaus recht, wenn er behauptete: »Die Freundschaft Ballins mit dem Kaiser hat der Hamburg-Amerika Linie mehr geschadet als genützt.« Indirekt hat diese Freundschaft natürlich das Ansehen der Gesellschaft im In- und Auslande gehoben, aber ihr zweifellos auch, im Auslande wenigstens, geschadet. Denn es knüpfte sich daran der Glaube, dass die Gesellschaft große Vorteile von der deutschen Regierung habe, von ihr weittragend finanziell unterstützt werde, dass der Kaiser ihr Großaktionär sei usw. Sicher hat dieser Ruf auch dazu beigetragen, dass, wie Ballin es ausdrückte, *die Hamburg-Amerika Linie eines der Kriegsziele Englands wurde,* sodass z.B. die englische Regierung nach dem Kriege an ihre großen Dampferlinien sogar die Frage gerichtet haben soll, warum sie nicht die Hamburg-Amerika Linie oder den Norddeutschen Lloyd kauften! Das war, als es sich darum handelte, für die verkehrspolitische Eroberung des Kontinents nun auch die entsprechende Organisation zu gewinnen. Dass diese Frage gestellt worden ist, ist durchaus möglich, ja, ich möchte glauben, wahrscheinlich, denn sie entspricht ganz der Auffassung, von der die Bestimmungen des Versailler Friedens, soweit sie die Schifffahrt betreffen, ausgingen, und ebenso der

Auffassung, dass die deutsche Schifffahrt zu drei Vierteln ein Produkt des kaiserlichen Deutschlands sei und mit diesem vergänglich sein müsse. Es gibt eben wohl kaum ein politisches Dokument in der Weltgeschichte, das Lebensnotwendigkeiten der Nationen in so vieler Hinsicht und so sehr verkennt wie der Frieden von Versailles.

Die Annahme, dass Ballin jemals versucht habe, seine Freundschaft mit dem Kaiser einseitig zu seinem oder seiner Gesellschaft Vorteil auszunutzen, stände übrigens auch in krassem Widerspruch zu der oft bewiesenen, in seiner »Kompromisspolitik« am deutlichsten zum Ausdruck kommenden Fähigkeit Ballins, die Grenzen seiner Macht zu erkennen und nicht über sie hinaus zu streben. Das Urteil, das ich mir auf Grund meiner Beobachtung der Ballin'schen Lebensarbeit im letzten Jahrzehnt seines Lebens aus nächster Nähe gebildet habe, wurde mir, soweit die Politik in Frage kommt, von dem kompetentesten Beurteiler, den es für das vorausgegangene Jahrzehnt in Deutschland gibt, dem *Fürsten Bülow*, durchaus bestätigt. Meine Frage, ob man Ballin etwa vorwerfen könne, dass er seine Freundschaft zum Kaiser im geschäftlichen Interesse oder überhaupt zu Nebenzwecken ausgenutzt habe, verneinte der Fürst in kategorischer Weise. Niemals habe Ballin daran gedacht. Er habe seine Stellung zum Kaiser mit großem Takt behandelt, sie niemals für irgendwelche Nebenzwecke benutzt, sei übrigens in seinen Ansichten auch stets konform mit der obersten politischen Leitung gegangen. Der Fürst sei nur einmal in einer politischen Frage in einer Meinungsverschiedenheit mit Ballin gewesen, und zwar in der Frage des *Zolltarifs*. Diesen habe Ballin für verhängnisvoll gehalten, wie ja auch damals vielfach die Meinung geherrscht habe, dass es nicht möglich sein werde, mit einem solchen Zolltarif Handelsverträge zu schließen.

In der kritischsten Zeit des Kaisertums, im *Kriege*, war der Einfluss Ballins auf den Kaiser gering; er hat nur wenige Male noch Gelegenheit gehabt, ihn zu sehen, ihn vertraulich, wie früher, zu sprechen, niemals. Denn die Umgebung des Kaisers war ja ständig bemüht, den Monarchen nicht aus der Kontrolle zu lassen. Auch das letzte Mal, als Ballin den Kaiser gesehen hat, im September 1918, als er auf Wunsch der Obersten Heeresleitung über die Lage, wie sie wirklich war, Aufklärung geben sollte, auch da ließ man ihn nicht mit dem Kaiser allein reden, und darum versagte auch sein Einfluss. Die Fernhaltung des Kaisers von der Wahrheit war sein und seiner Nation Unglück. »Dem Kaiser berichtet man nur Gutes, er sieht darum die Dinge nicht, wie sie sind«, solche Aussprüche waren Ballins Urteil in dieser Zeit.

Dabei fehlten dem Kaiser nach Ballins Ansicht weder die Gabe noch die Selbständigkeit des Urteils, um richtigere Bahnen zu gehen als er sie gegangen ist. Der Kaiser habe manches Mal, erzählte Ballin, auch in der Politik das richtige Urteil gehabt, aber es nicht auf sich nehmen wollen, gegen das Urteil der verantwortlichen Leute zu handeln. Z.B. habe er vor dem bekannten »Panthersprung« nach Agadir (der Entsendung des Kanonenbootes »Panther« nach dem marokkanischen Hafen Agadir) – es war in der Kieler Woche des Jahre 1911 – in großer Erregung erklärt, das sei doch ein so wichtiges und weittragendes Unternehmen, dass man es nicht ohne weiteres und ohne Kenntnis der Nation unternehmen könne, habe sich dann aber doch schließlich widerstrebend dem Vorschlag der verantwortlichen Politiker gefügt. Ebenso sei ihm Tirpitz durchaus kein sympathischer Mann gewesen, keineswegs der Mann nach seinem Herzen, aber er habe sich ihn gefallen lassen, weil er geglaubt habe, die Tirpitz'sche Marinepolitik sei die richtige und er dürfe sich weder ihr noch dem Träger im Interesse des Landes widersetzen. Dabei ist der Ehrgeiz des Kaisers sicher niemals dahin gegangen, eine Kampfflotte gegen England im Sinne einer »Risikopolitik« zu schaffen, und seine mannigfachen, vom Auslande anders gedeuteten Äußerungen in der Öffentlichkeit waren nur Explosionen eines starken Temperaments, das von dem bekannten Gefühl der Selbstherrlichkeit in falsche Richtungen geleitet wurde und manchmal zur Unzeit explodierte. Aber jene Unselbständigkeit, die ihn zum Opfer seiner Umgebung machte, gab dem Ausland den Eindruck der Wankelmütigkeit und Sprunghaftigkeit, die Deutschland, wie man zu spät erkannt hat, so sehr diskreditierte bei dem letzten Endes maßgebenden Faktor der Weltpolitik, England. Eine solche Persönlichkeit konnte nur im richtigen Gleise bleiben, wenn sie dauernd unter dem richtigen Einfluss stand. Woher aber sollte der kommen? Aus der einseitig zusammengesetzten Umgebung konnte er nicht kommen, auch nicht von den wechselnden Kanzlern, von denen keiner die innerpolitischen Fragen dauernd so zu lösen vermochte, dass er auf dem festen

Boden einer zuverlässigen Parlamentsmehrheit stand. Und in der Beurteilung des Krieges und seiner Ursachen war auch die Kaiserin derart einseitig, dass sie bei einer der wenigen Gelegenheiten, bei denen während des Krieges Ballin dem Kaiser noch nahegekommen ist, ihm mit aufgehobenen, geballten Händen erklärte: »Einen Frieden mit England? Niemals!« Man glaubte sich in der kaiserlichen Familie von England und dem englischen Hofe verraten. Warum, wird man heute wohl noch weniger verstehen, als Ballin es bereits damals verstehen konnte. Aber in solchem Falle war Widerspruch nutzlos und richtete nur Schaden an. Indes hat der Kaiser auch damals Ballins freimütige Äußerung keineswegs übel, sondern, wie aus der kaiserlichen Umgebung nachträglich bekannt geworden ist, Ballin an diesem Abend nach seinem Fortgange der Kaiserin gegenüber noch in Schutz genommen. Er könne Ballins Ansicht von dessen Standpunkt aus durchaus verstehen, aber für ihn liege die Sache eben so, dass er von seinen englischen Verwandten verraten worden sei und darum den Krieg mit England bis zum bitteren Ende durchfechten müsse.

Als Ballin mir gesprächsweise – es war im Sommer 1918 – den Kaiser in der Weise charakterisierte, wie ich es im Vorstehenden wiederzugeben versucht habe, fügte er hinzu: »Aber was nützt das? Schließlich ist er doch der Generaldirektor und verantwortlich dafür, wenn es schief geht, genau wie der Direktor einer Aktiengesellschaft.«

Dieser Vergleich des Deutschen Reiches und seines Leiters mit einer Aktiengesellschaft und ihrer Direktion ist im Laufe der Jahre in unserem Kreise häufig angestellt worden, und pflegte schon lange vor dem Kriege ständig mit der Feststellung zu enden, zu der bald die Politik der Regierung, bald die der Parteien im Reichstag Anlass gab, dass, wenn die Packetfahrt so geleitet würde wie das Deutsche Reich, sie längst pleite sein würde. Immer wieder musste man darüber staunen, wie falsch an höchster Stelle die europäische Situation beurteilt wurde, wenn man z.B. während des Krieges folgende Geschichte hörte, die Ballin aus der Umgebung des Kaisers mitgeteilt wurde. Während des Frühstücks im kaiserlichen Hauptquartier kam eines Tages die Rede auf England, und der Kaiser äußerte dabei: »Wenn mir einer vorher gesagt hätte, daß England gegen uns Krieg führen würde!«, worauf aus dem Kreise der Anwesenden leise der Name »Metternich« genannt wurde. Ballin fügte hinzu, man hätte auch meinen Namen nennen können, denn ich habe es dem Kaiser oft genug gesagt. Tatsächlich war ja, wie an anderer Stelle erwähnt, die Ursache des Abgangs des Botschafters Graf Metternich von seinem Londoner Posten seine Voraussage in einem Bericht gewesen, dass, wenn wir unsere Flottenrüstungen so weiter betrieben, wir spätestens 1915 den Krieg mit England hätten. Eine Prophezeiung, die man nicht hören mochte, wie so manche andere, auch im Kriege. Sogar im Spätsommer 1918 mochte man noch keine Warnung hören, als Ballin den Kaiser zum letzten Mal sah. Über diese Begegnung, die von Ballin nur widerstrebend herbeigeführt wurde, und der fruchtlose Ausgang einer in politischer Beziehung überhaupt fruchtlosen Freundschaft war, ist ausführlicher in dem Kapitel berichtet, das den großen Krieg behandelt.

X

Der Krieg

Um die Mitte des Monats Juli 1914 befand sich Ballin zur Kur in Bad Kissingen. Dort empfing er einen *Brief des Staatssekretärs von Jagow*, der ihn veranlasste, seine Kur sofort zu unterbrechen und nach Berlin zu reisen. Der Brief war datiert vom 15. Juli und besagte ungefähr folgendes:

Das »Berliner Tageblatt« habe Veröffentlichungen über Abmachungen zwischen England und Russland gebracht, die sich auf Marinefragen bezögen. Das Auswärtige Amt habe diesen Nachrichten keinen rechten Glauben geschenkt, weil sie auch zu sehr im Widerspruch zu unseren scheinbar gebesserten Beziehungen zu England und zur Abneigung der englischen Politik gegen derartige Bindungen zu stehen schienen. Man sei der Sache aber nachgegangen und habe durch sehr geheime Quellen feststellen können, dass doch eine tatsächliche Unterlage für diese Gerüchte vorhanden sei. Auch Grey habe Lichnowsky gegenüber die Sache nicht ganz in Abrede gestellt. Es werde tatsächlich zwischen London und Petersburg über ein Marineabkommen verhandelt, bei dem von russischer Seite eine weitgehende Zusammenarbeit erstrebt würde. Zum Abschluss seien die Verhandlungen trotz russischen Drängens noch nicht gelangt. Grey sei etwas zögernd geworden, werde sich aber schließlich wohl doch dem Abschluss nicht widersetzen und sich vor sich selber damit ausreden, dass die Verhandlungen nicht eigentlich zwischen den Kabinetten, sondern zwischen den Marinebehörden geführt würden. Vielleicht verhandelten auch die Engländer mit der ihnen eigenen Kasuistik mit der »**reservatio mentalis**«, im kritischen Moment, wenn es ihnen nicht passe, nicht eingreifen zu wollen, weil ein Bündnisfall voraussichtlich in dem Abkommen nicht vorgesehen sei. Jedenfalls aber würde das Abkommen doch das Resultat haben, die aggressive Tendenz

Russlands ganz wesentlich zu ermutigen. Für uns wäre dann an eine weitere Annäherung an England nicht mehr zu denken. Darum sei es sehr wichtig, noch einmal den Versuch zu machen, die Sache zum Scheitern zu bringen. Sein Gedanke sei nun, ob Ballin vielleicht durch seine vielfachen intimen Beziehungen zu maßgebenden Engländern einen Warnruf über den Kanal gelangen lassen könnte. Es folgten dann noch einige Ratschläge, wie am besten eine solche Anfrage in England zu stilisieren sei, und am Schluss wurde die Sache als sehr eilig bezeichnet, in einer Nachschrift vom 16. Juli dann noch hinzugefügt, dass ein neuer Artikel im »Berliner Tageblatt" erschienen sei, wonach die Gewährsmänner des Verfassers die Dinge doch auch ernst aufzufassen schienen.

Ballin beschränkte sich nicht darauf, im Besitze dieses Briefes etwa nur eine schriftliche Anfrage nach London zu richten, sondern unterbrach seine Kur und reiste zwecks weiterer Rücksprache und, um sich über die politische Lage zu unterrichten, nach Berlin. Dort erfuhr er, dass Österreich wegen der serbischen Angelegenheit eine sehr scharfe Note an Serbien zu richten beabsichtige, und dass man darauf eine von Russland diktierte Antwort erwarte. Übrigens wünschte man nicht nur über die in dem Brief besonders erwähnte Frage sich in London zu unterrichten, sondern über die ganze Stimmung dort überhaupt, da man die Berichterstattung durch den deutschen Botschafter nicht für vollständig und zuverlässig genug betrachtete. Mehr wurde Ballin nicht mitgeteilt, und wenn man heute, nachdem so vieles über die Handhabung der politischen Geschäfte in Berlin in der kritischen Zeit vor dem Kriege bekanntgeworden ist, den Jagow'schen Brief liest, fragt man sich einigermaßen erstaunt, was mit dieser Fiktion bezweckt werden sollte. Etwa eine Einschüchterung Englands? Die konnte man doch wohl nicht gut für möglich halten. Aber was war dann die Absicht? Man kann nur sagen, dass sie derartig dunkel erscheint, dass es zu verstehen ist, dass Ballin später das bittere Gefühl hatte, man sei ihm gegenüber nicht offen gewesen und habe mit ihm und seinen freundschaftlichen Beziehungen zu den leitenden Männern in London Missbrauch getrieben.

Ballin kam von Berlin nach Hamburg, erzählte mir von der politischen Lage, die er aber noch nicht als kritisch ansah, und reiste unter einem geschäftlichen Vorwand nach London. In London traf er mit *Grey, Haldane* und *Churchill* zusammen und erhielt zunächst den friedlichsten Eindruck. Als aber am Donnerstag, dem 23. Juli, die österreichische Note bekannt und deren volle Bedeutung allmählich begriffen wurde, wurde auch in London die Stimmung kritischer, man fragte sich, was Österreich eigentlich wolle, und begann für den Frieden zu fürchten. Aber Ballin kehrte am 27. Juli noch mit dem Eindruck von London zurück, dass ein einigermaßen geschickter deutscher Diplomat sehr wohl zu einer Verständigung mit England und Frankreich kommen könne, die den Frieden sichern und Russland verhindern würde, loszuschlagen. England und die leitenden englischen Politiker seien absolut friedlich, und die französische Regierung wünsche den Krieg so wenig, dass ihre Vertretung in London nach seinem Eindruck »sehr klein« gewesen sei und alles tun würde, um den Krieg zu verhüten. England sei aber Frankreich gegenüber verpflichtet, bei einem unprovozierten Angriff ihm beizustehen, und es werde z.B. gewiss nicht zugeben, dass wir etwa nach dem alten Kriegsplan durch Belgien marschierten. Wohl sei man darum in London schließlich durch die österreichische Note ernstlich besorgt geworden, aber wie sehr dem Kabinett an der Erhaltung des Friedens liege, gehe doch z.B. daraus hervor, dass Churchill ihn, Ballin, beim Abschied nahezu mit Tränen in den Augen beschworen habe: »**My dear friend, don't let us go at war!**« Diese Mitteilung von Ballin wird bestätigt durch das, was der Botschafter, Fürst Lichnowsky, und andere Mitglieder der Botschaft über ihre Beobachtungen aus den kritischen Tagen berichtet haben.

Auch andere, politisch geschulte, wenn auch nicht mehr aktiv tätige Köpfe in Europa, glaubten in dieser Zeit nicht, dass eine dringende Gefahr vorliege. Ich möchte hier einen Bericht über eine sehr bemerkenswerte Unterhaltung mit dem *Grafen Witte* einschalten, die am 24. Juli in Bad Salzschlirf stattgefunden hat. Witte, den ja leider ein zu früher Tod dahingerafft hat, war gewiss der beste Kenner der komplizierten russischen Verhältnisse und einer der fähigsten Staatsmänner überhaupt; damals vielleicht der einzige wirklich großen Formats in Europa. Auch darum sind seine Ansichten im ersten Stadium des verhängnisvollen Konfliktes von Interesse. Ich gebe den Bericht über die Unterhaltung wieder, wie er uns damals zuging und von uns nach

Berlin weitergegeben wurde. Die Richtigkeit der Wiedergabe der Witte'schen Äußerungen steht außer Frage. Der Bericht lautet:

Ich besuchte gestern (24. Juli) Graf Witte in Bad Salzschlirf und sprach ihn einige Male im Laufe des Tages, zuerst bereits um 10 Uhr vormittags. Nach der Begrüßung und der Besprechung einiger allgemeiner und privater Angelegenheiten sagte ich zu Witte: »Ich danke Ihnen vielmals für ihren letzten freundlichen Brief und Ihr Telegramm. Die von Ihnen angeregte Frage einer d*eutsch-russischen Monarchenbegegnung* erscheint mir so außerordentlich wichtig, daß ich wohl annehmen darf, persönlich etwas Bestimmteres darüber zu hören.«

Witte erwiderte: »Zunächst möchte ich wiederholen, was ich Ihnen gegenüber bereits mehrmals mündlich und schriftlich geäußert habe, daß mir gar nicht daran liegt, zum Unterhändler des bevorstehenden Handelsvertrages ernannt zu werden. Wer russischerseits auch unterhandeln mag – es wird ihm kein Lorbeer erblühen. Ich halte eine Begegnung zwischen dem Deutschen Kaiser und dem Zaren in den allernächsten Wochen für sehr bedeutungsvoll. Haben Sie die französischen Zeitungen gelesen? Der Ton, den Jules Hedeman jetzt anschlägt, ist ja direkt herausfordernd Ich kenne Hedeman und weiß, daß er im Grunde nur das schreibt, womit Sasonow, Poincaré und Paléologue (der französische Botschafter in Petersburg) zufrieden sein können. Überhaupt wird der Ton der französischen und russischen Presse jetzt nach der Zusammenkunft in Peterhof arroganter werden. Es ist nicht daran zu zweifeln, daß auch die russische und französische Diplomatie in einer anderen Sprache mit den deutschen Diplomaten verkehren werden. Die Annäherung mit England macht doch bedeutende Fortschritte: ob Flottenkonvention oder nicht – *England würde jetzt zu Rußland und Frankreich halten.* Käme aber jetzt eine Begegnung zwischen dem Zaren und dem Deutschen Kaiser zustande, so würde das von allergrößter Bedeutung sein. Die Hetzer sowohl in Rußland als in Frankreich würden die Nase hängen lassen, während das öffentliche Bewußtsein eine tiefgehende Beruhigung erfahren würde.«

Ich fragte Witte: »Glauben Sie, Sergei Juljewitsch, daß der Zar gern eine sich darbietende Gelegenheit, mit dem Deutschen Kaiser zusammenzukommen, ergreifen würde?«

Witte erwiderte: »Ich bin fest davon überzeugt. Ich darf mit ruhigem Gewissen sagen, daß der Zar sich darüber freuen wird. Die Beziehungen zwischen dem Zaren und dem Kaiser sind nicht gewöhnlicher Natur. Sie sind Duzfreunde, und der Zur ist jedes Mal bester Laune, wenn er den Kaiser gesprochen hat. Glauben Sie mir, findet diese Begegnung statt, so ist der Eindruck des französischen Besuches auf den Zaren wie weggewischt. Der ganze Pomp des französischen Empfanges, der jetzt durch die Preßhetzereien noch mehr aufgebauscht wird, wäre wie weggeblasen. Diese Begegnung würde unzweideutig zum Ausdruck bringen, daß, obwohl der Zar großes Gewicht dem russisch-französischen Bündnis beilegt, er doch durchaus in guten Beziehungen zu Deutschland bleiben will. Die Begegnung müßte recht bald stattfinden – etwa in vier bis sechs Wochen – denn nach zwei Monaten reist der Zar bereits nach Livadia. In den nächsten Wochen finden die Manöver statt, dann begibt sich der Zar nach den finnischen Schären, wo meiner Ansicht nach die Begegnung gut stattfinden könnte.«

Ich fragte Witte: »Glauben Sie nicht, daß, wenn die offizielle Initiative zu dieser Begegnung von deutscher Seite ausgeht, diese gewissermaßen als eine Schwäche gedeutet werden könnte, besonders in Anbetracht der jetzt bestehenden Spannung!«

Witte erwiderte: »Durchaus nicht, wenn man berücksichtigt, daß das Verhältnis zwischen dem Zaren und dem Kaiser, wie ich Ihnen bereits sagte, einen besonders freundschaftlich-intimen Charakter hat. Ich weiß nicht, was der Deutsche Kaiser jetzt darüber denkt oder empfindet, aber ich bin überzeugt, daß er politisch hervorragend und klug genug ist, um den richtigen Weg zu wählen, der zu einer Begegnung führen würde. Er könnte z.B. direkt an den Zaren schreiben, daß, da leider die deutsch-russischen Beziehungen infolge der beiderseitigen unbegabten diplomatischen Vertretung eine Trübung erfahren haben, es ihn jetzt besonders freuen würde, ihn wiederzusehen usw. Oder die Anregung könnte vom Großherzog von Hessen über die Zarin (seine Schwester) gehen. Aber wie gesagt, der Kaiser wird selbst das Richtige treffen. Ich kann nur wiederholen, daß die Begegnung eine enorme Bedeutung haben würde. Die Presse und die Gesellschaft in Rußland würden ihre Stellungnahme ändern. Die Hetzereien in Frankreich würden dadurch mächtig gedämpft werden.«

Ich sagte zu Witte: »Ich werde den Inhalt unserer Unterredung Herrn Ballin mitteilen. Da es möglich ist, daß er bereit sein könnte, diese Anregung zu unterstützen, so möchte ich noch eine Frage beantwortet wissen: Sind Sie damit einverstanden, daß, falls Herr Ballin die Sache an entsprechender Stelle zur Sprache bringt, er Sie als Urheber dieses Planes nennt?«

Witte erwiderte: »Gewiß! Er kann sagen, daß ich diese Begegnung für *ungeheuer wertvoll* für beide Länder in diesem Augenblick halte.«

Ich bemerkte: »Da Sie Deutschland in fünf Tagen verlassen, fällt mir eine Frage ein, die vielleicht überflüssig ist: Würden Sie, falls der Kaiser Sie *inoffiziell* empfangen wollte, nach Berlin kommen?«

Witte antwortete: »Selbstverständlich. Zu jeder Zeit.«

Auf einem gemeinsamen Spaziergange am Nachmittag kam Witte u.a. auf verschiedene politische Fragen zu sprechen. Ich will hier nur einige Äußerungen vermerken:

»Praktisch glaube ich an keinen Krieg, obwohl es abstrakt so viele Knoten gibt, die nur ein Krieg durchhauen könnte. Aber es lebt jetzt keine Persönlichkeit, die, wie Wilhelm I., mit dem Fuß aufstampfen und sagen würde: ›Aber nun gebe ich nicht mehr nach!‹ Die Stelle in Ems, wo dies geschehen ist, hat jetzt ein Denkmal. In einigen Jahren wird Rußland wirklich stark sein, denn die Rüstungen, die einstweilen auf dem Papier stehen, werden eine reale Form annehmen. Aber bei Rußland bleibt immer die Sorge innerer Verwicklungen zurück. Bei Frankreich hingegen sind innere Erschütterungen ausgeschlossen. Staaten mit einer stabilen Verfassung, die von allen anerkannt wird, sind vor inneren Erschütterungen geschützt, wenn die Regierungen auch noch so oft wechseln mögen.«

Als die Rede auf Hartwig kam, bemerkte Witte: »Sein Tod ist der schwerste Verlust für die russische Diplomatie. Er war ohne Zweifel der bedeutendste russische Diplomat. Als Graf Lammsdorf, mit dem ich sehr befreundet war, Minister des Äußern war, pflegte er nichts zu unternehmen, ohne mich um meinen Rat zu fragen. Hartwig war damals Direktor seiner Kanzlei und pflegte oft zu mir zu kommen. Schon damals hatte ich Gelegenheit, seine große diplomatische Begabung zu bewundern.«

Was hier als so dringend erwünscht bezeichnet wurde, ein Ausgleich der Spannung durch eine persönliche Intervention der Monarchen kam nicht zustande, und sie wäre auch schon deshalb nicht möglich gewesen, weil unsere, für diese Zeit verantwortlichen Politiker den Kaiser ruhig auf die Nordlandreise hatten gehen lassen.

Die letzten Tage des Julis verliefen für die Angehörigen der Hamburg-Amerika Linie in großer Spannung. Wir versuchten, die auf See befindlichen Schiffe von der gefährlichen Lage zu benachrichtigen und den Kapitänen Anweisung zu geben, im Kriegsfall neutrale Häfen aufzusuchen. Außerdem warnte die Marine, weitere Schiffe auslaufen zu lassen, namentlich wurde davor gewarnt, den Dampfer »Imperator«, der am 31. Juli abgehen sollte, fahren zu lassen, weil Englands Haltung unsicher sei. In einer nächtlichen Sitzung im Hause von Ballin wurde beschlossen, die Abfahrt »wegen der unsicheren politischen Lage« zunächst zu verschieben. Das Schiff war in allen Kajüten voll besetzt, und Hunderte von Passagieren gerieten dadurch in die größte Verlegenheit. Sie mussten sich zumeist in den folgenden Tagen nach neutralen und englischen Häfen begeben und sich von dort einschiffen.

Die Ereignisse überstürzten sich nun in rascher Folge. Den meisten der Schiffe gelang es bei *Kriegsausbruch,* neutrale Häfen aufzusuchen, so dass zu Anfang des Krieges nur wenige in Verlust gerieten. Am 5. August waren bereits die Kabel durchschnitten, was zu großen Schwierigkeiten im Verkehr mit New York führte, die auswärtigen Niederlassungen überhaupt meistens auf ihre eigene Initiative anwies. An Stelle der gewohnten geschäftlichen Tätigkeit trat die Ausführung von Verträgen, die für die Proviant- und Kohlenversorgung der Marine im Frieden geschlossen waren, für die Stellung von Hilfsschiffen und die Bildung einer Provianteinkaufsorganisation für die Marine.

Inzwischen hatte auch das *Reichsamt des Innern* einen ersten Schritt getan, um für die *Versorgung des Landes mit Lebensmitteln,* soweit das noch möglich war, Maßnahmen in die Wege zu leiten. Mit dieser Frage hatte man sich in Deutschland bekanntlich viel zu wenig, ja fast gar nicht beschäftigt, weil man niemals an eine ernste Kriegsgefahr gedacht oder geglaubt hatte. Sogar die militärischen Behörden hatten bei ihren Mobilmachungsplänen in dieser Hinsicht wenig oder nichts getan.

Als im Jahre 1912 der General *Graf Georg Waldersee* Oberquartiermeister wurde, beschäftigte er sich als erster ernsthaft mit dem Gedanken, was für die Versorgung des Heeres und der Zivilbevölkerung zu geschehen habe, wenn Deutschland in einen Koalitionskrieg geriete, und etwa die Zufuhr von der See unterbunden sei. Er schrieb damals an Ballin einen Brief, worin er die Lage, wie sie sich in einem solchen Fall wahrscheinlich gestalten werde, sehr klar schilderte, namentlich auch darauf hinwies, dass im Kriegsfall der Bedarf an Lebensmitteln noch größer sein werde als im Frieden – eine Tatsache, die man in Deutschland gar nicht beachtet hatte – und dass vor allen Dingen ein großer Bedarf an Rohstoffen einsetzen werde. Darum müsse man doch bis zu einem gewissen Grade eine finanzielle und eine wirtschaftliche Mobilmachung vorbereiten, sonst könne man bösen Überraschungen ausgesetzt sein. Militärischerseits habe man sich mit dieser Frage bereits theoretisch beschäftigt, mit den Zivilbehörden sei aber nicht weiterzukommen. Der General wünschte die Frage wieder in Fluss zu bringen, und fragte zu dem Zwecke nach den Ansichten und dem Rat von Ballin. Gesteigert wurde die Sorge, die man sich in militärischen Kreisen aus diesem Anlass machte, dadurch, dass ja in dieser Zeit bereits beunruhigende Nachrichten aus Russland über die Zunahme der russischen Rüstungen eintrafen.

Wir sandten dem Grafen Waldersee eine kleine Denkschrift, die ich entworfen hatte, und worin ich u.a. auf Anregungen zurückgriff, die der Lübecker Senator *Possehl* zu dem gleichen Gegenstand vor einiger Zeit in einem Vortrag vor einem privaten Kreise gegeben hatte. Über die Notwendigkeit einer wirtschaftlichen Vorbereitung eines Krieges – wenn man einen Krieg für wahrscheinlich hielt – konnte ja ein Zweifel nicht bestehen, angesichts der starken Abhängigkeit vom Auslande, in der sich Deutschland für seine Versorgung in wachsendem Maße befand.

Trotzdem aber und trotz des erwähnten, neu erwachten Interesses der militärischen Stellen hatte diese wirtschaftliche Vorbereitung bis zum Kriege in keiner Weise irgendwie ernsthafte Fortschritte gemacht. Die einzige praktische Maßnahme, die man von seiten der Zivilbehörden traf, war, soweit meine Kenntnis geht, ein Vertrag mit einer holländischen Firma über den Import von Getreide im Kriegsfalle. Die von dieser Firma dann, als der Fall praktisch wurde, im Sommer 1914 gecharterten Dampfer waren englische Dampfer, die nach Kriegsausbruch mit ihren Ladungen statt nach Rotterdam nach England gingen.

Kurz, es war nichts Nennenswertes auf diesem Gebiete geschehen, und am Sonntag, den 2. August, kam als *Abgesandter des Reichsamtes des Innern* der spätere Leiter der Zentral-Einkaufs-Gesellschaft, Geheimrat Frisch, nach Hamburg, um Ballin mitzuteilen, dass man im *Reichsamt in größter Sorge sei,* den Vorrat an Lebensmitteln in Deutschland sehr gering schätze, *mit einem starken Mangel in kürzester Frist rechne* und deshalb bitte, doch nach besten Kräften noch dazu zu helfen, vom Auslande etwas hereinzubringen. Berechnungen einer Hamburger Firma, die zugezogen wurde, ergaben zwar eine etwas optimistischere Schätzung der Getreidevorräte im Lande, aber es wurden natürlich sogleich Maßnahmen getroffen, um Importe aus neutralen Ländern heranzuziehen. Diese Bemühungen wurden aber stark gehemmt durch den völligen Mangel an Vorbereitung. Es kostete schon unendliche Mühe, Geld dafür in Berlin flüssig zu machen, denn für solche Zwecke war im Fall der Mobilmachung nichts vorgesehen, und darüber sowie infolge der mühsamen Verständigung mit Amerika über die neutralen Länder verging viel kostbare Zeit.

Auf Vorschlag von Ballin wurde der Sache eine feste Form durch die Begründung des »Reichseinkauf« gegeben, für den die Hamburg-Amerika Linie die Einkäufe besorgen sollte, und dem sie alles, was sie an sachverständigem Personal für solche Zwecke noch nach der Mobilmachung besaß, oder was sie von anderer Seite heranziehen konnte, zur Verfügung stellte. Nach allen neutralen Ländern wurden Einkäufer gesandt, aber die im Gange befindliche Mobilmachung, die zu einer völligen Unterbrechung des Eisenbahnverkehrs für die Zivilbevölkerung führte, bot für die Ausreise dieser Einkäufer wie auch für den persönlichen Verkehr mit Berlin große Schwierigkeiten. Hinzu kam der Wirrwarr, den die Ersetzung der zivilen Behörden durch die Generalkommandos schuf. Man hatte eben in jeder Beziehung mit den alten Verhältnissen gerechnet, wie sie zur Zeit der früheren Kriege bestanden hatten, und war in keiner Hinsicht auf einen Weltkrieg vorbereitet. Daher der völlige Mangel an einer zentralen Leitung in so wichtigen Fragen, wie es die Lebensmittelbeschaffung aus dem Auslande oder auch die Versorgung des Auslandes mit politischen Informationen aus Deutschland war, alles musste auf diesen Gebieten improvisiert und gegen vielfache innere Widerstände durchgesetzt werden. Kraft und Mittel wurden dabei reichlich verschwendet, Heer, Marine und Zivil arbeiteten eifrigst nicht mit-, sondern gegeneinander, und es dauerte lange Zeit, bis in das Chaos ein wenig Ordnung kam. Auch zeigte es sich, dass die deutschen Guthaben im Auslande für derartige große Bedürfnisse ganz unzureichend waren. Ein Versuch, Schatzscheine in New York unterzubringen, hatte nur unzulänglichen Erfolg, und infolge dieses Mangels an Mitteln konnte dasjenige, was von den Vereinigten Staaten noch hereingekommen ist, im Vergleich zu dem großen Bedarf nicht nennenswert sein, trotzdem es unseren Bemühungen gelang, sowohl die erforderlichen Verbindungen mit Amerika anzuknüpfen, wie auch für ausreichenden neutralen Schiffsraum zu sorgen. Aber mit der Beschaffung der Geldmittel in Berlin verging, wie schon gesagt, viel kostbare Zeit, und späterhin wurden die englischen Blockademaßnahmen immer durchgreifender. So konnten im weiteren Verlaufe des Krieges nur aus den europäischen Ländern noch größere Importe herangezogen werden.

Ballin widmete sich persönlich den Geschäften des Reichseinkaufs mit größter Hingebung, schon weil es ihm ein Bedürfnis war, an die Stelle der immer mehr sich verringernden eigentlichen geschäftlichen Tätigkeit etwas anderes zu setzen, und obgleich seine Gesellschaft davon keinen anderen Nutzen hatte, als dass ein Teil ihres beschäftigungslos gewordenen Personals von dieser Stelle absorbiert wurde und dadurch eine gewisse Entlastung in den Unkosten eintrat. Das eigentliche Geschäft und damit die Einkommensquelle der deutschen Reederei war durch den Kriegsausbruch wie mit einem Schlage abgeschnitten, und was sich an Gewinn aus den Verträgen für die Versorgung der Marine ergab, war nur ein sehr bescheidener Ersatz.

Die *Weltwirtschaft* machte in jenen Tagen überhaupt den Eindruck, als sei alles auf den Kopf gestellt. Alle Börsen waren geschlossen, es wurden keine Kurse notiert, in zahlreichen Ländern waren Moratorien eingeführt, hatten Sparkassen und Bänken ihre Zahlungen eingestellt. Deutschland war von allen direkten Verbindungen mit dem überseeischen Auslande abgeschnitten, und mehr und mehr legte die schärfer werdende englische Zensur auch den Verkehr über die neutralen Häfen lahm. Die ausländischen Dampferlinien, soweit sie sich mit dem Passagierverkehr nach Amerika befassten, machten zunächst noch glänzende Geschäfte infolge der enormen Nachfrage nach Plätzen seitens der in Europa befindlichen Amerikaner, die alle nach Hause strebten. Zahlreiche Kajütspassagiere mussten sich mit einem Platz im Zwischendeck begnügen. Im Übrigen aber begann mit dem Welthandel auch das Reedereigeschäft zu stocken. Die Frachten fielen, und in der ersten Zeit des Krieges wuchs die Zahl der ausgelegten Dampfer gewaltig. Der Weltverkehr war paralysiert.

Nach verhältnismäßig kurzer Zeit bereits zeigte es sich, dass die Leitung des Reichseinkaufs von Hamburg aus zu schwierig wurde, weil der Verkehr mit dem Reichsschatzamt, das die Mittel zur Verfügung stellen sollte, zu zeitraubend war, und es dringend erwünscht erschien, auf eine Zusammenfassung des Einkaufs im Auslande für die zivilen sowohl wie die militärischen Bedürfnisse hinzuwirken. Die Zustände in dieser Beziehung waren geradezu haarsträubend; wenn man mit Absicht in dieser Zeit das Fundament für die berüchtigte »Kriegswirtschaft« hätte legen und das »Schiebertum« großziehen wollen, hätte man es kaum besser machen können. Zahlreiche Einkäufer der verschiedenen Stellen arbeiteten nicht nur unabhängig voneinander, sondern direkt gegeneinander, und verteuerten sich gegenseitig die Preise zum Schaden der Allgemeinheit. Zweifellos sind diese Zustände, die einerseits hervorgerufen wurden durch Mangel an Voraussicht, andererseits durch die unbeschränkte Verfügung, mit der die militärischen Stellen über unbegrenzte Mittel verfügten, die Wurzel alles dessen gewesen, was wir später unter »Kriegswirtschaft« im üblen Sinne verstanden, und für das Rechenschaft zu fordern, der Kriegsausgang und der Umsturz unmöglich gemacht haben.

Um den Verkehr mit den maßgebenden Reichsstellen zu erleichtern und, soweit wie möglich, eine Zusammenfassung der Einkaufstätigkeit zu erreichen, wurde auf Ballins Rat eine Verlegung des Reichseinkaufs nach Berlin beschlossen und der Sache eine feste Form durch die Umwandlung in eine *GmbH.*, die »*Zentral-Einkaufs-Gesellschaft*«, gegeben. Die Geschichte der »ZEG« ist ja bekannt, allerdings ihr Bild auch »von der Parteien Gunst und Haß verwirrt«. Denn auf ihr Haupt häufte sich die ganze Missstimmung, die in der deutschen Bevölkerung durch die während des Krieges als notwendig erachtete Zwangswirtschaft erzeugt wurde. Zum größten Teil aber zu Unrecht. Denn was die Bevölkerung schmerzlich empfand, war im Wesentlichen die *Verteilung* der Lebensmittel, mit der die »ZEG« so gut wie nichts zu tun hatte. Ihre Aufgabe war die *Beschaffung* der Lebensmittel aus dem Auslande. Dass dabei Missgriffe und Versehen vorkamen, dass nicht überall die richtigen Leute an der richtigen Stelle saßen, kann bei dem riesenhaften Umfange ihrer Geschäfte und angesichts der Tatsache, dass sie doch eine Kriegsimprovisation war, nicht wundernehmen. Dabei ist das, was sie an wirklich großen Leistungen vollbracht hat, z.B. die Getreideversorgung aus Rumänien, mit dem gewaltigen Apparat für den Umschlag an der Donau und die Verschiffung auf diesem Strom, nur einem kleinen Kreis bekanntgeworden. Darüber und mehr noch über die in schwierigen Verhandlungen im neutralen Ausland erreichten Lieferungsabkommen konnte aus begreiflichen Gründen während des Krieges nichts veröffentlicht werden, und die Leitung der »ZEG« musste Vorwürfe und Kritik stillschweigend über sich ergehen lassen.

Welches Riesengebäude aus dem in der Stunde der Not von Ballin ins Leben gerufenen Reichseinkauf im Laufe der Zeit wurde, kann man aus der Gesamtziffer der Umsätze ersehen, die für die vier Jahre 1915–1918 sechseinhalb Milliarden Mark betrugen, damals bei anfangs fast noch normalem Geldwert ein viel größerer Betrag, als es uns heute erscheint. Bis auf 800 Waggons pro Tag erhöhten sich die Einfuhren zur Zeit der rumänischen Getreideversorgung! Das größte Verdienst aber hat sich m.E. die Leitung der Gesellschaft dadurch erworben, dass sie dem oben kurz geschilderten Wirrwarr in der Einkaufstätigkeit im Auslande ein Ende machte und geordnete Zustände schuf. Welch' schwierige und zeitraubende Verhandlungen zur Überwindung dieser inneren Reibungswiderstände erforderlich waren, davon kann man sich heute kaum noch einen Begriff machen.

Über die geschäftlichen *Vorgänge bei der Hamburg-Amerika Linie während des Krieges* ist nicht viel zu berichten. Je mehr sich der Krieg in die Länge zog, je mehr Staaten in den Kampf gegen Deutschland eintraten, desto mehr wuchsen die Verluste an Schiffsmaterial und die Einbußen an sonstigem Besitz. Was an Niederlassungen, Landungsanlagen und dergleichen in den kriegführenden Ländern vorhanden war, wurde restlos konfisziert, und immer größer wurde damit die Sorge um den Wiederaufbau nach dem Kriege. Sie beschäftigte Ballin unablässig, und in erster Linie seinen Bemühungen war es zu danken, dass im Jahre 1917 Regierung und Reichstag ein Gesetz annahmen, das für den Wiederaufbau der Handelsflotte Mittel zur Verfügung stellte. Daneben ging sein Bemühen dahin, durch Ersparnisse in den Unkosten, durch Beschaffung von Arbeit für die Anlagen der Gesellschaft im Inland, durch Abstoßung einiger Schiffe und anderen Besitzes Mittel für die Erhaltung der Gesellschaft zu beschaffen. Soweit die Mittel reichten, wurden Fürsorgemaßnahmen für die Familien der in den Krieg gezogenen Angestellten und Arbeiter getroffen. Über alle diese Dinge hat die Gesellschaft der Öffentlichkeit berichtet, und ich kann mich auf diese kurzen Andeutungen beschränken. Nur ein Gesichtspunkt sei besonders hervorgehoben.

Es ist wohl eine anerkannte Tatsache, dass kein Gewerbe unter direkten Maßnahmen der deutschen Regierung so gelitten hat wie die Reederei. Bei den Verhandlungen über den Wiederaufbau der Schifffahrt ist das von der Regierung ja auch zugegeben worden. Ich habe hier nicht etwa die Maßnahmen im Auge, die durch den Friedensvertrag von der deutschen Regierung erpresst wurden, wie die Auslieferung der Handelsflotte, sondern Kriegsmaßnahmen. Sie haben mit jener Maßnahme der Feinde eins gemeinsam, nämlich dass nachträglich ihre Urheber wohl allesamt zu der Einsicht gekommen sind, dass hier ein großer Aufwand nutzlos vertan wurde. Die Annexion der deutschen Handelsflotte hat, wie man in England offen zugibt, viel dazu getan, den Weltmarkt der Schifffahrt gründlichst zu ruinieren und Verwirrung in das ganze Gewerbe zu bringen. Die Kriegsmaßnahmen der deutschen Regierung, besser gesagt, der Marine, aber haben *einem Phantom zuliebe* enorme Werte geopfert, und dadurch die Entschädigung der Reedereien notwendig gemacht, ohne durch diese auch nur einen bescheidenen Teil der Verluste wieder gutmachen zu können. Denn was aus dieser Entschädigung wiederhergestellt werden kann, ist qualitativ nicht ein Zehntel, nicht ein Zwanzigstel des früheren! Man wird das sehen, wenn man nach Verbrauch der Entschädigung die dann vorhandene Passagierdampferflotte mit dem vergleichen kann, was Deutschland daran früher besaß!

Jenes Phantom war der *Kampf gegen den Schiffsraum*, die falsche Voraussetzung des U-Boot-Krieges, ein törichter Glaube, der sogar so weit ging, anzunehmen, dass die Herausziehung des deutschen Schiffsraums aus dem Weltverkehr die Versorgung der feindlichen Mächte beeinträchtigen könnte. Aus diesem Glauben heraus entstand das Verbot des Verkaufs der in neutralen Häfen liegenden deutschen Schiffe und die Zerstörung der Maschinen dieser Schiffe, als ihre Beschlagnahme drohte. Namentlich die Behandlung dieser letzteren Maßnahme wie die Maßnahme selber zeugte von einer erschütternden Verständnislosigkeit gegenüber dem großen Problem, dem man auf diese Weise beikommen wollte, und das erklärt die Bitterkeit des Tones in einer *Eingabe Ballins* an den Staatsminister des Innern aus dem Jahre 1917, in der er diese Maßnahmen kritisierte. Sie gibt das beste Bild von den Beschwerden der Reederei. Es heißt darin:

... »Als Euere Exzellenz sich entschlossen haben, uns den Verkauf von Schiffen in Amerika zu genehmigen, war es für diesen Verkauf schon zu spät, weil die amerikanische Regierung die Schiffe schon beschlagnahmt hatte. Wir hatten schon vorher gebeten, uns den Verkauf eines Teiles der in Amerika liegenden Tonnage zu gestatten, als wir einsahen, daß der Krieg unvermeidlich geworden war und eine außerordentlich günstige Anerbietung seitens amerikanischer Interessenten uns vorlag.

Dieser Antrag ist von Euerer Exzellenz als Vertreter des Herrn Reichskanzlers abgelehnt worden. Ich weiß sehr wohl, daß nicht der Herr Reichskanzler oder Euere Exzellenz als sein Vertreter diese Ablehnung beschlossen haben, sondern daß sie zurückzuführen war aus eine Entscheidung des *Admiralstabes*. Das Reichsamt des Innern ist aber diejenige Behörde, welcher der Schutz und die Förderung der deutschen Schiffahrt anvertraut ist. Mit dem Admiralstab direkt haben wir, wie ich Euerer Exzellenz nicht zu sagen brauche, nichts zu tun, haben also auch nicht einmal das Recht, uns wegen solcher Fragen direkt an den Admiralstab zu wenden.

Unsere Gesellschaft, welche die größte Schiffahrtsunternehmung der Welt war und bei Ausbruch des Krieges über Schiffe von etwa 1500000 Tons verfügte, hat diese bis auf einen geringen Teil verloren, viel weniger durch Kaperungen und durch Versenkungen im Dienste der Kaiserlichen Marine, als durch die *Handlungen unserer eigenen Regierung*. Die deutschen Schiffe in Italien, in Portugal, in Griechenland, in den Vereinigten Staaten, in Brasilien usw. hätten uns **in natura** oder durch Auszahlung ihres Wertes erhalten bleiben können, wenn unsere Regierung mit der gleichen Erkenntnis gehandelt hätte, wie die österreichische Regierung es in den Vereinigten Staaten sowohl als auch in China getan hat.

Die österreichischen Schiffe sind mit ihren demolierten Maschinen so rechtzeitig auf Anlaß der Regierung verkauft worden, daß heute die in Betracht kommenden Reedereien nicht nur nicht nötig haben, als Bittsteller um den Erlaß eines entsprechenden Entschädigungsgesetzes ihrer Regierung lästig zu fallen, sondern im Gegenteil ein so großes österreichisches Nationalvermögen nach Hause gebracht haben, daß ihre Kapitalkraft eine nie geahnte Höhe erreicht hat, und sie so in der Lage sind, ihre Flotte aus eigenen Mitteln nicht nur wieder aufzubauen, sondern so erheblich zu vergrößern, daß zu all den überreich gewordenen feindlichen und neutralen Reedereien in Zukunft als unüberwindlich scheinende Wettbewerberin auch die österreichische Handelsmarine in den Kampf gegen uns eintreten wird.

Dieser im Interesse der deutschen Volkswirtschaft nicht genug zu beklagende Zustand dauert unvermindert an. Nach zuverlässigen Privatnachrichten sind die Maschinen der deutschen Schiffe in argentinischen Häfen zerstört worden, ohne daß uns von Euerer Exzellenz bisher eine Nachricht darüber zugegangen ist, und noch weniger uns der Rat erteilt ist, möglichst für eine Verwertung der Schiffe im Interesse der deutschen Volkswirtschaft und der völlig dezimierten deutschen Handelsschiffahrt Maßnahmen zu treffen.

Ebenso sind nach einer Mitteilung, welche Seine Exzellenz der Herr Ministerialdirektor von Jonquières nach Hamburg und Bremen an die zuständigen Behörden gerichtet hat, auch die Schiffe in Uruguay jetzt arg gefährdet. Die Regierung von Uruguay soll aber nach dieser Depesche lieber einen Kauf als eine Beschlagnahme der Schiffe durchzuführen geneigt sein. Nach dem bisherigen Verlauf der Dinge können wir nur annehmen, daß auch hier wieder der Admiralstab die Erlaubnis versagen oder doch so spät erteilen wird, daß dieser Verkauf nicht mehr möglich ist.

Euere Exzellenz werden sich sicherlich darüber klar sein, daß die alle anderen großen Gesichtspunkte außer acht lassenden Verfügungen des Admiralstabes Deutschland eine Kriegserklärung nach der anderen gewaltsam eingetragen haben, denn angesichts der Schiffsraumnot, welche unsere englischen und anderen Feinde offenbar in kluger Berechnung für die noch neutral gebliebenen Staaten herbeiführen, zwingen sie diese Staaten – eben dieser Schiffsraumnot wegen – zum Kriege gegen uns, weil bei uns eine Behörde ausschlaggebend ist, die sich der Einsicht der wirtschaftlichen und politischen Folgen beklagenswerterweise verschließt.

Als wir vor Jahr und Tag, zu einer Zeit, als von einem uneingeschränkten Ubootkrieg noch nicht die Rede war, Gelegenheit hatten, mit dem sogenannten belgischen ›**Relief Committee**‹ einen Vertrag zu machen, der es uns ermöglicht hätte, nach und nach unsere Schiffe aus den amerikanischen Häfen heraus- und unter der Flagge des belgischen Hilfskomitees nach Rotterdam zu bringen, war es auch der

Admiralstab, der die Ausführung dieses Vertrages unmöglich machte, weil er unverständlicherweise die Genehmigung nur für drei Schiffe erteilen wollte, trotzdem England die ganze Liste unserer in Amerika liegenden, etwa 250000 Tons repräsentierenden Schiffe genehmigt und mit seinen Bundesgenossen schriftlich die Erklärung abgegeben hatte, daß diese Schiffe unangetastet bleiben sollten, solange sie für die Zwecke der Versorgung Belgiens benutzt würden. Nichts hätte uns, wie ich damals mir erlaubte, dem Herrn Vertreter des Admiralstabes, Herrn Kapitän zur See Grashoff, zu sagen, gehindert, die Schiffe nach vollendeter Arbeit in Rotterdam liegen zu lassen, von wo sie, wie die Tatsachen es inzwischen erwiesen haben, ungefährdet nach Hamburg hätten gebracht werden können.

Ich gestatte mir in aller Ehrerbietung an Euere Exzellenz die Frage zu richten, ob gegen eine derartige, durchaus vermeidbare Zertrümmerung eines Teils der deutschen Volkswirtschaft kein Rekurs möglich ist …

…Verwahren muß ich mich mit allem Nachdruck gegen die Unterstellung, die sicherlich nicht ausbleiben wird, daß ich mir erlaube, Maßnahmen zu kritisieren, welche der Admiralstab im Interesse der deutschen Kriegführung für notwendig gehalten hat. Mit jeder solchen Maßnahme sind die deutschen Schiffsreeder – und sollte sie noch so einschneidend und abträglich für sie wirken – durchaus einverstanden. Wogegen ich im Interesse der deutschen Handelsschiffahrt – wenn auch ohne besonderes Mandat – Einspruch zu erheben mir erlaube, das sind diejenigen Handlungen, die ohne eine Beeinträchtigung des Erfolges unserer Seekriegführung hätten vollzogen werden können, wenn das Verständnis für die Notwendigkeit der deutschen Handelsschiffahrt obgewaltet hätte, welches dieser Zweig der deutschen Volkswirtschaft zu beanspruchen berechtigt ist.

Dazu hätte in erster Linie gehört, daß man uns ins Vertrauen gezogen hätte, sobald man den Entschluß gefaßt hatte, die Maschinen der deutschen Handelsschiffe zu zerstören und uns geholfen hätte, diese so unbrauchbar gemachten Fahrzeuge im Interesse des deutschen Nationalvermögens noch zu verwerten. Man hat nichts dergleichen getan, und doch hätte man durch solche beinahe selbstverständliche Handlung so manche Kriegserklärung gegen Deutschland vermeiden können.« …

Für einen Mann wie Ballin, der sein ganzes Leben lang gewohnt gewesen war, eine gewaltige Arbeitslast mit größtem Erfolg zu bewältigen, war die *erzwungene Untätigkeit* eine Qual. Je länger sie dauerte, desto mehr, zumal die Arbeit, die mit der Vorbereitung des Wiederaufbaus verbunden war, die Tätigkeit in der Kriegsorganisation der Reederei und dgl., nur ein schlechter Ersatz für die durch mehr als 30 Jahre gewohnte produktive Arbeit war. Zweifellos hätte die Regierung die organisatorischen Talente Ballins besser ausnutzen können, aber es fehlte ja von Anfang an in Deutschland eigentlich an einer Zentralleitung. Die politische Leitung war zwar nicht abgesetzt, trat aber von Anfang an gegen die militärische vollkommen in den Hintergrund, diese aber arbeitete nach den ihr durch den Mobilmachungsplan gegebenen Richtlinien. Die Instanzen, die sich mit der wirtschaftlichen Kriegführung beschäftigten, nahmen Ballins Rat wenig oder gar nicht in Anspruch, und ihn ungefragt zur Verfügung zu stellen, konnte ihm umso weniger in den Sinn kommen, da er zunächst immer hoffte, dass der Krieg nicht von langer Dauer sein werde, weil er den Glauben hegte, dass die Welt doch zu vernünftig sei, um diese Verwüstung lange fortzusetzen. Dass das nicht eintrat, und die Unvernunft immer mehr die Oberhand gewann, war für ihn eine bittere Enttäuschung, umso mehr, da er stets die Ansicht vertrat, dass in diesem Kriege die Zeit gegen Deutschland gehe. Diese Zeit abzukürzen, den Frieden herbeizuführen, war der ganze Inhalt *seiner politischen Tätigkeit während des Krieges.*

Tatsächlich ist auch durch Ballins Hände der erfolgversprechendste *Friedensvermittlungsversuch* gegangen, der mir bekannt ist. Ihn in allen Einzelheiten zu schildern, muss einer Zeit vorbehalten bleiben, die keine Rücksicht auf Regierungen und Personen mehr zu nehmen hat. Er kam an Ballin durch seine alten internationalen Beziehungen und wurde von ihm an Kaiser und Reichskanzler weitergeleitet, und er hatte nach zweijährigen unermüdlichen Bemühungen Anfang 1917 dahin geführt, dass eine direkte Fühlungnahme zwischen den feindlichen Parteien bevorstand. Da kam die Erklärung des uneingeschränkten U-Boot-Krieges, woraufhin die vorgesehene Fühlungnahme unterblieb und der mühsam gesponnene Faden endgültig zerriss. Denn nun waren die Alliierten der amerikanischen Hilfe und ihres Sieges sicher. An keiner Friedensaktion, von der ich gehört habe, ist mit einer so selbstlosen und unermüdlichen Hingebung und Zähigkeit gearbeitet worden wie an dieser. Allerdings hätte sie uns nicht, so wenig wie irgendeine andere, *den* Frieden bringen können, auf den die öffentliche Meinung in Deutschland durch Jahre hindurch eingestellt worden war, infolge der durch die militärische Zensur und die militärische Berichterstattung genährten Überschätzung der eigenen Kraft.

Von dieser Überschätzung ist Ballin immer frei gewesen. Er erkannte rückhaltlos die gewaltige deutsche Leistung im Kriege an, fürchtete aber, dass der immer zunehmenden Zahl der Feinde die deutsche Kraft auf die Dauer nicht gewachsen sein würde, und vertrat deshalb immer die Anschauung, dass man, um zum Frieden zu kommen, sich in seinen Ansprüchen bescheiden müsse. Damit steht auch nicht im Widerspruch ein s.Z. viel besprochener Artikel, den Ballin zum Neujahr 1915 in der »Frankfurter Ztg.« unter der Überschrift »Das nasse Dreieck« veröffentlicht hat. Er führte darin aus, dass Deutschland mit seiner Seemacht aus dem »nassen Dreieck«, der Nordsee, heraus an den Ozean müsse, damit es nicht wieder blockiert werden könne. Man hat diese Äußerung auf Belgien bezogen und Ballin als Kronzeugen auch für den Plan einer Annexion Belgiens in Anspruch nehmen wollen. Mit Unrecht. Seine Gedanken bei Abfassung jenes Artikels gingen darüber hinaus und richteten sich auf eine Flottenstation am Atlantischen Ozean, etwa in der Gegend Nordafrikas, und so wie er sich das Kriegsende dachte – ohne Annexion und ohne Entschädigung, aber mit Gewinn auf weltwirtschaftlichem Gebiete und einer dauernden Verständigung mit England auf politischem und Marinegebiet, herbeigeführt durch die Unmöglichkeit, Deutschland militärisch niederzuringen – so konnte auch jener Gedanke erfüllbar scheinen. Man erinnere sich nur an den im Kapitel »Politik« wiedergegebenen Artikel der »Westminster Gazette«. Davon war Ballin fest überzeugt, dass, wenn auch nur ein sogenannter Kompromissfriede erreicht würde, d.h. Deutschland mit gar keinem Gewinn an Land und ohne Entschädigung aus dem Kriege hervorginge, der Eindruck der deutschen Leistung in der Welt so überwältigend sein werde, dass auf indirektem Wege wir mehr Vorteile aus dem Kriege ziehen würden als die größte Kriegsentschädigung und der größte Landgewinn uns bringen könne. Ganz abgesehen davon, dass zur Verdauung eines Landgewinnes, wie andere Leute sich ihn vorstellten, Deutschland nach der Erfahrung früherer Zeiten nicht imstande sein werde. Diese Anschauung wurde natürlich als »Flaumacherei« angesehen und ihr Vertreter entsprechend beurteilt.

Gegen diesen Vorwurf der »Flaumacherei« und Englandfreundlichkeit hat er sich einmal in einem Briefe an einen befreundeten Marineoffizier in charakteristischer Weise verteidigt. »Wenn ich nun noch«, schreibt er im April 1915, »ein Wort von mir persönlich sagen darf, so möchte ich im Hinblick auf das erhebliche Stück des Lebensweges, welches ich in freundlichster Fühlung mit Ihnen durchmessen durfte, Ihnen doch mitteilen, daß ich mich entschlossen habe, nach dem Friedensschluß mich aus meinem Amte zurückzuziehen. Ich schrieb Ihnen ja schon nach Beginn des Krieges, daß mein Lebenswerk zerbrochen ist. Ich bin heute überzeugt, daß es bald zu neuem Leben und zur Blüte wieder erwachen wird, aber man müßte mir schon meine Jugend wiedergeben können, wenn ich mir die Aufgabe zutrauen sollte, in der internationalen Schifffahrtswelt die Stellung wieder zu erringen, die ich bis zum Ausbruch des Krieges besessen habe. Ich kann es mir überhaupt nicht denken, daß ich wieder nach London reisen sollte und den Präsidentensitz einnehmen in der Beratung der großen Fragen der Weltschiffahrt. Aber in meinen alten Tagen die zweite Violine zu spielen, das kann mir niemand zumuten. Ich kann mir überhaupt die Wiederherstellung meiner freundschaftlichen Beziehungen zu den Engländern, Franzosen und Italienern und insbesondere auch zu den Amerikanern nicht denken. Ich gelte ja seltsamerweise in hohen Kreisen und sogar bei S. M. selbst für anglophil, und doch bin ich der einzige Deutsche, der mit Recht behaupten kann, daß er seit 30 Jahren mit England in einem Krieg lebt um die Vorherrschaft auf dem Gebiete der Handelsschiffahrt. In dieser langen Zeit habe ich den Engländern, wenn ich mich dieses kühnen Vergleichs bedienen darf, einen Schützengraben nach dem anderen abgenommen und habe sie immer wieder attackiert, sobald ich die Mittel dazu aufbringen konnte.«

Über das erstrebenswerte Kriegsende haben übrigens auch andere ernsthafte Leute in Wirtschaft und Politik, politisch geschulte Köpfe während des Krieges ähnlich geurteilt, wie Ballin, aber niemand konnte ja unter der Kriegszensur solche Ansichten öffentlich vertreten. Die Ballin'sche Auffassung von dem Gewinn aus einem Kompromissfrieden ist vollauf bestätigt worden durch den unleugbar großen Eindruck, den die Welt auch nach der Niederlage Deutschlands von seiner Leistung gehabt hat, und der die Welt in Bezug auf unsere Erholungsfähigkeit viel optimistischer gestimmt hat, als wir selber unter dem Eindruck der Katastrophe waren.

Über die *politische Tätigkeit Ballins im Kriege* sei an der Hand seiner Aufzeichnungen hier noch das Folgende berichtet.

Der Krieg traf ihn, wie aus dem Vorstehenden bereits hervorgeht, völlig überraschend, er glaubte vor allem nicht, dass es ein langdauernder Krieg sein werde, »der Weltverkehr werde sich das nicht gefallen lassen«, war seine Ansicht in den ersten Kriegstagen. Im Übrigen suchte er sich Arbeit zu schaffen, Arbeit im Interesse des Landes. »Arbeit ist heute das, was wir brauchen«, schrieb er an einen Freund, »was uns erhebt und uns erhält und uns, die wir nicht mehr direkt an den Feind gehen können, das Bewußtsein gibt, noch etwas zu nützen.« Aber damit verbunden taucht schon die Frage auf: »Eine andere Frage ist, wer von den Männern, die heute im Hauptquartier sitzen, die Kraft und die Klugheit hat, einmal erfolgreich den Frieden zu verhandeln.« Um den Frieden, und wie man ihn herbeiführen könne, was er Deutschland bringen könne, und wie man eine für Deutschland möglichst günstige Weltkonstellation vorbereiten könne, darum drehen sich alle seine Gedanken. Am 1. Oktober 1914 schreibt er an den *Großadmiral von Tirpitz*:

> … »Mit dem, was Sie in Ihrem freundlichen Schreiben sagen, stimme ich vollkommen überein. Sie können gar nicht schärfer und sorgenvoller diese Dinge ansehen, als ich es tue. (Diese Bemerkungen beziehen sich auf die politischen Vorgänge in Berlin unmittelbar vor Kriegsausbruch D. V.) Hoffentlich ist die Zeit nicht fern, welche mir die sehr erwünschte Gelegenheit gibt, mich darüber einmal mit Ihnen, meine liebe, hochverehrte Exzellenz auszusprechen.
>
> Die erfolgreiche Gestaltung des Friedens wird nicht viel weniger schwer sein wie die glückliche Durchführung des Krieges. Diesen Weltkrieg kann man meiner Meinung nach in sechs Monaten mit den gleichen Resultaten beenden, wie man sie nach 12 Monaten zu erlangen vermag. Ich meine, daß, wenn wir nicht in einigen Monaten die Grundlage für unsere Entschädigungsforderungen geschaffen haben,

die Aussichten im weiteren Verlauf der Dinge sich für uns auch nicht viel sicherer gestalten würden.

Was wir anstreben müßten, ist eine Neugruppierung in der Form eines Bündnisses Deutschland-England-Frankreich. Dieses Bündnis wird zu haben sein, sobald wir Frankreich und Belgien zu Boden gerungen haben, und sobald Sie sich entschlossen haben, mit England eine Verständigung über den Flottenbau herbeizuführen.

Ich weiß, daß dieser Gedanke Ihnen wenig sympathisch ist, aber ohne eine Übereinkunft mit Bezug auf die Flotte werden Sie die Engländer niemals zu einem vernünftigen Friedensschluß bringen können.

Einen vernünftigen Friedensschluß nenne ich ein solches Abkommen, mit welchem Deutschland und England ehrenvoll nach Hause gehen können, und welches weder bei der einen noch bei der anderen Nation einen Haß zurückläßt, der den Boden schon bereitet für den nächsten Krieg.

Die französische Revanche-Idee konnte man 44 Jahre lang wohl ertragen, denn man hatte nur mit einem Haufen nationalistischer Schreier zu tun. Eine englische Revanche-Idee würde dagegen der Zukunft unserer Volkswirtschaft und unseres Anteils am Weltverkehr ganz außerordentlich abträglich sein.

Ich habe schon lange den Eindruck gehabt, daß die Zeit der Über-Dreadnoughts zur Neige geht, und ich habe mal Herrn Admiral von Müller gefragt, ob es denn nicht denkbar wäre, daß man ein Flottenabkommen in der Form diskutiere, daß lediglich die Summe Geldes festgesetzt wird, welche jede der beiden Regierungen für die Zwecke ihres Kriegsschiffbaus jährlich ausgeben wolle, und daß es jeder der vertragschließenden Parteien überlassen bliebe, über welchen Typ von Kriegsfahrzeugen sie die vereinbarte Summe verteilen will.

England kämpft in ebenso hohem Maße, wenn nicht in noch höherem, um seine Existenz wie wir. Die Existenz Englands als Weltmacht ist aber abhängig von einer mindestens numerischen Überlegenheit seiner Flotte.

Ich bin überzeugt, daß – immer vorausgesetzt, daß es uns gelingt, Frankreich und Belgien zu Boden zu ringen – Englands Forderungen mit Bezug auf die Überlegenheit im Flottenbau sehr mäßige sein werden, und ich kann von meiner Ansicht nicht loslassen, daß ein faires Abkommen mit Bezug auf den Kriegsschiffsausbau für Deutschland ebenso wichtig ist wie für England.

Der gegenwärtige Zustand stellt eine Schraube ohne Ende dar und erzeugt einen Zündstoff in England, der uns nie zu einer sicheren Verständigung kommen läßt …

… Und der weitere Verlauf des Krieges? Ich hoffe, liebe, verehrte Exzellenz, daß Sie die Flotte nicht einsetzen werden. Das kürzlich wiederaufgetauchte, mir allerdings nie entschwundene Wort: ›**The fleet in being**‹ serviert Ihnen alle bezüglichen Erwägungen in einer Nußschale.

Die Flotte ist in meinen Augen nie etwas anderes gewesen, und darf nichts anderes sein, wie die unerläßliche Reserve einer gesunden Weltwirtschaft. Und ebensowenig wie ein gewissenhafter Direktor die Reserven seiner Gesellschaft angreifen wird, solange nicht die bitterste Notwendigkeit ihn dazu zwingt, ebensowenig sollte man die Flotte in den Krieg hineinziehen, solange nicht der härteste Zwang dafür vorliegt.

Was können Sie in einer offenen Seeschlacht erreichen? Daß unsere Schiffe hochwertiger sind, daß unsere Offiziere und Mannschaften unendlich viel besser sind, glauben nicht nur wir Deutschen, sondern auch sehr sachkundige Engländer. Noch König Eduard hat bei jeder Gelegenheit betont, daß die englischen Kriegsschiffsbesatzungen nicht heranreichen können an Deutschlands Männer. Aber was wollen Sie? Wollen Sie gegen eine große Überzahl kämpfen lassen? Das wäre doch höchst bedenklich und, selbst wenn es glückte, werden ja die Sieger auch als Havaristen nach Hause gehen.

Ich weiß ja nicht, wie Sie und wie Exzellenz von Müller und Exzellenz Pohl über diese Sache denken, aber da Sie mich selbst ermuntert haben, meine Ansichten auszusprechen, so werden Sie es auch nicht übel deuten, wenn ich mich etwas vorlaut auf dieses mir fernliegende Gebiet wage. Ich tue es auch aus einem anderen Grunde.

Wir haben uns mit der *Vorbereitung des Friedens* zu beschäftigen. Glauben Sie, verehrte Exzellenz, daß es eine glückliche Vorbereitung des Friedens wäre, wenn es der deutschen Flotte gelingt, der englischen Flotte eine siegreiche Seeschlacht zu liefern? Das wäre ein irriger Glaube. Meines Erachtens ist das Gegenteil der Fall … Wenn die Engländer auf maritimem Gebiete eine große Schlappe erlitten haben, dann müssen sie kämpfen bis auf den letzten Mann und auf den letzten Groschen. Das liegt in der Natur der Sache. Das muß selbst der begreifen, der nur für eine Kontinentalpolitik Verständnis hat.

Hat England sein Seeprestige auch nur teilweise eingebüßt, so hat es auch die großen Kontinente verloren, die heute in der Form von Kolonien sich der kleinen Insel unterordnen. Die englische Existenzberechtigung in ihrer gegenwärtigen Form hört auf zu sein, wenn die

Suprematie aus dem Meere für England verloren ist …

… Und eins vergessen Sie, bitte, nicht. Wir müssen unsere Entschädigung suchen in der Annektion wertvoller überseeischer Gebiete. Wir können uns des ruhigen Genusses der Früchte dieses überseeischen Gebietszuwachses aber nur erfreuen im Frieden mit England … Heute sind in fast allen englischen Kolonien Deutsche die hervorragendsten Führer des Wirtschaftslebens und die offene Tür hat uns einen großen Teil des Nationalreichtums gesichert, der bei Kriegsausbruch die glänzende Organisation unserer finanziellen Mobilmachung ermöglichte.

Deshalb halte ich es auch für so sehr verfehlt, daß die öffentliche Meinung durch die deutsche Presse gegen England so wahnsinnig überheizt wird. Ich war in dieser Woche in Berlin und bin erschrocken über die uferlosen Gedanken, denen nicht nur die Berliner, sondern auch hervorragende Männer aus Rheinland und Westfalen sich hingeben …«

Neben diesen Gedanken, wie ein Frieden herbeigeführt werden könne, beschäftigte Ballin namentlich die Sorge darüber, dass der Kaiser sich zu sehr von der Nation entferne durch seine lange Abwesenheit von Berlin, und dass er daher die Fühlung mit dem Volke verliere und über seine Stimmung nicht mehr richtig orientiert sei. Er deutete das in einem Briefe an einen ihm seit langem befreundeten Herrn in der Umgebung des Kaisers an:

» … Hoffentlich können Sie Seine Majestät den Kaiser bald bewegen, sein Hauptquartier für den Winter nach Deutschland zu verlegen. Es erscheint mir nur logisch, daß, wenn man einen Krieg in Rußland und Frankreich führt, das Hauptquartier auf deutschem Boden bleibt. Ich halte das vom Standpunkt der Sicherheit für so sehr erwünscht und sorge mich sehr um unseren Kaiserlichen Herrn … Ob es richtig ist, die Presse so scharf zu knebeln, darüber kann man anderer Meinung sein. Mich besuchte gerade heute Herr … ein früherer Offizier und ein außerordentlich verläßlicher und tüchtiger Mann. Er klagte sehr über die scharfe Zensur und meinte, es sei ein Fehler, der sich später rächen könne. Es wäre sicherlich sehr gut, wenn ein solcher Mann, der auch im Auswärtigen Amt **persona grata** ist, einmal im Hauptquartier über diese Sache sich Gehör verschaffen könnte.«

Von den politischen Problemen, die sich für Deutschland ergaben, beschäftigte Ballin in der ersten Zeit des Krieges namentlich die Frage, wie man *Italien und Rumänien* an einem Übertritt in die Reihe unserer Gegner verhindern könne. Er tat deshalb alles, was in seinen Kräften stand, um die *Entsendung des Fürsten Bülow nach Rom* zu beschleunigen und bemühte sich einerseits, den Fürsten zur Übernahme dieser dornenvollen Aufgabe zu bewegen, andererseits den Reichskanzler zur Berufung des Fürsten zu bringen. Neben der politischen Bedeutung der Aufgabe betonte er dabei besonders ihre Bedeutung für die deutsche Volksernährung.

> » ... Die Frage der Versorgung des deutschen Volkes«, schreibt er ins Hauptquartier, »hängt natürlich auch eng zusammen mit der Lösung der italienischen und rumänischen Schwierigkeit. Ich kann mich der Befürchtung nicht erwehren, daß es hier ›Zeit verloren, alles verloren‹ heißt. Kein Druck ist, glaube ich, zu stark, um Österreich klarzumachen, daß eine Einigung mit Italien eine **conditio sine qua non** für die sieghafte Beendigung dieses Krieges ist. Wenn davon gesprochen wird, daß Italien mit neuen Forderungen kommen wird, wenn man die ersten Ansprüche erfüllt, so könnte die deutsche Regierung sich ja für ihre guten Dienste als Vermittler die schriftliche Zusage geben lassen, daß eine Erhöhung der Forderung nicht eintreten wird.« ...
>
> ... »Daß auch die Italiener, wenn sie zum März in Waffen starren, nicht mehr friedlich abrücken können, wenn Österreich sich nicht gütlich mit ihnen verständigt, liegt militärisch und politisch zu klar, um daran noch einen Zweifel knüpfen zu können. Die größte Gefahr für uns liegt also in dem Verhalten dieser Neutralen, und ich hoffe, daß der Ministerwechsel in Österreich einer verständigen Auffassung dieser bedauerlichen aber natürlichen Notwendigkeit die Wege ebnet. Wir sollten dafür sorgen, daß wir nicht gezwungen werden, uns noch mehr zu zersplittern, die Last, welche die Unzulänglichkeit der Bundesgenossen uns heute schon auferlegt, ist fast übermenschlich und trägt die Gefahr der Erschöpfung in sich.«

Die deutsche Aktion in Italien litt unter der Zwiespältigkeit der österreichischen Politik und kam daher nicht vom Fleck. Je nach der Lage auf den Kriegsschauplätzen war in Österreich die Stimmung für einen Ausgleich mit Italien mehr oder weniger günstig, richtiger gesagt, mehr oder weniger ungünstig. Denn man empfand den Ausgleich natürlich als ein bitteres Opfer und war darum auch dem deutschen Vermittler keineswegs günstig gesonnen. Den Fürsten Bülow beschuldigte man, dass er »das Trentino Italien geschenkt habe«. Beunruhigende Nachrichten, die Ballin aus Wien zugingen, veranlassten ihn, dem Reichskanzler über diese Stimmung zu berichten und seine guten Dienste zur Verfügung zu stellen, falls er glaube, dass Ballins alte Beziehungen in Wien von Nutzen sein könnten. Dabei leitete ihn auch die Einsicht, dass die deutsche diplomatische Vertretung in Wien für die österreichische Mentalität nicht die geeignete sei.

Ballin reiste alsdann Anfang März 1915 in offiziöser Mission nach Wien und orientierte sich zunächst über die dort herrschende Stimmung bei seinem alten Freunde, dem Vizepräsidenten des K. K. Obersten Rechnungshofes, Exzellenz Schulz, der für eine der bestinformierten Persönlichkeiten in Wien galt, schon deshalb, weil er ein Partner der täglichen Tarockpartie des alten Kaisers war. Die Stimmung wurde Ballin von Schulz als stark verbittert dadurch geschildert, dass Deutschland zu früh als »Advokat für Italien« aufgetreten sei, zu einer Zeit, als Österreich noch glaubte, Serbien erledigen zu können. Darin habe es ja versagt, aber ebenso habe Deutschland in seiner Kriegführung versagt, da es mit England gar nicht gerechnet habe und Frankreich nicht so schnell habe niederwerfen können, wie es geglaubt habe. Jetzt werde Osterreich freiwillig unter dem Druck der Notwendigkeit Italien Konzessionen machen müssen, gegen die sich jedes österreichische Herz sträube, und für ein aktives Eingreifen Rumäniens werde auch Tisza ein Opfer in der Bukowina für diskutabel halten, aber niemals in Siebenbürgen. Bezüglich des letzteren Punktes, Rumänien, erklärte Ballin seinem Freunde, dass er die Aufgabe betreffend Italien bereits für so schwer halte, dass er damit seine Mission nicht noch belasten möge, die rumänische Frage müsse Österreich aus sich herauslösen.

Die Unterhaltungen, die Ballin alsdann mit dem Ministerpräsidenten *Graf Stürgkh* und dem Minister *von Koerber* sowie mit anderen einflussreichen Persönlichkeiten hatte, bestätigten diese Eindrücke, und er schied von Wien mit der Hoffnung, dass eine geplante deutsch-italienisch-österreichische Konferenz, die in Wien stattfinden sollte, zustande kommen und Erfolg haben werde. Das war aber nicht der Fall, und wahrscheinlich war es auch damals für eine Einigung mit

Italien bereits zu spät oder jedenfalls so spät, dass nur ein sehr promptes, weitgehendes Entgegenkommen Österreichs noch etwas retten konnte, das aber nicht zu erlangen war. Schon bald darauf teilte Fürst Bülow Ballin mit, dass die Sache hoffnungslos stände.

Ballins Sorgen richteten sich nun auf Rumänien, das er namentlich auch im Hinblick auf seine Bedeutung für unsere Ernährung für noch wichtiger hielt als Italien. In seinen Aufzeichnungen aus dieser Zeit heißt es:

> ... »21. Juni 1915. Die Nachrichten, welche mir ... über die politische Lage mit Bezug auf Rumänien und Bulgarien sandten, waren so ernst geworden, daß ich mich veranlaßt gesehen hatte, dem Chef des Großen Generalstabes, *General von Falkenhayn*, Abschrift dieser Briefe zu übersenden und ihm zu sagen, daß nach meiner Ansicht das Auswärtige Amt am Ende seiner Möglichkeiten sei und daß nur ein starker militärischer Druck, den er und der *Freiherr von Conrad* auf den *Grafen Tisza* ausüben können, geeignet sei, dahin zu führen, daß dieser halsstarrige Mann sich mit den Balkanstaaten einigt.« ...
>
> ... »X. sprach bei dieser Gelegenheit sehr verächtlich von dem Gedanken, aus dem Kreise der alten Diplomaten Hilfskräfte heranzuziehen; er schien überhaupt sehr stolz zu sein auf die Leistungen des Auswärtigen Amts, während ich der Hinsicht bin, daß das Auswärtige Amt total versagt und überhaupt nichts mehr leistet. Es muß schon weit gekommen sein, wenn man schließlich nur noch Herrn Erzberger als Retter in der Not anerkennt. Ich machte den Herren den Vorschlag, daß der Kanzler sich die wildesten Alldeutschen einmal kommen lassen und Hindenburg veranlassen solle, diesen Männern über die militärische Lage klaren Wein einzuschenken. Der Gedanke wurde beifällig aufgenommen und sollte dem Kanzler übermittelt werden.« ...
>
> ... »*Der Kanzler* sprach mit mir noch über den Gedanken, wenn Rumänien neutral bleibe und die Dardanellenaktion zu unseren Gunsten beendet wird, den feindlichen Mächten offiziell den Frieden anzubieten. Ein sehr großer Gedanke, gegen den ich aber sofort Bedenken erheben mußte, weil meines Erachtens ein solches Friedensangebot abgelehnt und dem Kanzler im deutschen Volke als Schwäche ausgelegt werden würde. Der Kanzler bat mich, mit meinem Urteil noch zurückzuhalten und die Sache bis zu unserer nächsten Begegnung zu überlegen.« ...

Aus einem Briefe vom 31. Juli 1915:

... »Ich möchte nicht verfehlen, meinen herzlichsten Dank auszusprechen für die gütige Überlassung des Berichts; er gehört zu den besten Beobachtungen, welche ich seit Kriegsausbruch über die Lage der Dinge gelesen habe.

... Der Berichterstatter hebt hervor, daß man in der feindlichen wie auch in der neutralen Welt unter dem Eindruck ist, daß *Deutschland die Weltherrschaft und die Seeherrschaft anstrebe*, und daß dieser Eindruck den Widerstand der Feinde auf das Äußerste ansporn und auch die neutralen Völker in hohem Maße verstimmt. Über diese Erfahrung habe ich schon vor längerer Zeit und wiederholt mit dem Herrn Reichskanzler gesprochen und habe sehr empfohlen, daß entweder in Form einer Proklamation des Kaisers zum Jahrestage des Krieges oder in anderer, geeignet erscheinender Weise der Welt zur Kenntnis gebracht wird, daß solche uferlosen Pläne nicht von der verantwortlichen Stelle im Reich gestützt werden. Ich hoffe, daß nach dieser Richtung hin demnächst etwas unternommen wird, weil sonst gar kein Ende dieses Krieges abzusehen ist. Wenn ich auch kein Pessimist bin, so hüte ich mich doch vor einem ungesunden Optimismus. Ich finde, daß die Engländer zu beneiden sind, daß sie den Mut haben, auch die ungünstige Seite der Verhältnisse so offen zu besprechen, wie das im Parlament und in der Presse drüben geschieht ...

... Ich sehe die Dinge also nicht sehr vergnügt an. Heller Begeisterung voll bin ich über die Leistungen des deutschen Volkes im Felde sowohl als hinter der Front. Große Führer und Politiker könnten mit diesem, allerdings sehr unpolitischen Volk beispiellose Erfolge erzielen.« ...

... »10. August 1915. Heute morgen besuchte ich auf seinen Wunsch den Reichskanzler, bei dem ich eine Stunde lang verweilte ... Wir sprachen lange über den Gedanken einer Publikation, worin Deutschland mit Rücksicht auf seine siegreiche Stellung, seine großen Faustpfänder, besonders auch im Hinblick darauf, daß unsere Armeen in Feindesland ständen und wir keinen Eroberungskrieg führten, sondern nur uns verteidigten, auch kein Zeichen von Schwäche darin erblicken könnte, daß es erklärt, jederzeit zur Diskussion eines uns ehrenvollen Friedens bereit zu sein. Der Kanzler fürchtete, daß die Sache als Schwäche ausgelegt werden könnte. Ich wies dann darauf hin, daß es vielleicht zweckmäßig sein würde, den Papst zu veranlassen, einmal im Friedenssinne an die Staatsoberhäupter zu schreiben.

Ich verwies ferner den Kanzler mit großem Nachdruck auf die Notwendigkeit, daß man sich für den Winter um die Nahrungsfrage kümmere, besonders um die Fleischpreise.« ...

... »12. August 1915. *Der amerikanische Botschafter Gérard* wünschte mit mir über die Möglichkeit zu reden, seinen Präsidenten als Friedensvermittler in Bewegung zu setzen. Ich habe Gérard auf seinen Wunsch am Dienstag, den 10. August, besucht und habe ihm den Rat gegeben, sich aller offiziellen Anregungen in dieser Sache zu enthalten und sich darauf zu beschränken, zunächst seinen Präsidenten in England anfragen zu lassen, wie man dort über Friedensverhandlungen denkt.« ...

In den Anfang September 1915 fiel die Ernennung des *Admirals von Holtzendorff* zum Chef des Admiralstabes, und es verband sich damit ein Konflikt mit dem *Großadmiral von Tirpitz,* der abzugehen drohte, u.a. weil nach einer Verfügung des Kaisers der Chef des Admiralstabes sich dem Chef des Reichsmarineamtes nicht mehr unterzuordnen brauche, sondern direkt mit Kaiser und Kanzler verkehren könne. Ballin hielt einen Rücktritt von Tirpitz in diesem Augenblick für verhängnisvoll, da er einen schlechten und der Stellung des Kaisers gefährlichen Eindruck auf die Öffentlichkeit machen müsse. Namentlich der letztere Gesichtspunkt bewog Ballin zu einer persönlichen Intervention sowohl bei Tirpitz wie auch bei dem Chef des Marinekabinetts, und der Großadmiral führte dann auch seine Rücktrittsgedanken nicht aus.

In Ballins Aufzeichnungen heißt es weiter:

... »20. Oktober 1915. Die aufdringliche Art, in welcher andere Interessengruppen wie der Centralverband der Deutschen Industrie, die Landwirte usw. ihre Wünsche für den Friedensschluß zur Geltung bringen im Zusammenhang mit dem Umstande, daß man die Legende, ich sei für einen faulen Frieden mit England, immer weiter verbreitet, sodaß sogar Exzellenz Zimmermann mich auf die Nachteile dieser üblen Nachrede aufmerksam machen ließ, haben mich veranlaßt, die Jahresversammlung des Vereins Hamburger Reeder zu einer Erklärung zu benutzen, die im wesentlichen darauf hinausgeht, wie ich mir die Freiheit der Meere denke.

Der Fürst Bülow reist heute für längere Zeit nach Luzern und der kürzlich bestellte preußische Geschäftsträger, Herr von Mutius, den der Kanzler nach dem Tode unseres vortrefflichen Gesandten von Bülow hierher gesandt hatte – wie man sagt, *um auf den Fürsten Bülow und mich zu passen* – ist prompt nach Warschau versetzt worden, da durch die Abreise des Fürsten Bülow man wohl in Berlin die Gefahr als erloschen ansieht«

… »23. Novbr. 1915. Hammann fragte mich, warum ich den Kanzler nicht besuchte, und ich sagte ihm, daß ich das Gefühl hätte, als ob der Kanzler mir meine Intervention zugunsten Tirpitz übelgenommen hätte, ein Umstand, der mich allerdings vollständig kalt ließe, weil ich überzeugt sei, für den Kaiser das Richtige getan zu haben, indem ich dahin wirkte, Tirpitz während der Dauer des Krieges nicht von seinem Posten zu entfernen.«

… »Der Kanzler hat mich zu Mittwoch abend um 6½ Uhr bestellt, und ich bin fast 2 Stunden bei ihm gewesen. Ich habe ihm dringend geraten, in seiner Reichstagsrede demnächst eine offene Erklärung über unsere Bereitschaft zum Frieden abzugeben und zwar in einer Form, daß man solche Erklärung nicht als Zeichen der Schwäche auslegen kann.«

… »Am 10. Januar 1916 wurde ich zum *Abendessen bei den Majestäten* eingeladen, welche im Neuen Palais gegenwärtig weilen. Mit mir zusammen waren nur der Hausminister Graf Eulenburg und der Landwirtschaftsminister von Schorlemer dort. Der Kaiser war in guter, zuversichtlicher Stimmung. Von dem Gefolge Wurde niemand zur Tafel hinzugezogen, sodaß wir nur zu 5 Personen bei Tische waren. Die Unterhaltung nach Tisch dehnte sich so lange aus, daß wir den vorgesehenen Zug nicht mehr erreichen konnten und erst mit dem letzten Zuge nach Berlin zurückkehrten.

Aus einer Bemerkung von mir über die Möglichkeit einer *stärkeren Uboot-Aktion* hatte der Kaiser, wie dem Kanzler gemeldet worden war, den Schluß gezogen, daß ich ganz auf dem Standpunkt des Admirals von Holtzendorff und Tirpitz stehe, welche für eine großangelegte Uboot-Campagne gegen England jetzt eintreten. Ich habe deshalb an den Kaiser auf Wunsch des Kanzlers den *nachstehenden Brief* gerichtet:

›Ich hatte in den letzten Tagen Gelegenheit, über die Frage einer energischen Wiederaufnahme der Ubootaktion mit dem Herrn Staatssekretär von Tirpitz sowohl als auch mit Herrn Admiral von Holtzendorff zu sprechen.

Ich habe bei dieser Gelegenheit über die Zahl von Tauchbooten, die wir zur Verfügung haben, vertraulich Aufschluß erhalten, und ich muß sagen, daß ich, selbst unter voller Würdigung der Wirksamkeit der minenlegenden Hilfsboote, die Zahl der größeren Uboote für zu gering halte, um zu einer solchen **ultima ratio** zu greifen.

Die erste Tauchboot-Unternehmung krankte schon daran, daß es ein Versuch mit unzureichenden Mitteln war; die zweite müßte, meinem bescheidenen Ermessen nach, so geführt sein, daß ein voller Erfolg außer Zweifel steht, sonst erscheinen mir die Konsequenzen dieser Maßnahme nicht im angemessenen Verhältnis zu der immerhin doch großen Gefahr.

Ich möchte deshalb alleruntertänigst die Ansicht äußern, daß man die minenlegenden Hilfsboote in vollster Aktion hält und noch vermehrt, daß man auch die Uboote nach Kräften ausnutzt, aber doch, soweit Passagierschiffe in Frage kommen, nur unter Beobachtung der zuletzt ergangenen einschränkenden Befehle Euerer Majestät.

Wenn erst die Zahl der größeren Uboote so angewachsen ist, daß man Englands Lebensmittelzufuhr wirksam abschneiden kann, möchte ich auch glauben, daß ohne Rücksicht auf die sogenannten Neutralen Euere Majestät sich dieser Waffe gegen England bedienen sollten.

In englischen Häfen laufen auch heute noch täglich mindestens 200 Überseedampfer ein und ebenso viele gehen aus. Wir können England wohl die Haut ritzen, aber es sicherlich nicht zum Frieden zwingen, wenn wir davon 30–40 Schiffe täglich versenken.

Ich bitte ehrfurchtsvoll um Verzeihung, daß ich Euerer Majestät meine Ansicht zur Sache darlege; ich glaube aber, daß die außerordentliche Bedeutung der geplanten Maßnahme diesen Schritt entschuldigt.‹«

Zu Anfang 1916 hatte Ballin sich abermals nach *Wien* begeben und sandte über die Stimmung dort einen ausführlichen *Bericht an den Reichskanzler*. Dieses Stimmungsbild gibt die prekäre Stimmung in Wien, mit der die deutsche politische Leitung immer zu rechnen hatte, treffend wieder und ist darum teilweise auch heute noch von Interesse. Es heißt darin:

»Wenn man die Österreicher am Kriege halten will, muß man ängstlich vermeiden, über die Möglichkeit einer Verständigung mit *Italien* zu sprechen. Der Krieg gegen Italien ist populär bis in die niedersten Volksschichten. Das siegreiche Durchhalten gegen Italien ist die Freude und Hoffnung der Österreicher.

Deshalb hat der Umstand, daß *Fürst Bülow* zeitweilig seinen Aufenthalt in Luzern genommen hat, einen Argwohn in weiten Kreisen hier hervorgerufen. Selbst in den Ministerien hegte man den Verdacht, daß Fürst Bülow in Luzern inoffiziell mit Italien anbandeln und darin von Berlin aus eine Bewegung wieder einsetzen würde, die auf einen Separatfrieden mit Italien unter Aufopferung des Trentino hinzielte. Man war sichtbar erfreut und befreit, als ich in der Lage war, den Herren hier darzulegen, daß der Fürst, der Villa Malta beraubt, in außerordentlicher Verlegenheit wegen eines passenden Winteraufenthaltes gewesen ist. Man hörte mit besonderer Genugtuung, daß ich aus dem Munde des Fürsten selbst wußte, daß er keinerlei offiziellen Auftrag gehabt habe und keinerlei Verhandlungen geführt habe.

Besonders stolz ist man hier auf die Leistungen am Isonzo, aber man bezweifelt doch die Möglichkeit einer erfolgreichen österreichischen Offensive. Man hält eigentlich das österreichische Kriegsziel für erreicht, und der alte *Kaiser* hat sich über die Situation der Frau Kathi Schratt gegenüber dahin ausgesprochen, daß es in dem Kriege so ginge, wie die Frau Schratt es beim Tarokspiel erleben müsse, nämlich daß derjenige, der gewonnen hat, nicht ruhig und zufrieden nach Hause gehen könne, weil die Verlierenden ihn am Spiel halten und ihre Revanche haben wollen. Zuerst hätte die Partie günstig für die Feinde gestanden: die Russen hätten Galizien gewonnen, die Serben Österreich die Niederlage in Belgrad bereitet, und die Franzosen in dem Marne-Rückzug einen erheblichen Erfolg gesehen. Heute seien Deutschland und Österreich diejenigen, welche in großem Vorteil seien, und deshalb will man von einer Abrechnung noch nichts wissen.

Wenn dieser aus dem Lieblingsspiel des hohen alten Herrn herübergenommene Vergleich richtig wäre, dann kämen wir allerdings mit dem Kriege nicht eher zu Ende, als bis eine Partei nichts mehr einzusetzen hat. Dann wurde also das finanzielle Durchhalten zusammen mit der Frage der Erschöpfung der Kriegsmannschaft erst den Ausschlag geben.

Die *finanzielle* Lage sehen die Bankiers natürlich sehr ernst an, während die Bevölkerung trotz der ungeheuren Teuerung, die hier herrscht, und trotz des viel erheblicher in die Erscheinung tretenden Mangels an manchen Lebensmitteln, die Lage viel sorgloser betrachtet. Das ist natürlich der lebensfreudigere Charakter des Österreichers, der sich einfach sagt: Man lebt nur so kurz, und so lang ist man tot, – und der sehr geneigt ist, den Enkeln die Sorgen zu überlassen, deren Beseitigung ihm das Dasein verdunkeln würde.

Die gegenwärtige Regierung hält man für schwach und mittelmäßig. Der alte Kaiser hält den Grafen Stürgkh, weil er mit dem berühmten § 14, der das Parlament völlig ausschaltet und der Regierung die Bewegungsfreiheit sichert, so gleichmütig wirtschaftet, und Tisza, der Allvermögende, stützt ihn eben seiner Schwäche wegen. Man hält deshalb die Aufgabe, an die Stelle von Stürgkh den jetzigen Minister des Innern Prinzen Konrad Hohenlohe zu setzen, für recht schwierig, weil der alte Kaiser einen Konflikt mit Tisza vermieden zu sehen wünscht, und man ist darüber sehr unglücklich, denn die Feindschaft zwischen Österreich und Ungarn hat sich seit meiner letzten Anwesenheit hier sehr vertieft, während das Gefühl für Deutschland sich außerordentlich gehoben hat.

Unser Kaiser genießt eine beispiellose Verehrung. In wenigen Tagen findet eine Huldigungsfeier für unseren Kaiser hier statt, zu welcher, trotzdem die Einlaßkarten mit enormen Preisen bezahlt wurden, wie mir gestern abend der Chef der Landesverteidigung, General von Georgi, sagte, es auch ihm nicht möglich gewesen, trotz aller Protektionen noch eine Loge zu erhalten. Dabei hat mir heute morgen das bekannte Mitglied des Hofburg-Theaters, Georg Reimers, die beiden Gedichte zitiert, die, unserem Kaiser gewidmet, von ihm an jenem Abend gesprochen werden sollen, und ich muß sagen, daß für die Mitglieder des Hofes diese schrankenlose öffentliche Huldigung unseres Kaiserlichen Herrn nicht gerade eine ungemischte Freude bilden kann.

Die *rumänische Frage,* soweit damit die Getreideversorgung in Verbindung steht, halten die Kenner der Verhältnisse für sehr ernst. Man glaubt deshalb, daß nichts anderes übrigbleibt, als daß tüchtige Vertreter der wirtschaftlichen Versorgungsinstitute Deutschlands und Österreichs in Bukarest an Ort und Stelle mit weitgehenden Vollmachten so viel Getreide für uns und die Verbündeten sichern, wie irgend erreichbar ist.

Der großen *Zollunion,* oder wie man die Vereinigung immer nennen mag, *zwischen Deutschland und Österreich-Ungarn* steht man hier mit durchaus gemischten Gefühlen gegenüber. Gestern abend hat der Baron von Skoda (der österreichische Krupp) nach einem Diner in seinem Hause unter lebhafter Zustimmung von Mitgliedern der Hofgesellschaft sowohl als auch der Großindustrie mir auseinandergesetzt, daß Österreichs Interesse wohl Befriedigung finden könne in einem Balkanbund, daß es aber richtig wäre, wenn Deutschland erst etwa in 15 Jahren automatisch in diesen Bund einbezogen würde; mit anderen Worten: man fürchtete uns, wenn wir Geschenke bringen, man hat das Gefühl, als ob Österreich in seinem nach dem Kriege wirtschaftlich höchst erschöpften Zustande von Deutschland leicht aufgesogen werden könnte. In Ungarn sieht man die Dinge natürlich etwas anders an, einmal weil die ungarischen Agrarier ihr Getreide gern zollfrei nach Deutschland verkaufen, und die Industrie dort wenig mitzusprechen hat, dann aber auch aus Abneigung gegen Österreich …

… *Graf Tisza,* mit dem ich dinierte, macht mir nicht den Eindruck eines Mannes, der sich leicht aus dem Sattel heben läßt, er ist offenbar ebenso stark wie störrisch ein magyarischer Politiker, der die Weltlage nur von seinem ungarischen Standpunkt und nach seinen magyarischen Wünschen betrachtet. Auch er hält die eigentlichen Kriegsziele Österreich-Ungarns für erreicht. Serbien ist vernichtet, Galizien befreit, die früher viel zu sehr gefürchtete Vormachtsstellung Rußlands auf dem Balkan gebrochen. Es fehlt also nur noch eine glückliche Vollendung des Krieges gegen Italien, um den Krieg für österreichisch-ungarische Interessen beendet zu sehen.

Bei Tisza sowohl als auch in der österreichischen Gesellschaft fand ich eine stark ausgeprägte *anglophile Stimmung.* Auch die Frau Schratt, welche in solchen Dingen doch nur ein Echo des alten Kaisers ist, schien sehr englandfreundlich und sprach über die deutschen Grausamkeiten.

Ich erwähne das hier, weil ich mich von dem Eindruck nicht loslösen kann, daß einige freundliche Fäden während des Krieges von England nach Österreich gesponnen worden sind.«

Das Thema des *rücksichtslosen U-Boot-Krieges,* das Ballin bereits in dem oben wiedergegebenen Briefe an den Kaiser im Januar 1916 berührt hatte, wurde im Laufe dieses Jahres immer lebhafter erörtert, und es wurde von bestimmter Seite eine immer stärkere Propaganda dafür entfaltet. Ballin hat bereits in einem Briefe vom 10. Mai 1916 an einen ihm befreundeten Herrn im Hauptquartier sich eingehend dazu und namentlich zu den Konsequenzen eines Eintritts Amerikas in den Krieg geäußert. Er schrieb darüber:

… »Sie wünschen, daß ich über die politischen und wirtschaftlichen Verhältnisse, wie sie sich in meinem Hirn spiegeln, Ihnen einiges mitteile. Das will ich gern tun!

Die *amerikanische Gefahr* scheint ja (vorläufig wenigstens) beseitigt zu sein. Ein Abbruch der diplomatischen Beziehungen zu Amerika wäre im gegenwärtigen Stadium geradezu verhängnisvoll für das Deutsche Reich gewesen. Weil militärisch der Krieg für uns als gewonnen angesehen werden könnte, mußte eine solche Katastrophe jetzt unter allen Umständen ferngehalten werden. Praktisch kann man wirklich sagen, daß der Krieg, soweit es sich um die militärische Kraftleistung handelt, von Deutschland gewonnen ist. Denn um uns den Krieg militärisch heute noch verlieren zu lassen, müßten unsere Feinde zunächst in Rußland, Frankreich und Belgien siegreiche Schlachten gegen uns führen; sie müßten uns aus diesen Ländern vertreiben, sie müßten über unsere Grenzen brechen und im eigenen Lande uns besiegen. Daß dazu die Menschen- und die Organisationskräfte nicht mehr ausreichen, muß jeder Verständige einsehen. *Wir befinden uns deshalb auch im höchsten Stadium des fortschreitenden Erschöpfungskrieges, das nur hätte unterbrochen werden können durch den Eingriff Amerikas gegen uns.*

Was der Eintritt einer neuen Macht in diesem Weltkriege bedeutet, haben wir damals gesehen, als Italien sich zur Beteiligung an dem Kriege verleiten ließ. Militärisch bedeutete der Eintritt Italiens keine wesentliche Verschlechterung unserer Situation, aber das ganze Gesicht des Krieges wurde vom Standpunkte der Alliierten aus dadurch verändert, und Grey, der kurz vorher noch hatte sagen lassen: ›**There is nothing between us and Germany except Belgium**‹, erklärte einige Wochen nach dem italienischen Anschluß, daß er überhaupt keine Basis für eine Friedensverhandlung mehr finden könne.

Viel gewaltiger noch würde der Eintritt Amerikas auf die Widerstandskraft, auf die Einbildung und auf den Eigensinn der feindlichen Mächte gewirkt haben.

Die sehr beachtenswerten Männer, besonders die führenden Persönlichkeiten in der konservativen und der nationalliberalen Partei, welche heute noch den rücksichtslosen Ubootkrieg predigen, sind *über die Leistungsmöglichkeiten der Uboote falsch informiert* worden; sie halten eine Aushungerung Englands bei Anwendung des rücksichtslosen Ubootkrieges nicht nur für möglich, sondern sogar für ziemlich sicher. Euerer Exzellenz brauche ich nicht zu sagen, daß das eine ganz falsche Vorstellung von der Lage der Dinge ist. England wird immer die Möglichkeiten und die Kraft aufbringen können, seine Verbindung mit den französischen Kanalhäfen aufrechtzuerhalten und wird auch sonst, selbst wenn wir die dreifache Zahl von Ubooten hätten, mit Rücksicht auf den Umstand, daß die nächtlichen Operationen dem Uboot verschlossen sind, die 14000 Tons Getreide, die es zur Ernährung seiner Bevölkerung täglich braucht, stets einzuführen vermögen.

Es kommt also immer wieder auf den Satz hinaus, welchen ich den Führern der wirtschaftlichen Verbände in Berlin eindringlich gepredigt habe, nämlich: Ebensowenig wie die Engländer durch die Aushungerungsblockade uns auf die Kniee bringen können, ebensowenig könnten wir durch einen rücksichtslosen Ubootkrieg sie niederzwingen. Beides, sowohl der rücksichtslose Ubootkrieg als die Aushungerungsblockade sind außerordentlich einschneidende, schädigende und schwächende Maßnahmen, aber weder die eine noch die andere Unternehmung kann eine Entscheidung des Krieges herbeiführen oder auch nur eine wesentliche Verbesserung der Lage der einen oder der anderen kriegführenden Partei erzwingen. Daß nebenbei der rücksichtslose Ubootkrieg uns sicherlich die höchste Feindschaft, wenn nicht gar den kriegerischen Eingriff aller neutralen Staaten eingebracht hätte, ist eine Begleiterscheinung, über welche die Uboot-Enthusiasten mit einem kühnen Salto-Mortale sich hinweggesetzt haben.

Deutschland kann nach dem Kriege sich nicht ernähren, wenn es von der übrigen Welt isoliert bleibt, und der von liebenswürdigen Poeten aufgestellte Glaubenssatz, der die mitteleuropäische Verbrüderung umschließt, hat eine Bewegung ausgelöst, die geeignet ist, den deutschen Interessen nach dem Kriege in hohem Grade abträglich zu sein.

Den Plan, einen erheblichen Teil des deutschen Nationalvermögens nach Ländern wie Österreich-Ungarn, Bulgarien und der Türkei zu tragen, hätten wir jederzeit vor dem Kriege schon ausführen können, wenn wir geglaubt hätten, damit wirtschaftlich Nützliches leisten zu können.

Diese Rückkehr zur kontinentalen Politik wäre für Deutschland ein Unglück! Unsere Bedürfnisse und unsere Ansprüche sind zu groß geworden, als daß wir glauben könnten, sie innerhalb eines geschlossenen Wirtschaftsstaates oder eines mitteleuropäischen Wirtschaftsbundes befriedigen zu können.

Ich sage Ihnen das nicht, weil ich der Leiter des größten deutschen Schiffahrtsunternehmens bin, sondern ich sage es Ihnen mit der Abgeklärtheit eines Mannes, der die Hoffnung hat, nach diesem schrecklichen Kriege sich still ins Privatleben zurückziehen zu dürfen. Eine Lebensarbeit kann man nur einmal leisten, und man kann mit 60 Jahren nicht noch einmal wieder von vorn anfangen.

Der Kanzler ist mit dem Kriege ganz außerordentlich gewachsen; er hat es gelernt, mit einer erstaunlichen Frische und Wucht Verantwortungen auf seine Schultern zu nehmen, denen er früher, wie ich glaube, ausgewichen sein würde. Umso bedauerlicher ist es, daß die konservative Partei ihm unfreundlich gesonnen ist. Man schiebt ihm auch die Schuld dafür zu, daß der Kaiser sich so sehr abschließt und in dieser für das Deutsche Reich schicksalsschweren Zeit nicht ab und zu führende Leute aus dem deutschen politischen und wirtschaftlichen Leben an sich herankommen läßt.

Der Kanzler braucht meines Erachtens, um die ungeheuren Aufgaben durchzuführen, die ihm noch bevorstehen, eine freundliche Beeinflussung der konservativen Partei, und ich vermag es nicht einzusehen, weshalb der Kaiser Männer wie v. Wangenheim, Graf Schwerin-Löwitz usw. sich nicht gelegentlich ins Hauptquartier einmal kommen läßt und ihre Sorgen und Wünsche anhört.

Ich kann Ihnen überhaupt nicht verhehlen, daß die Abgeschlossenheit des Kaisers in der Nation schwer empfunden wird. Ich habe während des Krieges nur eine einzige Unterredung mit Exzellenz v. Falkenhayn gehabt und habe diese Unterredung hauptsächlich herbeigeführt, um ihn zu bitten, seinen Einfluß dahin geltend zu machen, daß in dieser Beziehung ein Wandel eintritt. Exzellenz v. Falkenhayn hat mir, trotzdem er nicht ohne Bedenken war, zugesagt, daß er in diesem Sinne wirken wolle; bei seiner ungeheuren Überlastung ist aber die Sache wohl in Vergessenheit geraten.« ...

Nicht nur Ballin urteilte übrigens schon Anfang 1916 so über die vernichtenden Folgen eines Eintritts Amerikas in den Krieg gegen uns, auch andere politisch geschulte Köpfe taten das, wenn auch nur einzelne. Als ein solches Urteil gebe ich hier noch Stellen aus zwei an Ballin gerichteten *Briefen eines deutschen Diplomaten* wieder.

»16. Februar 1916. Meine Hauptbefürchtung liegt auf rein politischem Gebiete. Wenn es auch jetzt den Anschein hat, daß wir diesmal noch mit Amerika friedlich schiedlich auseinander kommen, so ist doch kein Zweifel, daß die Lage manchmal sehr gespannt war, und eine falsche Bewegung im kritischen Moment Amerika gegen uns unter die Waffen hätte rufen können. Diese Gefahr halte ich noch keineswegs für beseitigt, und ich schätze sie im Gegensatz zu dem, was anscheinend bei uns viele denken, ganz ungeheuer hoch ein. Wer wie ich gesehen hat, wie das geheime Ideal der ganzen englischen Politik eine Allianz und ein dauerndes Zusammengehen mit Amerika gebildet hat, der wird in einem englisch-amerikanischen Zusammengehen in diesem Kriege eine schwere dauernde Belastung unserer ganzen Zukunft erblicken müssen. Sie kennen England ja auch ganz genau und wissen, daß das Ententesystem, was im Augenblick, wo es seinen Höhepunkt überschritten hatte, durch den Lauf der Ereignisse ein Bündnissystem geworden ist, den Engländern immer von Herzen unsympathisch war; je weitblickender die einzelnen waren, desto mehr. Mit den Franzosen bestand noch einige, wenn auch etwas künstlich empfundene Sympathie. Den einzelnen Franzosen empfand man meistens grotesk und etwas lächerlich. Aber Rußland gegenüber ist nie ein anderes Gefühl als das eisiger Kühle und Abneigung vorhanden gewesen. Also reine Freude an den sogenannten Genossen hat man nie gehabt.

Hingegen ist die Sehnsucht nach einem festen Verhältnis mit den Angelsachsen auf der großen Insel jenseits des Atlantischen Ozeans stets der Traum aller wirklich weitblickenden englischen Politiker gewesen. Durch diese Allianz hoffte man das ehrwürdige, aber auch etwas morsche Gebäude des Vereinigten Königreiches für viele Generationen hinaus zu unterfangen und zu stützen. Rein maritim gesprochen ist diese Allianz von überwältigender Kraft. Gegen die beiden Mächte zusammen einmal das Szepter der Seeherrschaft zu erringen, halte ich für unser Reich, das stets auch mit schweren kontinentalen Bedrohungen zu rechnen haben wird, für vollkommen ausgeschlossen. Eine Liga der beiden, um uns als Handelsmacht, Seemacht und Kontinentalmacht nicht aufkommen zu lassen, würde meines Erachtens Deutschland wahrscheinlich in die Schranken rein kontinentaler Politik zurückzwingen, aus denen es gerade seit dem Regierungsantritt unseres Kaisers so glücklich hervorzutreten begonnen hat.

Dieses englisch-amerikanische Zusammengehen zu vermeiden, halte ich für unsere höchste Aufgabe. Dieses durch irgend eine Unvorsichtigkeit unsererseits heraufzubeschwören, oder auch näher zu rücken, für die größte Sünde gegen Deutschlands Zukunft, die einer begehen kann.

Zerstören wir so viel feindliche Tonnage als möglich, werfen wir Minen und führen den Ubootkrieg, wie er jetzt eine ganze Weile geführt worden ist – meinetwegen schärfer, aber die Leute, die an der Spitze der Bewegung stehen, müssen sich ihrer ungeheuren Verantwortung bewußt sein. Wenn an den oberen Stellen leichten Herzens von einem Kriege mit Amerika gesprochen wird, als handle es sich etwa um Montenegro oder San Marino, so scheint mir darin eine ungeheure Gefahr zu liegen. Gelingt es den Engländern, was sie mit allen Kräften und mit dem Aufgebot ihrer ganzen Schlauheit versuchen werden, etwaige deutsche Fehler so auszudeuten, daß die Beziehungen zu Amerika wieder sehr gespannt werden oder zum Abbruch treiben, so glaube ich nicht, daß wir diesen Krieg erfolgreich und mit Nutzen für unsere zukünftige Entwicklung beenden können.«

»Berlin, 26. Febr. 1916. Ich bin seit den zwei Tagen, die ich hier bin, tief deprimiert, zu sehen, wie dieses brave deutsche Volk einem neuen Abgrund entgegengetrieben wird, von fanatisierten Leuten, welche die Folgen ihres Tons nicht übersehen. Wahn, Wahn, überall Wahn! Wenn ich Sie wäre, würde ich alle Rücksichten in die Winde schlagen und dem Kaiser als persönlicher Freund vor Augen stellen, was jetzt, meines Erachtens ohne zureichenden Grund, aufs Spiel gesetzt wird: Die Existenz des Reiches, seine Krone und vielleicht seine Dynastie. Man glaubt in einem Tollhause zu sein, wenn von allen Seiten Krieg mit Holland, Amerika, Dänemark und Rumänien besprochen wird, als handle es sich um eine Landpartie.«

Immer wieder versuchte Ballin im Verlauf des Krieges die Auffassung unserer Lage, wie er sie sich auf Grund seiner Beobachtungen und seines Meinungsaustausches mit einigen unvoreingenommenen, klarsehenden Männern gebildet hatte, den verantwortlichen Stellen nahe zu bringen. Im Juli 1916 tat er das z.B. mit folgendem *Situationsbericht* für einen ihm befreundeten deutschen Diplomaten, der unsere Interessen in einem der verbündeten Länder wahrnahm, und über die Lage in der Heimat unterrichtet zu sein wünschte.

»Erfreuliches von hier ist gegenwärtig nicht zu berichten. Der Krieg und das Kriegsergebnis sind unabsehbar geworden. Dabei habe ich leider das Gefühl, daß an den verantwortlichen Stellen der tiefe Ernst der Gesamtlage immer noch nicht zur ganz klaren Würdigung gekommen ist. Politische und militärische Führung gehen oft auseinander. Auch zwischen Berlin und Wien fehlt es an der nötigen Zusammenwirkung. Wir glauben Reiter zu sein, aber wir sind nur das Pferd. Der Weg zwischen Berlin und Wien ist besät mit wenig glücklichen Kompromissen, und unfähige Erzherzöge werden an die wichtigsten Stellen gesetzt.

Die militärische Lage war sehr günstig, bis die Österreicher glaubten, ihr Tag für Italien sei gekommen und unsere Heeresleitung gleichzeitig Lorbeer in Frankreich pflücken wollte.

Beide Aktionen erweisen sich politisch wie militärisch verfehlt. Aus hundert Gründen ist für uns baldiger Frieden eine Notwendigkeit. Wie die Dinge heute liegen, kann Frieden schließen nur England und Rußland. Frankreich und Italien müssen wir wohl oder übel als englische Vasallen betrachten.

Da sowohl das Londoner wie das Petersburger Kabinett unseren kundgegebenen Friedensneigungen gegenüber in absoluter Negation verharrt, bleibt nur die Niederringung des einen oder des anderen Hauptgegners übrig, Rußland oder England.

England hätten wir niederringen können, wenn wir mindestens 300 vollwertige Unterseeboote besessen hätten. Wir hätten dann auch den Krieg mit Amerika nicht zu scheuen gehabt.

Selbst wenn wir im Herbst, wie Optimisten glauben, 150 vollwertige Uboote besitzen, können wir England doch nicht tötlich treffen und gleichzeitig Amerika trotzen. Es bleibt für uns also als Kriegsziel die Niederringung des anderen selbständigen Hauptgegners: *Rußland*.

Rußland ist schon schwer getroffen durch die Wegnahme des polnischen Industriegebietes. Hätte man dort alle Kräfte weiter angespannt und das wirtschaftliche Herz Rußlands, das heilige Kiew erobert, so würde dem Zaren nichts übrig geblieben sein, als einen Sonderfrieden mit uns zu schließen, und die rumänische Frage wäre damit auch glücklich gelöst.

Weniger sicher, aber wohl leichter, hätte man den Frieden auf dem Wege nach Petersburg finden können. Was hat man statt dessen getan? Man hat sich verzettelt. Man hat den Osten entblößt; Falkenhayn wollte in 14 Tagen Verdun haben, dann Ostern, dann Pfingsten. Alle Truppen wurden dorthin gezogen, Ströme von Blut fließen, und jetzt im Juli stehen wir noch vor Verdun. Und was haben wir mit Verdun? Hinter dieser Festung finden wir nur neue und weitere formidable Linien.

Inzwischen hatten die lieben Österreicher alle guten Führer und Truppen nach Tirol geführt und ließen nur Schund und schlechte Generale an gefährlichsten Punkten. Ergebnis in Italien: Anständiger Rückzug für Salandra und deutsch-feindliches Koalitionsministerium einerseits, Dokumentierung der österreichischen Überlegenheit andererseits, aber am Ende doch ein Mißerfolg, weil die Österreicher numerisch zu schwach waren, um in die Ebene zu gelangen. Und selbst wenn sie die Räumung von Venetien erzwungen hätten, wäre nichts erreicht worden, da das Sterben und Verderben Italiens nicht von Österreich, sondern von England abhängt, das es eher verhungern und in Kohlennot vergehen läßt, als ihm gestattet, einen Frieden zu schließen.

Trotz alledem scheint man im Hauptquartier, so klar wie die Lage ist, doch unklar darüber zu sein, ob man im Westen *und* gegen Rußland zugleich, oder allein gegen Rußland mit allen verfügbaren Mitteln offensiv werden soll. Ich habe für die energische und volle russische Aktion schon vor Jahresfrist meinen allerdings ganz gering gewordenen Einfluß eingesetzt.

Es wird von einsichtsvollen, gut unterrichteten Männern mit Recht darauf hingewiesen, daß der Kaiser Arm in Arm mit Hindenburg und Ludendorff, wenn's das Schicksal will, auch einen schlechten Frieden schließen könnte, ohne sich und seine Dynastie zu gefährden; aber es erscheint zweifellos, daß der Einfluß Falkenhayns ganz überwiegend ist.

... Könnten wir uns heute mit Rußland einigen, so wären wir in der glücklichen Lage, den Krieg mit England noch lange tragen zu können und auch mit Hilfe einer freien Uboot-Betätigung zu gutem Ende zu führen. Dann könnte man auch die amerikanische Gefahr so niedrig einschätzen, wie es jetzt schon viele Unkundige tun.

Meiner Ansicht nach sollte man also den Gedanken, daß der Krieg im Westen ohne Besiegung Rußlands für uns glücklich zu Ende gebracht werden kann, endlich abandonnieren. Man behauptet jetzt sträflicherweise, daß die Westmächte Frieden machen werden, wenn sie gesehen haben, daß die große Offensive, die wir jetzt erleben, ohne sichtbare Erfolge bleibt. Das können natürlich nur Leute glauben, die England nicht kennen, und wer kennt bei uns in der Wilhelmstraße England? Jedenfalls erschreckend wenige ...

... Sie haben gesagt, Sie würden sich freuen von mir zu hören, und ich kann nur herzlich bedauern, daß ich Ihnen nichts berichten konnte, worüber man sich wirklich freuen könnte.«

Noch viel ernster klingt der folgende Brief aus dem September 1916:

»Ich danke Ihnen vielmals für Ihren freundlichen Brief vom gestrigen Tage. Alles, was Sie schreiben, stimmt mit meinen Ansichten vollkommen überein.

Mit Ihnen teile ich das Gefühl, daß es *Hindenburg und Ludendorff* ergeht, wie es so oft die großen Ärzte erfahren, nämlich, daß sie zu spät ans Krankenbett gerufen werden. Es bedurfte erst zweier Kriegserklärungen innerhalb von 24 Stunden, um diesen Wandel, den das ganze deutsche Volk seit Jahr und Tag herbeisehnte, zu vollziehen. Das ist der schwere Vorwurf, der gegen den *Kanzler* erhoben wird und der ihn an erster Stelle mit verantwortlich macht für das Geschick, das uns treffen wird, daß er nicht schon vor langer Zeit den Mut gehabt hat, die Berufung dieser beiden Männer und die Entfernung Falckenhayns durchzusetzen, und zu gehen, wenn er auf eine Ablehnung gestoßen wäre. Ich habe seit langem immer wieder auf die Notwendigkeit hingewiesen, den Schwerpunkt der Aktion nach dem Osten zu verlegen und klare Personalverhältnisse zu schaffen.

Der Kanzler hält seinen Posten, weil er das Gefühl hat, es fehlt ein besserer Nachfolger für die Leitung des deutschen Geschickes. Das erinnert mich an jenen alten Vorsitzenden der Handelskammer in Berlin, der weder sterben noch seinen Posten als Handelskammerpräsident räumen wollte und auf seinem neunzigsten Geburtstage den Gratulanten klagte, daß er trotz seines hohen Alters immer noch in der Handelskammer ausharren müßte, weil er keinen besseren Mann sähe.

Es ist sehr traurig, daß es soweit hat kommen können, und die *innerpolitische Situation* ist meiner Ansicht nach *unhaltbar*. In Deutschland während eines Krieges gegen die mit der Mehrheit der nationalliberalen Partei verbündeten Konservativen und Schwerindustriellen kämpfen zu müssen, ist für die glückliche Durchführung der Geschäfte eines Reichskanzlers ganz unmöglich.

Der *Kaiser* ist und bleibt meiner Ansicht nach, auch nach Falckenhayns Abgang, von einer chinesischen Mauer umgeben. Es wird niemand an ihn herangelassen, der über die Vorgeschichte dieses Krieges orientiert ist und ihm im Interesse seiner Person und seiner Dynastie einmal die Wahrheit sagen würde. Wir haben eine Kabinetts-Regierung. Es wäre zweifellos doch das richtigste, das Hauptquartier nach Berlin zu verlegen; aber es regen sich jetzt natürlich schon die Geister, welche ihre Stimme dagegen erheben, unter dem Vorwande, daß fremde Einflüsse in die Geschäftsleitung hineingetragen werden könnten.

Wie sehr man noch im Nebel ist über den wahren Stand der Dinge, merkte ich vor einigen Tagen in Berlin, wo ... die entschiedene Ansicht aussprach, man müsse mehr Wert auf eine große Kriegsentschädigung legen als auf Annexionen. Wenn die Männer um den Kaiser heute noch für uns mit dem Eingang großer Kriegsentschädigungen rechnen, so zeugt das doch von einer völligen Verkennung der Lage.

Ich habe das Gefühl, daß die gegenwärtigen Kabinette, soweit sie noch von Männern besetzt sind, die durch den Kriegsausbruch kompromittiert sind, keinen Frieden herbeiführen können. Wie sollen Leute wie Bethmann, Asquith und Grey, die sich im Parlament und in den Zeitungen so unglaublich beschimpft haben, sich friedlich wieder zusammensetzen!

Die Frage der neuen Männer ist allerdings eine ungeheuer schwierige.

In Berlin habe ich während der letzten Tage mehrere der österreichischen Herren gesprochen; sie sind apathisch vollkommen apathisch, leben nur noch für den Tag und raten selbst, daß Deutschland Österreich nicht mehr gestatten soll, hineinzureden in die Leitung der Geschäfte. Ihre Ernährung können sie nur noch bis zum 1. März durchführen; dann werden sie von uns und Ungarn abhängen, wobei sie natürlich mit Bezug auf Ungarn kaum eine Hoffnung haben, während sie sich darauf verlassen, daß wir gar nicht anders können, als sie vor dem Verhungern zu schützen.

Konstantinopel ist nur für wenige Wochen noch versorgt. Die Petroleumfrage hier ist eine sehr ernste. Man kann wohl auf dem platten Lande die Leute veranlassen, mit den Hühnern zu Bett zu gehen, aber die Arbeiter in den Großstädten werden auf künstliches Licht nicht verzichten wollen. Wir hatten hier schon wegen Fettmangels lebhafte Krawalle.

Ich fürchte, daß England darauf ausgeht, die Situation so zu gestalten, daß es den kleinen neutralen Staaten bald sagen kann, daß eine Neutralität in Europa nicht mehr gestattet wird, und daß sie sich entschließen müssen, in das eine oder in das andere Syndikat einzutreten. Ich weiß Ihnen also nichts zu sagen, was auch nur entfernt die Bedeutung einer Beruhigung hätte. Meine Sorge ist riesengroß!«

Im Gegensatz zu der in diesen Briefen wiedergegebenen Auffassung waren die in Deutschland maßgebenden Kreise zu jener Zeit der Anschauung, dass nur eine rücksichtslose Gewaltanwendung gegenüber England, also der *uneingeschränkte U-Boot-Krieg,* den Weltkrieg mit einem Erfolg für uns beenden könne. Die Agitation, die damals für diese Maßnahme betrieben wurde, ist wohl noch in der Erinnerung. *Einen* Vorwurf kann man ihr mindestens nicht ersparen, nämlich den, dass sie mit allen Mitteln bestrebt war, eine gegenteilige Auffassung nicht zu Wort kommen zu lassen, was bei der scharfen Zensur, der damals jede Äußerung, nicht nur in der Öffentlichkeit, sondern in jedem weiteren Kreise überhaupt, unterlag, nur zu leicht war. Diese Einseitigkeit ging sogar so weit, dass man eine Denkschrift über den U-Boot-Krieg, die auf Veranlassung des Admiralstabes verfasst war, einem größeren Kreise zugängig machte, um zustimmende Äußerungen dazu zu erhalten, und zwar auch maßgebenden Persönlichkeiten in der Schifffahrtswelt, nicht aber Ballin, von dem man im Voraus wusste, dass eine zustimmende Äußerung von ihm nicht zu erlangen sein würde. Allerdings wären die Ausführungen jener Denkschrift, die mehr einer akademischen Seminararbeit ähnlich sah als einer Studie über eine politisch-militärische Maßnahme, von der unser Sein und Nichtsein abhing, nicht geeignet gewesen, Ballin in seiner Ansicht über den U-Boot-Krieg zu erschüttern, eine Ansicht, in der er später nur einmal und nur für ganz kurze Zeit schwankend geworden ist unter dem Eindruck irreführender Angaben über unsere U-Boot-Streitkräfte und ihre Wirkungsmöglichkeit.

Die im Januar 1917 erfolgte *Erklärung des U-Boot-Krieges* beendete dann mit einem Schlage sowohl die im Vorstehenden erwähnte, durch Ballins Hände gegangene Friedensaktion, wie auch die Friedensbemühungen des Präsidenten Wilson, über die der Botschafter Graf Bernstorff inzwischen der Öffentlichkeit ja Mitteilungen gemacht hat. In beiden Fällen hätte es nur weniger Wochen Frist bedurft, um Klarheit darüber zu schaffen, ob man auf einem dieser Wege zum Ziele kommen konnte, bei der ersteren Aktion war eine Fühlungnahme von der Gegenseite bereits eingeleitet. Dass die politische Leitung das nicht durchgesetzt hat oder nicht durchsetzen konnte, ist sicher das schwerste Unglück gewesen, das uns in diesem Kriege betroffen hat.

Ballins Sorgen schwanden keinen Augenblick, auch nicht nach der Erklärung des U-Boot-Krieges trotz der Erfolge der U-Boote, und sie richteten sich insbesondere auf die innere Lage in Deutschland. Davon gibt ein *Brief* Zeugnis, den er *an den Chef des Zivilkabinetts* als diejenige Stelle richtete, die vielleicht am ehesten seine Sorgen vor das Ohr des Kaisers bringen konnte. Der Brief ist von allen vielleicht das beste Zeugnis für das vaterländische Empfinden und die ahnungsvolle Voraussicht kommenden Verhängnisses.

»4. April 1917

Hochverehrte Exzellenz. *Die innere Lage in unserem Vaterlande* macht mir große Sorge. Deshalb wende ich mich an Euere Exzellenz mit diesem vertraulichen Briefe.

Ich bezweifle keinen Augenblick, daß von zuständiger Stelle alles geschieht, um die Situation, wie sie sich in Rußland herausgebildet hat, für uns zu nützen. Diese russische Revolution gibt uns vielleicht die Möglichkeit diesen Weltkrieg zu beenden und relativ günstige Friedensbedingungen durchzusetzen.

Die deutsche Leistung in diesem Kriege ist märchenhaft. Wenn man einen Blick auf die Landkarte wirft und sieht das kleine Deutschland, das jetzt gegen die ganze Welt kämpft – denn auch die paar kleinen, noch neutralen Staaten sind nicht unsere Freunde – so ist das alles ein großes Heldengedicht. Aber im Innern wird die Lage von Tag zu Tag unerfreulicher.

Wenn wir gezwungen sind, die Brotration noch weiter heruntersetzen zu müssen, so werden Sie sich darüber klar sein, daß eine völlige Unterernährung der breiten Schichten Platz greift. Dabei soll es in Österreich noch schlimmer aussehen und, wie mir scheint, wird es vielleicht notwendig sein, Österreich noch von unseren Beständen etwas abzugeben.

Die Rede des Reichskanzlers im Abgeordnetenhause erschien auf den ersten Blick etwas zu groß angelegt, aber als nach einigen Tagen die Nachricht von der russischen Revolution kam, da war diese Rede doch wie eine Fügung Gottes, denn nach Bekanntwerden dieser Revolution hätte der Kanzler sie nicht mehr halten können, ohne den Verdacht zu erwecken, daß die russischen Ereignisse ihren Schatten in das preußische Parlament werfen. Leider hat man dieses glückliche Ereignis nicht verfolgt. Der Kanzler hat im Gegenteil nach dem Husarenritt im Abgeordnetenhause jetzt im Reichstage den Rückzug angetreten und dadurch den Eindruck geschaffen, daß die Stimmungen und Strömungen bei uns widerspruchsvoll sind und durcheinander wirbeln. Man hat bisher den Patriotismus hochgehalten trotz knurrenden Magens und kalter Stuben, indem man von der Wahlreform sprach, die kommen würde, und es wäre so einfach gewesen, dieses Versprechen zu unterstreichen und lediglich darauf hinzuweisen, daß während des Krieges doch zu viel auf dem Spiele stände und zu viel zu tun wäre, als daß man noch während dieser Zeit die sorgsame Ausarbeitung dieser großen Vorlage erwarten könne.

Wenn man dagegen aber das Fideikommißgesetz einbringt und gleichzeitig ansagt, daß die polnischen Gesetze aufgehoben werden sollen, dann kann man eine solche Hinausschiebung nicht mehr rechtfertigen.

Es sieht fast aus, als ob man die Zeichen der Zeit nicht verstände. Es wird der Regierung mit dem preußischen Wahlrecht ebenso gehen, wie es einst ging mit den sybillinischen Büchern: Sie werden immer teurer, je länger man zögert, sie zu erwerben. Heute würde man mit einem Pluralwahlrecht noch sehr gut durchkommen. Wenn der Krieg aber zu Ende ist, und die Sozialdemokratie ihre Leute demobilisiert, und eines abends 10000 Mann, geschmückt mit eisernen Kreuzen, in großen Demonstrationen auftreten läßt, so ist kein Halten mehr. Man sagt mir zwar, im Zeitalter des Maschinengewehrs gebe es keine Revolutionen. Ich glaube nicht daran; ich glaube es noch weniger, seit wir die Ereignisse in Petersburg kennen. Daß das regierende Haus, und noch dazu in Rußland, so sang- und klanglos, ohne daß ein Großfürst oder ein Soldat die Hand aufhebt, verschwindet, gibt doch viel zu denken.

Verzeihen Sie, daß ich mit diesem sehr offenherzigen Schreiben mich an Sie wende, aber ich halte es für meine Pflicht und Schuldigkeit, Ihnen, hochverehrte Exzellenz, das einmal auszusprechen.«

Im Mai 1917 machte Ballin, einer Einladung der Obersten Heeresleitung folgend, einen *Besuch im Hauptquartier*, und fand dort eine starke Stimmung gegen den Kanzler. Auch den *Kaiser* sah er und bemerkt darüber in seinen Aufzeichnungen:

»Ich habe mit dem Kaiser nach der sehr kurzen und kriegsgemäßen Mahlzeit mehrere Stunden allein gesprochen und fand ihn, meiner Ansicht nach, in einer viel zu optimistischen Stimmung. Er sowohl wie Ludendorff setzen meines Erachtens gar zu große Hoffnungen auf den Erfolg des Ubootkrieges; sie übersehen, daß wir uns die ganze Welt zum Feinde machen, und daß, solange wir nicht Munitionsschiffe und die Schiffe, welche die Holzladungen nach England tragen, abschießen können, die Aussicht, welche die Herren eröffnen, nämlich daß im Juli die Engländer auf den Knien liegen, mindestens sehr übertrieben optimistisch ist.«

Seiner Meinung über diese optimistische Stimmung gab er bald darauf in folgendem Brief an einen Herrn der kaiserlichen Umgebung nochmals Ausdruck:

»Ich kann den überaus schwungvollen, aber auch überaus rosig gefärbten Brief nicht vergessen, den Sie die große Güte hatten, mir gestern Abend zu zeigen. Ich glaube, die Herren, welche in der nächsten Umgebung unseres kaiserlichen Herren sich befinden, sollten nicht die Lage der Dinge so auffassen, wie Sie in dem interessanten Schreiben es getan haben.

Sie glauben an Herrn … statistische Zahlen. Ich habe mir schon erlaubt, Ihnen gestern Abend zu sagen, daß die Statistik die Lüge in Zahlen ist, daß die Statistik, nach dem Wort eines geistreichen Franzosen, einem leichtfertigen Frauenzimmer gleicht, das jeder haben kann, der sich darum bemüht. ›**There are different ways of arranging figures**‹, sagt man in England. Ich kenne Herrn … nicht, kenne auch nicht einmal seine Statistik, nur das, was ich davon gehört habe, erscheint mir töricht. Wenn wir diesen Krieg und insbesondere den verschärften Ubootkrieg auf Basis der Statistiken führen, die er und andere Künstler aufgestellt haben, dann werden wir sicherlich den erhofften Erfolg nicht erringen.

Was den unbeschränkten Ubootkrieg selbst angeht, so bleibe ich bei der Ansicht, die ich immer vertreten habe, nämlich, daß es uns niemals gelingen wird, England in einen solchen Hungerzustand zu versetzen, daß die englische Regierung sich gezwungen sieht, um einen Frieden zu bitten, den wir diktieren.

Soeben verläßt mich ein dänischer Freund, der auch Seiner Majestät dem Kaiser wohlbekannt ist, und der heute abend mit einer Kommission von Bevollmächtigten der dänischen Regierung nach England reist. Die in der Kommission befindlichen beiden Vertreter des dänischen Landwirtschaftsministeriums haben u.a. in England auch Klage darüber zu führen, daß die Engländer viel weniger Butter und andere Fette sowie Speck jetzt von Dänemark beziehen, als sie sich früher verpflichtet haben, zu übernehmen, oder wenn sie es beziehen, doch die Preise schlechter sind wie die in Aussicht gestellten.

Dänemark hat bis jetzt, mit Ausnahme von zwei kleinen Dampfern, die torpediert worden sind, das ganze Kontingent an Nahrungsmitteln, das vertraglich England zugesichert wurde, trotz des Ubootkrieges nach England hinübergebracht. Die Schiffe fahren in den Hoheitsgrenzen, bis sie drahtlos die Nachricht erhalten, wo sie den englischen Konvoy treffen, der sie dann sicher nach England geleitet. Sie haben nur eine schmale Gefahrzone zu passieren, die, wie gesagt, bis jetzt nicht mehr als zwei Schiffen schlecht bekommen ist.

Darin liegt meines Erachtens bis zu einem gewissen Grade ein *Versagen des Ubootkrieges.* Ich habe immer den Herren, insbesondere auch dem Chef des Admiralstabes, gesagt, daß ich mir den Ubootkrieg nur erfolgreich denken kann, wenn wir in der Lage sind, die Erzzufuhr von Spanien und Schweden den Engländern abzuschneiden und ebenso auch das Grubenholz, denn ohne Erz und ohne Grubenholz hört für England die Möglichkeit auf, den Krieg weiterzuführen. Man hat mir gesagt, die Uboote würden diese Aufgabe vollbringen, auch dann vollbringen, wenn diese Schiffe von Torpedobooten usw. konvoyiert werden. Die bisher gemachten Erfahrungen geben den Herren nicht recht. Wir schießen das eine oder das andere Schiff aus einem Geleitzuge weg, aber wenn im Geleitzug zehn Schiffe fahren, kommen doch neun heil mit ihrer Erz- oder Grubenholzladung nach England.

Meine Ansicht fasse ich deshalb dahin zusammen: An ein Aushungern Englands ist nicht zu denken, denn England braucht als Zuschuß zu seiner eigenen Produktion nur 12000 bis 15000 Tons Getreide per Tag, die es zur Not über Spanien und Frankreich beziehen und während der Nacht über den Kanal bringen kann. England wird aber zu solchen besonderen Mitteln garnicht zu greifen brauchen, denn um 12 bis 15000 Tons Getreide zu bekommen, genügen zwei mittelgroße Dampfer; die werden immer noch untorpediert bei einiger Geschicklichkeit glücklich den englischen Hafen erreichen. Und wenn die Statistik-Akrobaten mit den Mißernten jonglieren, vergessen Sie doch nicht, daß all diesen Ländern jetzt neue Ernten erstehen und es doch nicht ausgemacht erscheint, daß wir fortgesetzt mit Mißernten rechnen können.

Sie tun ein gutes Werk, wenn Sie im Hauptquartier darauf hinwirken, daß man den Gedanken ausgibt, man könne England aushungern. Leider wird man auch den Gedanken aufgeben müssen, daß man es absperren kann von der Erz- und Grubenholzzufuhr.

Gewiß, die Leistungen der Uboote sind phänomenal und werden eine ungeheure Verringerung der englischen Tonnage anrichten, sowie den Haß der Engländer gegen uns auf die Weißglühhitze steigern; aber das Ende des Krieges im Sinne der Alldeutschen können die Uboote leider nicht herbeiführen. Ein ewiger Jammer!

Ich habe mir erlaubt, als die Sache akut wurde, den Chef des Admiralstabes daran zu erinnern, daß ein Ubootkrieg den Erfolg schnell bringen müsse, daß der Zweck des Ubootkrieges weniger darin zu suchen sei, möglichst viele Schiffe zu torpedieren als darin, einen solchen Schrecken um sich zu verbreiten, daß die neutralen Länder ihre Schiffe nicht mehr hinausschicken, einmal, weil sie im Hinblick auf den hohen Wert der Tonnage für die Friedenswirtschaft ihre Schiffe nicht gefährden wollen, dann, weil sie keine Mannschaft finden und endlich, weil auch die Versicherungsgesellschaften versagen. Diese Voraussetzung hat sich während der ersten vier Wochen erfüllt. Seit der Zeit trat das ein, was ich vorher sagte: die Gewöhnung an die Gefahr. Die Seeleute mustern wieder an, die Assekuranzgesellschaften versichern wieder und die Schiffe werden wieder in Fahrt gesetzt.

Wenn der Admiralstab, der sicherlich darüber orientiert ist, einmal eine kurze Aufstellung Ihnen vorlegen möchte, wieviele Schiffe am 1. März in skandinavischen und holländischen Häfen durch den Ubootkrieg zur Untätigkeit verurteilt waren und wieviele Schiffe davon heute noch dort angebunden sind, so würden Sie finden, daß von den Frachtdampfern – ganz milde geurteilt – mindestens 30% sich wieder in Fahrt befinden, und wenn wir vier Wochen weiter sind, werden kaum noch 20% dieser Tonnage aus Furcht vor den Ubooten stillgelegt sein.

Das ist meine Anschauung von der Sache. Jedenfalls wird man damit rechnen müssen, daß der Krieg noch mehrere Jahre dauert, wenn man nichts Besseres einzustellen hat als die Wirkung der Uboote. Dabei möchte ich mich dringend dagegen verwahren, als ob ich die Ubootwaffe herabzusetzen trachtete. Ich bewundere die Leistung uneingeschränkt, wie denn überhaupt die ganze deutsche Leistung in diesem Kriege in Prosa nicht mehr zu rühmen ist, es ist ein großes Heldengedicht!

Die Frage wird aber in einigen Monaten akut werden, wie wir dieser entsetzlichen Weltkatastrophe ein Ende bereiten können. Die *deutsche Situation* – das brauche ich Ihnen nicht zu sagen – hat sich durch den aktiven Eintritt Amerikas gegen uns *ganz außerordentlich verschlechtert.* Was es bedeutet, dieses überreiche Hundertmillionen-Volk gegen Deutschland gestellt zu sehen, ist ungeheuerlich. Nur, wenn es uns gelänge, die überaus glückliche Veränderung der russischen Verhältnisse so auszubeuten, daß sich Rußland mit seinen großen Hilfsquellen uns öffnet, werden wir in der Lage sein, den Krieg noch einige Jahre durchzuführen und zu dem Ende zu bringen, das eine lärmende Schicht bei uns verlangt.

Der Brief ist schon zu lang geworden, aber der Ernst des Gegenstandes, den er behandelt, entschuldigt die Ausführlichkeit. Meine sonstigen politischen Gedanken und Bedenken darf ich Ihnen bei einer anderen Gelegenheit einmal darlegen, denn, wie gesagt, wie ich die Lage der Dinge betrachte, halte ich es für notwendig, daß die Herren, welche den Vorzug haben, in der Umgebung des Kaisers zu sein, die Dinge sehen, wie sie sind und nicht, wie man sie sich wünschen möchte.

Bitten möchte ich Sie nur noch, einmal einen Blick zu werfen auf den Annoncenteil einer englischen Zeitung und auf denjenigen eines deutschen Blattes. Ich füge zu diesem Zweck den mir gerade zu Händen gekommenen ›Daily Telegraph‹ hier bei. Das Studium dieser Anzeigen, welches ich schon seit Jahr und Tag betreibe, läßt den Unterschied in der Kriegsnot hüben und drüben klar erkennen.«

Während des Restes des Jahres 1917 beschäftigte Ballin sich besonders lebhaft mit den Vorbereitungen für das Gesetz für den Wiederaufbau der Handelsflotte, politisch verurteilte der Gang der Dinge ihn zumeist zur Passivität. Auch durch den ersten Teil des Jahres 1918 hindurch. Seine Aufzeichnungen aus dieser Zeit sind nur kurz. Ich hebe Folgendes daraus hervor:

... »17. Juli 1917. Durch den Vorstoß von *Erzberger,* der hauptsächlich gegen Helfferich und die Marine gerichtet war, wurde die *Stellung des Reichskanzlers* unhaltbar. Alle Welt erklärte sich gegen Herrn von Bethmann, und schließlich ließ mir General von Ludendorff telephonieren, daß er seinen Abschied einreichen würde, wenn Bethmann bliebe.

Ich hatte darauf eine lange Unterredung mit Exzellenz von Valentini, der auch die Notwendigkeit des Rücktritts des Kanzlers einsah, aber mit Bezug auf die Wahl des Nachfolgers in denselben großen Schwierigkeiten sich befand wie alle anderen Leute. Gegen *Fürst Bülow* hatte Wien lebhafte Bedenken erhoben, und auf Rat von Valentini entschloß ich mich zum *Kaiser* zu gehen, um mit ihm die Situation, die ich für außerordentlich verhängnisvoll hielt, zu besprechen. Ich schrieb deshalb Exzellenz von Reischach, daß er mich beim Kaiser anmelden möge, zog aber am Freitag diese Anmeldung wieder zurück, weil mir am Donnerstag abend vom Hauptquartier telephoniert wurde, daß Hindenburg und Ludendorff bereits abgereist seien, um dem Kaiser Vortrag in dieser Angelegenheit zu halten. Ich wollte mich unter diesen Umständen nicht mehr einmischen. Der Kaiser hat dann die Generäle mit der Mitteilung empfangen, daß Bethmanns Abschiedsgesuch von ihm bereits am Abend vorher genehmigt sei, und hat sich damit aus der schwierigen Lage befreit, daß er der Obersten Heeresleitung nachgeben mußte.«

... »25. Juli 1917. Gestern war ich beim *Fürsten Bülow* draußen in Flottbek und fand ihn frischer, als ich ihn seit Jahren gesehen habe. Ich hatte nachträglich das Gefühl, daß der Fürst die ganze Situation jetzt so schwarz sieht, daß er sich selbst nicht scheuen würde, das Amt eines Staatssekretärs des Auswärtigen unter Michaelis zu übernehmen, nur um endlich wieder mit unserer auswärtigen Politik in vernünftige Bahnen einlenken zu können. Die Bethmann'sche Politik verurteilt er, entgegen seiner früheren Zurückhaltung, auf das Heftigste; er behauptet, daß Bethmann mit der Hergabe des gleichen Wahlrechts nicht anders gehandelt habe wie ein Bankier, der am Tage vor seinem Bankerott sich noch über Wasser halten will, indem er die fremden Depots angreift.

Von der Mexiko-Depesche (der Depesche des Auswärtigen Amtes an den Gesandten in Mexiko, die mit ein Grund für den Krieg mit Amerika war. D. V.) sprach er sehr lustig, weil er, ebenso wie ich, meint, daß seit dem Hauptmann von Köpenick kaum etwas Tolleres geleistet worden ist. Bülow sagte, daß, wenn ein Lustspieldichter die Sache verwerten wollte, er sicherlich nicht auf den Gedanken kommen konnte, sie in der modernen Zeit spielen zu lassen, sondern zurückgreifen müßte auf die Zeit der Allonge-Perrücke.«

... »30. Juli 1917. Herr Oberstleutnant von Voß, (Chef des Stabes beim Generalkommando in Altona) telephonierte mit mir mehrfach und besuchte mich auch in der Sache der eventuellen Wahl Bülows für das Auswärtige Amt. Ich fürchte aber, daß keine Aussicht besteht für die Berufung des Fürsten. Der Fürst selbst teilt diese Ansicht und möchte auch nicht, daß in der Presse für ihn gearbeitet wird.«

... »14. Sept. 1917. Inzwischen stattete der *Kaiser* am 19. August Hamburg einen eintägigen Besuch ab. Er kam von Helgoland und war in rosenfarbigster Stimmung.

Er tat, als ob er mit seinem neuen Kanzler sehr zufrieden sei und war von einer Siegeszuversicht, die meines Erachtens in den Verhältnissen absolut nicht begründet ist.«

Aus dem September des Jahres 1917 stammt eine *Denkschrift*, die Ballin für den neuen Staatssekretär des Reichswirtschaftsamtes, *Dr. Schwander*, verfasste. Außer mit politischen Fragen beschäftigt er sich darin auch mit wirtschaftspolitischen, namentlich auch mit der Frage der Regulierung der Wirtschaft durch staatliche Einflussnahme, die bei den Erörterungen über die sogenannte »*Übergangswirtschaft*« eine große Rolle spielte. Diese Frage machte Ballin außerordentlich zu schaffen. Ich komme darauf noch zurück und lasse zunächst die Denkschrift folgen:

»6. Sept. 1917

Der Fall von Riga läßt uns wieder erkennen, wie *unendlich weit unsere militärischen Leistungen unseren politischen Handlungen überlegen sind.* Mit der Mexiko-Depesche hatten wir meines Erachtens den Gipfel erklommen, aber ich muß sagen, daß der Abstieg ein recht langsamer ist. Die kürzliche Mitteilung in den Zeitungen, daß der Bundesrat sich mit der Staats und Verwaltungsreform für das Reichsland befassen soll, läßt mich wieder das Herannahen eines großen politischen Versagens empfinden. Man glaubt, wie es scheint, bei uns, indem man Elsaß-Lothringen als selbständigen Bundesstaat etabliert, eventuell mit einem süddeutschen Prinzen als Großherzog oder dergleichen, ein Friedenshindernis aus dem Wege zu räumen. Meines Erachtens wäre es ein großer taktischer Fehler, wenn man die elsaß-lothringische Frage in solcher Form jetzt vor dem Kriegsende zu lösen versuchte. Wir müssen uns doch klar darüber sein, daß jeder der gegenwärtigen Volksverführer für seine Galerie zu spielen hat, und daß also bei einem Friedensschluß, der, wie ich voraussehe, sich aufbauen wird auf Kompromissen, auch die französischen Machthaber etwas nach Hause bringen müssen, was dem Manne in der Straße mindestens das Gefühl eines erlangten Achtungserfolges einimpft. Natürlich wäre es für uns leichter und angenehmer, jetzt diese Frage spontan und aus der Initiative der Reichsregierung heraus zu lösen; aber wir begeben uns damit wieder einer Kompensationsmöglichkeit, die vielleicht geeignet wäre, Frankreich einen erträglichen Abgang von der Kriegsbühne zu schaffen.

Wir haben ein Talent, durch voreilige Handlungen, welche den Frieden vorbereiten und erleichtern sollen, ihn immer weiter hinauszuschieben. Denken Sie an Polen! Auch daß wir auf Belgien jetzt Hypotheken eintragen, wie der Rat von Flandern und die Verwaltungsteilung sie mit sich bringen, vermindert den Wert und die Wucht dieses großen Faustpfandes.

Auch wirtschaftspolitisch geschieht bei uns zu viel. Die Kriegsgesellschaften schießen wie Pilze aus der Erde, und die Vorbereitungen für die Lösung der schweren wirtschaftlichen Aufgaben nach dem Kriege treiben uns viel zu weit hinein in staatlich geleitete Organisationen. Ich halte das ganze Institut des ›Reichskommissars für die Übergangswirtschaft‹ für überflüssig. Man soll an der natürlichen Entwicklung der Verhältnisse nur nicht unnatürliche Operationen vornehmen. Das aber ist die Aufgabe des Reichskommissars der seinerseits wieder unter die Herrschaft der Reichsbank oder einer von ihr geschaffenen besonderen Organisation für die Devisen- und Valutafragen geraten wird.

Ich halte unsere völlig in Unordnung geratene Valuta für ein vortreffliches Mittel, den Haß gegen uns und die Abneigung, mit uns Geschäfte zu machen, bei unseren Feinden bald aufzulösen. Der Amerikaner, der für seinen Dollar nicht mehr, wie früher, für Mk. 4,20 Waren bei uns erhält, sondern für Mk. 6,20, wird bald sein Herz für uns wieder entdecken.

Dazu kommt, daß ein Friede, selbst wenn er uns gar nichts weiter bringt, dem Deutschen Reiche doch einen ungeheuren Zuwachs an Prestige in der ganzen Welt sichert. Preußen ist nach dem Siebenjährigen Kriege eine Großmacht geworden, trotzdem der Krieg Friedrich dem Großen weder an Land noch an Geld eine Entschädigung brachte, sondern ihm nur den Besitz erhielt, den er verteidigt hatte. Prestige in der Welt bedeutet aber Kredit, und deshalb bin ich der Ansicht, daß diese ganzen fürchterlich ängstlichen Erörterungen über die Valuta und über die Notwendigkeit der Kontrolle der Zahlungen nach dem Auslande höchst überflüssig sind, ebenso überflüssig wie die staatliche Aufsicht über die sogenannte Übergangswirtschaft.

Die jetzt kämpfende Welt wird nach diesem Kriege arm sein, und die Wechselkurse sowie die enorm hohen Preise der Rohstoffe werden uns schon dazu leiten, mit Bezug auf den Import der Rohstoffe von der Hand in den Mund zu leben. Es wird, solange normale Verhältnisse nicht wiederhergestellt sind, keine vernünftig geleitete Industrie Rohstoffe in größeren Mengen importieren, als für ihren dringenden Bedarf erforderlich sind.

Deshalb meine ich, wir sollten bei der Reichsregierung darauf hinwirken, die Sucht nach der Bindung von Industrie und Handel aufzugeben und die volle Freiheit wiederherzustellen. Die Ausführung des Gedankens – der natürlich im Hinblick auf unsere ungeheure Verschuldung naheliegt – große Teile unserer Einfuhr und Ausfuhr in staatliche Bewirtschaftung zu übernehmen, um diese großen Erwerbsquellen dem Staate für die Erlösung aus seiner Schuldenlast zugänglich zu machen, würde unser wirtschaftliches Schicksal besiegeln. Man übersieht oder man will nicht erkennen, daß die Wohlfahrt von Industrie und Handel ausgerichtet ist auf persönlichen Beziehungen.

Mir ist es unverständlich, wie angesichts der Erfahrung der letzten 40 Jahre, in welchen die freie Industrie, der freie Handel und die freie Schiffahrt das ungeheure Nationalvermögen in Deutschland aufgebaut und alle die unermeßlichen Erfolge errungen haben, kluge Staatsmänner den Plan ernstlich in sich aufnehmen können, diesen großen Erfahrungen gegenüber ein System der Staatshandelswirtschaft auszurichten. Ich frage Sie: Wie denkt man sich solche staatliche Organisation den Schwankungen der Konjunktur gegenüber, der Wahrnehmung der Vorteile der Terminmärkte, der kaufmännisch gar nicht zu entbehrenden Spekulation? Man hat zwar dafür schon ein Mittel vorgesehen, indem man davon spricht, Kaufleute in diese Organisation hineinzustecken oder überhaupt das System des sogenannten gemischt-wirtschaftlichen Betriebes einzuführen. Der Himmel bewahre uns davor! Sie haben sicherlich noch mehr als ich reiche Erfahrungen mit den Kaufleuten gemacht, die plötzlich in die Sonne der staatlichen Autorität gerückt worden sind. Die meisten von ihnen haben in solcher bengalischen Beleuchtung völlig versagt, sie sind bureaukratischer geworden als die Bureaukraten, und die Initiative sowie das Streben, mutig eine Verantwortung zu tragen, waren schnell erloschen. Freie Bahn dem Tüchtigen! Nur die persönlichen Beziehungen und persönliche Tüchtigkeit werden den Wiederaufbau unserer Nationalwirtschaft vollbringen können. Dem gemischt-wirtschaftlichen Institut fehlt die Elastizität, fehlt auch das Persönliche sowie die nötige Freiheit des Handelns.

Man wird vielleicht erwidern, daß diese Erwägungen höchst beachtenswert sind, daß andererseits aber der Staat in seiner großen Verschuldung doch zu besonderen Maßnahmen gezwungen ist. Da sollte man diese Maßnahmen doch lieber auf dem Wege der direkten und indirekten Besteuerung suchen, als daß man den Ständen, welche während der letzten Jahrzehnte bewiesen haben, was sie zu leisten vermögen, diese Leistungsfähigkeit nimmt.

Auch die tüchtigen Kaufleute, wenn sie nicht gerade Genies sind, unterscheiden sich in Verdiener und Verwalter. Die erste Gattung, die zudem noch sehr dünn gesät ist, läßt sich weder in einen Staats-, noch in einen gemischt-wirtschaftlichen Betrieb einengen. Mit der zweiten Gattung allein kann aber keine Organisation dauernd auf den Beinen bleiben.

Dazu kommt das außerordentliche Mißtrauen, welches das feindliche Ausland diesen unter Staatsaufsicht stehenden Instituten entgegenbringen wird. Ich entsinne mich, mit welcher Nichtachtung auf den internationalen Schiffahrtskonferenzen die französischen Delegierten von allen Seiten behandelt wurden, weil man wußte, daß die französischen großen Schiffahrtslinien infolge der hohen Regierungssubsidien auch die Regierungsaufsicht über sich ergehen lassen mußten und wichtigen Beschlüssen weder zustimmen noch sie ablehnen konnten, weil sie erst die Genehmigung ihres Regierungskommissars einzuholen hatten. Man ließ sie deshalb einfach links liegen, denn man wußte, daß eine gegenteilige Initiative von ihnen doch nicht ausgehen würde.

Und wir haben wirklich allen Grund, mit der größten Vorsicht in Fragen des Wiederaufbaus unserer Wirtschaft zu verfahren. Der vortreffliche Dr. Naumann hat mit seinem Schlagwort ›Berlin – Bagdad‹ schon viel Fensterscheiben zertrümmert, welche die Erwerbsstände nach dem Kriege zu bezahlen haben. Der Gedanke des mitteleuropäischen Wirtschaftsverbandes ist zu einer höchst unglücklichen Zeit in die Welt gesetzt und mit einer Propaganda hinausgetragen worden, welche die Gegenmaßnahmen unserer Feinde, wie sie in den Beschlüssen der Pariser Wirtschaftskonferenz aufgestellt worden sind, hervorrufen mußten.

Die Beschlüsse der Pariser Wirtschaftskonferenz waren nicht ernstzunehmen bis zu dem Tage, an welchem Amerika in den Krieg gegen uns eintrat. Unter amerikanischer Mitwirkung sind die Beschlüsse aber durchführbar, und deshalb sehe ich mit besonderer Sorge auf die weitere Entwicklung dieser Frage. Nach meiner Ansicht ist es notwendig, daß unsere Friedensverhändler nicht eher an den Konferenztisch sich setzen, bis darüber ein Einverständnis erzielt ist, daß im Falle eines

Friedensschlusses die früheren Beziehungen auf handelspolitischem Gebiet in weitester Form wiederhergestellt und die Beschlüsse der Pariser und Mitteleuropäischen Konferenzen aufgehoben sind. Eine solche Haltung können unsere Verhändler aber nur annehmen, wenn sie gleichzeitig auch die Frage der Handelsverträge in der Form aufrollen, daß für eine ausgedehnte Periode alle abgelaufenen und noch bestehenden Handelsverträge ihre Gültigkeit zurückerlangen sollen. Die Nachteile, welche in einigen Verträgen für uns sind, werden reichlich aufgewogen durch die Vorteile, welche andere Verträge uns eröffnen.

Man kann der Regierung gar nicht genug empfehlen, in allen solchen Fragen zurückzugreifen auf das Urteil erfahrener Kaufleute. Ich habe das Herrn von Bethmann schon in der ersten Zeit des Krieges vergeblich ans Herz gelegt. Es hat doch alles seine Wissenschaft! Ich las gerade gestern in einem Briefe von Gustav Freytag an seinen Verleger Hirzel die vortreffliche Selbstkritik: ›Was aus meiner Arbeit wird, weiß ich noch nicht, doch fürchte ich, daß ich mache, was andere mit mehr Beruf machen könnten, und nicht mache, was meines Amtes wäre.‹ Jeder große Führer im Wirtschafts- wie im politischen Leben muß erkennen, wie abträglich es ist, wenn er sich in Arbeiten zersplittert, die ein anderer ebensogut oder vielleicht noch besser machen kann. Das sollte sich die Regierung auch gesagt sein lassen, wenn sie versucht, mit der vergoldeten Hand einzugreifen in die großen wirtschaftlichen Organisationen, wie sie sich in den Kartellen, Syndikaten und ähnlichen Gebilden uns darstellen. Da, wo ein Syndikat im Interesse eines Erwerbszweiges notwendig ist, wird sich auch der Führer finden, der es zustande bringt. Und nur da, wo die Notwendigkeit solchen Zusammenschlusses von kleinen Geistern aus persönlichen Trieben heraus nicht anerkannt wird, sollte man die Regierung bitten, denjenigen Druck auszuüben, der im Interesse der großen Ziele und Zwecke einer solchen Vereinigung ihr notwendig erscheinen könnte.

Ich fürchte, daß wir nach dem Kriege nicht die Mittel haben werden, die Verkehrsaufgaben, welche unserer noch mit Bezug auf den Ausbau der Wasserstraßen usw. warten, bald zu lösen. Jedenfalls würde, eine Lösung in den ersten Jahren nach dem Kriege immer voraussetzen, daß Abgaben in einer Höhe erhoben werden, die den Vorteil der neuen Kanäle und Wasserstraßen wieder aufzuheben geeignet sind. Auch jetzt leiden Industrie und Handel schon schwer unter den Lasten der Kanalabgaben, Schleppmonopole usw. Eine großzügige Wasserstraßenpolitik, welche es sich zur Aufgabe gestellt hat, den deutschen Ausfuhrhandel zu heben, müßte nicht ängstlich die Verzinsung der Anlagekosten in der Erhebung großer Abgaben suchen. Man hat ja auch die Chausseebäume weggeräumt.

Sorgenvolle Stunden bereitet mir auch die immer lärmender werdende Agitation, welche ihr Ziel in der *Abtrennung der Ukraine, Finnlands und anderer fremdvölkischer Landesteile von Rußland* sucht. Ich habe von Anfang des Krieges an schon den Standpunkt vertreten, daß unser Hauptkriegsziel darin bestehen müßte, Rußland von der Entente abzusprengen, um in der möglichst engen Verbindung mit Rußland einen Block zu bilden, der stark genug ist, eine englisch-französisch-amerikanische Allianz in Respekt zu halten. Das müßte auch heute noch unser Streben sein. Aber wenn wir darauf ausgehen, das Russische Reich zu verkleinern und unabhängig in seine einzelnen Teile zu zerlegen, dann werden wir nach dem Kriege politisch auf sehr schwachen Beinen stehen, und dieser Zustand müßte naturnotwendig auch seine trüben Schatten werfen auf den Wiederaufbau der deutschen Volkswirtschaft.«

Gegen die Pläne der Übergangswirtschaft wurde auf Veranlassung von Ballin in Hamburg im Sommer 1918 ein besonderer Vorstoß unternommen, indem die *Mitglieder des Reichstages* nach Hamburg eingeladen und ihnen in drei Vorträgen die hanseatischen Ansichten in dieser Frage vorgetragen wurden. Am Schluss dieser Tagung fasste Ballin in einem Trinkspruch noch einmal kurz seine Anschauungen zusammen. Sie enthalten, ebenso wie die obige Denkschrift, vieles, das sich, auch an den Erfahrungen der jüngsten Vergangenheit nach dem ungünstigen Kriegsausgang gemessen, als richtig erwiesen hat. Ballin führte aus:

»Dem Dank, welchen der Präses der Handelskammer heute mittag Ihnen zum Ausdruck brachte, und der nach den vortrefflichen Vorträgen, welche wir gehört haben, die überaus freundliche Rede des Herrn Vizepräsidenten des Reichstages, Geheimrat Dove, auslöste, diesem Dank möchte ich auch an dieser Stelle Worte verleihen. Ich möchte es aussprechen, wie aufrichtig und freudig wir es anerkennen, daß die Vertreter des deutschen Volkes in so großer Zahl unserer Einladung zu dieser Tagung in Hamburg Folge geleistet haben. Sie haben es getan in der Erkenntnis, daß alle Fragen, welche mit dem Wiederaufbau der deutschen Friedenswirtschaft zusammenhängen, Fragen sind, die – vom ersten bis zum letzten – jedes Mitglied des deutschen Volkes eng berühren. Sie haben es auch getan in Sympathie für die alte Freie und

Hansestadt Hamburg, die mehr wohl als jede andere deutsche Stadt an der Last dieses Krieges zu tragen hat. Sie taten es sicherlich aber auch aus der Erkenntnis heraus, daß Hamburg und seine Schwesterstadt an der Weser nach diesem Kriege berufen sein werden, große und schwere Aufgaben zu lösen, indem sie der deutschen Weltwirtschaft die Wege wieder bahnen und neue Wege erschließen.

Herr Geheimrat Dove hat in seiner Rede heute mittag es ausgesprochen, daß man vertrauensvoll die Vorträge in sich aufnehmen könne, die, von hanseatischem Geist getragen, man heute gehört habe. Wir würden Ihnen dankbar sein für dieses Vertrauen, das uns hoch ehren würde, und wir versichern Ihnen, daß es uns eine heilige Pflicht sein wird, mit allen Kräften dahin zu streben, daß wir diese Aufgaben restlos erfüllen. Aber sorgen Sie Ihrerseits dafür, daß man uns nicht eine Schlinge um den Hals legt; sorgen Sie dafür, *daß man Abstand nimmt von der gefährlichen Absicht, Volkswirtschaft und Weltwirtschaft im Kasernenhof zu betreiben!* Schaffen Sie uns Licht und Luft und Freiheit, dann werden wir, die wir mit der überseeischen Welt in Verbindung stehen, diese schweren Aufgaben restlos zu erfüllen vermögen …

… Ich bin der festen Überzeugung, daß diejenige Politik, die in der Bezeichnung ›Übergangswirtschaft‹ sich aufbaut, auf falscher Bahn sich befindet. Wir bereiten damit einem Wirtschaftskrieg nach dem Kriege den Boden. Wir brauchen einen doppelt gepanzerten Frieden! Wir können nicht da, wo wir den Zwang setzen, von unseren Gegnern die Freiheit verlangen. Wir können nicht für die Freiheit der Meere kämpfen und gleichzeitig vor Mitteleuropa ein Siegel legen.

Daß für die Durchführung dieser wirtschaftlichen Aufgaben eine gewisse staatliche Aufsicht nötig ist, leugne ich durchaus nicht. Das ist ja selbstverständlich; aber alles, was darüber hinausgeht, ist vom Übel. Wenn heute gesagt wird, daß die Übergangswirtschaft teilweise drei Jahre dauern soll, wenn öffiziös verkündet wird, daß man für die Zwecke der Übergangswirtschaft auch die tausend *Kriegsgesellschaften* verwenden und dann langsam abbauen will, dann kann ich diesen Absichten nur meine ernstesten Warnungen entgegensetzen. Sobald der Krieg vorbei ist, werden alle tüchtigen Männer zu ihrer legitimen Betätigung zurückeilen. Was dann in den Kriegsgesellschaften für die sogenannte Übergangswirtschaft sitzenbleibt, das dürften doch teilweise Leute sein, die in diesen äußerlich nicht gerade schönen Geschöpfen *geheime Reize entdeckt haben,* oder es sind Leute, welche, die frische Zugluft des freien Spiels der Kräfte fürchtend, sich unter den Fittichen des Vaters Staat wohlgeborgen fühlen. Wenn Sie Deutschlands

Zukunft auf Gedeih oder Verderb solchen Organisationen überlassen wollen, dann bleibt, wie gesagt, der Wirtschaftskrieg nach dem Kriege uns sicherlich nicht erspart. Dann haben Sie noch mit einem vieljährigen Krieg zu rechnen.«

Aus den letzten Monaten des Krieges, die auch die letzten Lebensmonate Ballins waren, sei nur ein Ereignis noch hervorgehoben, allerdings eins von dramatischer Bedeutung. Es ist *Ballins letzte Begegnung mit dem Kaiser*. Seine Aufzeichnungen darüber, so aphoristisch sie sind, bedürfen keines Kommentars. Ich gebe sie unverkürzt hier wieder.

»*Hamfelde*, den 25. August (Sonntag) 1918

Am letzten Dienstag telephonierte mir Herr Deters (Direktor der Firma Hugo Stinnes in Hamburg. D. V.) im Auftrage von *Hugo Stinnes*, daß dieser mich gern in Berlin am Donnerstag sehen möchte. Der Oberstleutnant Bauer (einer der Adjutanten Ludendorffs, ein Mann, der viel Schuld hat an der großindustriellen, alldeutschen Orientierung des Generals) ist bei ihm gewesen, und die Mitteilungen dieses Mannes ließen ihm eine Unterredung mit mir dringend erwünscht erscheinen. Ich lehnte ab, weil ich mir denken konnte, daß die Aufgabe, die man mir zuzuschieben trachtete, höchst unerfreulicher Natur sei.

Am nächsten Morgen telephonierte Herr Deters wieder, Stinnes werde, um mich zu sprechen, Freitag morgen mich in Hamburg besuchen.

Ich fuhr Mittwoch nachmittag nach Hamfelde, am Donnerstag aber schon wieder zur Stadt, da Stinnes schon Freitag um 10½ Uhr vormittags bei mir sein wollte.

Es fand diese Unterhaltung also am Freitag, den 23. August um 10 Uhr 40 bis 1 Uhr 15 statt. Stinnes eröffnete mir mit seiner erfreulichen Offenheit und Klarheit, daß die militärische Situation sich sehr verschlechtert habe. Unser Mannschaftsmaterial fange an zu versagen, wir hätten viele Überläufer (Stinnes nannte, glaube ich, eine Zahl von 32000) während der letzten Zeit. Ludendorff habe dem Kronprinzen endlich reinen Wein eingeschenkt, aber es bliebe noch übrig, *den Kaiser aufzuklären*, auch darüber besonders aufzuklären, daß die Sache mit Hertling nicht weitergehen könne, der völlig siech sei; eigentlich regiere sein Sohn, der Rittmeister; es geschähe nichts, um zu einem Frieden zu kommen. Auch sonst ginge es im Reich drunter und drüber. Der Kriegsminister v. Stein versage. Vielfach stellten sich die ausgehobenen Leute gar nicht mehr, in Schlesien seien sie in großer Zahl in die Wälder geflüchtet, und die Frauen versorgten sie mit Nahrung, während das Generalkommando nichts Energisches unternähme. Ich antwortete Stinnes, daß ich bereit sein würde, im Einverständnis mit Ludendorff die peinliche Mission zu übernehmen, vorher aber mit Ludendorff darüber einig sein müsse, welche Persönlichkeit man dem Kaiser als Kanzler präsentieren wolle.«

»Fortsetzung. Hamburg, den 26. August 1918. Stinnes meinte, daß Ludendorff an den Fürsten Bülow denke. Ich antwortete Stinnes, daß meines Erachtens Bülow wohl als Führer einer Friedensverhandlungs-Kommission in Betracht käme, daß aber die Zeit für eine Wiederberufung Bülows zum Amte des Reichskanzlers verpaßt sei, und daß er bei dem deutschen Volke, insbesondere bei den Sozialdemokraten, nicht das Vertrauen genieße, welches jetzt der Reichskanzler haben müsse. Das gleiche sei bei unseren Feinden der Fall. England, Frankreich und Amerika würden in einem Fürsten und noch dazu im Fürsten Bülow nicht mehr die Persönlichkeit erblicken, die eine Demokratisierung Deutschlands ernstlich durchführen wolle. Es sei aber notwendig, daß, wenn wir endlich zu einer Aussprache über den Frieden kommen würden, das Amt des Reichskanzlers in den Händen eines Mannes läge, der auch den Feinden einwandfrei erschiene. Stinnes gab mir darin vollständig recht.

Es wurde dann hin und her gesprochen über die Möglichkeit, eine andere, besser geeignete Persönlichkeit zu finden, ohne daß wir uns über einen Kandidaten einigen konnten. Stinnes schlug schließlich vor, daß wir uns in Berlin mit dem Beauftragten des Generals Ludendorff, dem Oberstleutnant Bauer, über die Sache aussprechen sollten. Er wolle in Berlin zunächst über unsere Unterhaltung Bericht erstatten und hoffe, daß man heute – Montag – abend oder morgen – Dienstag, den 27. August – mit Bauer zusammenkommen könnte.

Inzwischen hörte ich heute morgen von Stinnes durch Deters, daß Stinnes ein Telegramm an mich gerichtet habe, wonach diese Konferenz erst am nächsten Montag, den 2. September, abends 8 Uhr, stattfinden solle. Stinnes schlug vor, daß wir beide uns vorher um 7 Uhr im Hotel Continental treffen sollten. Ich habe sagen lassen, daß ich es für richtiger halte, wenn wir schon um 6½ Uhr zusammenkämen.

Nachtragen muß ich noch, daß Bauers resp. Ludendorffs Vorschlag dahin ging, daß nicht ich allein zum Kaiser gehen solle, sondern gemeinsam mit Stinnes, Duisberg und Krupp von Bohlen.

Ich habe Stinnes gesagt, daß ich die Entsendung einer solchen Deputation für ganz falsch halten würde. Der Kaiser würde sich niemals von vier Herren, von denen er zwei überhaupt nicht kennt, derartige Dinge sagen lassen. Es sei richtiger, wenn Herr v. Bohlen zunächst allein ginge, oder, wenn Ludendorff es sehr wünschte, ich allein diese Mission übernähme und eventuell versuchte, den Kaiser zu bewegen, auch die übrigen drei Herren zu empfangen.

Stinnes war sehr bedrückt und sah die Lage ebenso ernst an wie ich.«

Die Aufzeichnungen über die Berliner Unterhaltung beschränken sich auf Stichwörter, aus denen hervorgeht, daß nicht der Oberstleutnant Bauer, sondern ein Vertreter von ihm, Major von Harbou, daran teilnahm, und daß die Personenfrage für den Reichskanzlerposten nicht gelöst werden konnte. Ballin dachte als letzte Möglichkeit an Stinnes selber, weil die Situation ihm nach einem Mann mit diktatorischen Befugnissen und entsprechendem Charakter zu verlangen schien.

Über die *Unterredung mit dem Kaiser* schreibt Ballin:

»Ich kam am Morgen des 5. September in Wilhelmshöhe an und wurde für 12¾ Uhr zum Vortrage beim Kaiser bestellt. Man nannte es diesmal ›zum Vortrag‹, weil der neue Chef des Zivilkabinetts, Herr v. Berg, offenbar der Sache einen amtlichen Anstrich geben wollte, um dem Vortrage beiwohnen zu können. Schließlich konnte der Kaiser in seiner Ungeduld es aber doch nicht solange hinauszögern, und ich wurde bald darauf telephonisch ersucht, mich von 11 Uhr an bereit zu halten.

Ich begab mich um diese Zeit ins Schloß und wartete im Zimmer des Adjutanten, bis der Kaiser kam, um mit mir spazieren zu gehen. Aber auch Herr v. Berg hatte sich eingefunden und ging mit uns. Infolgedessen verlor die Unterhaltung die Freiheit, welche im Interesse des Kaisers selbst und des Vaterlandes sehr erwünscht gewesen wäre.

Ich fand den Kaiser wieder sehr mißorientiert und in der gehobenen Stimmung, die er gern in Gegenwart eines Dritten zeigt. Man hatte die Dinge so verdreht, daß selbst der schwere Mißerfolg der Offensive, der zuerst eine große Depression bei ihm hervorgerufen hatte, zu einem Erfolg wurde. Man beabsichtigt jetzt in die alte Hindenburg-Stellung zurückzugehen, und die Offensive hat also nichts erreicht als den Verlust von einigen Hunderttausend wertvollen Menschenleben. Das alles wird dem armen Monarchen, wie gesagt, so serviert, daß er das Katastrophale gar nicht merkt.

Er setzt jetzt alle Hoffnung auf Herrn v. Hintze, den er offenbar für ein großes Licht hält.

Ich habe dem Kaiser meine großen Bedenken vorgetragen und ihm gesagt, daß ich es nicht für aussichtsvoll halte, Friedensverhandlungen mit England anzuknüpfen, sondern daß ich dringend empfehle, so schnell wie möglich mit Wilson in Verbindung zu treten, der keinen Landgewinn in Europa anstrebt und ein Ideologe ist, daß aber die Wahrscheinlichkeit naheliegt, daß bei einer Fortsetzung des Krieges Wilson in die Hände einer Kriegspartei gerät und dann für eine Ordnung der Dinge nach ideologischen Grundsätzen nicht mehr zu haben ist.

Der Kaiser sah die Richtigkeit dieser Anschauung ein, glaubt aber mit den Verhandlungen warten zu müssen, bis der Herbst da ist und wir in die sichere Hindenburg-Stellung zurückgekehrt sind. Dann soll von der angebotenen Vermittlungstätigkeit der Königin von Holland Gebrauch gemacht werden.

Da, wo ich zu freiheitlich wurde, griff Herr v. Berg geschickt ein und erklärte mir, als der Kaiser gegangen war, *man dürfe den Kaiser nicht zu pessimistisch machen.*

Ich sprach auch mit dem Kaiser über die Freigabe der verderblichen Lebensmittel, wie Butter, Eier usw., und versicherte ihn, daß die Höchstpreise und die Gesetze gegen den Schleichhandel nur dazu dienten, das Volk auszurauben und das Geld in die Hände von Schleichhändlern zu bringen. Der Kaiser war ganz mit mir einer Ansicht, und es wurde beschlossen, jedenfalls die verderblichen Lebensmittel zu befreien und den legitimen Handel damit voll wieder einzusetzen.

Im übrigen erklärte der Kaiser, daß diesem Kriege bald ein zweiter folgen würde: Der zweite punische Krieg. Er sprach viel von dem Bündnis zwischen England und Amerika, das natürlich gegen Japan gerichtet sei, und entwickelte politische Ansichten, die erkennen ließen, daß er außerordentlich schlecht informiert wird.

Herr v. Berg ist offenbar konservativ und alldeutsch und führt, wie es scheint, die Regierung bei Hofe. In der Sache des gleichen Wahlrechts für Preußen stellte er sich allerdings auf meinen Standpunkt, nämlich, daß man das gleiche Wahlrecht durchsetzen müsse, nachdem es vom König versprochen worden ist.

Da der Kaiser mit der erkrankten Kaiserin allein speiste, aß ich an der sogenannten Marschallstafel, an der von den Damen nur die Gräfin Keller und die Gräfin Rantzau teilnehmen, ferner die Herren des Kaiserlichen Dienstes sowie der Arzt und Kammerherr der Kaiserin. General v. Gontard fungierte als Hofmarschall in Vertretung des leider schwer erkrankten Herrn v. Reischach.«

In Ergänzung *des Urteils Ballins über den Kaiser* füge ich noch den Eingang eines Briefes von ihm vom 25. Oktober 1918 an:

»Inzwischen ist ja nun auch die Antwortnote Wilsons eingegangen und ihre Annahme wird, darüber darf man keine Zweifel walten lassen, eine Kapitulation darstellen.

Die Note läßt nach meiner Auffassung klar erkennen, daß Wilson und seine Verbündeten den Rücktritt der Hohenzollern oder doch mindestens des Kaisers und des Kronprinzen anstreben und in der Form gemilderter Friedensbedingungen bezahlen würden.

Jeder der Männer an der Spitze der Regierungen hat für seine Galerie zu spielen, und der Galerie könnte man allerdings den großen Erfolg nicht greifbarer darlegen, als wenn man den Mann, der verantwortlich für den Krieg gezeichnet hat, als Opfer forderte und erhielte. Ich glaube nicht, daß der Kaiser sehr traurig sein würde, wenn er jetzt mit einer noblen Geste sich ins Privatleben zurückziehen könnte. Der Krieg, der dem Charakter des Hohen Herrn völlig zuwider lag, hat doch so zermürbend auf ihn gewirkt, daß man auch in seinem Interesse es nur wünschen könnte, daß ihm der Rückzug in ein behagliches Privatleben ermöglicht werde. Das wird er selbst erkennen und sicherlich dem Wohlergehen des Volkes sich nicht in den Weg stellen wollen. Dagegen wird natürlich seitens der Kaiserin ein sehr erheblicher Widerstand aufgebracht werden. Die Ernennung seines Enkels zum Nachfolger und die Einsetzung eines Regenten, dem man Vertrauen entgegenbringt, würde heute der ganzen deutschen Situation viel von ihrer Furchtbarkeit abstreifen. Natürlich würde ein solcher Rücktritt nicht ohne gewisse Erschütterungen vor sich gehen, aber diese Nachteile müßten in den Kauf genommen werden. Schön wäre es ja, wenn man sie vermeiden könnte und wenn man den Kaiser in die Position eines Königs von England zu bringen vermöchte, der im wesentlichen alle Annehmlichkeiten des Königtums genießt, ohne durch Verantwortungen, die zu tragen er gar nicht in der Lage ist, belastet zu sein. Freude am Regieren hat meines Erachtens der Kaiser nie gehabt. jedenfalls hat er diese Freude, nachdem er sich diesen Krieg auf den Hals hatte laden lassen, recht verloren.«

In der *letzten Aufzeichnung*, die Ballin seinem Tagebuch anfügte, heißt es:

»Stinnes ließ mir mitteilen, daß sowohl das Zentrum wie die Sozialdemokraten dafür wären, daß ich die Friedensverhandlungen führen

> müsse. Ich habe ihm sagen lassen, daß ich nicht kneifen würde, aber jedem anderen es lieber gönnte.«

Das war am 2. November 1918. Eine Woche später, am 9. November, hatte das Herz aufgehört zu schlagen, das so heiß für Kaiser und Reich geglüht hatte und unter der Wucht von Sorgen und Kummer gebrochen war.

XI

Persönliches

Albert Ballins Lebenswerk im Rahmen dieses Bandes erschöpfend zu schildern, erschien dem Verfasser, je mehr er sich mit der Arbeit beschäftigte, desto mehr ausgeschlossen. 32 Jahre unablässiger, harter Arbeit, unterbrochen nur, wenn die Herrin Natur oder ein ganz gebieterisches ärztliches Gebot es befahlen, verbracht an der Spitze eines Unternehmens, das durch diese Arbeit zu einem der größten erwuchs, die die Wirtschaftsgeschichte der vergangenen Jahrzehnte kennt, kann man überhaupt nicht auf dem Papier darstellen, es sei denn durch Ziffern, die aber nur der Kundige zu deuten weiß. Die Darstellung musste sich darauf beschränken, das Bild des Mannes aus dem Hintergrund derjenigen Ereignisse hervortreten zu lassen, an denen er mitarbeitend, zumeist mitbestimmend gewirkt hat, seine Gestalt, sein Wesen und seine Bedeutung sollten darin erscheinen, wie ein Maler das Porträt seiner selbst im Spiegel sieht. Was der Spiegel nicht zeigt, ist die ungeheure Gedankenarbeit, die dem Porträt seinen Ausdruck gegeben hat. Dem Zuschauer erscheint das Produkt geschichtlichen Geschehens umso einfacher und begreiflicher, je vollkommener es sich darstellt. Was an Kraft und Kühnheit, an Wagemut und Verantwortungswillen zum Werden der Dinge beigetragen hat, erscheint im Gewordenen nicht mehr unmittelbar, sondern nur noch reflektiert, und nur der kann es ermessen, der das Werden selbst gesehen hat. Den Charakter des Schöpfers zu begreifen, seine Persönlichkeit zu erfassen oder gar dem Fremden verständlich wiederzugeben, ist noch schwieriger.

Einer genialen Persönlichkeit wie Albert Ballin wird man nur gerecht, wenn man trotz aller Vielseitigkeit ihrer Natur den Grundzug ihres Wesens erfasst. Wie in einem Brennpunkt vereinigen sich hier alle Strahlen seines Lebens zu dem Feuer, das all seinem Tun und Denken

Licht, Wärme, Kraft spendet. Albert Ballin war der *geborene Kaufmann*, in dem großen und edlen Sinne des Schiller'schen Distichons, wonach an die Güter, die sein Schiff trägt, das Gute sich knüpft. »Sein Auge ward aufs hohe Meer gezogen«, Umgebung und Neigung führten ihn in die Schifffahrt. Wie er als Knabe am liebsten am Hafen gespielt hatte, so wurden dem Jüngling und dem Mann die Meere der Welt ein Tummelplatz. Hier war er zu Hause, hier fühlte er sich heimisch. Wie oft hat er versichert, die Schlaflosigkeit, die ihn auf dem Lande so oft und quälend heimsuchte, verlasse ihn, sowie er ein Schiff betrete, und wenn es ein elender »Äppelkahn« sei. Er war seefest, in jeder Hinsicht, körperlich und seelisch. So wurde er Reeder aus Beruf und als solcher einer der größten und genialsten Herrscher in der Weltschifffahrt.

Hier fasste er alle Probleme mit Kühnheit und zugleich gewissenhafter Vorsicht an. Nichts schien ihm zu groß, als dass sein Wagemut es nicht bewältigen konnte, nichts war ihm zu klein, als dass er es unbeachtet gelassen hätte. Was der geniale Blick des Unternehmers im Augenblick als richtig erkannte, was er im impulsiven Beschluss in die Tat umsetzte, das prüfte sein ruheloser Geist in schlaflosen Stunden – wenn, wie er selbst einmal sagte, »alles so grau erscheint« – unablässig und nach allen Richtungen. Dann setzte die verstandesmäßige Kritik ein und die Zweifel ob der eigenen Kühnheit, verschärft durch ein ungeheures Verantwortungsgefühl gegenüber seinem Unternehmen. *Denn er war durch und durch der Mann der Hamburg-Amerika Linie geworden.* Von seinem Eintritt in diese Gesellschaft an, dann als Direktor und Generaldirektor verwuchs er völlig mit ihr. Sie erfüllte sein ganzes Sinnen und Denken, er lebte ganz in ihr und für sie, stellte wie sich selbst auch ganz unwillkürlich alle Menschen und Ereignisse in ihren Bereich und Dienst. Ihre Entwicklung, ihr Gedeihen, ihre Größe war sein eigenes Leben, mit ihrem Zusammenbruch endete auch das seine. Unermüdlich kreisten seine Gedanken um dieses Zentrum seines Daseins. Nur ihren Interessen war sein Interesse gewidmet, nur ihrem Dienst galt seine Arbeit, galt jede Tat und jedes Wort. Er ging so in ihr auf, dass er sich selber als sie empfand. Er war die Packetfahrt und die Packetfahrt war er. Liebe und Hass empfand er in erster Linie aus ihr heraus. Wer ihr gedient hatte oder ihm als Verkörperung der Gesellschaft, dem war er lebenslang ein dankbarer Freund. Dieses tief innerliche, unlösbare

Verhältnis zu seiner Gesellschaft, die sein Lebenswerk, deren Größe seine Lebensaufgabe war, war die Eigenart und die Quelle seiner Subjektivität. Aber einer Subjektivität, die gepaart war mit dem denkbar stärksten Pflichtbewusstsein und durchdrungen von objektivster Auffassung von dem Wesen des vollkommensten Gebildes, das der Kapitalismus hervorgebracht hat, der Aktiengesellschaft. Ballin fühlte sich so sehr als Leiter einer Aktiengesellschaft, dass er überhaupt nur aus diesem Gefühl heraus begreifbar ist. Den besten Schlüssel für das Verständnis seiner, dem Fernerstehenden sehr kompliziert erscheinenden, in Wirklichkeit ganz einheitlichen und geschlossenen Persönlichkeit gibt ein gelegentliches Wort von ihm. Auf die Bemerkung eines Freundes, warum er eine eben ausgesprochene Kritik nicht in der Öffentlichkeit äußere, sagte er: »Mein lieber Freund, Sie sind nicht Direktor einer Aktiengesellschaft«. Er wollte damit sagen, dass die Feindschaft, die er sich durch seine Kritik zugezogen hätte, auf sein Unternehmen abfärben würde, und dass er im Interesse dieses sich Beschränkungen auferlegen müsse, von denen ein Privatmann sich frei fühlen kann.

Dabei aber stellte er diese Aktiengesellschaft, deren Subventionierung aus öffentlichen Mitteln er immer wieder perhorreszierte, ganz in den Rahmen der *nationalen Volkswirtschaft*. Solche Riesenbetriebe wie die Hamburg-Amerika Linie sind, wie er oft betonte, nicht mehr Unternehmungen rein privatwirtschaftlicher Natur. Zu eng und tief sind sie verflochten, auf Gedeih und Verderb mit der gesamten Volkswirtschaft und durch sie mit der Weltwirtschaft. Von ihnen gehen durch ihre Aufträge für Bau und Ausrüstung der Schiffe und ihren Betrieb gewaltige Ströme aus in hundert und aber hundert Gebiete der Industrie, des Handwerks, der Landwirtschaft, und sie tragen mit den deutschen Gütern und mit den dafür eingetauschten fremden Waren, nicht minder durch Hunderttausende von Passagieren und Auswanderern den deutschen Namen und die deutsche Ehre in alle Welt. Die Reichsflagge und die Hapag-Flagge verschmolzen so in ein einziges Symbol für Albert Ballin.

Als Leiter der größten deutschen Schifffahrtsgesellschaft und damit als einer der Führer der deutschen Volkswirtschaft war es selbstverständlich, dass er auch in die *Politik* hineingezogen wurde, die mit der wachsenden Bedeutung der ökonomischen Probleme immer mehr von diesen bestimmt wurde. Aus eigener Neigung hätte er sich schwerlich dem Handwerk eines Politikers zugewandt, dem Partei- und Fraktionstreiben hat er stets ferngestanden, war niemals eingeschriebenes Mitglied einer bestimmten Partei, hatte Freunde wohl in allen bürgerlichen Parteien, einer liberalen Weltanschauung zugewandt und freihändlerischen Grundsätzen getreu. Wo es um Fragen der Schifffahrt und des Handels ging, wusste er an den zuständigen Stellen nachdrücklich seine Ansichten und Wünsche zu vertreten. In eigentliche politische Angelegenheiten aber versuchte er mit seinem Einfluss nur einzugreifen, wenn sie weltpolitisch waren. Seine häufigen und ausgedehnten Reisen in den verschiedenen Ländern Europas, nach Nordamerika, nach Ostasien, hatten seinen Blick geschärft. Sein Beruf hatte ihn nicht nur mit den Leitern aller großen Schifffahrtsgesellschaften bekanntgemacht, sondern auch mit vielen großen Finanz- und Industriemagnaten der wirtschaftlich führenden Länder, insbesondere auch Englands und der Vereinigten Staaten. Unter den Größten stand er als Gleicher, und diese unbestrittene Autorität gewährte ihm wiederum Ansehen und Gewicht bei leitenden Staatsmännern und Parlamentariern. Und weil ihm die Lebensbedingungen anderer Nationen vertraut waren, vertrat er ebenso die nationalen Rechte, wie er seine warnende Stimme vor Konflikten erhob, die ihm vermeidbar erschienen. Wer sich seiner Stärke bewusst ist, kennt auch ihre Grenzen, und ein Sichvertragen schien ihm wie im Geschäft so auch in der Politik geratener als ein Sichschlagen. Den »Mann des Kompromisses« nannte man ihn, wie an anderer Stelle erwähnt. Vielleicht hatten ihn schon frühe Erfahrungen dazu erzogen. Dem jungen Mann aus unbekannter jüdischer Familie mag es nicht leicht geworden sein, im patrizischen Hamburg sich durchzusetzen, selbst als er bereits an hervorragender Stelle stand. Der flüchtige Beobachter übersieht leicht, wie konservativ diese Hansestädte sind und noch vielmehr waren. Politisch, in ihrer Verfassung und Anschauung, gesellschaftlich nicht minder. Mancher allerdings, der schon dem jungen Ballin nahekam, erkannte doch, dass er es mit einer ungewöhnlichen Persönlichkeit zu tun habe. So schrieb ein *englischer Journalist* von ihm schon Mitte der 90er Jahre: »**He struck me as a great man, otherwise nothing so incongruent as such a type of man as the head of a big steamship line could be imagined.**«

Dass der Feldmarschall *Graf Waldersee* ihm schon früh seine Freundschaft schenkte, ist an anderer Stelle erzählt worden. Und im patrizischen Hamburg gewann er schon bald nach seinem Eintritt in die Packetfahrt einen gewaltig einflussreichen Gönner, *Carl Laeisz,* den markantesten Vertreter der »Dynastie Laeisz«. Die Firma F. Laeisz in ihren drei »Dynasten«, dem Begründer F. Laeisz, seinem Sohn Carl und seinem Enkel C. Ferdinand, hat alle größeren hamburgischen, in Gesellschaftsform gekleideten Reedereien aus der Taufe gehoben und nicht zum wenigsten durch die Kraft und Fülle ihrer Autorität durch schwere Jugend- und Entwicklungsjahre hindurch geleitet. Ihre soliden Grundsätze dabei, die für den Aktionär zeitweilig recht unerfreulich, für die Unternehmungen aber von unübertrefflicher Güte waren, kennzeichnet nichts besser als die oft erzählte Geschichte von dem Aktionär, der zu Carl Laeisz kam, um sich darüber zu beklagen, dass die Hamburg-Südamerikanische D. G. keine Dividende verteile. »Zweck der Gesellschaft ist Schiffahrt zu treiben und nicht Dividende zu verteilen«, war die grobe und treffende Antwort. An Urwüchsigkeit ließen Carl Laeisz Worte und Taten nichts zu wünschen übrig, aber ebenso wie sein leider zu früh verstorbener, hochbedeutender Sohn, der zu den seltenen wirklich nie ersetzten Menschen gehörte, hat er sich um die Begründung und Aufziehung vieler hamburgischer Unternehmen, ja ganzer Geschäftszweige, ungewöhnlich große Verdienste erworben. Welcher Vertrauensbeweis lag darin, dass, als die Packetfahrt 1888 – zwei Jahre nach Ballins Eintritt – eine Erhöhung ihres Kapitals von 20 auf 25 Millionen Mark beantragte, Carl Laeisz der Direktion im Vorwege mitteilte, er werde in der Generalversammlung eine Erhöhung um 10 Millionen Mark beantragen, die dann auch einstimmig beschlossen wurde. Wer Carl Laeisz gekannt oder von ihm gehört hat, wird auch die Bedeutung einer Einführung beurteilen können, die er 1898 auf eine Visitenkarte Ballins für den Chef der Londoner Firma J. Henry Schröder schrieb und die folgendermaßen lautete:

> »Den Umstehenden, den meinen Freund nennen zu dürfen ich stolz bin, erlaube ich mir bei Ihnen einzuführen, Ihrem Schutze, Ihrer Fürsorge in weitestem Sinne zu empfehlen.
>
> *Ihr ergebenster Laeisz.*«

Da die Karte sich unter den hinterlassenen Papieren Ballins wohl verwahrt auffand, scheint sie ihrem Zweck nicht zugeführt, sondern als Erinnerung an einen Mann aufbewahrt zu sein, dem Ballin vor allen immer ein dankbares Andenken bewahrt hat, und von dem er viele humorvolle Geschichten zu erzählen wusste. Charakteristisch für den alten Laeisz ist auch folgendes Telegramm, dessen Veranlassung ich nicht völlig feststellen konnte, das m. E. aber mit der Konferenz im Schlosse zu Berlin, von der Ballins Bekanntschaft mit dein Kaiser stammte, zusammenhängt (Vgl. Kapitel »Der Kaiser«):

> »Menschen, die gleich nachgeben, heißen Kreaturen, und Kreaturen werden verachtet. Nicht nur nach meiner Ansicht, auch aus gewichtigen Gründen empfehle Hamburger Standpunkt hartnäckig zu verteidigen. Sie können unmöglich glauben, daß Konferenz anberaumt worden, nur um Sie zum Nachgeben zu veranlassen.«

Obwohl es kaum jemals einen in der Praxis bewährteren *hamburgischen Patrioten* gegeben hat als Ballin und wenige, die mit der Tat so für ihrer Vaterstadt Wohlfahrt und Bedeutung lebten, wenige auch, die eine der besten Seiten ihrer Einwohner, den trockenen, gemütlichen, urwüchsigen Humor, so zu schätzen wussten, war Ballin doch weit entfernt davon, die kirchturmpolitischen Scheuklappen zu tragen, die auch in Hamburg gelegentlich zu finden sind und noch mehr waren. Im Gegenteil, sein realer Sinn erkannte die Schwächen der Position Hamburgs sehr wohl. So die finanzpolitische. Der mit schweren Mühen von Preußen errungene sogenannte Köhlbrand-Vertrag, der den langen Zwist um die Zufahrt nach Harburg und die trotzdem zu ermöglichende Korrektion der Unterelbe erledigte, legte Hamburg gewaltige finanzielle Lasten auf, zumal die preußischen Lokalbehörden an der Unterelbe aus dieser Regulierung und ihren Rückwirkungen auf die Elbufer auch noch so viel Vorteil wie möglich für die einzelnen Uferanlieger herauszuholen suchten, dass man wohl bezweifeln konnte, dass Hamburg diese Lasten werde tragen können. In mancher Unterhaltung darüber äußerte Ballin die gewiss als vorurteilsfrei zu bezeichnende Ansicht, dass für Hamburg nichts Besseres zu erdenken sei als eine Einverleibung in Preußen. Preußen sei doch einmal sein Hinterland, mit dem es durch Natur zusammengehöre, und Hamburg als preußische Stadt werde ein Juwel in der Krone Preußens sein und spielend alles erreichen, was Preußen ihm aus preußischer Politik heraus versage oder zu erreichen so schwer mache. In seiner Isolierung aber sei es auf die Dauer nicht lebensfähig, sicher nicht mehr, wenn der zunehmende Verkehr noch größere Ansprüche stelle an Raum und finanzielle Leistungsfähigkeit. Dann werde sich die unnatürliche, durch die politische Entwicklung geschaffene Zerreißung des »Elbe-Delta« in ihrer ganzen Tragweite fühlbar machen, letzten Endes zum Schaden des Reiches, für dessen Gesamtheit Hamburg doch nun einmal das Einfallstor sei. Das sind dieselben Erwägungen, die dem heute vertretenen »Groß-Hamburg-Gedanken« zugrunde liegen, nur dass damals keine andere Lösung als das Aufgehen in Preußen möglich erschien. Über die »echt hamburgische« Politik, der solche Ketzereien ein Gräuel gewesen wären, und die ihren humorvollsten Ausdruck wohl in der Rede eines längst verstorbenen Bürgermeisters fand, in der der König von Preußen als »unser erhabener Bundesgenosse« bezeichnet wurde, äußerte Ballin sich manches Mal in der drastischsten Weise. Für ihn gab es keine Scheidewand zwischen Hamburg und dem Inland, die in der Vorstellung mancher kleinen Geister das »republikanische« Hamburg vom übrigen Deutschland trennte und die in Wirklichkeit so wenig besteht, dass Hamburg einen konstanten Zufluss von Ideen und Menschen aus dem deutschen Inland hat, aus dem es seine beste Kraft zieht und ohne den es gar nicht existieren könnte, und dessen ungeachtet es nie einen Überfluss an tüchtigen Persönlichkeiten, viel eher, zuzeiten jedenfalls, einen Mangel daran gehabt hat. Aus der wiederholten Beobachtung der letzteren Tatsache und der Feststellung, dass dem Hamburger das häufig fehle, was Bismarck beim Deutschen als den fehlenden »Schuss Champagner im Blute« bezeichnet hat, entsprang bei Ballin einmal die Äußerung: »Ich sehe ganz deutlich, was dieser Stadt fehlt, dieser Stadt fehlen 10000 Juden. Ich verkenne keineswegs die unangenehmen Eigenschaften der Juden, und doch muß ich sagen, für Hamburgs Entwicklung wären 10000 mehr davon ein Segen.« Auch ein Zeugnis für den vorurteilsfreien Standpunkt Ballins zum Judentum. Keineswegs orthodox, religiös im Gegenteil indifferent, war er viel zu stolz, seine Herkunft oder seine Religion zu verleugnen oder gar zu wechseln, geschweige denn seinen Namen »zu verschönern«. Von jemandem, der das letztere getan hatte, sagte er mit bitterer Kritik: »Er beschimpft seinen Vater.«

Das *Verhältnis Ballins zu den Arbeiterkreisen* und den Arbeitnehmerfragen ist auch nicht das gewesen, das man in der sozialistischen Presse geschildert hat, namentlich in der Zeit, als die Wogen des Kampfes hoch gingen und Streikbewegungen im Gange waren. Der erste große Streik in Ballins Bereich war der Streik der Hamburger Hafenarbeiter im Jahre 1896. Er entstand um Lohnfragen, die die Packetfahrt vergebens durch eine Lohnerhöhung abzubiegen versuchte. Die Führung in dem dann ausgebrochenen Kampf war auf Seiten der Arbeitgeber nicht in den Händen der Reederkreise allein, sondern in Händen des großen Hamburger Arbeitgeber-Verbandes, und wurde infolgedessen nicht etwa allein durch Nützlichkeitsgesichtspunkte vom Standpunkte der Schifffahrtskreise aus beherrscht. Dagegen scheinen diese Nützlichkeitsgesichtspunkte bei der Leitung der Packetfahrt vorwiegend obgewaltet zu haben. Das geht schon daraus hervor, dass die Packetfahrt als einzige unter den großen Arbeitgebern sich von vornherein für ein gewisses Entgegenkommen gegenüber den Wünschen der Arbeitnehmer einsetzte. Trotzdem sie, wie schon bemerkt, mit diesem Entgegenkommen auch durchdrang, brach am 18. November 1896 der große Streik aus, zunächst ein Streik der Schauerleute, dem sich alsdann die Kaiarbeiter und andere Kategorien der Hafenarbeiter und Seeleute anschlossen. Nach Ausbruch des Streiks blieb die Packetfahrt mit weiteren Vorschlägen, die zum Zweck hatten, einen **modus vivendi** anzustreben, in der Minderheit, und am 9. Dezember heißt es in den Aufzeichnungen von Ballin:

»Wir setzen unsere Bemühungen fort, den Arbeitgeber-Verband und den Reeder-Verein dazu zu bringen, den Streikenden einen ehrenvollen Rückzug zu ermöglichen. Unser Vorschlag geht insbesondere dahin, die Leute aufzufordern, die Arbeit freiwillig wieder aufzunehmen gegen das Versprechen der Arbeitgeber, ihre Lohnforderungen dann wohlwollend zu prüfen. An der Haltung des Arbeitgeberverbandes sind bisher alle unsere Bemühungen gescheitert. Es ist zu hoffen, daß der Senat eine vermittelnde Rolle übernimmt.« Der Senat lehnte aber diese Vermittlung ab, weil er fürchtete, parteiisch für die Arbeitgeber zu erscheinen. »Seht gegen meinen Willen«, heißt es weiter, »wird unser Interesse durch den Arbeitgeber-Verband vertreten.«

23. Dez.: »Inzwischen hat der Senat in Antwort auf die von den Arbeitern übersandte Resolution diese aufgefordert, die Arbeit bedingungslos wieder aufzunehmen gegen das Versprechen, daß der Senat später ihre Klagen prüfen und da, wo wirklich Mißstände sich zeigen, in gemeinsamer Behandlung mit den Arbeitnehmern und den Arbeitgebern Abhilfe schaffen wolle. Dieser Vergleich ist von den Arbeitern abgelehnt worden.«

Anfang Februar ging der Streik endlich zu Ende, nachdem durch die Maßnahmen der Arbeitgeber vorher schon eine leidliche Durchführung der notwendigsten Arbeiten erreicht worden war. Von den späteren Lohnbewegungen ist die aus dem Jahre 1907 bemerkenswert, da sie nach einem Streik der Schauerleute und der Seeleute zu einem gesonderten Zusammenschluss der Arbeitgeberkreise im Hafen in dem sogenannten Hafenbetriebs-Verein führte. Auf die Beendigung dieses Streiks hat Ballin persönlich den ausschlaggebenden Einfluss geübt und selbst die lange Ausgleichsverhandlung mit den Leitern der Arbeiterorganisation geführt. Er hat dann auch mit seinem Einfluss die Politik gedeckt, die der Hafenbetriebs-Verein im Jahre 1913 mit dem Abschluss von Tarifverträgen für sämtliche Kategorien der Hafenarbeit einführte und die von anderen Arbeitgeberkreisen mit nicht gerade freundlichen Augen betrachtet wurde. Ein kleines Erlebnis mag Ballin in seiner Tendenz, den Nützlichkeitsstandpunkt vorwalten zu lassen, bestärkt haben. Auf das Jahr 1907, das in seinem ersten Teil geschäftlich noch sehr gut war und den erwähnten Streik brachte, folgte, wie schon erwähnt, das geschäftlich ganz außerordentlich schlechte Jahr 1908. Ebenso wie in dem auch schlechten Jahre 1901 wandte Ballin sich mit einem Aufruf an alle Angestellten der Gesellschaft zwecks Herbeiführung möglichst weitgehender Ersparnisse. Er forderte die Angestellten auf, jeder zu seinem Teil dazu beizutragen und Vorschläge für rentablere Betriebsführung zu machen. Ich wurde beauftragt, das Handlungsunkostenkonto daraufhin durchzusehen, wo Ersparnisse zu erzielen wären, und machte Herrn Ballin darauf aufmerksam, dass automatisch eine ansehnliche Entlastung dieses Kontos eintreten werde, weil der nicht unerhebliche Betrag, der für die Bekämpfung der Streiks 1907 hatte aufgewandt werden müssen, natürlich nicht wiederkehren werde. Ballin war überrascht über die Höhe dieses Postens, der jedenfalls für diesen Fall bewies, dass ein magerer Vergleich immer noch besser ist als ein fetter Prozess.

Wie es ihm immer und überall um die praktische Arbeit und praktischen Resultate in erster Reihe zu tun war, so schätzte er auch die *praktische Sozialpolitik* und handelte nach ihren Grundsätzen in seinem Wirkungsbereich soweit, als er es verantworten zu können glaubte. Die gleiche Anschauungsweise brachte ihn im Kriege in der Arbeit für die Lebensmittelversorgung und in der Vorsorge für die Zeit nach dem Kriege zu praktischer Zusammenarbeit mit führenden Männern der genossenschaftlichen Bewegung.

Von seiner *gewaltigen, unermüdlich scheinenden Arbeitskraft* machte Ballin besonders in jungen Jahren verschwenderischen Gebrauch, und zu seiner persönlichen Hilfe genügte ihm der denkbar bescheidenste Stab. Seine beste Hilfe war sein fabelhaft starkes Gedächtnis, das ihm ermöglichte, tatsächlich fast ohne Akten zu arbeiten. Ihm war jede Phase der verflossenen Zeit, jede Einzelheit eines jeden Schiffes, das er gebaut oder gekauft hatte, stets gegenwärtig, über jede Person, die seinen Weg gekreuzt hatte, stand sein auf Tatsachen gegründetes Urteil fest. Nach Jahren erst vermochten ihn seine Kollegen dazu zu bringen, sonntags nicht mehr im Kontor zu erscheinen und das, was er trotzdem an Sonntagen zu erledigen wünschte, zu Hause zu tun. Zu keiner Tageszeit, weder sonntags noch werktags, in Hamburg oder auf der Reise, auch nicht im Urlaub, verschonten ihn Telegramm und Telefon. Da er über alles unterrichtet sein wollte, es sehr übel nahm, wenn ihm irgendetwas Wichtiges vorenthalten wurde oder vorenthalten zu werden schien, war man allzu ängstlich mit der Weitergabe der Eingänge. Als ich zum ersten Male meinen Dienst bei ihm antrat, war er gerade von einem Kuraufenthalt aus Kissingen zurückgekommen und zeigte mir die dicken Stapel von Schriftstücken, die ihm in diese sogenannte Erholung nachgesandt worden waren, mit den bitteren Worten: »Jede Erweiterung eines Unternehmens wird zum Fluch für seinen Leiter.« Gewiss war es nicht leicht, mit seiner Informierung über den Geschäftsgang während seiner vielfachen Abwesenheiten – bis zu zwei Dritteln des Jahres war er nicht in Hamburg – immer das Richtige zu treffen. Man musste nicht nur den Gang des Geschäftes kennen, sondern auch wissen, was wichtig und vor allem, was ihm wichtig war, und musste ihm dauernd das Gefühl geben, dass ihm Nichts entgehe, wenn man ihn zufriedenstellen wollte, denn jede Vernachlässigung in solcher Hinsicht empfand er als persönliche Kränkung. Und doch war die Zeit, die er den laufenden Eingängen in Hamburg oder auf der Reise widmen konnte, sehr beschränkt. In seinem Vorzimmer in der Packetfahrt löste ein Besuch den anderen ab, und trotzdem diese Besuche sorgsam gesiebt und jeder nicht bekannte oder nicht bestellte Besucher nach Möglichkeit und mit großer Geschicklichkeit – die durch langjährige Erfahrung dem Treuesten der Treuen, seinem ständigen Begleiter zu Hause und auf der Reise, Carl Fischer, zu eigen geworden war – auf andere abgelenkt wurde, blieb für die Durchsicht oder die Erledigung der Post nur wenig Zeit. Ich hatte es deshalb alsbald nach meinem Eintritt bei der Gesellschaft unternommen, die Eingänge zu sichten, von allem, was nicht besonders wichtig und dringend war, zu befreien und sie auch dem Umfange nach möglichst klein zu halten. Je nach der Stimmung, die mir obzuwalten schien, brachte ich dann den Rest ganz oder nur teilweise, kurz oder ausführlicher zum Vortrag. In der Beurteilung der jeweiligen Atmosphäre habe ich es nach und nach, glaube ich, zu einer ziemlichen Virtuosität gebracht und infolgedessen manche Klippe glücklich umschifft. Ich versuchte dann auch während der Reise und namentlich der Urlaubszeiten nach solchen Grundsätzen zu verfahren, alles Unwichtige in Hamburg zurückzuhalten, nur dafür zu sorgen, dass nichts Wichtiges ungemeldet blieb und jedenfalls niemals das Gefühl des Ausgeschaltetseins aufkommen konnte. Ich hatte denn auch die Genugtuung, dass Ballin mir, nach nicht langer Zeit, von einem Urlaub zurückkehrend, sagte, dies sei »sein erster wirklicher Urlaub bei der Packetfahrt gewesen«. Hatte man sich auf Ballins Gedankengang und auf seine Eigenart einmal eingestellt, so war es übrigens nicht so schwer, den richtigen Maßstab zu finden. Das denkbar Falscheste wäre gewesen, ihm irgendeinen Fehler oder eine Unterlassung vorzuenthalten. Das hätte sein Vertrauen sofort und dauernd zerstört, während es beim umgekehrten Verfahren immer unerschütterlicher wurzelte. Was er auch nicht liebte, war, vom praktischen Betriebe durch eine Mauer bürokratischer Einrichtungen oder Organisationen abgeschnitten zu werden. Wo eine solche Mauer sich bildete, durchbrach er sie rasch und unerbittlich, und, soweit es bei einem so großen Unternehmen möglich war, hielt er mit allen Zweigen und allen leitenden Persönlichkeiten direkte Fühlung. Aus diesem Grunde unterließ er es auch nur selten und nur, wenn die Fülle der Geschäfte zu groß war, die Kapitäne, die von der Reise kommend, sich bei der Direktion meldeten, selbst zu empfangen und zu sprechen. Selbstverständlich kannte er sie alle persönlich, hatte er sie doch zum großen Teil noch selber in jungen Jahren eingestellt. Er kannte sie mit allen ihren guten Eigenschaften und all der Originalität, die so manchen von ihnen auszeichnete, wie so manche andere Figur an der »Wasserkante« auch. Einem dieser Hamburger Originale hat er in einem Nachruf ein Denkmal gesetzt, der seiner warmherzigen Menschenfreundlichkeit selbst das beste Zeugnis ausstellt und schon deshalb nicht der Vergessenheit anheimfallen soll. Er erschien im »Hamburger Fremdenblatt«, dessen Mitarbeiter jenes Original war.

»*Mein Freund Kuskop.*

Ich habe erst auf meiner Rückreise von England im ›Fremdenblatt‹ die Nachricht von dem Hinscheiden Karl Kuskops gelesen; eine Kunde, die mich mit außerordentlicher Betrübnis erfüllt hat. Mit Kuskop ist eines der wenigen und eins der besten Originale, die uns noch übrig geblieben waren, dahingegangen und, da es mir nicht vergönnt war, ihm die letzte Ehre zu erweisen, so drängt es mich, ihm einige Worte der Erinnerung zu widmen, obwohl Herr Dr. Obst sein Andenken schon in einem vortrefflichen Artikel gewürdigt hat. Denn einige Worte der Erinnerung glaube ich einem Manne schuldig zu sein, von dem ich fast dreißig Jahre hindurch stets nur Gutes und Freundliches gehört habe.

Karl Kuskop war ein ›Original‹ im besten Sinne des Wortes. Harmlos wie ein Kind, war er für seinen Beruf eigentlich gar nicht geschaffen, und trotzdem hat er zwar nicht direkt, aber indirekt auf seinem Posten unendlich viel geleistet. Er erfreute sich einer Beliebtheit an der Wasserkante, wie kein Zweiter sie je besessen hat. Meine persönliche Bekanntschaft mit ihm leitete sich von Probefahrten und ähnlichen Veranlassungen her, bei denen Kuskop als Vertreter des ›Fremdenblatt‹ anwesend war. Ich entsinne mich eines schönen Sommerabends, an dem wir – eine Gesellschaft von etwa achtzig Personen – auf unserem Salondampfer ›Blankenese‹ von dem Passagierwartehallen abfuhren, um uns an Bord eines in Brunshausen liegenden, zur Probefahrt bereiten neuen Schiffes zu begeben. Kuskop – mit der Yachtmütze angetan und dem ungeheuren Krimstecher bewaffnet – hatte sich an Deck aufgestellt. Er war unschwer zu erkennen, und ein an Bord eines englischen Dampfers arbeitender Schauermann begrüßte ihn alsbald mit dem Zuruf: ›Fremdenblatt‹. Diese Lesung wurde vom ganzen Hafen aufgenommen, von allen Schiffen, von den Kais, von den Kähnen, aus den Fährdampfern, von Schuten und Jollen und Fahrzeugen aller Art jubelte man in den verschiedensten Tonarten Kuskop zu: ›Fremdenblatt‹. Es war eine ebenso spontane wie volkstümliche Ovation. Der würdige Kuskop wurde immer größer und breiter, er hatte seine Mütze abgenommen, und die langen Tränen liefen ihm über das gutmütige, liebe Gesicht.

Er hatte diese Popularität wohl verdient. Denn durch Jahrzehnte hindurch hat Kuskop die Hamburger Schiffe, in welchem Hafen sie immer eintreffen mochten, getreulich mit dem ›Fremdenblatt‹ versorgt, und hat so zwischen den Schiffsangestellten und der Heimat ein praktisches und wertvolles Band geknüpft. Ich selbst habe von dieser liebevollen Fürsorge profitiert. Als ich vor Jahren eine Reise um die Welt machte, fand ich, überall meiner harrend, das ›Fremdenblatt‹, und wochenlang von der Welt so weit getrennt, daß selbst Kuskops Findigkeit mich nicht auftreiben konnte, fand ich bei meiner Ankunft in Vancouver zu meinem Erstaunen, daß eine der Schlafkabinen des Salonwagens, der mir für die Reise von der pazifischen zur atlantischen Küste zur Verfügung gestellt war, sorgsam aufgestapelt alle die Nummer des ›Fremdenblatt‹ enthielt, die mich nicht erreicht hatten.

Ich habe damals selber empfunden, was unsere Kapitäne und unsere Offiziere mir so oft gesagt hatten, wie wohl es tut, selbst durch die Lektüre schon veralteter Zeitungen sich wieder mit der Heimat eins zu wissen. Auf der langen Fahrt von Vancouver nach Montreal habe ich dann mit meiner Frau und einigen deutschen Offizieren, die aus den kriegerischen Wirken in China zurückkehrten, um ihre Rekonvaleszenz zu Hause zu beendigen, mit Andacht die alten Fremdenblätter studiert. Es kam mir damals der Gedanke, den Oskar Blumenthal später in seiner witzigen Form in einem Feuilleton behandelt hat, nämlich, daß es erwünscht wäre, eine Zeitung zu gründen, die alle Ereignisse des Tages immer erst nach acht Tagen veröffentlicht, nachdem sie sich als wahr und zuverlässig erwiesen haben. Eine solche Zeitung würde uns viel Aufregung ersparen, und das Volumen dieses ›Blattes der wahren Ereignisse‹ würde ein sehr geringes sein.

Um aber wieder auf meinen Freund Kuskop zu kommen, so war er, als ich ihn nach meiner Reise gelegentlich eines Stapellaufes in Stettin wiedersah, in besonders aufgeräumter und mitteilsamer Verfassung. Da erzählte er mir die Geschichte von ›seinem Freund Senator Petersen‹. Die Geschichte ist so nett, daß sie der Nachwelt nicht vorenthalten werden sollte.

Zum Dank für die freundliche Versorgung mit heimatlichem Lesestoff banden die Kapitäne und Offiziere, die sich seiner Freundschaft erfreuten, Kuskop die größten Bären auf. Da hatte einer von ihnen – ›Een so'n dummen Jung‹ wie er sie nannte – von der Packetfahrt, in der Weinstube von Hermann Bade am Stubbenhuk ihm am späten Nachmittag bei einer Flasche altem Portwein erzählt, daß eine mit Arsenik beladene Schute im Hamburger Hafen gesunken sei, und daß daraus vielleicht die Notwendigkeit entstände, den Hamburgern vorläufig alles Wassertrinken zu verbieten. Es war nachmittags fünf Uhr, und Kustop hat, wie er versicherte, nicht einmal seinen Portwein ausgetrunken, um schnell noch eine Notiz in den Tagesbericht zu bringen, die lediglich das Faktum der Vermengung des Elbwassers mit Arsenik feststellte. Am nächsten Morgen, als Kuskop noch in den schönsten Träumen lag, erschienen bei ihm zwei Beamte der Kriminalpolizei und führten ihn nach dem Arrestlokal im Stadthaus. Um zehn Uhr wurde er Herrn Livonius oder einem anderen der damaligen Gewalthaber vorgeführt, der ihn fürchterlich anschnauzte und von ihm nähere Auskunft über dieses Arsenik-Unglück verlangte. Kuskop sagte, er habe natürlich sofort gemerkt, daß ihn der ›dumme Junge‹ habe hereinfallen lassen, und darum habe er jede Auskunft verweigert. Er sei dann Senator Petersen vorgeführt worden, der mit großer Beredsamkeit versucht habe, ihm den Namen des Missetäters zu entlocken. Kuskop war aber standhaft geblieben, und Petersen habe schließlich, um ihn gefügig zu machen, ihn wieder in Arrest führen lassen. Abends um fünf Uhr sei er wieder aus dem Arrestlokal geholt worden und wieder zu Senator Petersen gebracht, der jetzt auf das entschiedenste von ihm die Angabe des Namens verlangte. Kuskop habe ihm aber gesagt: ›Herr Senator, wenn Sie an meiner Stelle wären, würden Sie ihn auch nicht nennen.‹ Darauf habe sich Senator Petersen zu den Beamten gewandt und habe gesagt: ›Sehen Sie, meine Herren, Herr Kuskop ist ein Gentleman. Mit dem werden wir nichts. Es ist am besten, Sie schmeißen ihn raus.‹ Das sei denn auch von diesen Beamten, in Gemeinschaft mit noch einigen Kollegen, in der gründlichsten Form besorgt worden.

Ebenso hübsch war das Erlebnis, das er mir einst gelegentlich einer Probefahrt auf hoher See anvertraute. Da hatte ihm einer seiner Stammtischgenossen bei Mutzenbecher – er nannte sie bei solchen Gelegenheiten immer ›die dummen Jungens‹ – als neuestes vom neuen aufgebunden, daß Kapitän Kier in Rio de Janeiro unter dem fälschlichen Verdacht des Diebstahls verhaftet worden sei. Kuskop, der dem Frieden nicht ganz traute, andererseits aber auch eine so hochinteressante Nachricht den Lesern des ›Fremdenblatt‹ nicht vorenthalten wollte, glaubte vorsichtig genug gewesen zu sein, indem er nicht den Namen des Kapitäns nannte, sondern nur von dem ›Führer eines Hamburger Dampfers Kapitän K.‹ sprach. Es war damals in der schönen Zeit, in welcher es in Hamburg noch Winter gab und in der die Elbe in den Wintermonaten zufror. Die Hamburger Dampfer lagen dann in Glückstadt – sage und schreibe in Glückstadt, im Winterquartier. Während dieser Periode pflegte Kuskop eine Filiale seiner Wirksamkeit in Glückstadt zu unterhalten, und dort traf er bald darauf auch mit Kapitän Kier zusammen. Kier saß mit anderen Kapitänen und Offizieren im Hotel beim Mittagessen, und man hatte vor ihm die große Suppenterrine aufgestellt mit dem mächtigen Löffel, den man in Hamburg mit einem guten deutschen Ausdruck als ›Potagelöffel‹ bezeichnet. Er füllte gerade für seine Freunde die Suppe auf, als Kuskop in die Tür trat. Den mächtigen ›Potagelöffel‹, die Suppenterrine und was sonst noch um ihn herumstand nach Kuskop werfen, war das Werk eines Augenblicks. Er hatte sich nämlich, wie Kuskop mit der freundlichsten Miene mir versicherte, durch die Notiz beleidigt gefühlt, weil gar kein anderer Kapitän K. damals gerade mit Hamburger Dampfern nach Rio fuhr. Er hat ihn dann auch noch verklagt, und Kuskop hat sich einige Zeit von der Tätigkeit beim ›Hamburger Fremdenblatt‹ beurlauben müssen, um die Folgen dieser Klage auszubaden.

Das sind nur zwei kleine Ereignisse aus Kuskops reichem Leben. Wenn unsere seefahrenden Herren nicht so schweigsam wären, würden sie so viel Material über Kuskop liefern können, daß die Geschichten, die man von einem anderen Hamburger Original, Kirchhoff, erzählt, dagegen verblassen müßten. Ich wünschte, man trüge alle Geschichten von Kuskop einmal zusammen, denn wir werden ein solches Original in unserer Schiffahrt kaum wiedersehen, und es wäre ein Jammer, wenn sie in die Vergessenheit versinken würden.

Aber Kuskop war nicht nur ein Original, sondern eine ›Seele von Mensch‹, und er hat sich Verdienste um die Hamburger Schiffahrt und ganz besonders um die Männer, die auf hamburgischen Schiffen fahren, erworben, die sein Andenken nicht in Vergessenheit geraten lassen werden. Auf ihn hat nicht das Dichterwort gepaßt:

Das bedenke doch ein Jeder,
Was er immer tut und treibet,
Ob mit Amboß oder Feder
Brot er schmiedet oder schreibet,
Daß die Mühsal des Erwerbens
Ihm sein Bestes untergräbt,
Und am Tage seines Sterbens
Niemand weiß, daß er gelebt!

Unserem Freund Kuskop sind seine guten Eigenschaften niemals durch die Mühsal des Erwerbens untergraben worden, er ist allen anständigen Menschen immer ein Freund und Helfer gewesen. Das wird jeder, der ihn gekannt hat, aus vollem Herzen bestätigen, und darum soll auch sein Andenken in Ehren bleiben.«

Um die Fühlung mit dem praktischen Leben in dem großen Organismus der Packetfahrt und in den Kreisen, die für sie besonders wichtig waren, aufrecht zu erhalten, besuchte Ballin auch in nicht langen Zwischenräumen den wichtigsten Außenposten der Packetfahrt, New York, und sehr häufig London, wo zahlreiche Poolkonferenzen stattfanden, und wo er immer wieder Gelegenheit hatte, mit den englischen Reedereikreisen in Verbindung zu treten, später auch mit der englischen Politik. Die amerikanische und die englische Seele kannte er wie wenige, wie er überhaupt sich sehr rasch ein treffendes Urteil über Menschen bildete und sie demgemäß behandelte. Diese *Kunst der Menschenbehandlung* hatte er im höchsten Maße ausgebildet. Sein freundliches Wesen, seine glänzende Unterhaltungsgabe, unterstützt von seinem enormen Gedächtnis, von großer Schlagfertigkeit, viel Humor, gewannen ihm, wenn er wollte, im Fluge jeden. Im persönlichen Verkehr traten auch die Vorzüge, die ihm die Natur gegeben hatte, rasch hervor. Sein wundervolles, lebendiges Auge, das so freundlich blicken konnte, sein einschmeichelndes Organ, sein freundlicher, fester Händedruck ließen fast im Augenblick Gesichtszüge verschwinden, die man gewiss nicht schön nennen konnte. Nur eins war an ihm vom schönsten Ebenmaß, sein prachtvoll ausgebildeter, in späteren Jahren nur noch von spärlichem Haarwuchs bedeckter Schädel.

Albert Ballin würde niemals die überragende Stellung, die er inne gehabt, gewonnen haben, wenn ihn nicht neben dem Scharfsinn und der Klugheit seines Verstandes die liebenswürdigen Eigenschaften eines guten Menschen geziert hätten. Er besaß im reichen Maße die vornehme Höflichkeit des Herzens. Er, der hart und unerbittlich sein konnte, wenn die seiner Hand anvertrauten geschäftlichen Interessen auf dem Spiele standen, war in seiner Familie, in seinem Hause, im Freundeskreise gütig und milde bis zur Weichheit. Seine größte Freude war es, anderen Freude zu machen. Menschen, die er lieb hatte, begegnete er mit einer herzlichen Rücksichtnahme, die etwas tief Rührendes hatte. Er schenkte gern mit zartestem Takt. Er verlangte keinen Dank, ihm war es genug, die Freude des Beschenkten zu sehen. Und wenn er Undank und Gehässigkeit erfuhr, so schwieg er und vergaß.

Persönlich freigebig, manchmal bis zur Grenze der Verschwendung, hat er nie einen Pfennig des Gesellschaftsvermögens verausgabt, ohne die Gewissheit zu haben, dass er nutzbringend ausgegeben war. Alle Möglichkeiten erschöpfte er, wo es galt, einen Verdienst für sein Unternehmen zu erzielen oder eine Ausgabe zu beschneiden. Geld war ihm Mittel zum Zweck, wie die Verdienste seiner Gesellschaft in erster Linie dazu bestimmt waren, sie groß und größer zu machen. Wer die Einkommen anderer Leiter großer Gesellschaften kennt, würde sich wundern darüber, dass Ballin seine Stellung für sich nicht fruchtbringender gemacht hat, und würde ihm mit diesem Gedanken sehr unrecht tun. Auch sein Einkommen verwendete er zum größten Teil im Interesse seiner Gesellschaft zu einer glänzenden, durch seine Liebenswürdigkeit, seine Unterhaltungsgabe im höchsten Maße verfeinerten Repräsentation, die ihm in späteren Jahren – namentlich zur Zeit der »Kieler Woche« – wohl zu einer Last wurde, aber seiner Gesellschaft reiche Früchte trug.

Man musste Ballin in seinem schönen Heim zu Hamburg, in seinem Landsitz, seinem geliebten Hamfelde, auf den weiten Spaziergängen in der benachbarten »Hahnheide«, des Abends am Kamin gesehen und gehört haben, um zu verstehen, wie seine Liebenswürdigkeit zu bezaubern wusste. Seine Begabung der Rede war groß. In belebter Unterhaltung, in treffendem Witz, in humorvoller Plauderei unerschöpflich, beherrschte er ebenso das Wort in einer geschäftlichen

Versammlung wie in einem politischen Trinkspruch. Und nicht minder gewandt führte er die Feder; zahlreiche Zeitungsaufsätze, Denkschriften, Reiseschilderungen, und vor allem seine umfangreiche Korrespondenz geben davon Zeugnis. Er war wohl einer der eifrigsten Briefschreiber und darin gewissenhaft bis zur Peinlichkeit. Auch eine poetische Ader sprudelte in früheren Zeiten anmutig. Er liebte ein behagliches, mit Bildern und Plastiken guter Meister geschmücktes, von Musik und Geselligkeit belebtes Haus, freute sich an einem schön geschmückten und gut besetzten Tisch.

Einer seiner alten Freunde schrieb mir, als ich ihm von meiner Absicht, eine Biographie abzufassen, Mitteilung machte, dass die Aufgabe des Biographen nicht leicht sein würde, und dass der Biograph hoffentlich nicht vergessen würde, auch den liebenswürdigen »charmeur« zu zeichnen, dem Ballin so viel Erfolge verdanke. Zum mindesten verdankt er dieser Eigenschaft seine große Popularität. Wie viele Menschen sich während seines Lebens und nach seinem Tode, namentlich wenn es galt, irgendetwas bei der Gesellschaft durchzusetzen, auf seine Freundschaft berufen haben, ist geradezu erstaunlich. Die Zahl war so groß, dass tatsächlich eine solche Berufung, und mit Recht, immer mehr ihren Zweck verfehlte, weil man gar zu oft von Ballin die Auskunft bekam: »Den Mann kenne ich gar nicht« oder »den Mann habe ich mal irgendwo getroffen, aber wo, weiß ich nicht mehr«. Mit Recht konnte man sagen, dass er eine weltbekannte Persönlichkeit geworden war. Wo er im Auslande auftauchte, nahmen die Zeitungen von ihm Notiz; besonders in New York, wo bekanntlich die Presse besonders aktiv ist, war es ihm nur mit Aufbietung aller List und Tücke möglich, den Interviewern zu entgehen.

Seine große Stellung in der Öffentlichkeit brachte ihm eine Fülle äußerer Ehren. So sehr er die vielfachen Auszeichnungen, die der Kaiser ihm zuteilwerden ließ, als kaiserliche, *persönliche* Geschenke mit Dankbarkeit und Freude aufnahm, so waren ihm die fremdländischen Orden, die ihm in reicher Folge zuflossen, so gleichgültig, dass er die bei einem Einbruch ihm gestohlenen nicht einmal ersetzte. Schmerzlich vermisst wurden dagegen die bei der gleichen Gelegenheit abhanden gekommenen japanischen Schwertzierarten, ein durch großen Kunstwert hervorragendes Geschenk des *Marquis Ito* für die Vermittlung einer Audienz beim Kaiser, von der Ballin sich eine dauernde Befestigung unserer Beziehungen zu dem aufstrebenden Lande des Ostens versprach. In der Tat scheint es, als hätte eine bessere politische Leitung für Deutschland das gleiche Freundschaftsverhältnis zu Japan haben können, das später England zufiel. Solche Erinnerungen, wie diese japanische, waren Ballin als persönliche so wertvoll, dass er sich nicht davon trennen mochte, und auch dem Direktor des Hamburger Kunstgewerbemuseums, Professor Brinkmann, dem hervorragenden Kenner japanischer Kunst, der sich alle Mühe gab, sie für sein Museum zu erlangen, einen Korb gab.

Auf den *Reisen,* die Ballin mindestens die Hälfte des Jahres, häufig noch mehr, von Hamburg fern hielten, war sein Tagewerk um nichts leichter, häufig viel schwerer noch als zu Hause. Eine Konferenz reihte sich an die andere; Besuche füllten den Rest des Tages aus. Die Fülle der Arbeit nötigte ihn, manchmal eine ganze Reihe schwieriger Fragen an einem Tage zu erledigen. Und zu den vorgesehenen Besuchen gesellten sich zahlreiche unvorhergesehene, weil seine Anwesenheit irgendwo der Öffentlichkeit nicht entging. Inkognito zu reisen war für ihn ausgeschlossen. Wohin er kam, kannte ihn ja buchstäblich jeder Hotelportier. In jungen Jahren, der Geselligkeit halber, später, um auch diese Zeit nicht ungenutzt zu lassen, versammelte er auf Reisen mittags und abends einen kleineren oder größeren Kreis von Geschäftsfreunden um sich und war froh, wenn er in vorgerückter Abendstunde sich der Geselligkeit entziehen konnte, um, wie er es nannte, in ruhiger Überlegung allein in seinem Zimmer die Geschehnisse des Tages zu überdenken und »den Tag ausklingen zu lassen«. Sein rastloser Geist und die Überanstrengung seiner Nerven brachten ihm schon Ende der 90er Jahre eine Schlaflosigkeit, die von da an bis zuletzt sein getreuer Gefährte in Hamburg und auf Reisen blieb. Nur auf der See und auf seinem Landsitz verließ sie ihn, nur dort vermochte er ohne die Hilfe der im Laufe der Zeit immer regelmäßiger und in immer größeren Dosen genommenen Schlafmittel Ruhe zu finden. Dass diese Schlafmittel sein Nervensystem nicht gänzlich zerrüttet haben, lässt auf eine ungeheuer starke Konstitution schließen, die erst der entsetzlichen Beanspruchung erlag, die der Krieg brachte. Als er sein Lebenswerk zertrümmert sah und glaubte, nicht mehr die Kraft zu besitzen, ein solches Werk noch einmal von vorn zu beginnen, brach auch seine ungeheure Nervenkraft zusammen.

Die *Sorgen des Krieges*, dessen Verlust er voraussah, lasteten schwer und schwerer auf ihm. So tapfer und aufrecht er sich nach außen zeigte, so trübe war oft seine Stimmung, wenn er allein war. Wäre nicht der Trost gewesen, den die ihm durch 35 Jahre verbundene treue Lebensgefährtin, die geliebte Tochter, die heranwachsenden Enkel ihm gewährten, so hätte er sich wohl oft recht einsam gefühlt. Und dennoch blieb er, bei allem Zweifel am Erfolg, seiner Lebensaufgabe getreu und hoffte gegen seine Überzeugung! Die heiße Liebe zu seinem Werk lag in ständigem Kampf mit seinem Verstand, der ihm den Untergang des Reiches und damit der deutschen Schifffahrt prophezeite. Das ließ ihn auch nach außen hin widerspruchsvoll erscheinen. Wie sollte die Außenwelt es verstehen, dass der Mann, der mit dem größten Pessimismus dem Ausgang des Krieges entgegensah, mit der größten Energie für die Durchführung einer gesetzgeberischen Aktion kämpfte, die den Wiederaufbau der Schifffahrt zum Zweck haben sollte und doch nur durchführbar erscheinen konnte, wenn das Reich, das die Mittel zum Aufbau liefern sollte, bestehen blieb! Es war der Instinkt des großen Kaufmanns, der ihn, wie durch sein ganzes erfolgreiches Leben, so auch hierbei geleitet hat, der Instinkt, der ihn immer neue Wege finden ließ, wo die alten versagten, auch jenseits der verstandesmäßigen Überlegung, der ihn auch nicht die praktische Konsequenz aus dem Worte ziehen ließ, das wir oft im Kriege gesprochen haben: »Wenn das Reich untergeht, gehen wir auch unter, wenn das Reich bankerott ist, sind wir es auch!« Die Ereignisse haben dieses Wort Lügen gestraft. Reiche gehen zu Grunde und Individuen, aber nicht die Völker und nicht der Verkehr, den ihre Bedürfnisse und die geographische Lage erzeugen.

Und nicht die Lebensarbeit großer Männer, die ihre Spuren untilgbar in das Antlitz der Welt gräbt. In allem Sturm und aller Not Deutschlands scheinen zwei Dinge sich doch zu bewähren: Das politische Einigungswerk Bismarcks und die gewaltigen wirtschaftlichen Grundlagen – sie wieder ein Fundament für jenes – die die großen Führer im Wirtschaftsleben, die Deutschland in der Zeit seines Glanzes so zahlreich hatte, mit unendlicher Arbeit gelegt haben.

Albert Ballin war einer ihrer Besten, und der Weltruf seiner Arbeit und Erfolge hat seinen Tod überdauert. Derart, dass, als nach fünf Kriegsjahren der Vorhang, der uns von der Welt getrennt hatte, fiel, trotz aller Zerstörungen an Ballins Werk der Glaube an seine Lebenskraft unzerstört war, und sich als die beste Hilfe beim Beginn des Wiederaufbaus erwies.

Wenn Deutschlands Schifffahrt wieder blühen, deutsche Dampfer wieder die Meere befahren werden, so ist es Albert Ballin gewesen, der zuerst den Kiel gelegt hat, sein Werk ist es, das weiter wirkt. Möge sein Geist allezeit in unserer Schifffahrt fort und fort leben!